大明第一首辅 张居正

燕山刀客 ⊙ 著

图书在版编目（CIP）数据

大明第一首辅张居正 / 燕山刀客著 . -- 北京：新世界出版社 , 2025. 8. -- ISBN 978-7-5104-8145-1

Ⅰ . K827=48

中国国家版本馆 CIP 数据核字第 202551D6T1 号

大明第一首辅张居正

作　　者：	燕山刀客
责任编辑：	刘　颖
责任校对：	宣　慧　张杰楠
责任印制：	王宝根
出　　版：	新世界出版社
网　　址：	http://www.nwp.com.cn
社　　址：	北京西城区百万庄大街24号（100037）
发 行 部：	(010)6899 5968　(010)6899 8705（传真）
总 编 室：	(010)6899 5424　(010)6832 6679（传真）
版 权 部：	+8610 6899 6306（电话） nwpcd@sina.com（电邮）
印　　刷：	天津中印联印务有限公司
经　　销：	新华书店
开　　本：	710mm×1000mm　1/16　尺寸：170mm×240mm
字　　数：	389千字　　　　　　　印张：22.25
版　　次：	2025年8月第1版　2025年8月第1次印刷
书　　号：	ISBN 978-7-5104-8145-1
定　　价：	68.00元

版权所有，侵权必究

凡购本社图书，如有缺页、倒页、脱页等印装错误，可随时退换。

客服电话：（010）6899 8638

自序

没有人天生伟大，但总有人会成就不朽

什么样的人生，才是真正有意义的？明知死亡不可避免，为什么还要努力？我们无数人，都在苦苦寻求这个答案。

提及明朝，最具知名度的皇帝是朱元璋，最有影响力的文臣是张居正。甚至有一种说法："明朝只有一帝，朱元璋是也；明朝只有一相，张居正是也。"

此话难免夸张，却非常深入人心。此二人能够被后世永久纪念、反复颂扬，当然是由于他们对大明王朝及整个中国历史发展的突出贡献，也由于他们的家庭出身。

但平心而论，相比朱元璋抓住元亡明兴的历史大机遇，在群雄混战中脱颖而出，生活在承平年代普通家庭的张居正，其破圈的道路无疑更加传奇。

从平民阶层突破重重障碍一路向前，站在读书入仕所能达到的最高点，这样的人生，无疑值得后人铭记和羡慕。但攀上巅峰之后依旧能保持赤子之心，依然不忘读书人家国天下的使命，依然愿意为国富民强倾尽所有，这样的人，当然更值得后人景仰与崇拜。

没有人天生伟大，但总有人会成就不朽。张居正就是这样的伟人。

一个寒门出身的读书人，好不容易跻身京城高官之列，如果把主要精力用在编织关系网、拓展朋友圈上，似乎是非常常见的选择；如果他忘掉自己的来处，缺少对平民百姓的理解与同情，也算不上多么出奇的事情。但显然，这样的人够不上政治家的标准。

张居正出身寒门，却有着"扶摇直上九万里"的伟大抱负，有悲天悯人、以天下为己任的士大夫情怀，即使身居高位，他对百姓的苦难从来不会无动于衷，这是政治家的胸怀。

因为某些原因，肆意抹黑张居正的《嘉靖以来内阁首辅传》（以下简称《首辅传》，王世贞著）和《病榻遗言》（托名高拱著）在中国流行了四百多年，加之以讹传讹、"层累效应"，令这位明朝第一首辅的形象，遭到了严重歪曲。

以至于直到今天，无数国人依然相信，张居正通向首辅的道路，执政十年的过程，一定充满了各种阴谋、算计与圈套，一定有太多见不得光、不能说破的事情。甚至还津津乐道于"张居正的权谋"，这实在令人遗憾。

按很多人的想法，张居正既然能位极人臣，并成为嘉隆内阁宫斗中硕果仅存的"政坛不倒翁"，必定是一位权斗高手，拉帮结派、黑箱操作的本领信手拈来，并且把厚黑学精髓运用得炉火纯青。但真相，恐怕并非如此。

一位真正优秀的政治家，心里装的必定是万里江山、天下子民，而根本不是勾心斗角和黑招害人。有些人处在自己的信息茧房之中，以极其有限且被扭曲的史料，用阴暗的想法去揣测伟人，无疑相当于一个农民得意洋洋地宣布：皇上用金砍刀砍柴，皇后用玉顶针纳鞋底。

张居正肯定不是书呆子，但也并不是什么阴谋大师、害人专家，他本人显然也不会欣赏这样的标签。"愿以深心奉尘刹，不予自身求利益"的境界，普通人肯定达不到，但我们不能就此推断，这个星球上没有人能够做到。

张居正的成功，既是自身不断努力的结果，是几位贵人的倾心扶持，也是时代正好赋予了重大机遇，是天赋、努力与运气的完美融合。他的成功我们当然无法复制，但其心路历程，可以为后人提供很好的启示；他勇于担责、不惧俗流的精神，永远值得后人学习和借鉴；他的成就当然带有历史局限性，但依然可以留给我们太多的触动与思考、感动和回味。

伟人与凡人最大的区别，就在于是否有舍我其谁的使命感与责任心，是否有不达目标不罢休的无畏气概和坚定信念，是否有牺牲自我成就天下的奉献精神及思想高度。

张居正既有底层打拼者不可或缺的务实进取、自知之明，又有着士大夫阶层具备的理想主义、普世情怀。

张居正热爱家乡的一山一水、一草一木，他的身上，有着鲜明的楚人特征，不畏困难，愈挫愈奋，"不服周"。

他理想远大却并不浮躁冒进，务实努力却不因循守旧，锐意革新却懂得时时用祖制来保护自己，功勋卓著却能见好就收。大明有了他，是时代的幸运。中国历史有了他，是我们的骄傲。

他传承了王阳明心学"知行合一"的精髓，弘扬了中国知识精英"虽千万人，吾往矣"的气概。张载"为天地立心，为生民立命"的理念，很多读书人只是挂在嘴上，他却牢记心中并付诸行动。

他在习惯于官官相护的年代推行考成法，给官员戴上紧箍，让万历朝的前十年，成为大明三百年中官员效率最高、推诿塞责现象最少的十年；

他主持的整顿吏治、裁撤冗员和驿递革新等，为朝廷节省下来数百万两白银的资金；

他唯才是举，不计出身，让太多原本可能默默无闻的官员，如耿定向、曾省吾等人得以充分施展天赋，成为万历新政的重要成员；

他重用潘季驯等人治理黄淮两河，整顿漕运，保障了京师的供应，并为之后明清两代的治河提供了样板；

他抓住百年难遇的契机，巧妙完成俺答封贡，基本解决了持续两百年的北方边患，其战略成就不亚于打赢北京保卫战；

他没有亲自指挥过战争，却是隆庆后期和万历初期大明真正的统帅。海晏河清，四夷臣服；

他以舍我其谁的宏大气魄，不惧得罪天下权贵，在全国范围内成功推行万历清丈和一条鞭法，有效缓解了社会矛盾，并为万历朝的经济繁荣铺平了道路。

大明王朝在建政二百年之后，能够在万历朝达到社会经济发展的高峰，成功走出"M"型发展曲线，张居正厥功至伟。甚至可以说，终其一生，万历皇帝都在吃张居正改革的红利。

张居正曾经说过：

> 二十年前，不谷曾有一宏愿。愿以其身为蓐荐，使人寝处其上，溲溺垢秽之，吾无间焉。有欲割取吾耳口鼻者，吾亦欢喜施与。

这种境界，又有几人能做到呢？

当然，张居正绝非十全十美。他未能免俗，廉洁程度离海瑞式清官差得很远；他禁毁书院，打击心学传人，这成为他最为人诟病之处；他对待南方少数民族过于刻薄，有损一代贤相的名声；他未能接受谭纶、戚继光的建议出兵漠北，对历史进程产生了微妙的影响；他未能及早布局，导致了身后的一系列变故。

如果我们再将眼光放远，格局放大，从人类历史进入近代转型和大航海时代来考察，相比同时期其他一些优秀政治家，如英国女王伊丽莎白一世，荷兰首任执政官威廉一世，俄国首位沙皇伊凡四世等，张居正与他们的差距就相当明显了。

这种不足，当然也是中国与西方日渐拉大的差距造成的。我们不能奢望张居正能够超脱自己生活的时代，能够拥有全球视野，能够主动因应大航海时代对一个东方大国的要求。

当然，瑕不掩瑜，张居正仍不失为明朝最伟大的政治家，放眼三千年中国史，他的地位也是独一无二的。

这样一个改变了历史进程的伟人，当然值得后人永远纪念与尊崇，也需要有更多作品，从更多维度和方向进行解读和分析。

是为序。

目 录

―― 上部 ――
风积鹏举

第一章 聪慧少年蟾宫折桂 ········· **003**
 一、水漫厨房，江陵出了个张白圭 ········· 003
 二、院试出色，雏凤清于老凤声 ········· 008
 三、乡试不第，原来事出有因 ········· 011
 四、家庭遭变故，仇恨只能埋在心里 ········· 016
 五、会试突围，还有更多挑战 ········· 019

第二章 在失意中一路前行 ········· **025**
 一、人微言轻，却得到贵人赏识 ········· 025
 二、嘉靖独断，严嵩夏言遭际各异 ········· 029
 三、复套事件，忠臣走向不归路 ········· 032
 四、庚戌之变，见证国家危亡时刻 ········· 038
 五、杨继盛死谏，徐阶袖手旁观 ········· 045

第三章 返乡治学以退为进 ········· **050**
 一、扎根学农园，体察民生疾苦 ········· 050
 二、走访沙市码头，考查水关贸易 ········· 054
 三、畅游湖广大地，坚定远大抱负 ········· 058

第四章　朝堂波谲自有分寸　　064

一、入职国子监，结识一生挚友 ………… 064

二、多行不义，严氏父子被处置 ………… 069

三、无中生有，徐阶收拾小阁老 ………… 075

四、抬棺骂皇帝，海瑞一举成名 ………… 081

第五章　徐阶扶持稳步高升　　085

一、刻不容缓，师徒联手拟遗诏 ………… 085

二、运气爆棚，一年连升八级 ………… 089

三、倒徐失败，高拱被迫去职 ………… 093

四、心力交瘁，徐阶告别政坛 ………… 097

第六章　内阁混斗立于不败　　101

一、《陈六事疏》吹响隆庆新政的号角 ………… 101

二、辽王翻车，发小落井下石？ ………… 106

三、波澜再起，两大强人先后入阁 ………… 108

四、京查大战，终究有人要出局 ………… 113

五、拳下救高拱，维持有利局面 ………… 117

六、海瑞下江南，诠释"恩将仇报" ………… 120

七、徐阶遭难，当学生的巧为保护 ………… 123

第七章　北境沿海皆平定　　128

一、结识戚李，全力支持大明战神 ………… 128

二、运筹帷幄，平定南方水盗 ………… 133

三、爷孙成情敌，一个妹子引发的"蝴蝶效应" ………… 138

四、抓住良机，促成俺答封贡 ………… 144

第八章　壬申政变成赢家　　150

一、隆庆宾天，大明政坛注定生变 ………… 150

二、不依不饶，高拱对冯保发难 ………… 152

三、风云突变，高拱就此告别官场 ………… 155

四、最大赢家张居正是否参与了政变 ………… 159

五、平台召见，一个新时代的开端 ………… 161

——下部——
江陵柄政

第九章　锐意革新无惧挑战 — **167**
- 一、唯才是举，不拘一格擢人才 — 167
- 二、王大臣案，尽力弥合平事端 — 171
- 三、联手辅弼，太后首辅配合默契 — 177
- 四、呕心沥血，元辅义务兼任帝师 — 179
- 五、配合默契，张冯实现"宫府一体" — 184
- 六、实施考成法，让官员戴上紧箍 — 187
- 七、整顿驿站，向既得利益者开战 — 191

第十章　运筹帷幄消除边患 — **198**
- 一、大臣巡边，有收获也有失落 — 198
- 二、重拳出击，弭平两广 — 202
- 三、紧锣密鼓，安定四川 — 206

第十一章　夺情风暴愈演愈烈 — **212**
- 一、文官上疏，挑战首辅权威 — 212
- 二、学生弹劾，带来严重后果 — 215
- 三、以退为进，靠辞职赢得主动 — 219
- 四、父亲离世，儿子左右为难 — 223
- 五、执意夺情，引发强烈反弹 — 226
- 六、"四君子"登场，引发广泛同情 — 230
- 七、午门廷杖，可否压制反抗之火？ — 235
- 八、行贿找打，邹元标致敬王阳明 — 238

第十二章　回乡葬父化解恩怨 — **246**
- 一、动身回楚，君臣依依惜别 — 246
- 二、行程紧密，不忘拜访故人 — 249
- 三、安葬父亲，见证人情冷暖 — 252

四、顺利返京，上疏自证清白 ⋯⋯⋯⋯⋯⋯⋯⋯⋯⋯⋯⋯⋯⋯ 255
　　五、不讲情面，翻案"长定堡大捷" ⋯⋯⋯⋯⋯⋯⋯⋯⋯⋯⋯ 260
　　六、高拱离世，老朋友力主恤典 ⋯⋯⋯⋯⋯⋯⋯⋯⋯⋯⋯⋯⋯ 263

第十三章　新政进入深水区 ⋯⋯⋯⋯⋯⋯⋯⋯⋯⋯⋯⋯⋯⋯⋯⋯⋯ **266**
　　一、治理两河，潘季驯泽被后世（上） ⋯⋯⋯⋯⋯⋯⋯⋯⋯ 266
　　二、治理两河，潘季驯泽被后世（下） ⋯⋯⋯⋯⋯⋯⋯⋯⋯ 269
　　三、清丈田亩，压力再大也不动摇 ⋯⋯⋯⋯⋯⋯⋯⋯⋯⋯⋯ 274
　　四、一条鞭法，助力明朝进入"白银时代" ⋯⋯⋯⋯⋯⋯⋯⋯ 281

第十四章　张居正与阳明后学 ⋯⋯⋯⋯⋯⋯⋯⋯⋯⋯⋯⋯⋯⋯⋯⋯ **287**
　　一、罢黜罗汝芳，提倡实学实用 ⋯⋯⋯⋯⋯⋯⋯⋯⋯⋯⋯⋯⋯ 287
　　二、毁禁书院，力推改革新政 ⋯⋯⋯⋯⋯⋯⋯⋯⋯⋯⋯⋯⋯⋯ 290
　　三、伯仁之死，何心隐的陨落 ⋯⋯⋯⋯⋯⋯⋯⋯⋯⋯⋯⋯⋯⋯ 295

第十五章　世间再无张江陵 ⋯⋯⋯⋯⋯⋯⋯⋯⋯⋯⋯⋯⋯⋯⋯⋯⋯ **300**
　　一、万历帝出疹，坚持不开戒坛 ⋯⋯⋯⋯⋯⋯⋯⋯⋯⋯⋯⋯⋯ 300
　　二、欲壑难填，君臣矛盾逐渐尖锐 ⋯⋯⋯⋯⋯⋯⋯⋯⋯⋯⋯ 302
　　三、请辞不许，只能鞠躬尽瘁 ⋯⋯⋯⋯⋯⋯⋯⋯⋯⋯⋯⋯⋯⋯ 306
　　四、孙海、客用事件，致使君臣误会更深 ⋯⋯⋯⋯⋯⋯⋯ 309
　　五、俺答去世，三娘子再嫁睦双边 ⋯⋯⋯⋯⋯⋯⋯⋯⋯⋯⋯ 312
　　六、溘然长逝，留下太多遗憾 ⋯⋯⋯⋯⋯⋯⋯⋯⋯⋯⋯⋯⋯⋯ 314

第十六章　终留英名在人间 ⋯⋯⋯⋯⋯⋯⋯⋯⋯⋯⋯⋯⋯⋯⋯⋯⋯ **319**
　　一、万历帝亲政，"倒张"全面铺开 ⋯⋯⋯⋯⋯⋯⋯⋯⋯⋯⋯ 319
　　二、端午抄家，酿成人间惨案 ⋯⋯⋯⋯⋯⋯⋯⋯⋯⋯⋯⋯⋯⋯ 323
　　三、理念不合，两大名人终成陌路 ⋯⋯⋯⋯⋯⋯⋯⋯⋯⋯⋯ 328
　　四、史笔如刀，王世贞靠《首辅传》复仇？ ⋯⋯⋯⋯⋯⋯ 332
　　五、大厦将倾，一代名臣终获平反 ⋯⋯⋯⋯⋯⋯⋯⋯⋯⋯⋯ 337

主要参考文献 ⋯⋯⋯⋯⋯⋯⋯⋯⋯⋯⋯⋯⋯⋯⋯⋯⋯⋯⋯⋯⋯⋯⋯⋯ **341**

后　　记 ⋯⋯⋯⋯⋯⋯⋯⋯⋯⋯⋯⋯⋯⋯⋯⋯⋯⋯⋯⋯⋯⋯⋯⋯⋯ **344**

上部

风积鹏举

第一章
聪慧少年蟾宫折桂

一、水漫厨房,江陵出了个张白圭

如果能够登上时空列车,穿越光阴隧道,我希望回到明世宗嘉靖四年[1](1525)的中国,去见证一个历史时刻的到来。

我不想去北京顺天府。十九岁的嘉靖帝朱厚熜,已经取得了"大礼议"的胜利,把不配合的首辅杨廷和送回了老家,把不听话的大臣们全体予以惩治,把各种不和谐的声音镇压了下去,把自己不按牌理出牌的个性发挥到了极致。嘉靖帝不会想到,一个自己在位时一直默默无闻的书生,居然会在孙子执政时期拥有那样大的权势。

我不想去开封府新郑县。未来的大明首辅高拱时年十四岁,正在社学(地方私塾)发愤读书。此时的他,已有了超越同龄人的扎实学养,更有了同学们无法理解的远大抱负。高拱不会想到,有人在他这个岁数就能中秀才当神童,受到巡抚接见,更在未来成为他的"一生之敌",让他深刻领会什么叫"既生瑜,何生亮"。

我不想去绍兴府山阴县。此时,中国的学术中心不在北京,而是在这个三线小城。五十四岁的王阳明处于半退休状态,王门弟子却遍布大半个中国,心学甚

---

[1] 本书以皇帝年号纪年,人物年龄取虚岁。

至成为一种显学。他已然知道自己会不久于人世，但也相信王学之火会燃遍神州大地。可王阳明不会想到，自己倾注一生心血的学说与书院，会因一位首相的政策而遭受重创。

我不想去松江府华亭县。因父亲去世，二十三岁的翰林院编修徐阶正在家乡守孝。五年之前，因结识了时任华亭县令的聂豹，并为阳明学说折服，徐阶毅然决定加入王门，从此一生秉承"知行合一"的理念。他不会想到，自己精心选择的接班人，固然可以青出于蓝，但和他走的并不是一条道。

我不想去南京应天府。王阳明的好友、留都国子监祭酒严嵩时年已经四十六岁，似乎这辈子也就这样了。看他庄重的神情举止、认真的学术态度、严谨的作息习惯，没有人会将他与史上著名奸臣联系在一起。严嵩不会想到，他这把年纪还能位极人臣；他不会想到，他终将变成自己平生最痛恨的那种人；他更不会想到，在首辅的位子上，有人比他坐得更长更稳。

如果严嵩在这一年死去，收获的只会是一片称赞之声。

应该死去的没有死去，必须出生的人就要出生了。我沿着长江逆流西行，在荆楚大地停了下来。

我要等的人就是他，我要见证他降临世间的一幕。国学大师梁启超说过，明朝有种种历史，政治家只有他这么一个。此话不免有些夸张，却有力彰显了此人的特殊地位。

这一天，是五月初五，全国人民都要吃粽子的端午节[1]。

初夏的阳光慷慨地照耀着大地，长江之上大小船只穿梭不息。湖广布政司[2]荆州府城江陵县（今湖北省荆州市荆州区）的一户普通人家里，所有人都在忙个不停，但并不是去参加龙舟赛。

少主人张文明的妻子赵氏到了临盆之际，一家上下难免又开心又焦虑。开心是将有新的生命降临，会给家族带来新的希望；焦虑是因为在那个年代，别说婴儿的死亡率很高，孕妇的安全也难以完全保证。

生一次孩子等于过一次鬼门关，此话绝不夸张。

---

[1] 一说张居正生于五月初三日。
[2] 大体相当于今天的湖北和湖南两省。

张文明这年二十二岁，他二十岁就成了荆州府学生员，有了秀才学历，但其实天分非常有限。妻子赵氏年方二十，这是他们的第一个孩子。在那个年代，孩子生得越早，小夫妻越有面子，一家人也越开心。

张文明的父亲张镇，此时正在辽王府做侍卫。一把年纪了还不能回家颐养天年，也是辛苦。

随着一声啼哭，张家所有人都松了一口气，母子平安！

更让人开心的是，新生儿还是个大胖小子。在封建社会里，传宗接代需要男孩，光宗耀祖也只能靠他们，女孩是入不了家谱的，就算当上皇后也白瞎。

"娘子，你说的都是真的吗？"张文明抱起儿子，小心翼翼地问。

"是啊，咱们……张家有福了！"赵氏太疲倦了，说话也有气无力，但表情非常开心。

据说，赵氏半夜醒来，眼前的一幕，把没见过多少世面的她直接吓呆了。整个屋子里充斥着耀眼的红光，直冲上天。

赵氏正惊恐间，更可怕的事情出现了。一个五六岁的青衣童子，直接从天上掉了下来。

这还不算完，小朋友绕着床顽皮地转来转去，赵氏挣扎着想坐起身来，小孩子又突然消失了。

看来，这是天上的神仙送子嘛。此事被张居正长子张敬修一本正经地记录在了《太师张文忠公行实》之中。真实性如何大家自行判断就好。

张敬修还严肃认真地宣布，他奶奶怀胎十二个月，才生下了父亲大人。这说法跟王阳明弟子吹嘘老师在娘胎里一呆十四个月有一拼，都是为了营造一种神秘色彩。

这一年是乙酉年，因此张居正属鸡。折算成阳历，他的生日是5月26日，因此是双子座。典型的双子座有着双面人格，可以集天使与魔鬼于一身。既踏实低调又放浪不羁，既可以相当固执又能够非常变通。成年之后的张居正，还真在一定程度上展现出了这种双面性格。

王阳明与张居正，可算作有明一代知名度最高的两位文臣，两人也有很多巧合之处。

他们都是家中长子，在娘胎里待的时间都超长，出生时间相差五十三年。王阳明活了五十七岁，张居正活到五十八，在当年都不算长寿，更别说在八九十岁老人相当普遍的二十一世纪了。

一个男孩的降生，可以寄予几代人的希望；一个男孩的成长，一定会倾注几代人的心血；一个男孩的未来，必然要承载几代人的梦想。

孩子既然出生了，肯定需要取名。据说，张文明的爷爷张诚微微一笑，以不容置疑的口吻说："这孩子就叫……张白龟！"

一家人全都愣住了，这是什么典故？

老太爷原本是个结巴，说话口齿不清，还得了个"謇子"的绰号。这次，他却难得利索了一回。不过，这名字似乎也不太好听。龟儿子，龟孙子，那可都是骂人的呀。等张诚费了老劲讲完自己的经历，所有人这才松了一口气，并纷纷点头，对老人取的名字表示赞赏。

原来，张诚昨天遇到一件怪事。

晚上，老爷子躺在床上，突然饿了。没有老伴照顾的他，也不想惊动孩子们，就自己提着灯笼，去厨房找吃的。

可刚走到院子里，张诚就发现灯笼根本派不上用场——天上的明月又圆又亮。奇怪啊，现在是月初又不是十五。张诚信步走到厨房前，刚推开门，却被一道强光刺得睁不开眼睛。

老爷子退后两步，定神一看，虽说他一向处乱不惊，还是感觉非常怪异。厨房之内满地是水，张诚的鞋子很快就被泡湿了。放在一角的水缸中，居然放射出了耀眼的光芒。老爷子走到近前一看，不觉惊呆了：刚才还挂在半空的明月，现在就躺在里面！

张诚正考虑要不要叫孩子们过来帮忙，转瞬之间，更不可思议的事情发生了。月亮变成了一只巨大的白龟，猛地从缸中跃起，直直地向老爷子扑了过来……

张诚惊叫一声，坐在了地上。他揉揉眼睛，发现自己还坐在床上，一切都还是老样子。原来是场梦。张诚正犹豫要不要把梦告诉孩子们，却传来了孙媳生产的好消息。老爷子非常激动。生平头一次，居然说话不结巴了。

天降白龟，这是大吉大利之兆！

张文明怎么说也是秀才，知道人不能叫龟。就建议采取折中办法：给孩子取名白圭。圭是美玉的意思。《诗经·大雅·抑》中有云："白圭之玷，尚可磨也；斯言之玷，不可为也。"大意是说，白玉上要是有了污秽，是可以磨掉的；言语之中要是出了错儿，就没法挽回损失了。所以要谨言慎行，低调做人嘛。

一家人盼望的是这孩子能健康长大，他们不会想到的，四十多年之后，这孩子就会让他们所有人、令整个县城、整个荆州、整个湖广为之骄傲。他们更不敢想象的是，这个孩子不仅光大了张家的门楣，还改变了整个中国的历史进程。

作为这家的老太爷，张诚并不是江陵当地人，而是从本省的归州迁来的。别看他是个外来户，却有着相当显赫的家世。只要听听其曾祖父张关保的籍贯，就知道人家不太可能是个普通人——南直隶定远县。

熟悉明朝历史的人马上会想到，这里距开国皇帝朱元璋的出生地凤阳很近啊。

张关保不单是洪武帝的老乡，还是红巾军里一名勇猛的战士。在那个风云际会的元朝末年，张关保不仅是时代的目击者，还是历史的参与者，不仅无所畏惧地投入战斗，还极为幸运地生存了下来。虽说没有特别显赫的战功，但他绝对对得起头上的红巾，也给上司留下了非常深刻的印象。

大明王朝建立之后，张关保被授予归州长宁所千户之职。在明朝，军户、民户和匠户是分开的。从此，定远老战士张关保离开了生养自己的故乡，来到了遥远而陌生的湖广；告别了农民身份，成了世袭军户。张诚则是张关保的曾孙。

张诚只是家中次子，无法继承袭正五品千户职位，而他做出的一个决定深深影响了后人，特别是曾孙张居正。张诚从归州迁居到了江陵县，正式转成民户，但也一下子变成了农民。

江陵是荆州府城所在地，处于"鱼米之乡"江汉平原西部。这里南临长江，北依汉水，东倚华东，西控巴蜀，有"七省通衢"的美誉；江陵距当年楚国的郢都纪南城不远，气候湿润，风景宜人，是画家提笔写生、书生泼墨作诗的理想场所。

当然，这里也是书香浓郁的文化热土、竞争激烈的科举基地。每隔三年，就有一拨年轻或者不年轻的读书人从这里崭露头角，奔向省城武昌或京师北京，跻身帝国官员的序列。

别看张文明中了秀才，其天赋是肉眼可见地有限。因此，他也"另辟蹊径"，在儿子身上倾注了更多精力与心血。

那么，小白圭会让他爹放心吗？

二、院试出色，雏凤清于老凤声

张白圭后来位极人臣，很多人可能以为，他从小肯定调皮捣蛋，这样长大之后才有出息嘛。但事实上，小白圭一直是标准的"学霸"，妥妥的"别人家的孩子"。而且，他的这种天赋展现得特别早。

两岁的一天，张白圭的奶奶带他到堂叔张龙湫家玩耍。这位叔叔家里没什么玩具，就把一本《孟子》捧了出来。没想到这小朋友见了之后却异常兴奋。他一开口，叔叔和奶奶就更兴奋了。

这孩子，还真是个神童啊。

原来，张白圭指着《孟子》中的某一行，奶声奶气地嚷嚷："王曰。"这俩字，正是前两天叔叔教他认的。都这么长时间了，他居然还能记得，还能挑得这么精准！

此后，小白圭的事迹就在府城里传播开来了。今天我们看来，这事多少有作秀和夸耀的成分，但之后的种种事情证明，张白圭的智商和学习能力，确实还是要超出同龄孩子一大截。

张白圭五岁时，老爹就把他送到社学读书。

那时候的小白圭，简直就是一台学习机器。读书练字对别的孩子来说是摧残是折磨，对他来讲是享受是乐趣，尽管难以理解其中的奥妙，但十岁的时候，张白圭就能熟读"五经"这样的大部头作品。

相比王阳明、戚继光童年生活的多彩多姿、奇遇连连，张白圭的同期经历只能说乏善可陈、黯然无光。他不是在读书，就是在去读书的路上，似乎是妥妥的书呆子。这样的孩子，你能相信他是日后的铁血首辅、大明权臣？

显然，张文明带给儿子的是填鸭式的应试教育，而不是全面开发潜能的素质教育。这样培养出来的孩子，除了善于背书，往往一无所长；除了坐在考场上自信，在其他方面往往相当自卑。

不过，当爹的能有更好的选择吗？何况，就连今天的父母也觉得，普通人家给孩子搞自由放任的"素质教育"，就等于放任他当一辈子的失败者。幸运的是，简单粗暴的强硬灌输，并没有扼杀张居正的才气与创造力，并没有将他变成没有个性、没有心机、不通世故的"两脚书架"。

嘉靖十五年（1536），张居正只有十二岁，张文明就急不可待地领着儿子来到荆州文庙，为的是参加院试。儿子考上了就是秀才，跟自己一样了。文庙就在江陵县城之内，爷俩也不用跑多远。

让十二岁的孩子考秀才，算不算是拔苗助长？要知道，小白圭的心智还根本不成熟，与他同场竞争的考生，很多人的年纪大得都能给他当爹了。

院试的主考官，通常都是知府亲自担任。当时荆州的父母官是李士翱。此人是嘉靖二年（1523）进士，与后来的内阁首辅徐阶同年。不过，李士翱的仕途并不顺利，他能在明朝历史上留下记录，还多亏了与张居正的缘分。

据说就在院试前夕，李知府梦见了玉皇大帝。玉帝老人家当场掏出一枚玉印，让他送给一个孩子，把李士翱搞得跟不上节奏了。院试考生基本上都是成年人，玉帝陛下这是玩哪一出呢？

在批改一份试卷时，李士翱很快被其文风所吸引，赞叹"此子当为太平宰相"，并与同考官达成共识，将试卷列为第一。当得知考生的身份时，知府大人不免又惊诧了一回，并得意扬扬地到处讲解他的梦。

同时，他还有了一个新打算。

取得第一的，正是年龄最小的张白圭，怪不得玉帝要让李士翱将玉印送给小朋友呢，太合理了。

不久，张文明带着儿子向知府答谢。寒暄片刻之后，李士翱突然建议道："令郎前程不可限量，不如就趁此机会，为他改个名字吧？"

张文明爷俩面面相觑。名字再不好，也是老太爷取的，不能说改就改吧。可眼前这位，县太爷都得归他管，他说的话不能不听啊。看着知府大人如此郑重其事，侃侃而谈，父子二人自然是被说服了，当场向李士翱行了大礼，以示感谢。

李士翱倒不是觉得"白圭"不雅，只是战国时期一位与范蠡齐名的大商人就叫白圭，宪宗成化朝有一位兵部尚书也叫白圭。李知府认为，这位小朋友将来的成就，很可能不在二位前辈之下，何必跟他们撞名呢？

既然能成为日后宰辅，处事就得秉公居正，不徇私情，不对吗？《公羊传·隐公三年》中有云："故君子大居正。"那么，改叫"居正"，字叔大，不好吗？

从此，张白圭就成了张居正。

当时，湖广学政田顼正好在荆州公干。听李士翱说起张居正的表现时，他也是非常吃惊，于是让人把张居正叫了过来。

"恭喜你考了第一名。听李大人说你是神童啊！"

"不敢不敢，知府大人过誉了。"小居正当然要谦虚一下。

"江陵古称南郡。你就以《南郡奇童赋》为题，现场作篇文章吧。"

这题目真有些强人所难了。即便小居正只有十二岁，他也知道"神童"只能由别人评说，不能自己吹嘘夸耀。那么，这文章应该怎么写呢？

小居正思索片刻，就摊开纸张，笔走龙蛇一口气写完，将文章恭恭敬敬地呈给田顼。据说，田大人看着看着，脸上不禁露出欣喜的神色。没等全部看完，他就对助手说："老夫愚钝，还从未遇到过如此聪慧的孩子！"

这篇文章并没有保留到现在，但张居正的名气，就在荆州府传播开来了。都说"出名要趁早"，可凡是读了点书的人，都不可能不熟悉"伤仲永"的反面案例。过多的荣誉压在一个小孩子身上，往往让他承受不起，迷失本心，陶醉在别人的夸耀中沾沾自喜，而放松了对进一步成长的要求。

那么，此后的张居正，还会有什么麻烦吗？

三、乡试不第，原来事出有因

别看张居正早早中了秀才，对学业却一点也不放松。这倒不是说这个岁数的他已经自律到了极致，而是父亲张文明管得严啊。别看他叫张文明，修理起儿子来，马上就成了张野蛮。

古往今来，无数父母打着"为你好"的招牌，疯狂侵犯孩子的个人自由，扼杀他们的兴趣爱好，最终导致孩子一事无成，还说是他们自己不争气。但张文明的棍棒教育，反而帮助儿子早早释放出了潜能。

嘉靖十六年（1537），是张居正第一个本命年。王阳明在十三岁时已随父进京，甚至被父亲定下了亲事，那么张居正呢？

八月，他跟随父亲第一次离开江陵，乘船来到了湖广省府武昌，参加三年一度的乡试。

踌躇满志的张居正，俨然一副小大人的模样，还挥笔写下了一首五言绝句《题竹》：

> 绿遍潇湘外，疏林玉露寒。
> 凤毛丛劲节，直上尽头竿。

一股豪情跃然纸上。寥寥几笔，就将竹的高洁与人的进取精神诠释得活灵活现。

"乡试"这名词显得很低调，更容易让人产生误解。事实上它从来不在乡下进行，更不是什么地方都有资格承办的——只有两京及十三省的首府才行。对于后者来说，这是它们能够承办的最为重要、最高级别的考试，其重要程度可想而知。

大明王朝的读书人有上百万，而每三年却只能产生一千到一千五百名举人，这举人的含金量太足了。这些幸运儿即使以后不能入朝为官，在地方上也都会有职衔，从此脱离劳动人民阶层，并成为富家大户的联姻目标。

明朝乡试在鼠、兔、马、鸡年举办。考试共分三场，从八月初九考到八月十六，考场是各布政司的贡院。在八天时间里，考生要在木板搭成的简陋隔间

（号房）里完成考试。除了两天（清场）之外，他们吃住都要在这里，待遇如同坐牢。

不过，此时的荆楚大地正值秋高气爽、金桂飘香，室外考试的困难并不算大。

张居正信心满满地进了考场，沉着镇定地答完了试题，给父亲的印象是志在必得，就等着家里张罗庆功宴了。但出乎多数人意料的是，小神童居然落榜了。

这算是张居正成长道路上的第一次重要挫折。张居正免不了失落了一阵子，但很快又看开了：毕竟自己是十三而不是三十，还输得起，还有很多机会。

再说，老爹不也同样失败了嘛。父慈子孝，抢在父亲之前中举也不好嘛。张居正继续埋头苦读，张文明继续严格督导，外面的世界无论多么喧嚣多么热闹，似乎跟他们都没有多大关系。

三年时间一晃而过。嘉靖十九年（1540）的张居正，已长成十六岁的小伙子。八月，他第二次跟随父亲来到武昌，第二次坐进了湖广贡院的格子间。

在这个岁数，张居正依然属于最年轻的应考者之列。该来的迟早要来，这一次，他很快在榜单上看到了自己的名字：全省第三十名。

十六岁的举人，比五百年后的十六岁博士还要难得，轰动效应不言而喻。但此时的张居正，却显得一点也不高兴——三十八岁的张文明又一次失败了。做儿子的，好意思撒欢儿庆祝，再办一个庆功宴吗？那情商也太低了。

当然了，以乡试的难度之大，就算四十岁通过，别人都会（真心而不是讽刺）夸你是个人才。比张居正大一轮的海瑞，不就是在三十七岁时考上举人的吗？五十岁中举根本不丢人——范进可以作证。不过，人家张居正是天才。

张居正少年中举，成为无数湖广学子倾慕的对象。在荆州府城内，他更是红得不好形容了。几乎家家都知道辽王府护卫张镇有一个神童孙子。上门道贺的固然络绎不绝，自告奋勇跑来做媒的，也能把门槛给你活生生踩断了。

是啊，按大明的传统，这岁数就可以定亲了。先下手为强嘛。

不过，张居正当时还真不在江陵。中举之后，他并没有马上返乡，而是去了承天府城（今湖北省荆门市钟祥市），拜见了正在那里公干的湖广巡抚顾璘。承天是嘉靖帝当年出生和成长的地方，顾大人奉皇上之命，正在监修著名的明显陵[1]。

布衣之家出身的张小神童，何以有幸结识如此位高权重的官员？要知道，他想拜见江陵县令，都不是非常容易的事情。

可说出来你还别不信，早在四年前，张居正就跟顾巡抚见过面了。

顾璘字华玉，号东桥，南直隶长洲（今江苏省吴县）人。他生于宪宗成化十二年（1476），比王阳明小四岁；孝宗弘治九年（1496）中进士，比后者还早了三年。两人交情不浅，王阳明曾给顾璘写过一封万言长信《答顾东桥书》，被后世传为美谈。

而和王阳明一样，顾璘也爱才惜才，特别注意提携后辈，并不看重他们的出身与门第。有一次，一位荆州官员上门拜访，带来了当地学子的文章合集。其中一人的作品，给顾巡抚留下了深刻印象。他当即决定，要去藏龙卧虎的荆州走一趟。

武昌府城江夏距江陵有四百来里，今天自驾走高速两个小时就能到，可当年顾璘却得在路上折腾好几天。他不想惊动当地官府，而是径直来到了荆州府学，想见见这位名叫张居正的才子。

让顾璘失望的是，府学里并没有人叫这个名字。"微服私访"没有玩好，巡抚大人不得不找到当地学政，这才知道自己要找的人，只是一个十二岁的小朋友。

"快，立即请这位小公子来见我！"顾璘愈发好奇了。

江陵县城不大。衙役很快就找到了张居正。十二岁的他，第一次要见这么大的官，会是什么状况呢？

此时，王阳明早已不在人间，而通过顾璘，明朝最知名的两大文臣，就这样有了间接联系。

"参见抚台大人！"小居正恭恭敬敬地下跪行礼，神色却并不慌张，让顾璘更有了好感。都说二十一世纪是看脸的世纪，十六世纪又何尝不是呢？看着这么白净秀气的孩子又这么斯文有礼，这么有才气，顾璘想必也有"唯楚有材，于斯为盛"之感慨了。

---

[1] 嘉靖帝的父亲、兴王朱祐杬之墓。嘉靖帝即位后，决定按皇陵标准予以扩建。

"如此年纪就能写出这等作品,真是荆州之幸,大明之幸。不过,你切记要扎实攻读,切不可投机取巧,浪费大好年华!"

"谨记大人教诲!"

"老夫这里有两个对子,很多人都没对好。你是否愿意一试?"这是要现场测试啊。

电影《唐伯虎点秋香》中,男主角与"对穿肠"的对对子大战,极尽夸张癫狂,想必让很多人印象深刻。但在有明一朝,对对子确实很流行。

"大人请讲。"

"雏鹤学飞,万里风云从此始。"

这也太没难度了。张居正几乎是脱口而出:"潜龙奋起,九天雷雨及时来。"对得是严丝合缝,没有破绽。

"不错。那我再出一联,你好好听着。"

"遵命!"

"玉帝行师,雷鼓旗云作队,雨箭风刀。"这上联的难度明显增大了,将"雷""云""雨""风"融了进去,非但很有气势,而且相当合理——玉皇大帝出兵嘛。不过,张居正思考了片刻,还是对了出来。

"嫦娥织锦,星经宿纬为梭,天机地轴。"

妙!张居正以嫦娥对玉帝,一阴一阳,以织锦对出兵,一内一外。星、纬、天、地放在句中也是天衣无缝。如果不是顾及巡抚大人的形象,顾璘恐怕都得当场拍手叫好了。当得知张家生活并不宽裕时,顾璘就拿出了五十两银子送给张文明,希望他好好培养儿子。

张文明听完之后欲哭无泪:您老这就把我放弃了吗?

可不久之后,他连这笔钱也放弃了。在张居正的建议之下,张文明依依不舍地将大部分银两分发给了当地的穷苦孩子,让他们有了继续读书的勇气与底气。张居正年纪轻轻就有这份胸襟,顾璘果然没有看错人。

要不怎么说张居正幸运呢,明朝中后期的官场可能不及宋朝开明,但惜才爱才、愿意充当伯乐的高官还有一些。常言道,一辈子得一贵人,足矣。可偏偏十三岁时的张居正,一下子遇到了两个。相比李士翱,顾璘的知名度和影响力当然要大太多了。

但是，为什么是张居正吸引了巡抚的目光，而不是别人，真的只靠一张小白脸吗？显然不是。长年勤奋读书带来的气质改变，在同龄孩子中稳重得体的谈吐，面对高官和长辈时的不卑不亢，都是顾璘欣赏他的原因。

不要埋怨命运总是垂青别人，而要想一想，自己为什么无法脱颖而出。不要总觉得别人看人下菜，而是要反思一下，自己有什么能值得别人关注的。不要吐槽成功者总是锦上添花，而是要努力先变成锦。

俗话说，要抱大腿，肯定要挑最粗的。但小居正和父亲都很清楚，民不与官交，贫不与富交。更不能利用与顾巡抚的关系，行一些不当之事。

第二年，张居正去武昌参加乡试之前，还有幸到顾璘府上拜访。后者居然在家里摆下宴席，款待这个平民家庭出身的小神童。

顾璘比张文明大二十七岁，可以给张居正当爷爷了，却有一个与小秀才年龄相仿的公子顾俊。顾璘让两个孩子坐在一起，似乎是想让儿子沾一点人家的灵气。当张居正向在座长辈敬完酒之后，顾璘也不失时机，让顾俊给小神童敬酒。

这还不算完。巡抚大人之后的讲话，把在座的所有客人都惊呆了：这是不是太夸张了点？

张居正自己，也完全不敢相信，甚至怀疑自己听错了。

原来，顾璘说的是："张公子，小儿才具平庸。将来你大展宏图之时，如果朝廷有用得着他的地方，他的才具也能胜任，还请对他略加提携。"

说这话的时候，顾璘表情严肃，完全不像在开玩笑。

我的天呐！人家顾俊可是标准的官二代，用得着保安大爷的孙子张居正照顾？当然了，后来的事实证明，这话还真的一点也不夸张。

喝完了酒，顾大人把张居正领到了自己的书房，并把腰间的犀带解下来交到他手中。顾璘相当郑重地说："古语有云，大器晚成。老夫却以为，这只是中材给自己找的理由。老夫希望你要有远大抱负，不要满足于做年少成名的状元郎，要做伊尹、吕尚那样的国之栋梁。"

可惜，这样的神童却乡试下第。三年过去了，顾璘的教诲依然音犹在耳，他时刻不敢忘记，不想辜负了恩公的信任。这一次顺利中举，他当然要第一时间拜见顾璘，向他当面汇报这个好消息。

百忙之中，顾璘依然能抽出时间，亲自主持酒宴为张居正庆功，可见他对这个小神童有多么重视。在酒桌上，所有来宾都盛赞张居正，让这位小朋友很不好意思。顾巡抚可能是喝大了，不经意间透露了一个小秘密，

张居正听了惊诧不已，如果他当时端着酒杯，杯子肯定要掉地下摔碎的。

原来，自己三年前未能中举，竟然是顾璘安排的结果！这又是何必呢？

当年主持乡试的是湖广按察金事陈束。当所有试卷批改完毕之后，陈束发现张居正的成绩非常好，中举是板上钉钉的事情。

但是，这颗钉子并没有钉上。一位姓冯的御史找到陈束，提出最好不要录取张居正，并说这是顾璘的意思。

巡抚并不能干涉考试结果，因此只能"建议"。陈束一开始也摸不着头脑，但官场混迹多年的他，知道自己应该怎么做。

而当张居正得知真相之后，又会是什么反应呢？

四、家庭遭变故，仇恨只能埋在心里

顾璘说出了三年前张居正落榜的真相。这位小举人生气了吗？记恨了吗？愤然离开了吗？

怎么可能。张居正又不是智商欠费。此时的他已然明白，这是顾大人怕他科场太顺，心浮气躁，让太多虚名压坏了进取心。再多三年的苦学，自己的根基才能更牢靠一些。有意经历一些挫折与磨难，日后的人生，能走得更加稳健。

这些道理，他十三岁时是很难想明白的，但十六岁时却懂了。经此之后，张居正对顾璘反而更加感激。

就在全力备战会试的当口，张家却出大事了。

张居正中举之后不久，爷爷张镇就突然去世，让他非常难过。此时，曾祖父张诚估计已不在人间了，但正史上并没有记录。

更让张居正愤懑的是，张镇并非自然死亡。甚至可以说，他是被人谋杀的。

凶手就在他们眼皮底下，但张家却不能报官，更不能报仇，只能守在自家简陋的灵堂里痛哭。人生最大的悲剧，莫过于此。谁让他们惹不起凶手呢？

说实话，就算顾璘出面，也未必能管到他们。更何况，张居正并不想惊动顾

大人。

爷爷是被辽王府的下人抬回来的,到了家已经不省人事。他们说,辽王特意请张老护卫喝酒,因为酒好,老张就喝了太多,结果就成现在这样子了。

可真相就这么简单吗?一个活人,就这样死了?

人穷,就可以随便被人欺负吗?

人善,就可以这样任人宰割吗?

最难过的无疑是张居正。他知道,不是因为他的名声,爷爷不会成为辽王的出气筒;不是因为他的中举,爷爷不会以如此屈辱的方式死去。

一个堂堂辽王,干吗要和张家较劲,跌不跌份呢?

当时的辽王名叫朱宪㸅,是初代辽王朱植的七世孙,与张居正同龄。辽地不应该在东北吗?荆楚大地,怎么会有辽王?

朱植是太祖朱元璋的第十五子,起初被封为卫王,洪武二十六年(1393)改封辽王,封地在辽东都司广宁卫(今辽宁省锦州市北镇市)。建文四年(1402),成祖朱棣靖难成功之后,将朱植改封江陵。嘉靖十六年(1537),辽庄王朱致格薨,小妾所生的朱宪㸅承袭了王位,但实权掌握在嫡母毛妃手中。

人和人的差距,有时候真的很大。别看朱宪㸅锦衣玉食,学业表现却相当平庸,一再令毛妃头疼上火。张居正却是荆州城里远近闻名的神童,更是在十二岁就中了秀才。为此,毛妃特意安排朱宪㸅接近张居正,希望儿子能受点熏陶,提高一下孱弱的学习能力。

为了刺激朱宪㸅能够奋发,毛妃真是挖空心思。有一次,她请张居正来家里吃饭,特意吩咐小辽王陪坐在下首,用这种方式来刺激他。

看着朱宪㸅依旧浑浑噩噩,毛妃就更加直言不讳了。据说有一天,她这样提醒小辽王:"你如此不求上进,早晚有一天,就得被人家张居正牵着鼻子走!"

这番恐吓显然过于夸张。就算张居正将来能当上首辅,见了亲王还得下拜行礼,哪有能力这般操作猛如虎?可智商欠费的朱宪㸅还真信了,还真对张居正有了恶感,更对给他家看家护院的张镇越发厌恶。

于是,朱宪㸅摆下一桌酒菜,特意请张镇过来,说一是感激他这些年的出力,二是祝贺他的宝贝孙子中举。张镇平时就喜欢喝酒,此时当然非常开心,很快就喝高了。

小辽王一杯一杯地劝酒（自己当然不喝，当他真傻啊？），张镇只能一杯一杯地奉陪。到后来，老人家实在喝不动了，想起身告辞，可哪有这么便宜的事体？朱宪㸅让侍卫架住张镇，举着酒杯就往他嘴里强灌。看着老人无比痛苦的表情，小辽王相当开心，似乎觉得张居正被自己踩在脚底下了。

张镇被送回家时已奄奄一息，此时再找大夫也根本不起作用了。搞清事情的来龙去脉之后，一家人都极度伤心，无比愤怒，特别绝望。

而最为难过的，可能正是刚刚获得举人身份的张居正。

成绩再好有什么用，神童之名有什么用，举人资格有什么用，在权力面前，这些都不堪一击。

我要报仇！这是他发自心底的呐喊。

我要隐忍！这是一个成熟男人的选择。

我要掌权！这是痛定思痛后的决心。

冲动是魔鬼。愤怒可以装在心里，但不能挂在脸上，更不能用毛笔在脸上写出"我要报仇"四个大字，以此随时提醒自己。

相反，此后再见到朱宪㸅之时，张居正更加谦虚低调、进退得体，让对方挑不出什么把柄。朱宪㸅本就是个纨绔子弟，岂能猜出与自己同龄的张神童心里到底在想些什么。

原本年底就得上京赶考，可张居正哪有这个心思，他要为爷爷守孝。生平第一次会试，就这样轻易被放弃了。否则，张居正完全有可能创造十七岁中进士的纪录。而正是在这次辛丑科会试，后来与他交往颇多的一位重臣顺利成为进士，还光荣入选庶吉士。

张文明守孝满二十七个月之后，长子可就十九岁了。此时张家最重要的事情，当然就是为张居正完婚。

当然，以他此时的名望和举人身份，根本不可能找不到媳妇。他随时可以轻松告别单身，与一位门当户对、知书达礼的小姐喜结连理。先有洞房花烛夜，再有金榜（特指会试）题名时嘛。

张居正以铁血首辅的形象载入史册，但关于他情感生活的资料，实在是少得可怜。笔者翻阅了大量文献，才发现张居正的结发妻子姓顾，但应该不会是顾璘的女儿——张家的地位还完全和人家匹配不上。

成家之后，有了妻子的悉心照顾，感受了生命中最大的快乐，体会到了做男人的福祉，张居正自然能以更加饱满的热情投入复习备考之中了吧？

五、会试突围，还有更多挑战

嘉靖二十三年（1544）元旦[1]，京城湖广会馆中来来往往的客人之中，多了一位身材瘦长、眉目俊朗的年轻人。

上年腊月，张居正就来到了北京，备战即将到来的会试。这是他生平第一次出省，第一次来到北京。他应该也不会想到，自己与北京之间，会有那样特殊的缘分。

日后与张居正有不少交集的两位才子王世贞（南直隶太仓人）和杨继盛（北直隶容城人），也将和他同场竞技。

有明一朝，会试在牛、龙、羊、狗年的二月初九至十六日举行，比乡试正好晚半年，又叫"春闱"。不过，此时的京师正值隆冬，白天温度通常都在零度以下了，晚上更不用说，哈个气都能结冰。举子们露天考试，困难和挑战可想而知。即便隔间有火盆，但作用实在有限。一不小心，还能把号房给点着，制造出轰动新闻。

嘉靖二十三年是甲辰龙年，是开国皇帝朱元璋的本命年。整整二百年前，这位大明开国皇帝离开了家乡的皇觉寺，开始了传奇的游方（讨饭）生活，这是他的一小步，也是明朝历史的一大步。

再过整整一百年，大明帝国就要走到终点了，当然举子们肯定不会知道。

心学圣人王阳明如果在世，将迎来七十三岁本命年生日。可惜，他已告别人间十六年了。而他最要好的朋友湛若水这年已经七十九，却依然活得有滋有味，甚至还要再活十六年。

张居正的第一次会试，终究以失败告终。不过，他对此倒表现得非常淡定。后来，在写给三子张懋修的信中，张居正坦然地说出了落第的原因。

---

[1] 明朝的元旦是正月初一。

原来，在过去三年里，他虽是一直忙于读书，但却把大量时间花费在研读考试范围之外的经典名著，特别是汉唐那些研讨治国之道的文章上，而在八股文训练方面投入的精力不多。即"弃其本业，而驰骛古典"。

张居正有些低估了科举的难度，高估了自己的实力，认为区区一第，唾手可得，不用准备太长时间。

结果，现实却给了他一次不大不小的打击。要知道，他是在和两京十三省最顶尖的精英同场竞争，别人也都不是吃素的。好在他还年轻，还有大把机会。

第二年，一则噩耗从长洲传来，令张居正特别难过。恩公顾璘在家乡辞世，享年七十岁。

顾璘赠送的犀带，他一直放在身边，时时提醒自己。

顾璘曾经的关心、帮助与鞭策，他从来不敢忘记。

顾璘叮嘱他照顾幼子的事情，他更是要记在小本子上。

张居正反复提醒自己，一定要更加努力，不能让恩公的在天之灵失望，不能让爷爷白死，更不能让张家上上下下多年的努力与期盼白费。

嘉靖二十五年（1546）年底，带着书童游七（即游守礼），张居正再一次来到京城。

转过年是丁未羊年，三年一度的会试之期。二月初九日，三年前一同败北的张居正、王世贞和杨继盛，同其他上千名举子一道，又开始奋战在贡院的格子间里。

失败是成功之母。这一次，三位年轻人显然都有了更多经验，也有了更多底气。接连八个白天的辛苦、持续七个夜晚的煎熬之后，三人都交上了令考官满意的答卷。之后不久，他们都在皇榜上找到了自己的名字，赢得了殿试资格。

不过，张居正仅名列一百六十，这成绩自然不会让他满意。

也许是命运喜欢垂青长得好看之人，也许是之后的准备更扎实，在三月十五日的殿试中，张居正表现沉稳，给亲自主持殿试的嘉靖帝留下了不错印象，最终名次也大大提前——二甲第九名。

也就是说，在当届录取的三百零一位进士和同进士出身中，他高居第十二。

张居正这科举成绩，比当年的王阳明也并不逊色。后者也是中举之后七年才中进士的，最终列二甲第七名。不过，当时他已经二十八岁了。

嘉靖二十六年，无疑是明朝历史上非常重要的一年。只因当年的会试，入选了一大批青年才俊。熟悉NBA的人都知道有个"96黄金一代"，科比、艾弗森和纳什等现象级巨星在这一年进入联盟，引发媒体疯狂追捧。可球星再厉害，影响的无非是篮球比赛的输赢和冠军的归属。但嘉靖二十六年"黄金一代"之后所影响的，却是这个庞大帝国的发展走向，以及无数大明子民的未来命运。当科进士中，张居正是大明第一首辅，状元李春芳也在隆庆朝出任首辅。王世贞成为文坛领袖和大学问家，杨继盛因冒死弹劾严嵩而为后人敬仰。其他在明史上能占有一席之地的，还包括和高拱较量过的内阁大学士殷士儋，平定两广叛乱的南京兵部尚书殷正茂，做到应天巡抚的宋仪望，当过两广总督的凌云翼，戚继光的好哥们、著名戏曲家汪道昆，明末大才子张岱的高祖张天复，等等。真可谓是人才济济，星光灿烂。

盘点整整一千三百年（605—1905）的中国科举史，有三个年份最为重要。一是宋仁宗嘉祐二年（1057），二是明世宗嘉靖二十六年（1547），三是清宣宗道光二十七年（1847）。

嘉祐二年被视为史上最强科举年，这一年中进士的包括苏轼、苏辙、曾巩，在唐八大家中占据三家；理学家程颢、程颐兄弟和表哥张载，占据理学"北宋五子"之三。此外，曾布、张璪、郑雍、梁焘、吕惠卿、章惇等都做过宰相或副宰相。王韶则成为一代名将。

道光二十七年与嘉靖二十六年相隔整整三百年，同样是丁未羊年，在这一年脱颖而出的进士中，成就最大的当然非李鸿章莫属。他殿试成绩为二甲第三十六名。其他佼佼者还包括著名外交家郭嵩焘、闽浙总督沈葆桢、洋务运动领袖沈桂芬，张之洞的哥哥、做到大学士的张之万，两江总督马新贻等。其中，很多人都有在曾国藩湘军幕府中做幕僚的经历，可以说，是太平天国运动给了更多汉族读书人奉献聪明才智的机会，是爱才惜才的"曾剃头"让他们脱颖而出。

而三百年前的这批进士之所以星光熠熠，少不了他们其中一人的提携。

朝廷特意在礼部举办了隆重的恩荣宴，款待这些未来的国之栋梁。生平第一次参加这种规格的宴会，张居正当然非常开心，对自己的未来也有了更多憧憬。

明朝建立于戊申猴年，当时全国人口仅有五千万左右，经过三个甲子的发展，到了张居正应举的丁未年，据何柄棣等学者推算，全国真实人口可能已经达到了一亿五千万，甚至两亿，读书人数量自然也增长了若干倍。

但会试依然只是三年一次，每次依然只录取三百余名进士和同进士出身。虽说这个身份含金量十足，但名额过少，势必将一大批有才华的读书人排除在外。论诗文才华，归有光、徐渭和张岱等人肯定在张居正之上，只是他们不太适应科举的游戏规则，因此也就终身与进士无缘。

按照大明制度，状元李春芳任翰林院从六品修撰，榜眼张春和探花胡正蒙任正七品编修，他们的前程自然比普通进士要光明不少。而其他二百余人，还要经历一次考试，以决定能否进入翰林院成为庶吉士。被淘汰下来的，要么安排到六部观政（实习），期满后安排工作；要么外派地方，直接出任正七品知县甚至从五品知州。

庶吉士被誉为"储相"，未来有很大的机会能进入内阁，是一份让自己骄傲、令同行眼红的职业。当然，相比会试，馆选不会实行严格的糊名制，可操作的空间不小。一些有志于点翰林的积极分子，早就提前活动布局了。

张居正当然不是书呆子，当然想进翰林院，当然知道大明的传统是"非进士不入翰林，非翰林不入内阁"。虽说嘉靖朝已经有过张孚敬（即张璁）和夏言这样没当过庶吉士的首辅，但那毕竟是特殊时期的小概率事件，很难复制了。

不过，张居正也很清楚，自己的这点银子，根本就不够送礼的。

如果顾璘还在人间，兴许会给他提供一些帮助，可惜，恩公已经长眠于地下了。偌大的京城，自己没有任何后台，甚至没有任何朋友。与其瞎折腾，还不如安下心来看书，把能够把控的一面做好，真的比像没头苍蝇到处拉关系强。至于最终能不能入选，顺其自然吧，反正最差的结果，不都已经是七品县令了吗？

抱着一颗平常心，张居正走进了馆选考场。而最终的考试结果，又能让他兴奋很长时间了。在二十八位新科翰林中，张居正成功占据了一席之地。

官二代王世贞和富二代汪道昆，却被挡在了翰林院大门之外。他俩在京城的资源人脉，是侍卫的孙子张居正根本不敢想象的；今天我们看来，这两位的文学才华都在张居正之上（有其作品为证），不能进翰林院深造，显然相当可惜。

至于出身比张居正还苦的杨继盛，当不了庶吉士也很好理解。

你若盛开，清风自来？这样的鸡汤当然少喝为妙。张居正能够入选，当然有运气因素。但也许更重要的是，他还有其他多方面的优势。

首先，张居正的殿试成绩是二甲第九名，馆选考试也发挥出色。无论策论还是诗赋，他都展现出了相当的功力，在同龄人中说不上"鹤立鸡群"，至少也是佼佼者，自然容易受考官赏识。

其次，张居正此时仅有二十三岁，远小于大明进士的平均年龄。年轻就有潜力，有成长空间，有无限可能。相同条件下，考官当然愿意提拔年轻人。

再次，以张居正的长相，想成为京城名伶固然不太现实，但在普通人之中还是相当突出的，说是"英姿伟岸""玉树临风"并不夸张，非常符合"储相"的形象气质要求。

最后，张居正出于布衣家庭，和王世贞、汪道昆他们看似没得比，但别忘了，人家在湖广早就有"小神童"的美誉，有十二岁中秀才、十六岁中举的佳话呢。再说了，顾璘在京城中的故交，未必没有起到任何作用。

张居正高中进士并入选翰林院的消息传到荆州，张家上下自然是乐开了花。但有一个人，内心却产生了强烈的失落感。

此时，张文明已经连续考了七次举人，均以失败告终；而他的长子，却在区区二十三岁时，不光进士及第，还敲开了翰林院的大门，坐到了他爹做梦才敢想象的好位置上。

已经四十五岁的张文明照着镜子，看着日渐稀少的头发和日益深重的皱纹，做出了一个艰难的决定。

我再也不去府学读书，不当老秀才，不备战科举了。从今天开始，我就是我，是不一样的庶吉士……他爹！

不和自己较劲，这就对了。

话说回来。纸上得来终觉浅，绝知此事要躬行。作为一个二十出头的大孩子，张居正尽管饱读诗书，也从史书中读出了官场斗争的复杂、官场阴谋的残酷、官场生存的艰难，但想要在京城站稳脚跟，他需要学习的还非常多。

他只是科举考场上的天才,并不是官场上的天然赢家。在京城里,随便一个低级官员都能让他吃不了兜着走;随便一个政治阴谋都能使他麻烦缠身;随便一句不得体的玩笑,都能让他树敌;随便一次不够明智的站队,都能毁了他的前程。不用别人使劲踩,他都可能永远爬不起来。

初入官场的他,怎样应对这些波折与挑战呢?他还有没有福气,再遇到一个顾璘式的贵人呢?

第二章
在失意中一路前行

一、人微言轻，却得到贵人赏识

张居正以"万历首辅"闻名后世，他五十八年的生命历程中，有四十二年却都是在嘉靖朝度过的；张居正的改革也并非沙滩上起高楼，而是继承了徐阶和高拱等前辈打下的基础。

人的一生其实不长，最关键的机遇就那么几次。今天我们看来，在面临人生的重要抉择之时，张居正几乎每次都完美地跟对了人，踏对了步点，做对了选择，运气好得让同行眼红，让对手发疯，让后人膜拜。

但是，这何尝不是他智商与情商的综合体现，是他沉毅稳重却不乏谋略的性格使然，是他无惧困难、敢为人先的精神所成就的？

明朝的庶吉士，主要工作依然是学习。在两年半时间里，庶吉士们要熟悉历朝典章制度，掌握朝廷公文处理技巧，培养未来为官处世的能力。平心而论，他们的学习压力并不大，也不需要"绩效考核"，只要没有严重的失职行为，"散馆"（类似博士后出站）之后，就能有一份体面的工作。

从三线城市荆州来到天子脚下的"小镇做题家"张居正，当然知道在京城拓展人脉、编织关系网的重要性，当然明白没有靠山，再满腹经纶也很可能得靠边站，再才华横溢也不如官二代身份好使。更何况自己并非绝顶聪明，文章也远非一流。

但张居正同样清楚，以他相对贫寒的家境和相当微薄的薪水，想混进京圈，和权贵子弟们称兄道弟、把酒言欢，无疑是极其困难的。有些圈子，真不是能强融进去的。有些朋友，真不是说交就能交到的。贸然去加好友，得到的往往是一鼻子灰。

所谓的交情，往往都是利益交换。当自己无法给别人提供核心价值之时，将大把时间用在交际上，不就是妥妥的"无效社交"吗？今天很多草根折腾半生，三四十岁才幡然悔悟的道理，二十三岁的张居正早就洞若观火了。这不能不说是水平，不服不行。

因此，年轻的张居正，依然和在荆州一样埋头读书，而不是整天忙着参与各种饭局和应酬，升级自己的朋友圈。因此，这位被后世某些学者解读成"权谋高手"的名臣，居然会显得有些不太合群。

相比之下，官二代王世贞就活跃太多了。他未能进入翰林院，只是在大理寺观政，但因诗文出色，很快就在京城小有名气了。同年[1]李先芳与高岱等人组织了一个诗社，为了提升知名度，他俩盛情邀约王公子加入，也不怕风头都被人家抢完了。

王世贞很快成为诗社里的核心人物，饭局应酬络绎不绝。他出手阔绰，才思敏捷，席间多有出口成章的佳句，很会活跃气氛。

见张居正终日埋头读书，王世贞真是着急，就想把他带进圈子（让他跟自己混）。

"叔大兄，明晚有个诗会，京城不少贵公子要来（当然少不了佳人相伴），你也一起吧？"

"谢过元美（王世贞字）兄，我这边有事走不开，下次吧。"

王世贞岂能看不出来他是不想去，也就不会有下次相邀了。当然，对一些人来说，觥筹交错、美女助兴的派对是浪费生命，对王才子来讲，却是创作灵感的重要来源。他很享受这样的生活。

---

[1] 同一年考中进士的举子。

尽管此时的张居正很不起眼，也不热爱交际，有人却在人堆里一下子记住了他，并给他提供了很多帮助。

只是因为在人群中多看了你一眼，再也没能忘掉你容颜。

他正是张居正五十八年的人生旅程当中，继李士翱和顾璘之后的第三位贵人，显然也是最为重要、最不可或缺的贵人。我们完全可以说，没有他的慧眼，张居正的人生注定会大不相同；没有他的照顾，就没有张居正在万历初年的大展宏图。

此人大家都认识。他就是有"大明第二首辅"（笔者排的）美誉的徐阶。此人矮小白皙，面容和蔼，看似与世无争，但心机与谋略却是任何人都不能低估的。

张居正中进士这一年，徐阶的职务是吏部左侍郎兼翰林院掌院学士。四十五岁能做到正三品，徐大人已经非常厉害了。那么这岁数的张居正呢？后面我们会看到。

弘治十六年（1503）九月三十日，徐阶出生于浙江布政司处州府宣平县（今属丽水市）。十一岁时，他随父亲徐黼回到了家乡——南直隶松江府华亭县（今上海市松江区），并在这里长大成人，度过了十年求学时光。

其间，徐阶先后考取了秀才和举人，并拜在阳明弟子聂豹门下学习心学。当时，王阳明已经致仕[1]，并在家乡绍兴府山阴县开班教学，但徐阶应该并没有前往山阴"朝圣"，只能算是王阳明的私淑弟子。

嘉靖二年（1523）二月，二十一岁的徐阶来到京师，首次参加会试。他发挥出色，取得了一甲第三名的好成绩，从而跳过庶吉士阶段，直接当上了正七品的翰林院编修，成为无数人羡妒的"储相"。

徐阶的身前似乎铺好了一条金光大道，等着他吹着口哨走过去。然而命运之神却展现了其残酷的一面。嘉靖九年（1530），因忤逆权臣张璁，徐阶被发配到福建延平府任推官，前程似乎再无指望。

不过，之后徐阶的经历却足够励志。他扎根山区，工作卓有成效，得以升迁

---

[1] 官员因年老或生病辞职回乡。

为浙江按察佥事和江西学政。

嘉靖十八年（1539）五月，因时任首辅夏言的慧眼，徐阶得以重返京城，担任司经局洗马兼翰林院侍读学士。之后，他先后担任了国子监祭酒、吏部左侍郎等职，终于成为朝廷大员。

和顾璘一样，徐阶特别惜才爱才，杨继盛在考中进士之前，曾在国子监深造了一段时间，并得到了徐阶的悉心指点。张居正的综合素质远超杨继盛，徐阶又怎能看不出来呢？因此，他自然要单独见一下这位湖广才子。

"叔大，《翰林院读书说》写得很不错嘛，看得出，你志向远大！"

张居正感觉脸上有点发烧。他甚至搞不清楚，徐阶是在称赞还是警告。在大明官场，"志向远大"未必是合格下属的作为，"得过且过"往往才是混社会的标配。

"没想到先生居然看到了，学生才疏学浅，一时兴起之作。"

"以眇眇之身，任天下之重。好啊，年轻人就应该有如此抱负。听说顾东桥老先生在世时，就对你的才学非常欣赏。"

听徐阶提起顾璘，张居正的鼻子猛然有些发酸，他克制着不让眼泪流下来："先生过誉了。顾老的知遇之恩，晚辈此生永远不忘。"

"就因顾老的看重，你始终不忘他的点拨，点了翰林还依然天天苦读？"

"也不全是，"张居正想起了死去的爷爷，"学生出身寒门，资质愚钝，唯有多下些笨功夫，才有振兴门楣的希望！"

"哈哈，听说你不愿与同年交往，显得不太合群？木秀于林，风必摧之。切不可让自己显得过于孤傲。"

"这……"张居正的脸上有点发烫了，他站起身来，毕恭毕敬地长揖到地，"学生疏忽了，多谢先生提醒。"

"不用这么紧张。你的努力老夫都看在眼里。听说你对本朝典章制度、法令条文非常熟悉。很好啊。当下正值内忧外患之时，多一些你这样的年轻人，朝政才有希望。"

"学生不忘先生教诲。"

此后，张居正对学业更加积极刻苦，他也适当调整了自己的业余生活，注意与同僚交往，避免显得不太合群。

翰林院里还是风平浪静，内阁里却已血雨腥风。这又是怎么一回事呢？

二、嘉靖独断，严嵩夏言遭际各异

在洪武帝朱元璋执政期间，官员是个高危职业，许多文臣武将成为大清洗的牺牲品。但自打永乐帝朱棣靖难成功之后，政治环境日渐开明，除开"夺门之变"等特殊时期（英宗杀害兵部尚书于谦与大学士王文），其余大部分时间里，官员们的日子还是相当舒服的，虽说薪水普遍不高吧，或多或少都有些灰色收入，皇上也是睁一只眼闭一只眼，不会太过计较。

但嘉靖帝的上台却硬生生开启了一个恐怖时代，品阶再高的官员说杀就杀，贡献再大的老臣说死就死，皇上还喜怒无常，不好伺候。

嘉靖帝是大明王朝继永乐帝之后，第二个由藩王入继大统的皇帝，也是实际掌权时间最长的君主。

相比永乐帝提着脑袋搞了三年靖难的艰辛，嘉靖帝就是白捡了一个世界上最大的帝国。

正德十六年（1521）三月，武宗朱厚照病逝，终年三十一岁，没有留下一个直系后裔。首辅杨廷和与张太后商议之后，决定迎立兴王朱祐杬（武宗之父孝宗朱祐樘四弟，封地在湖广安陆州）的独生子朱厚熜为帝。

朱厚熜即位后，改次年年号为嘉靖。这一年嘉靖帝年方十五，杨廷和等人以为他好对付，还想让他认孝宗为亲爹，把生父朱祐杬认成皇叔。没想到嘉靖帝不是省油的灯，愣是与群臣抗争了三年，掀起了一场轰轰烈烈的"大礼议"运动，并成功地实现了自己"继统不继嗣"的目的。

作为外来户的嘉靖帝为了赢得民意，打击异己，重用出身草根、仕途坎坷的张璁、桂萼等"大礼新贵"，在政治、经济和军事方面实施了一系列改革措施。如整肃科举、裁汰冗员、打压宦官，等等。不过一旦政局相对稳定，嘉靖帝就露出了本来面目。

嘉靖帝打小信奉道教（这和明朝大部分皇帝不同），并把这种信仰带到了北京。嘉靖二年（1523），他就开始在紫禁城中大搞斋醮活动，让各类道士尽情表演。之后，嘉靖帝又在宫中安炉炼丹，追求长生不老，也不想想之前有几个人能修成正果。为了能炼出特殊的丹药，他就变着法儿折腾宫女。大臣上疏劝诫，得到的回报往往是一顿廷杖。

嘉靖二十一年（1542）十月十九日，以杨金英为首的十多位宫女，趁皇帝熟睡之机潜入曹端妃住处，试图用绳索活活勒死正呼呼大睡的嘉靖帝。可惜一帮娇弱的宫女谋杀经验严重不足，加上过于紧张，居然把绳索打成死结，这才让嘉靖帝逃过一难。作案者被尽数抓获，遭到了凌迟之刑。而被匆匆认定为"同谋"的曹端妃和王宁嫔也被斩首。

堂堂一国之君，居然差点死在一群宫女手下，属实丢人现眼。更搞笑的事，嘉靖帝崇信道教，本应清静无为，远离"女色"，但他这方面的需求却非常强烈，还时不时搞出一些附加节目。不是被逼到生无可恋，宫女们也不会走出这一步的。

俗话说，家丑不可外扬。可没过两天，恢复健康的嘉靖帝居然郑重地祭告太庙，生怕知道的人太少。这一年为壬寅年，刺杀行动被冠以"壬寅宫变"。

"乾清宫，朕是万万不能住了！"

劫后余生的嘉靖帝，从此对威严气派的紫禁城有了心理阴影，很快搬到了西苑（今中南海）的永寿宫，打算专注修道，争取能早日长生不老。表面上看，国家大事都甩手给了内阁，其实大事还得皇帝做最后决断。

也正是在嘉靖朝，内阁位居六部之上的地位被正式确立。而大学士中排名第一的，从这时起才成为了真正的"首辅"。一定程度上说，首辅"无相之名，有相之实"。排名第二的则为次辅。

嘉靖帝此举，不仅违背了洪武祖制，更为愈演愈烈的内阁混斗提供了舞台。先有张璁赶走杨一清，后有夏言驱逐张璁，每一个首辅的上位都要经历严酷的斗争。也许这就是嘉靖帝要的效果，唯有文臣们咬个不停，他这个作为最后仲裁者的皇上方能立于不败之地。

明朝的内阁大学士，通常有四殿二阁的区别，这排名是分先后的。四殿是华盖殿、谨身殿、文华殿、武英殿；二阁是文渊阁与东阁。

一般来说，华盖殿大学士即为首辅，谨身殿大学士为次辅，其他人为群辅。

但也千万别被误导了。所有大学士都在文渊阁办公，而不是按各自的头衔分布各处。

之后，无论官场还是民间，都习惯将入阁称为"拜相"。朝廷对此也是睁一只眼闭一只眼，并不禁止。当然，中国历朝历代的"二把手"，还真没有叫"宰相"的。

张居正当上庶吉士这一年，内阁首辅还是夏言，次辅是严嵩。可就在第二年，严嵩成了首辅，而夏言居然被弃市（公开处斩）了。

对位极人臣者，居然说杀就杀，可见嘉靖朝的政治空气多么肃杀。这一年，正好是明朝建立一百六十年。一个半世纪以来被公开处决的二把手，也仅有洪武朝的左丞相胡惟庸，以及嘉靖朝的夏言。

严嵩是江西分宜人，生于成化十六年（1480）；夏言是江西贵溪人，生于成化十八年（1482）。严嵩中进士比夏言早四科，但后者政务能力太强，以至于严嵩要长期当人家的下属。

但夏言为人过于孤傲，在朝中树敌太多；在内阁里对待同僚，简直就像主人指挥家仆，你说别人能乐意吗？

严嵩处世却相当圆滑，对谁都是一副笑脸。用今天的话说，人家就是情商高会来事。但就施政水平来说，他与夏言差距明显。

嘉靖帝既欣赏夏言的办事能力，又讨厌他的性格。因此，夏言先后四次担任首辅，每次只要回来，就牢牢压制住严嵩，令后者很不舒服。

嘉靖二十三年（1544）八月，首辅翟銮因二子卷入当年科场舞弊案而被革职为民，严嵩首次晋升为首辅。但第二年十二月，夏言第四次出任首辅，严嵩只能退为次辅。

很多人以为，夏言是被严嵩害死的，但这显然没有抓住问题的实质。能杀夏言的只有嘉靖帝，严嵩不过是当了一回"背锅侠"。

上有所好，下必甚焉。嘉靖朝最为后人"称道"的，恐怕就属"青词宰相"的扎堆出现了。在斋醮仪式上，道士需要焚烧一些祭告天神的奏章表文，一般为骈偶文。这些文章用朱笔写在青藤纸上，称为青词。

起初为了表示诚意，嘉靖帝还要自己写，后来实在力不从心了，他就让朝中大臣代劳。其中表现突出的，往往就能晋升为六部尚书甚至大学士。这实在是升官发财、实现自我价值的一条捷径。严嵩、夏言、徐阶、袁炜、李时和李春芳等人能进入内阁，很重要的一个共同点，就是他们都擅写青词。

严嵩未必是写得最好的，但一定是态度最认真、表现最积极、谄媚最用心的。要不然，也不会得到嘉靖帝那样厚爱。相比之下，夏言的配合就不那么到位，就差公然批判皇帝搞封建迷信了。

嘉靖帝曾经不辞辛苦，亲手做了几顶香叶冠，赏赐给身边的重臣，夏言和严嵩当然有份。可第二天他俩来西苑时，居然都没有戴上，可把嘉靖帝委屈坏了。

"夏阁老啊，朕给你的香叶冠，你怎么也不戴啊？"这皇上真有意思，还觍着脸去质问。

"陛下，我是大明首辅，又不是道士，我何必戴这个？"夏言还真是耿直啊。

嘉靖帝被顶撞得无话可说，转身又问严嵩："严阁老，你怎么也不戴？"

严嵩不慌不忙，一番回答，令皇上非常开心。从此嘉靖帝就更加欣赏严嵩，讨厌夏言了。

严嵩说的是："陛下，您赐的宝物老臣格外珍惜，为防香叶冠沾染灰尘，就让贱内做了个纱套罩在上面，故此您没看出来。"

呵，这回答真有水平，这奉承更是用心，嘉靖帝能不开心吗？能不愈发厚此薄彼吗？

三、复套事件，忠臣走向不归路

嘉靖帝少年老成，十五岁就坐上龙椅，与一众名臣勾心斗角。成吉思汗后裔、土默特部首领俺答也不遑多让，十六岁就入侵固原、凉州，十七岁时就攻打大同。嘉靖帝可没有他堂哥正德御驾亲征的本事，对俺答的入侵并没有多少针对性措施。

俺答这位仅比嘉靖帝小四个月的草莽英雄，注定要成为后者一生的梦魇，足足折腾了他四十多年。

嘉靖二十一年（1542），趁兄长吉囊去世的机会，俺答迅速统一了鞑靼右翼，实力超过名义上的全蒙古可汗图们汗，成为大明王朝的最大威胁。

"黄河百害，唯富一套"。黄河九曲十八弯，在中华大地上形成了一个巨大的"几"字，而在贺兰山以东、狼山和大青山以西，黄河泥沙冲击出了两个平原，即"前套"和"后套"，全称河套。这里地势平坦，土质肥沃，既适合耕种，也有利于放牧，自古以来就是中原王朝与游牧民族激烈争夺的区域。

明朝取代元朝之初，河套由陕西布政司管辖。但河套距南北两京过于遥远，永乐之后的历代明廷并不想投入过多人力和财力来经营。

土木堡之变以后，明朝国力大大减弱。经过近百年的争夺，河套落入了俺答手中。他率众劫掠了大量汉族人口，并在一些条件适合的地方实行定居农耕，为蒙古人生产粮食。

嘉靖二十五年（1546）四月，在夏言的建议之下，曾铣出任陕西三边总督，负责大明西北防御。

今天，中国有西北五省；但在明朝，西北仅陕西一个布政司。就面积而言，陕西在两京十三省中排名第一。著名的九边重镇，有四镇均在这里：固原（陕西）、宁夏、甘肃和延绥（后三镇合称三边）。

曾铣虽为文官出身，却极富胆略，善于用兵，在与蒙古军队的较量中胜多负少，也让他的自信心进一步增强。建功立业、青史留名的愿望，想必在他胸中已如烈火熊熊燃烧了。

当年八月，曾铣向嘉靖帝呈上了《议收复河套疏》，试图一劳永逸地将俺答势力逐出河套。但事实证明，曾铣还是将事情想得太简单了。而一直在夏言面前毕恭毕敬装孙子的严嵩，居然抓住了这次不可多得的机会。

平心而论，曾铣并非只有一腔热血的莽夫，他为收复河套做出了周密规划，并充分利用明军的火炮优势，创制了"环车阵""油纸法""慢炮法"等战术，让武器原始的鞑靼人吃足了苦头。

次年七月，西安府澄城县麻陂山发生山崩，据说山体从中间劈开，向东西各跑了三四里，场面极其吓人。忙于练兵的曾铣对此缺乏足够的应对，自然让好事者抓住了把柄来做文章。

十一月，曾铣会同麾下陕西、延绥和宁夏三巡抚及总兵再度上疏，制订出了详细的复套战略十八条，条理清晰，布局严谨，让兵部都挑不出毛病。

多次被俺答打扰了修仙大计的嘉靖帝，也对奏疏相当欣赏，并要求兵部制订出收复河套的具体方案。十二月，京师突然刮起了一场多年罕见的沙尘暴，黄沙漫天，狂风肆虐，体重不到一百斤的妹子只要敢出门，肯定能当场给吹到半空。

终日在西苑埋头炼丹的嘉靖帝，也觉得这样的天气很不吉祥。几天之后，澄城山崩的消息虽迟但到，更让这位明朝的道君皇帝无法淡定了。而被严嵩收买的太监们，也都可劲儿指责曾铣和夏言的不是，说天灾都是因他俩而起。

转眼就是戊申新年。正月初六日，嘉靖帝召见了夏言和严嵩，严厉地指出复套的危害：

"河套蛮夷为祸已久，今天我们发兵驱逐，不知道出师可有正当理由吗？军队真的有余力，粮草真的有余积，能预见到成功吗？一个曾铣死不足惜，我担心的是生灵涂炭啊！"

好嘛，把胆小怕事说得这么振振有词，这功力也不是一般人能具备的。夏言还试图为复套解释，背后却传来了响亮的声音：

"万岁，曾铣好大喜功，穷兵黩武，应当严惩！"

夏言回头一看，简直都认不出此人了。平日对自己唯唯诺诺、毕恭毕敬的老严头，此时目光坚毅，神情冷峻。夏言火了："你怎么不早说，现在才说？"

是啊，真是翻脸比翻书还快。夏言还想为自己和曾铣的行为辩解，嘉靖帝却毫不客气地打断了他："你是首辅，朕将朝政委托给你，你就应该事事以邦民为先，怎能专徇私情，强君胁众？"

看嘉靖帝怒不可遏，夏言只能磕头认错。严嵩站在旁边，努力忍着不让自己笑出来。他知道，自己的好日子就要来了。

第二天，严嵩再接再厉，继续上疏狂批夏言和曾铣好战误国。嘉靖帝"从谏如流"，命锦衣卫前往固原州捉拿曾铣回京问罪，没过几天，又削夺了夏言的所有官阶，令其致仕退休。

正所谓看热闹不怕事大。一直关心大明政局的俺答，也迫不及待地跳出来，开始了自己的表演。正月下旬，他安排兵马向延安府和宁夏镇发起进攻。消息传到京师，严嵩乐得合不上嘴。他立即在嘉靖帝面前煽风点火："万岁啊，这就是曾铣开边启衅的恶果。"这还不算完，严嵩又怂恿咸宁侯仇鸾弹劾曾铣"收受重贿、包庇罪臣、破坏封疆"等大罪，哪一条单拎出来都够杀头了。

审理曾铣案的主审官，是锦衣卫北镇抚司都督陆炳。他曾救过嘉靖帝的命，极为受宠。他又和夏言交恶，因此不光想置曾铣于死地，还想顺道整死夏言。因此，很可能是在严嵩、严世蕃父子的提醒之下，陆炳给曾铣定了"隐匿边情，交结近侍官员"的罪名。

当时，夏言还奔波在回乡的路上。当得知朝廷给曾铣定的罪名时，这位曾经四起四落的前首辅大吃一惊，居然从马车上摔了下来。他知道，自己的死期也不远了。"近侍"指太监，"官员"不是别人，就是夏言。陆炳的意思是说：他俩要谋权篡位啊。不管你信不信，反正总有人信。

三月十八日，曾铣在京城西市被公开处决。而夏言已经回到京城，被关进了锦衣卫诏狱，按惯例得天天挨打。随后，刑部、都察院和大理寺三堂会审。所有人都知道夏言廉洁奉公，一心为国，实在不忍心将他置于死地。但嘉靖帝和严嵩都是他们得罪不起的。无奈之下，三法司以"交结近侍官员，紊乱朝政"的罪名，决定将夏言弃市，妻子（老婆孩子）流放三千里外。

就在这个当口，俺答又过来添乱了。这一次，他率军攻打宣府，并试图冲击居庸关。严嵩岂能放过这种天赐良机。他立即向嘉靖帝上奏："万岁啊，都是夏言、曾铣自不量力想收复河套，才引来鞑靼的报复。"

嘉靖帝的想法也和严嵩差不多（英雄所见略同？）。十月初二日，在呼啸的北风中，夏言于西市被杀头，成为大明第一个被公开处决的首辅。而在此之前，六十九岁的严嵩已经重新当上了首辅。

一位政绩出色的首辅、一位战功卓著的边将，居然因为建议收复河套，就落得身首异处的下场，折射出他们身处的时代是多么变态，他们效忠的君主是多么残忍，他们身边的奸臣是多么无耻。

当然，夏言绝非完人，他不交朋友，不攒心腹，不赶饭局，树敌颇多。他还顽固地坚持海禁，并打击阳明学者，但总体来说，夏言已算是大明难得的好首辅了。曾铣更是冤枉，想收复失地还有罪了，况且鞑靼连年犯边，边衅早就不用启了。反正是欲加之罪，何患无辞。

很多史书都记载了这样一则故事：夏言曾掌握了严世蕃贪赃的铁证，决定提交相关部门处理。这一次，别说小阁老在劫难逃，他爹也得负连带责任。可让后人大跌眼镜的是，夏言并没有将罪证交给皇帝上，反而给销毁了。

之后，他又被严嵩父子陷害致死，简直就是"农夫与蛇"明代版。

原来，严嵩和严世蕃眼看走投无路之时，就跑到夏言府上求情了。夏言早就交代侍卫，谁来也不让进，但严嵩父子偏偏进来了，你就说气人不气人吧。

老严是缺德，但绝对不缺心眼，更不缺钱，他拿出大把银子，侍卫还能不见钱眼开？严氏父子进来之后，发现夏言还在床上躺着装病。两人二话不说，一个劲儿地磕头。边磕边哭，边哭边求："夏阁老啊，求您救我们一命吧。"

按说夏言平日是个雷厉风行、说一不二的硬汉，此时居然心软了，答应不再追究此事，这就为自己的悲惨结局埋下了祸根。教训深刻啊。

嘉靖二十八年（1549）的春节，北京城中处处张灯结彩。过了元宵节，正月二十二日，可就是严嵩的七十大寿了。人到七十古来稀，以大明的生活水平与医疗条件，能活到七十、走道还不用人扶的，肯定是人生赢家了。但权力是最好的春药，严嵩早已经发须皆白，气色还是非常好，出门甚至不用拐棍，完美诠释了什么叫"鹤发童颜"。

作为翰林院中的青年才俊，张居正收到了邀请，可以到严府参加寿宴。有了这样的机会，七品小编修显然非常激动，此时的他，当然并不了解严嵩陷害夏言的内幕，对这位老首辅还是相当崇拜和尊重的：七十了还在为大明发挥余热，精神感人！

张居正文思如泉涌，写下了一首长诗《寿严少师三十韵》。当天晚上，他就带着这首诗，以及其他精心挑选的贺礼，敲开了严府的大门。

"叔大来了，有失远迎！"在热烈欢快的气氛中，一个满脸横肉的胖子，在丫鬟搀扶下迎了上来。这位仁兄还瞎了一只眼，怎么看怎么砢磣。但到场的任何人，都绝对不敢怠慢他，还要殷勤地称他"小阁老"。

张居正又岂能例外。他恭恭敬敬地深施一礼，并奉上了自己亲笔写下的长诗。胖子一笑起来，小眼睛就眯成缝了："有劳叔大，快里面请！"

此人正是严嵩的独生儿子严世蕃，别号东楼。这一年三十七岁。严嵩三十四岁时，才有了这么个宝贝儿子。因家中没有及时治疗，严世蕃瞎了一只眼，瘸了一条腿。

严世蕃未能考取功名，靠父亲恩荫一路当上了正四品太常寺（掌管皇家礼乐）少卿，但人家智商情商都非常高，一眼就能看清很多复杂问题的本质，绝对不是寻常纨绔，鬼点子甚至比他爹还多。

事实上，第二次担任首辅的严嵩，精力体力不可能不退化。各种奏折的处理，他大都要通过严世蕃。这严世蕃也是办事干练，处理及时，虽说收钱是狠了点吧，但方方面面都能过得去。因此，人家这"小阁老"真不是白叫的。

今天我们看来，张居正精心写诗吹捧一个大奸臣，还吹得这么离谱，妥妥的历史污点嘛，怎么洗都洗不白，此举堪比袁崇焕在辽东给魏忠贤修生祠。但这不是恰好说明，我们的主人公能屈能伸，求生意识满满，不像海瑞等直臣那么迂腐吗？大家一起来欣赏一下张居正的大作吧：

> 云际中兴圣，星精命世贤。
> 千秋真遇主，八柱已承天。
> 岳降生坤日，岩居梦说年。
> 作霖龙蛰起，华国凤仪骞。
> 握斗调元化，持衡佐上玄。
> 声名悬日月，剑履逼星缠。
> 补衮功无匹，垂衣任自专。
> 风云神自合，鱼水契无前。
> ……
> 所希重不朽，勋业在凌烟。

严世蕃领着张居正向严嵩祝贺寿诞。这位老首辅慈眉善目，谦逊有礼，一点不像满肚子坏水的大奸臣。他说："叔大，你的诗写得很好，老夫非常感谢。有时间也请指导下东楼啊。"

"元辅您过奖了，有机会我愿意向小阁老多多请教。"张居正哪敢当真。

"年轻人，不必太谦虚，好就是好，我已经老了，大明的未来要靠你们。"说这话时，严嵩并不像在开玩笑。

"谨记元辅教诲。"张居正毕恭毕敬地行礼。当晚的酒菜没的说，更重要的是，他和严嵩的距离，也就此拉得更近了。

当然，全京城想巴结严阁老的官员，能从西直门排到东大桥，张居正不会因为一首献媚诗，就能成为严氏父子的亲信。当然，他也不想加入严党。二月，恩师徐阶被擢升为正二品礼部尚书，并得到了入值西苑无逸殿的机会。明眼人都知道，在嘉靖朝，这就是入阁拜相的前兆。

张居正自然也非常开心。但很快，麻烦就来了。

年仅十四岁的太子朱载壡，突然在行加冠礼的第二天，相当蹊跷地死去。此时，嘉靖帝已有过八位皇子，可惜五个都早早夭折。留在世上的，仅有二子朱载壡、三子（裕王）朱载垕（一作朱载坖）和四子（景王）朱载圳。

太子这么一死，将来能继承皇位的，可就只剩下老三和老四了。

作为礼部尚书，太子葬礼的事情自然责无旁贷。但徐阶也是敬业过了头，又上疏建议早立朱载垕为太子，让皇上大为不悦。

真是不长记性！我立了太子，结果死了。再立一个，再死一个？再说了，我一心修道，还想长生不老呢，要太子做什么？咒我死吗？

伺候这样的主子，任何人都必须打起十二分精神。那么年轻的张居正，到底应该投靠徐阶还是严嵩？

四、庚戌之变，见证国家危亡时刻

嘉靖二十八年九月，庶吉士散馆。成绩优秀的，留下来做编修和检讨；成绩不好的，则去六部观政，或者到地方上出任县令。张居正这样的尖子生，当然顺利地留了下来，成了朝廷官员。

这一年，正好是张居正人生第二个本命年。

十二年前，他本就能早早中举，顾璘故意让他落第，却让他打下了坚实的学养基础。

十二年后，有了徐阶的指点和自己的努力，他得以成为无数人羡慕的翰林编修，首辅严嵩都对他另眼相看。

不过，入朝为官的张居正依然不改本性，外面的世界再精彩，对他也没有多少诱惑力。他只是想利用翰林院的方便条件，抓住现在的清闲时光，多读一些对治国安邦有所帮助的经典。

当然，张居正绝非两耳不闻窗外事的书呆子，他羡慕那些能用个人能力影响历史进程的大英雄。一次，翰林院内上演《千金记》，众人都很随意，演到"萧何月下追韩信"之时，张居正却看得非常投入，恨不能钻到戏里去。这自然成为同学们取笑的素材了。

张居正却一本正经地宣布："君臣将相，遇合之难如此。毋得草草。"也许潜意识中，他已将萧何作为了自己的模板，那他的韩信在哪里呢？

别急，大明还真有一个堪比韩信的军神，他早晚会和张居正相遇。

此时，与张居正交好的，有来自浙江的陆光祖和江西的胡杰，这是他的两个同年；方逢时和李幼滋则是他的两个湖广同乡。在大明官场，乡谊与年谊都是特别重要的，在日后张居正的新政班底中，这两类人占据了特别重要的位置。

翰林学士长年待在京城，没有到十三省考察民情的机会，更不能如知府、知县那样管理上万民众。但张居正有自己的补救办法。

好友耿定向担任甘肃巡按御史，张居正就写信同他讨论陕西三边的军情和民族情况；同乡王之诰担任大同兵备副使，张居正就与他探究宣府、大同的山川地貌、风土人情；谭纶担任台州知府，张居正就与他交流抗击倭寇和巩固海防的心得。

这还不算完。据林时对在《荷牐丛谈》中记载，张居正当编修时，每遇到盐吏、关使、屯马使和按察使等官员从边境回朝赴命，张居正就跟见到亲人似的，带上好酒好菜和他们聊天，甚至一聊就聊到半夜。

也不知道一个穷编修哪里来的钱，更不知道这些官员为什么要搭理他——难道是看在徐阶的面子上？张居正详细咨询当地的地形人文、边政优劣、贪廉与否，并大胆提出自己的设想。当饭局散去，带着酒意回到寒舍以后，他还会点灯熬夜，将白天谈话的精华详细记录，以便日后查询。

什么叫"机会总是垂青有准备的头脑"？看看张居正的作为就能明白。为了向皇帝表现自己忠君爱国的诚意，他在博览群书之后，精心写就了一篇长长的奏疏呈给内阁。

这就是著名的《论时政疏》。本着一颗赤诚之心，张居正直言大明朝政的五大顽疾：宗室骄恣，庶官疾旷，吏治因循、边务不修及财用大匮。

明朝的宗室问题是最严重的。到了嘉靖朝，各地藩王、郡王、镇国将军、辅国将军等已经超过万人，给朝廷造成了沉重负担。藩王对上迎合，对下肆虐，难以约束。

如今人才匮乏，有才能之人往往却得不到重用，或因小过错就被免职。但张居正认为，只要不是贪婪无行之人，都要尽可能量才使用。他可没有什么"道德洁癖"。

国家吏员制度原本相当精密，但因考课不严，名实不核，流于过场。知府、知县对于监察官员，一味地讨好奉承，最终行贿多的提升快，会阿谀的总高升，导致正直的官员没有出路，国家的前程也大受影响。

对于边备，张居正有着超越常人的敏感。鞑靼的每次入侵得手，都让他痛心疾首。但边将们却没有足够的担当，只要不丢失重要城池，即使对方大肆抢掠也满不在乎，甚至沾沾自喜。而张居正追求的是乘战胜之气，为预防之图，要大力提升边军战力。

大明财赋严重依赖东南，但民力有限，应办无穷，现在的开销已经是开国时的十倍以上了，如果不能开源节流，后果不堪设想。

嘉靖朝的政治生态，远较之前的弘治朝、正德朝险恶，因此张居正的上疏还是知道分寸、尽量平和的。在最后，他也对皇上提出了殷切期望：

> 伏愿陛下览否泰之原，通上下之志，广开献纳之门，亲近辅弼之臣，使群臣百僚皆得一望清光而通其思虑，君臣之际晓然无所关格。然后以此五者分职而责成之，则人人思效其所长，而积弊除矣，何五者之足患乎？

《论时政疏》呈上之后如同石沉大海，根本没有一点回音。张居正不知道是应该失落，还是应该庆幸。失落是没有人重视他的意见，庆幸是他没有因上疏而倒霉。尽管人微言轻，这个小编修依然坚守自己的理想，依然在尽好本职之余，像海绵吸水一样，奋力学习治国的典章制度，并继续与天南海北的友人交流沟通。

人生哪有一帆风顺？更多时候是咬牙坚持。

转眼到了嘉靖二十九年（1550），这一年的春节，对二十六岁的张居正有着特别重要的意义。他首次以大明正式官员的身份来迎接新年。张居正出身寒门，但此时的他已经在京城里有了很多新老朋友，初步搭建起了自己的朋友圈。

不过，老天真的不愿意张居正事事如意。很可能就在春季，发妻顾氏突然去世了。他扶棺回到了江陵。这是张居正中进士三年之后，第一次返回家乡。

两人虽是父母之命的包办婚姻，感情却一直很好，遗憾的是未能留下孩子。这是他第一次从北京回江陵，但不是最后一次。相比王阳明和刘伯温，张居正的职场生涯显得过于顺利，因此他一生中去过的地方，反而少了很多。

等张居正再回到北京时，应该已经是八九月了。说来也巧，京城之内，一场大戏即将上演，其结果既让张居正痛心，又让他看到了希望。

二月初九日，两京十三省又有数千名举子奋战在了京师贡院的格子间里。之后与张居正交集颇多的海瑞、吕调阳与潘季驯，当然也在其中。

海瑞要从广东布政司琼州府琼山县（今海南省海口市琼山区）渡过海峡，然后奔波四千多里，因此，在中举当年的深秋，他就踏上了北上之道。

家在广西布政司桂林府临桂县（今广西壮族自治区桂林市临桂区）的吕调阳，上京路程更远，旅途中只会比海瑞更加辛苦。

潘季驯是浙江布政司湖州府乌程县（今属湖州市吴兴区）人。嘉靖二十九年春节一过，他就告别了家人，从杭州乘船上京了。

这一年海瑞已经三十八岁，吕调阳三十五岁，潘季驯恰好是"而立之年"。三人年纪都不小了，却都是上一年刚刚中举，第一次参加会试，跟张居正这样的天才不能比啊。

经过九天奋战，吕调阳高中榜眼（第二名），直接当上了翰林院编修，成为张居正的同事。

海瑞名落孙山，只能闷闷不乐地收拾行李回琼州。潘季驯艰难入围，最终名次为三甲第七十三名。他留在京城，等候吏部安排职位。这一等就是大半年，职位没等来，蒙古人倒是来了。

潘季驯应该感到庆幸，好歹进士身份是拿到了。而另一拨人，却因俺答的造访，试都考不成了。

这年六月，因封贡细节总是谈不妥，俺答铁骑兵临大同，总兵张达勇敢地开城迎战，不幸牺牲。严嵩推荐亲信仇鸾接任大同总兵。

仇鸾在大同没待几天，俺答就再次打过来了。仇鸾虽怕，却有自己的看家本领。一通操作之下，看起来不可战胜的俺答居然主动退兵了。仇鸾当然要向朝廷上奏表功，把自己及部下的英勇表演吹嘘了一番，让埋头炼丹的嘉靖帝非常开心。

可惜好景不长，到了八月，俺答大军突然杀到了通州。自土木堡之变以后，北京城又一次面临灭顶之灾。

消息传到西苑，惊魂未定的嘉靖帝只能下诏，全城戒严，并要求周边各地驻军火速勤王。

京城守军人数不足，花名册上明明有十四万人，但实际能打仗的也就五万多。显然，很多人是在吃空饷，而且一吃就是很多年。

当时，有四千多各地的武举人来京准备考武进士。兵部尚书丁汝夔脑洞大开，果断地给他们发放盔甲和兵器，让这些人上城驻防。

至于当年的武科会试嘛，当然就取消了。其中就有日后与张居正交情深厚并在南北两线都取得了辉煌战果的战神戚继光。他每天都要扛着兵器，守候在城楼之上。据说戚继光还忙里偷闲，写出了一篇《备俺答策》，在坊间收获了不少好评。但这篇神作并没有流传至今。

张居正与戚继光会不会见面呢？这种可能性不是一点没有，但就算真的见到了，也不会有什么实质性的交流，只有例行公事的致意。

没过多久，仇鸾就率先从大同赶过来了。嘉靖帝对其忠诚非常满意，于是任命他为大将军，统管京城防卫，节制各地勤王军兵。

仇鸾为什么这么积极？原来，他拿出大把的金银财物孝敬俺答，才换取了后者不进攻大同的承诺。仇将军以为蒙古人就这样拉着大车小车的赃物返回草原开派对了，自己可以多睡几天安稳觉。但俺答却尝到了敲诈的甜头，更看出了明军的无能。

鞑靼大军撤离大同之后，火速直奔蓟州，并在这里兵分两路：一路攻占古北口，另一路从贡渝沟破边墙南下，两军在通州城下顺利会师，兵锋直指京师。

仇鸾在大同不敢跟俺答对抗，到了京城就敢了吗？他马上派人去俺答帐中求和，承诺只要不攻城，万事好商量。仇鸾更担心的是，俺答如果将两人的交易细节公布于众，嘉靖帝非砍了他的脑袋不可。

"本汗并不想占领南朝任何土地，只是想入贡。"俺答一脸真诚地告诉使者。接着他大手一挥，手下恭恭敬敬呈上一份《求贡书》。

"一定要交给你们的皇上（不然后果很严重哟）！"

有没有搞错？折腾了你这么久，就是为了给你纳贡？说出来谁信啊。不过，俺答的所谓"入贡"，只是用自己的劣质马匹，交换草原上短缺而大明王朝却能大量生产的物资。如铁器、陶瓷、茶叶和调料，等等。

大敌当前，嘉靖帝不得不暂时把修仙大业抛在一边，召集大学士严嵩、李本，以及礼部尚书徐阶开会。

嘉靖帝以为严嵩这么聪明，一定有破敌之策。可这老头一开口，皇帝就非常失望。

"万岁，咱们关紧城门，让他们在京郊抢掠。这是一帮没见过世面的恶贼，抢够了就走了，北京城他们根本打不下来。"

凭什么给人这么抢呢？嘉靖帝不乐意了，就转头问徐阶："你怎么看？"

"鞑子一直守在北京城下，野心就会膨胀，切不可轻视，要迅速决断。"

"有道理。那求贡书在哪里？"嘉靖帝问。

严嵩一见皇帝认可徐阶，马上很不舒服。他从袖口掏出求贡书，装腔作势地说："这是礼部的事。"

不愧是甩锅高手。徐阶差点一哆嗦，他知道说得不好，今晚就别回家了——住监狱。情急之下，徐阶突然灵光一现，做出了精彩的回答，并让皇帝相当满意。

"事情是礼部的事情，但一切还得皇上做主。"他既不推卸责任，也不忘服从皇上。

"只要有利于国家，皮币珠玉都可以给。"嘉靖帝还真是大气，颇有后世慈禧老佛爷"量中华之物力，结与国之欢心"的神韵。

"那万一他们还不满意，得寸进尺呢？"徐阶满脸忧虑地说。

是啊，怎么办？嘉靖帝看看严嵩，严嵩只能去看徐阶。

徐阶并不像于谦和王阳明那样熟读兵书并能领兵打仗，但他有自己的绝活："万岁，鞑子的求贡书是用汉文写成的，双方谈判，必须要两种文字的文书准备齐全。再说了，哪有临城求贡的道理？咱们要求俺答必须退出长城，用蒙文写好文件，再由大同总兵转交给朝廷。有这个时间，各地勤王的兵马就能集结京师，俺答兵力有限，他只能退走。"

"妙啊，就照徐爱卿的办。"嘉靖帝乐了。被抢了风头的严嵩，只能在心里默默诅咒。

收到明廷的答复文件之后，俺答哭笑不得：这帮南人咋这么矫情？他一边组织手下在北京周边打劫，一边和谋士们琢磨着如何答复。时间就这样不经意地溜走，大批明军从北方各地陆续赶来。俺答这才恍然大悟：老子被人给忽悠了！

反正也抢得差不多了，俺答就下令撤军。嘉靖帝不干了，想走？没那么容易！他下令丁汝夔统率京军追击。不过实话实说，这并不应该是一个文官干的活儿。

老丁举棋不定，就去请教严嵩。

丁汝夔一直不屑于巴结首辅，严嵩早就看他不爽了，就警告说："你在边关打了败仗，还可以说打胜了；你在皇上眼皮底下出战，能打得过鞑子吗，能报功吗？"

严嵩瞎说了一通大实话，丁汝夔于是按兵不动，听凭俺答大军带着抢掠的各种财物满载而归。嘉靖帝怒了，将丁汝夔斩首泄愤。而善于表演的仇鸾，居然被加封为太子太保，成了皇帝身边的大红人。

盘点一下，大明十六个皇帝中，最喜欢杀大臣的也只有三个，除了朱元璋，嘉靖帝是第二个。第三个呢，就是那个高呼"文臣皆可杀"的末代皇帝崇祯。

而自始至终，严嵩也没有替这位尚书说过一句求情的话，可谓太不厚道。目睹了这一切的全过程，又了解了更多严嵩"黑历史"的张居正，对这个首辅逐渐开始厌恶了。但在表面上，张居正对严嵩父子还是一如既往地尊重和恭顺，让二人都看不出破绽。

当然，他也会痛恨自己没有于谦的本事，无法领导京军与侵略者大干一场。

嘉靖二十九年是农历庚戌年，大明王朝遭遇到的危机，就是史上有名的"庚戌之变"。这次变故，将大明武备的腐朽、官员的无能暴露得一清二楚。

徐阶、高拱、张居正、吕调阳、潘季驯和戚继光这些有远大抱负的文臣武将，都难以忘记这次国耻，都以更加积极的态度去提升自己。

而逃过一劫的嘉靖帝，却依然是丹照炼，仙照修，完全没有知耻后勇的觉悟、励精图治的架势。不过，为了保护京城的安全，他下令开始修建北京外城。

由于经费不足，北京外城只修了南边一部分，最终让京师形成了一个别致的印章造型。

严嵩也依然凭借手中权力，精心编织亲信网络，排斥异己分子，积极搜刮钱财，让正直的官员更加反感。

嘉靖三十年（1551）正月，锦衣卫经历沈炼明知人微言轻，却上《十罪疏》弹劾严嵩。嘉靖帝下令杖责沈炼并将其流放。六年之后，严世蕃设计将沈炼害死。

一个沈炼遭难了，千千万万个沈炼觉醒了，这恐怕是严嵩父子始料不及的。更多有操守、有底线的文武官员，开始走上了反严之路，或者投到徐阶门下，将之视为中兴大明的希望。

但此时的徐阶，活脱脱就是个山寨版的严嵩。当年老严怎么讨好皇帝、巴结夏言的，他几乎是照抄作业，完全没有与老严分庭抗礼的意识。张居正看在眼里，急在心中。

那么，他又有什么好办法呢？

五、杨继盛死谏，徐阶袖手旁观

当上编修的张居正，对自己的要求依然没有放松，还是一如既往地努力读书。有人说底层人家的孩子，理想也不会太远大，人穷志短嘛，但张居正确实是个异数。

以他扎实的文学功底和出色的外在条件，原本也可以像王世贞一样赶各种饭局，喝各种花酒，留下各种应酬诗作。但张居正完全无意于此。他充分利用翰林院的便利条件，努力研读看似非常枯燥的典章制度、历朝实录和章奏。

读史使人明智，更能激发人的潜能，让张居正这个侍卫的孙子，有了以天下为己任的气魄。

当然，不是每个上进的年轻人，都能得到顾璘和徐阶这种级别高官的青睐的。

嘉靖三十一年（1552）年三月，徐阶被加封为东阁大学士，从此正式入阁。这自然让张居正分外开心：老师步步高升，自己想必早晚也能得到提拔。当然，还得自己足够争气才行。

作为让无数人羡慕的"储相"，张居正想续弦一点都不困难。很可能在顾氏去世后的次年，他就在北京娶妻王氏。就这样，张居正和未来的好搭档戚继光又多了一个共同点：夫人都姓王。

不过遗憾的是，张居正第二任妻子的家境和具体情况，笔者能见到的史料都绝口不提。不过，王氏对张家的贡献是实打实的。嘉靖三十一年，二十八岁"高龄"的张居正，终于有了自己的第一个孩子，还是个男孩。他就是张敬修。

这一年的公历10月，在万里之外的马切拉塔小城，也诞生了一个金发碧眼的小男孩。他的父母亲在高兴之余，绝对想不到自己的孩子，三十年后会与一个东方大国产生各种缘分。

这孩子就是中国人民的老朋友利玛窦（Matteo Ricci）。

遗憾的是，张居正未能等到利玛窦来京访问的那一天。如若不然，明朝中晚期的历史进程，可能也会发生微妙的变化。

第二年，张家二公子嗣修又出生了。两个孩子来到人间，自然给当爹的带来了很多欢乐。不孝有三，无后为大。相比怎么也生不出儿子的高拱，张居正无疑幸福太多了。

嘉靖三十三年（1554），张居正迎来了自己的而立之年。此时的他，依然守在翰林院，依然做着正七品的编修，依然（暂时）看不到升迁的希望。五年日复一日的单调生活，已经让他感到麻木了。

这段时间内，徐阶和严嵩都很重视张居正。徐阶是没的说，是小编修的恩师。而严嵩自打发现了张居正的创作才华之后，经常给他表现的机会。张居正因此留下了《贺灵雨表》《贺瑞雪表》《贺冬至表》《贺元旦表》等官样文章，有些还是以严嵩的名义发出的。能给首辅当枪手，也是可喜可贺的事情，不是吗？

张居正对严嵩的迎合相当积极，自然会令一些同事不齿，但张编修丝毫不以为意。此举自然是学习老师徐阶的韬光养晦，不过早暴露自己的真实想法。而徐阶也明白小张同学是在逢场作戏，因此问都不问，从来不会干涉。

别看编修之职受人尊敬，工作相对轻松，但放眼北京官场，升职最慢的岗位，可能就非翰林院编修莫属了。比张居正早两科中进士、早六年当上编修的高拱，家世可比张居正显赫多了，还不是一干就是九年。到了嘉靖三十一年，高拱可都四十一了，才转任裕王朱载垕府首席讲官。

干这份工作，真的要耐得住寂寞，也经得起诱惑。但高拱能吗？

高拱人如其名，平日相当高傲，朋友不多，也不知道他抱上了哪条大腿，才捞到这样的美差。要知道裕王虽说未能获封太子，但作为在世两皇子中的老大，自然被大部分官员视为接班人了。

这五年里，张居正见证了夏言的惨死，严嵩的专权，徐阶的逢迎，百官的麻木；他见证了鞑靼铁骑的肆虐京郊，大明军制的极度腐败，朝中将领的普遍无能，各路言官的无事生非。他还知道，在本朝最为富庶的南直隶和浙江等地，无数百姓一再受到倭寇的抢掠，朝廷依然拿不出有效的对策。

张居正不会知道，就在嘉靖三十一年（1552），英格兰的爱德华六世还派出一支探险队从伦敦出发，准备去拜见中国皇帝。可惜在这年公历7月6日，16岁的爱德华就去世了。中英之间的首次交流没有实现。

比张居正小一岁的王世贞，平日号称淡泊名利（不差钱），此时却当上了刑部云南清吏司郎中，妥妥的正五品大员了。而和他俩一同中举的杨继盛，出身更加卑微（小时候放过牛），原本在兵部最显赫的武选司当郎中，却做出了让很多人百思不得其解的"弱智"行为。

不管二十一世纪还是十六世纪，最珍贵的都是人才。杨继盛因指责仇鸾请开马市被发配陕西，担任狄道（今甘肃省临洮县）典史。

嘉靖三十年（1551），在俺答的逼迫和仇鸾的劝说下，嘉靖帝同意在大同、宣府等地开马市。但鞑靼方面却总是拿劣马来交换汉人的好东西，让嘉靖帝非常不爽。次年三月，他令仇鸾前往大同与鞑靼交战。

仇鸾要能打得赢俺答，太阳得从北边出来。他一如既往地谎报军情，结果五月就被召回北京，八月被收了大将军印。此时，一位重量级大佬突然弹劾他。仇鸾在惊惧中死去，结束了自己坑蒙拐骗的一生。

弹劾仇大将军的，居然是所有人眼中的老好人徐阶。可见，徐阶轻易不出手，出手必中。

仇鸾倒台之后，严嵩对杨继盛格外看中，一年之内居然让他连升四级：起初是正七品的山东诸城知县，继而是正六品的南京户部主事，很快又是从五品的刑部员外郎，最后又提升他为正五品的兵部武选清吏司郎中。

要知道武选司负责兵部的人事铨选，是多少官家子弟挤破头都想得到的肥差，而杨继盛家境比张居正还差，从来又舍不得（也真的没钱）送礼。你说老杨家这祖坟得冒多少青烟，杨继盛才能得到严阁老赏识呢。

杨继盛文才出色，明清士人引用频率极高的"铁肩担道义，辣手著文章"，原创者就是他。区别在于，大部分人也就是嘴上说说，转过身就去向上司行贿、去青楼消费去了；杨继盛却知行合一，说到做到，有着不输海瑞的执着。

嘉靖三十二年（1554）正月十五日，一本正经地沐浴三天之后，杨继盛交上了流芳后世的一篇雄文。还有七天就喜迎七十五岁大寿的严嵩，还美滋滋地等着杨继盛提着礼物道贺呢。谁知道，这个"愤中"（不年轻了）来了个"恩将仇报"，居然上疏弹劾自己生命中的贵人！

这就是著名的《请诛贼臣疏》，针对性实在太强了，根本不藏着掖着。贼臣是谁？正是让他一年四连升的当朝首辅。在上疏中，杨继盛痛斥严嵩十大罪和五奸，主要内容有操纵朝政、欺瞒皇上、培植党羽、收受重贿，等等，哪一条都够送严嵩去见夏言的了。最后，杨继盛还继续给嘉靖帝施压，顺道指出自己的恩师负国：

> 陛下奈何爱一贼臣，而忍百万苍生陷于涂炭哉？至如大学士徐阶，蒙陛下特擢，乃亦每事依违，不敢持正，不可不谓之负国也。

忙着修仙的嘉靖帝看到上疏时，不由得火冒三丈：你当我是三岁小孩，被一个七十多的糟老头子牵着鼻子走？你要杀我最信任的老臣，不就是说我老人家当皇帝当得不合格吗？而徐阶既欣赏学生的勇气，又为他巧妙撇清自己而感动。只是如此擅作主张，白白牺牲，真的是明智的行为吗？

满朝官员都知道杨继盛是徐阶的学生，两人关系特殊，都在猜想徐阁老会用什么样的方式来拯救弟子。可真相却令所有人难以理解：徐阶压根就不去为杨继盛说情，好像根本不认识后者似的。不久，杨继盛被廷杖一百，关入死牢。

四十八年前，同样在兵部武选司上班的心学圣人王阳明，因上疏触怒了大太监刘瑾，被廷杖四十，发配龙场驿。区区四十杖，就把王阳明打得死去活来，生活不能自理。那要挨一百下的杨继盛，怕不成当场秒变尸体？

也许是从小干粗活的人皮糙肉厚，杨继盛虽说也几度晕厥，愣是从那特别的刑棍下活过来了。据说住在恶臭熏天的死牢里时，他还砸碎了一只瓷碗，用碎片割下了身上的好几斤腐肉，把周围的小伙伴都吓呆了，众人无不叹服其意志足够强大。

王世贞是杨继盛的好友，此时四处活动想搭救后者出狱。各种史书上均无张居正为杨继盛奔走的记录，可能是他觉得自己能力确实有限。但恩师徐阶无动于衷的态度，还是让张居正有些失望：于私，杨继盛也是您的学生；于公，此人也是在捍卫大明的公理人伦，怎能不去营救？让张居正有些吃惊却相当欣慰的是，坊间对这位"愣头青"的同情，真的一点儿也不少。

按理说，那些一向亲近首辅的旁观者，都应跳出来指责杨继盛恩将仇报，恶毒攻击自己的贵人，挨廷杖进死牢都是罪有应得；但事实上，不少人反而对严嵩心生厌恶：你这么苦心拉拢的人，都要豁出命来弹劾你，可见你真是坏得令人发指了。

严嵩在京城的口碑一落千丈。这实在让他自己伤心，也让反对者开心。七十五岁大寿，他都没心情办了。

严嵩的尴尬令张居正暗自开心，而杨继盛的悲剧，则让这个小编修的内心五味杂陈。他可以质疑杨继盛是匹夫之勇，是鸡蛋碰石头，还给恩师徐阶添麻烦。但是，人家杨继盛能做的，自己肯定做不到，不应该感到惭愧吗？而且很显然，如果没有一些超越常规的激烈手段，深受嘉靖帝宠信的严嵩很难被打倒。怎么办呢？

第三章
返乡治学以退为进

一、扎根学农园，体察民生疾苦

嘉靖三十三年（1554）的秋天到了。郊外的空气非常新鲜，杨继盛却只能蜷缩在污浊不堪的死牢中。而他的同年张居正，则在翰林院里一天天忍受着煎熬。

皇帝依然在埋头修道，严嵩父子依然在胡作非为，恩师徐阶依然在"明哲保身"，朝中官员则大都在混日子熬资历。这样一天天下去，什么时候是个头呢？

"先生，我来向您辞行。"在一个阳光明媚的午后，张居正出现在了徐阶府第，"学生要回乡养病了，可能得待好几年。"

张敬修在《太师张文忠公行实》中说，张居正"体故孱弱"，看来确实不是说谎。

徐阶显然并不吃惊："叔大，听说你读书总是到深夜，这样身体怎么能好？回乡之后不妨多住一段时间，养好身体，回来之后，朝廷还等着你贡献才智呢。"

真的假的啊？此时的张居正确实没有多少信心。

"谨记先生教诲。学生不便久留，就此别过。"说着，张居正恭恭敬敬地呈上了一封信，转身离开了。

徐阶大概猜出信上什么内容了。他打开一看，果然八九不离十。徐阶笑了：这个张叔大真是个实诚人，靠得住啊。

张居正呈给老师的，正是著名的《谢病别徐存斋相公》。

在信中，张居正先是好好把老师好好恭维了一番，说他是天下读书人愿意真心追随的领袖；接着举出张治、欧阳德两位名臣抱遗憾终生的事情，提醒老师一定要抓紧时间建立功业，别跟那二位似的留下终身遗憾，不要辜负了宰相的名头。最后，他向老师表明了自己的态度，愿效犬马之劳，随时听候召唤：

> 愿相公高视玄览，抗志尘埃之外。其于爵禄也，量而后受，宠至不惊。皎然不利之心，上信乎主，下孚于众。则身重于太山，言信于其蓍龟。进则为龙为光，退则为鸿为冥，岂不绰有余裕哉！

不过，其中有些语句、明显过于直白，显得相当失礼了。就像这句：

> 朝廷大政，有古匹夫可高论于天子之前者，而今之宰相，不敢出一言。何则？顾忌之情胜也。

当然，这也体现出年轻的张翰林，对老师有一种"恨铁不成钢"的期望。徐阶是什么人？他自然不会因这点小事而计较。法国政治家乔治·克里孟梭曾如是说：

一个人在二十岁时如果不是激进派，那他一辈子不会有出息；

如果他到了三十岁还是个激进派，那他也不会有什么大出息。

这句话，放在张居正身上非常合适。

有明一代，很多名臣在而立之年前后，都有暂时告别京城官场、返乡潜心治学的经历。弘治十五年（1502），心学圣人王阳明回到绍兴府城山阴，并在会稽山"阳明洞天"打坐修炼，又在洞外搭建茅屋，潜心治学，直到弘治十七年（1504）秋才返回京师。严嵩则于正德三年（1508）至十一年（1516），在家乡分宜郊外筑钤山堂，苦读古今著作。在此期间，他还与担任庐陵县令的王阳明有过多次互动。

但后来发生的事情，实在令人唏嘘。王阳明的静修，一定程度上为他后来的"龙场悟道"奠定了基础。而严嵩的八年隐居，则为他从积极向上的好青年，蜕变为利字当头的奸相埋下了伏笔。

当然，我们今天能看到的严嵩故事，难免有一定程度的夸大附会。但无论如何，严嵩的权奸人设是毫无争议的，即便最大胆的历史研究者，也无力更无意于为严嵩翻案。

张居正也走上了这两位名人走过的道路。京师到荆州有两千七百里，最舒适的方法肯定是坐船了：先经大运河到瓜洲，然后沿长江直抵江陵。逆流行舟自然是比较慢的，断不会"朝辞白帝彩云间，千里江陵一日还"，但乘船旅行是真舒服啊，想看书就在舱里看书，看书累了可以看风景，想睡觉了，也不用下船找客栈。

但张居正却选择了走陆路。他从顺天府南下，穿越河南大地到达湖广省城武昌，然后才换船西行。乘马车是比较颠簸，但行程可以加快一些，也有坐船得不到的旅行体验。

更重要的是，对张居正这样没做过地方官的文化人来说，乘马车随走随停，为自己创造了考察民情的绝佳机会。一路之上，他看到规制严格的驿道上，身着官服的公差打马疾驰而过；也看到灼热的阳光之下，衣衫褴褛的乞丐在艰难乞讨。他看到了开封和武昌的街市繁华，商贩云集；也看到了更多村镇的衰败孤寂，民众艰苦。

"长太息以掩涕兮，哀民生之多艰。"湖广先辈屈原的名句，读书人都会背诵，但有几人会真心为穷苦人的不幸而难过呢？有这时间，多认识几个土豪，一起开心地玩耍不香吗？但张居正一定不会这样趋炎附势。这不光因为他的寒门出身，他所受的正统教育，更在于他为民谋福祉的初心。

这一年是甲寅虎年。此时的张居正只是个七品编修，一路之上当然不会受到各地官员的迎接与款待。他肯定也不会想到，二十四年之后的另一个虎年，当他重新走这段路时，会是那样一番景象。

有人说，张居正的成功，是史上最华丽、最惊心动魄的一次逆袭。此话未免有夸大事实之嫌。张家当然谈不上富贵，爷爷张镇甚至要去当侍卫，但他们并非绝对的赤贫阶层，否则张文明就不可能几十年如一日的去考举人，早早就得去打工赚钱了。

张居正在朝做官之后，家里的经济状况也持续好转，家中已经有了好几个用人，在城外还有几十亩地。这就是京官带来的溢出价值。

既然回乡"养病"了，就得有个扎根家乡的样子。据张敬修的记载，张居正将三岁的他、一岁的弟弟以及母亲都扔到一边，却带上几个书童，在小湖山中搭建了几所茅屋，屋后种了半亩竹子，还养了一只鹤，很有点仙风道骨的味道。

随后，张居正就给茅屋起名叫"学农园"（后来又改为乐志园），似乎在致敬严阁老的钤山堂。他还正经八百地写下了一篇《学农园记》，说明了自己建园的意义。其中说道：

> 用拙才劣，乏弘济之才量；惟力田疾耕，时得甘脆以养父母，庶获无咎。且斯事虽贵贱，非学亦无由知也，因榜其园子曰"学农"，以中止足之义焉。

身在京城官场，诱惑太多，琐事太多，人难免会分心。现在好了，偏僻的环境无人造访，安静的氛围适合读书，自家的田地正好耕种。

张居正说干就干，知行合一。他艰难地提起农具，在屋前刨土挖坑，植树种菜。当然，脏活累活主要还得书童做，不会让他太过辛苦，张居正也乐在其中。

身体好转之后，他就泡上清茶，点上熏香，在山林间研读名家经典，与先贤大儒隔空对话，心灵沟通。像很多读书人一样，张居正特别喜欢饮茶，对水质也相当挑剔，家乡盛产一种大红袍，是他的最爱。虽说有书童，但他更喜欢自己煮茶，沏茶。

他曾有《山居》一篇，借鉴了陶渊明《归去来兮辞》的手法：

> 林深车马不闻喧，寒雨潇潇独掩门。
> 秋草欲迷元亮径，清溪长绕仲长园。
> 苍松偃仰云团盖，白鸟翻飞雪满村。
> 莫漫逢人语幽胜，恐惊樵客问桃源。

这种与世隔绝的闭关修行，简直类似三百年后住在瓦尔登湖岸的小木屋里的亨利·戴维·梭罗。当然，梭罗思考的是美国万千普通人的发展权，张居正考虑的是大明的内忧外患、民众的各种负担。

放下书本之时，张居正也会在田间走走，与农夫农妇攀谈起来。他是荆楚大地的孩子，回到故乡，并不觉得翰林编修有多高贵，而乡亲们却将他视为江陵的骄傲。

"收成怎么样啊，今年有没有余粮？"他和一位老人打招呼。

"种地苦啊，我也想让孩子发奋读书，可是他没有张公子的命啊。"

诗书，真的有用吗？张居正自己有时候也表示怀疑。嘉靖三十三年（1554）的江陵，只是湖广一座普通的府城，但倒推整整一千年，它还是南朝梁后期的（临时）国都。

正是在梁元帝承圣三年（554）十一月，在西魏大军即将攻破江陵之前，皇帝萧绎下令将十四万册藏书付之一炬，不想让侵略者白白拿去，从而制造了中国文化史上的一大浩劫——江陵焚书。萧绎还振振有词地说："读书万卷，犹有今日，故焚之！"

四年前，当北京城被围困时，身为书生的张居正无能为力。如果北京城真的失陷了，用不着嘉靖帝烧书，文渊阁的藏书可能真的会被鞑靼武士们拿去点火烤肉。对于国防，张居正的危机意识不亚于任何人，因此，他也大量阅读兵书战策，希望将来有派得上用场的机会。

等身体好一些时，他还会走得更远。

二、走访沙市码头，考查水关贸易

读万卷书，行万里路，是古代读书人追求的目标，张居正身体不是太好，万里路就别想了，但至少可以在家乡周边走走。

江陵城东南十五里，就是著名的沙市镇。沙市位于长江沿岸，又有运河连接汉江，是湖广仅次于汉口的贸易重镇。按张居正的想象，这里的码头一定会非常繁忙，南来北往的船只络绎不绝。有大诗人苏轼的《荆州十首》为证，其一如是写道：

> 游人出三峡，楚地尽平川。
> 北客随南贾，吴樯间蜀船。
> 江侵平野断，风卷白沙旋。
> 欲问兴亡意，重城自古坚。

然而，当张居正站在沙市码头，眺望滚滚长江惊涛拍岸之时，却根本看不到千帆竞发的壮观景象了。你就算守上一天，也没有多少条船进出。这是怎么一回事呢？

有明一朝，商业税率非常低。按洪武十八年（1385）的规定，仅仅是三十税一。为什么商家却不愿意过多投入？张居正经过打听，才知道"上有政策，下有对策"真不是白说的。船家跑一趟生意，往往要被各路老爷重重盘剥，最后赚不到钱甚至亏损，个中辛酸真的是一言难尽。

更可悲的是，这钱也到不了国库，都被一层层瓜分了。大明建政近两百年，从京城到地方，大大小小的利益集团垄断了要害部门，官官相护，沆瀣一气，已成了一方经济发展的绊脚石。而分封在全国各地的藩王及其后代，更是堪称大明的吸血鬼。

在沙市，张居正遇到了前来荆州征税的工部都水司税使周汉浦，两人一见如故，交流频繁。在荆州期间，周汉浦展现出了大明官员中并不多见的职业操守与办事效率。他申明法令，革除旧弊，平抑物价，抚恤穷困，在当地树立了良好口碑，也让年轻的张编修相当敬重。

两人谈起当下的时局，都对税关的萧条表示关切。张居正说："想要物力不屈，就得省征发，以厚农而资商；想要民用不困，就得轻关市，以厚商而利农。"

传统社会讲究的是重农抑商，张居正却能敏锐地看到农商互补的必要性，更愿意厚商以利农，这种思维无疑是相当大胆，甚至是"离经叛道"了。

作为在翰林院一待就是近十年的文官，张居正在京时很少有接触经济事务的机会。但幸运的是，江陵的隐居生活，非但让他能够近距离观察农民的操劳、港口的运作，更让他在阅读《盐铁论》等经典作品之后，有了自己对财税管理的深刻见解。日后他执掌权柄实施新政，也很受益于这段山居岁月。

听说张居正回来了，有个故人非常高兴，有事没有就过来打扰。这是谁啊？不见不就完了吗？还真不行。因为他是荆州地位最高的人，级别比知府都高得多。

他就是辽王朱宪㸅。此时，毛妃已经不在人间，也就没人能约束得了这小子了，我的地盘我做主，小日子过得也是相当滋润。

嘉靖皇帝数十年如一日地修仙崇道，道教在大明王朝的地位前所未有的高。上有所好，下必甚焉，辽王也不能免俗，他给自己挂上了"清微忠教真人"的头衔，时不时穿上道袍秀一下，向远在京师的皇帝示好。

不过，朱宪㸅虽说年纪一大把了，行为并不检点。他仗着自己有真人头衔，就不遵守"藩王不得轻出"的祖训，经常带着一帮喽啰游山玩水，寻花问柳，顺便也吟诗作赋，俨然一个山寨版的王世贞。

荆州城里有文化的年轻人是有，但哪个能跟张编修相比啊？朱宪㸅对张居正的才华是真的欣赏，请他吃饭是真的大手笔，但张居正真的很烦很讨厌他。他怎么可能忘记爷爷的惨死？

但辽王的面子又不能不给，张居正还得装出一副开心的表情，去赴辽王殿下的饭局。荆州古城，再一次见证了一位伟人的忍辱负重。《张太岳集》中，收录了好几首张居正为辽王殿下创作的诗文。《赠贞庵王孙二首》之一写道：

缑山帝子本胎仙，曾种华池玉井莲。
江山初闻小有洞，年来不在大罗天。
云缄宝箓传丹阙，鹤引金舆驾彩烟。
白昼果能生羽翼，淮南何羡枕中编？

看到当年的神童如此吹捧自己，辽王怎么可能不开心？但是，没有城府的朱宪㸅，哪里知道张居正内心的真实想法。在回京后写作的《王承奉[1]传》中，张居正将辽王擅自外出、用私生子冒充嫡子等过错一一记录下来。

居家隐居的这些年，大明的南北两边，依然遭遇了很大的麻烦。俺答虽说没有再杀到北京城下，却依然不停地侵扰边关，烧杀掠夺。

正是在嘉靖三十三年（1554）正月，山西雁北一带的白莲教头目赵全，率领手下叛逃到河套，投入了俺答旗下。赵全熟悉内地的山川地貌、风土人情，更有躁动不安的野心，甚至想帮助俺答夺取大明江山，自己也好裂土封王。有了这些人当向导，鞑靼方面的军事行动变得更加得心应手。

---

[1] 伺候辽王的老太监，名王大用，承奉正是官名。王大用反对辽王用私生子冒充嫡子，拒绝在公文上署名，后辽王偷盖承奉印，王大用气愤而死。

而在赵全等人的忽悠之下，数万汉族贫苦农民逃离了家乡，在土默特部控制区内筑屋定居，从事农耕和手工业生产。他们的聚居地被称为"板升"（蒙语音译）。

宣府和大同作为守护京城的战略要地，不断受到鞑靼的侵扰。由于没有得力战将（好不容易出个曾铣还给弄死了），堂堂大明只能龟缩防守，任由鞑靼骑兵在城外收割庄稼，扫荡农村。张居正非常愤恨，他提笔写下了《闻警》一诗：

> 初闻铁骑近神州，杀气遥传蓟北秋。
> 间道绝须严斥堠，清时那忍见毡裘。
> 临戎虚负三关险，推毂谁当万里侯。
> 抱火寝薪非一日，病夫空切杞人忧。

北边危机，南面也不太平。富饶的南直隶和浙江、福建等地，一再受到倭寇的冲击。官军往往是一击就溃，老百姓只能四处逃命，任由倭寇抢夺财物。

此时，正值日本战国时期，各路大名（封建领主）混战不休。如果换成有进取心的大元皇帝，很可能早就组织舰队远征日本了。但明廷非但没有能力进军扶桑四岛，反而被一小撮倭寇折磨得痛苦不堪，实在是丢人现眼。

嘉靖三十四年（1555）六月，一队由五十三个日本浪人组成的倭寇小分队，创造了大明历史上令人瞠目结舌的纪录。他们自浙江上虞县登陆之后，连续侵扰浙江和南直隶数县，所到之处，大明官军望风而逃。倭寇的野心随着胜利不断膨胀，最后，他们干脆直奔南京。

南京是大明留都，太祖孝陵所在地，驻有近十万军队。这五十三个倭寇吹着口哨唱着俳句，就杀到南京外城下了。外城有十六门，倭寇选择安德门为突破口，居然试图架云梯上城——也不看看自己才多少人。城上明军仗着人多，用火铳不停射击，只有冷兵器的倭寇招架不住，最终放弃了占领南京的企图。

国耻啊！要知道这可是建文四年（1402）朱棣兵临南京之后，一百五十年来留都遭到的第二次袭击。为了不被远在京城的嘉靖帝制裁，南京兵部下达了格杀勿论的命令。最终，这群鬼子在无锡县被数十倍于自己的正规部队全歼。但明军留下的可耻记录及暴露出来的问题，绝对是触目惊心。

而这五十三人小分队的长途暴走，不过是当时倭寇肆虐东南的一个极端案例而已。

十月二十九日，杨继盛在京师西市被斩首。与他一起被杀的，还有对倭寇作战不利的浙直总督张经和浙江巡抚李天宠。这就是著名的"日杀三贤"。

杨继盛弹劾严嵩，让嘉靖帝觉得这是指桑骂槐，因此他非死不可了。但张经和李天宠死得实在太冤枉，他们五月刚刚取得了王江泾大捷，斩杀倭寇近两千人，还没来得及写捷报，就被锦衣卫抓到北京去了，罪名居然是"畏惧倭寇，消极避战，祸害百姓"。弹劾他们的，是严嵩的干儿子、前往浙江祭海的工部右侍郎赵文华。

因有严嵩撑腰，赵文华与浙江巡按御史胡宗宪将战功算在了自己头上。后来，胡宗宪当上了浙直总督，总揽东南平倭的兵务，戚继光正是他提拔和重用的。而赵文华则在嘉靖三十六年（1557）就病死了，未能继续作恶。

听说此事的张居正，心里能好受吗？

三、畅游湖广大地，坚定远大抱负

在家隐居期间，张居正的心情是矛盾的，他既羡慕竹林七贤的抵制权贵，退居山林，又渴望如诸葛亮、张九龄等名相一样建功立业、青史流芳。入世与出世、积极进取与淡泊名利的纠结，长期困扰着张居正。

张九龄的《望月怀远》诗中名句"海上生明月，天涯共此时"广为传诵，但没有多少人知道，张九龄正是在被贬为荆州都督府长史（幕僚长）之后，在江陵写下这首千古名篇的。

张居正回到荆州，怎么能不想到张九龄，何尝不希望成为后者这样的名相？张九龄离开长安之后，李林甫一口气当了十八年宰相，他与唐玄宗之间的默契，恰如严嵩与嘉靖帝。

张九龄曾力劝玄宗处死安禄山，如果皇帝当时听劝，安史之乱可能也就不会发生，大唐盛世也就能多延续若干年了。

昔日的李林甫虽说跋扈，人家治国能力是在线的，可如今的严嵩，除了挖空心思讨好皇帝、不择手段巩固权势之外，还能多做一点人事吗？

张居正很清楚，以自己的实力，想要对抗严嵩，无疑相当于竹林七贤叫板司马昭，只有死路一条。连恩师徐阶对严嵩父子都是小心翼翼地讨好，何况其他人？像杨继盛那样奋不顾身、视死如归，又有几人能做到呢？

司马懿在除掉比自己年轻的曹爽之前，不是隐忍了整整十年吗？恩师徐阶的年龄远小于严嵩，肯定更等得起。

那么，我有什么等不起的？

休假的生活相当单调，远不及京师那样精彩。但幸运的是，湖广英才辈出，张居正也有不少朋友，相互走动必不可少。

嘉靖三十五年（1556）十月，适逢秋高气爽，特别适合外出游历。通过书信方式，张居正邀约到了应城李幼滋、湘潭王会沙、汉阳张甑山和长沙李石棠等几位朋友，相会衡阳，同游衡山。

衡山又称南岳（与华山、泰山、恒山和嵩山并称五岳），位于湖广布政司衡阳府衡山县（今属衡阳市南岳区），南起回雁峰，北至岳麓山，延绵近八百里，并有七十二座高峰。

五人正值壮年，几十里的山路对他们当然构不成多大负担。一路之上，苍松翠柏郁郁葱葱，山涧泉水清澈见底，让他们心情愉悦；行至高处，芙蓉、烟霞、石禀和天柱诸峰，如同排列整齐的战戟，直插云霄，争奇竞艳，令人目不暇接。

五人高谈阔论，畅谈天下大势，抒发心中豪情，当然就忘记了疲劳，更忘记了朝局的混乱腐败。经过一番努力，他们终于登上了云雾缭绕的祝融峰，来到了南岳七十二峰之顶。

会当凌绝顶，一览众山小。站在群峰之巅，俯瞰潇湘大地，张居正一股豪情油然而生。之后不久，他就提笔写下了《游衡岳记》长文，以及《宿南台寺》《出广方寺》等诗篇。《宿南台寺》写道：

> 一枕孤峰宿暝烟，不知身在翠微巅。
> 寒生钟磬宵初彻，起结跏趺月正圆。
> 尘梦幻随诸相灭，觉心光照一灯燃。
> 明朝更觅朱陵路，踏遍紫云犹未旋。

诗中似乎流露出一种淡泊功名、享受田园的意境。但这真是他的理想吗？

传说张居正还在福严寺求了一支签，看过签文之后，他的心情大半天都无法平复。上面赫然写道：

> 一番风雨一惊心，花落花开第四轮。
> 行藏用舍皆天定，终作神州第二人。

"神州第二人"就是"一人之下"，在嘉靖朝，自然是内阁首辅。不过，一个正七品的编修，离首辅差的真是天远地远。非翰林不入内阁是不假，但入阁的肯定是少数人，大部分编修终其一生，都只能默默无闻，在明史里甚至留不下记录。

张居正没有学过心理学，自然也不知道"皮格马利翁效应"[1]，但在顾璘和徐阶的鼓励之下，他早已自觉不自觉地以"神州第二人"为奋斗目标了。

在回途中，五人还参观了赤壁古战场，感怀了当年周瑜、诸葛亮羽扇纶巾、运筹帷幄的风采。张居正慨然吟道：

> 登赤壁矶，观孙、曹战处。慷慨悲歌，俯仰千古。北眺乌林，伤雄心之乍纽；东望夏口，羡瑜、亮之逢时。遐想徘徊，不知逸气之横发也。

如今的大明王朝，确实需要周瑜、诸葛亮这样的帅才来掌控全国军事，那这个人会是谁呢？

嘉靖三十六年（1557）四月，紫禁城中轴线上的三大殿——奉天、谨身和华盖殿突然燃起了熊熊大火，最终化为一片废墟。当然，嘉靖帝早就不视朝了，大火也并没有引发人员伤亡，但这火起得实在蹊跷。

有意思的是，永乐和嘉靖这两位以藩王入继大统的君主，在位期间都经历了一次三大殿大火。

永乐帝于永乐元年（1403）正月改北平为北京，永乐十九年（1421）正月迁都于此，四月的一场大火就把三大殿变成了一片瓦砾。有好事者认为，这就是上天对永乐帝悍然迁都的惩戒。民意汹汹之下，永乐帝决定务实勤政，在奉天门外

---

[1] 皮格马利翁效应，也被称为罗森塔尔效应或期待效应，指人的情感和观念会不同程度受到自己喜欢、钦佩、信任和崇拜之人的暗示与期待，并以此激励自己持续努力。

"御门听政"。此后的仁宣二帝如法炮制,甚至将北京称为"行在"。一直到正统六年(1441)九月,永乐帝的重孙子英宗朱祁镇才完成了对三大殿的重修,并罢称行在,恢复了北京的京师地位。

按说嘉靖帝早就不视朝了,有没有三大殿根本不影响他修仙,但皇帝本人并不这么想。他反而觉得这事关乎王朝脸面,三大殿得修,而且要修得体面,让三大殿深深打上自己的烙印。

南倭北虏依旧猖獗,皇帝依旧专注修道,严嵩父子依旧党同伐异,多数官员依旧尸位素餐,少数贤臣依旧报国无门。人在江陵的张居正,身体是养得差不多了,心态无疑更加焦虑。他再不能置身事外了。他要回到权力中心,要和恩师一道,去铲除奸恶,拯救国家!

嘉靖三十六年秋,张居正启程返回北京。这当然是自己的主意。暂时的退隐,不过是为了更好地搏击官场。在《太师张文忠公行实》中,张敬修却如是写道:

> 大父见太师[1]居山中且三年,而坚卧不起,常邑邑不乐。前问大人所为焦劳状云何?大父辄起行若不顾,而又时时以其意语所亲者,以此恐伤大父心,遂出。

张敬修认为在祖父的催促之下,父亲才返回了京城,这不过是在为张文明脸上贴金,当真不得。张居正非常有主见,不易受慈父意见左右。

明朝以仁孝治天下,对于二十四孝当然非常推崇。"割股事亲"是指孩子割下身上的几片肉做药引,为父母治病的典故。这在今天看来是愚不可及,可在传统社会,这是表现孝道的最高形式之一。当然,真正动手的人也并不多,知易行难嘛。

张居正当然不是要割股给张文明,而是要为大明江山全情投入,牺牲一切也不在乎。他写这首《割股行》的时候,又没有什么高官在场,如果说作秀,做给谁看呢?显然,这是他发自内心的真正想法。

---

[1] 大父指张文明,太师指张居正,他后来官至正一品的太师。

> 割股割股，儿心何急！捐躯代亲尚可为，一寸之肤安足惜？肤裂尚可全，父命难再延，拔刀仰天肝胆碎，白日惨惨风悲酸。吁嗟残形，似非中道，苦心烈行亦足怜。我愿移此心，事君如事亲，临危忧困不爱死，忠孝万古多芳声。

张居正回到北京不久，嘉靖三十七年（1558），朝廷就给他安排了一项显荣的事务，也可能是恩师徐阶为他争取的：去河南汝宁府（今河南省驻马店市汝南县）主持册封新崇王的仪式。

明朝第一代崇王，是英宗朱祁镇的六子朱见泽。而张居正要代表朝廷册封的，是第四代崇王朱载境。

仪式安排得热闹圆满，所有人都非常高兴。张居正开心之余，突然想到了另一件事，于是马上提笔向北京发信。

随后，这位仁兄就踏上了返回家乡之路。汝南距离荆州不到一千里，张居正十天也就到了，还在家中过了个新年。

等他回到北京时，已经是嘉靖三十八年（1559）春天了。而在嘉靖三十七年三月，却发生了刑科给事中吴时来、刑部主事张翀和董传策同日上疏弹劾严嵩的事件。而这三人的行动，被严嵩父子怀疑为徐阶指使。

因此后世有些学者猜测，张居正的册封崇王和再度归乡都是徐阶的安排。他并不想让最出色的弟子充当权力斗争的炮灰。

三人均遭贬谪，但并没有像杨继盛一样被打得走不了道，后来在徐阶当权之后也都官复原职。因此，说这次集体弹劾与徐阶有关，也未必是空穴来风。而此时的徐阶，显然已经和刚进内阁时不一样了。

很多史书都说张居正"山居六年"，这显然严重夸大。与计算年龄类似，我们的先辈在统计时间时，总是习惯性地多算一年。从嘉靖三十三年到三十八年，明明不到五年时间，古人一定会算成六年。但事实上，张居正在家乡真没待那么长时间，中间还回过一次北京。

嘉靖二十八年秋，张居正当上了正七品的编修，整整十年过去了，他的职位丝毫没有变动，真的是稳定啊。今天我们都感慨张居正是大明政坛罕见的"不倒翁"，却有意无意忽略了这十年他的失落、茫然与苦楚。

当然，原地踏步在翰林院根本算不了什么，这本来就是升迁最慢的一个部门。比张居正早六年中进士的高拱，直到嘉靖三十四年（1555）三月，才终于由编修升为从五品的侍读学士。此时他已经四十四岁了。

以明朝落后的医疗条件，一个三四十岁，官职不大不小的编修，得个不大不小的病，可能就要劳烦家人准备后事了。所以，人生之路不长，偶然因素很多，放平心态比什么都好。

别看张居正与高拱在翰林院做了六年的同事，他俩的交往并不多。原因其实也很简单：翰林院的编修和检讨有几十号人，高拱是世家大族出身，心气很高，对于张居正这样近乎白丁出身的同事，没有什么印象也正常。

即便严嵩和徐阶都对张居正非常欣赏，高拱对他也不感冒：做我老高的朋友是有门槛的，一定得各方面才华特别突出才行！而性情稳重的张居正，当然也犯不着刻意与高拱结交。但五年之后，这两人又成了同事，这一次，他们彼此的感受却不相同了。

第四章
朝堂波谲自有分寸

一、入职国子监，结识一生挚友

嘉靖三十九年（1560），张居正三十六岁，正处于精力、体力最好的时期。在当了十一年的编修（包括回乡养病的三年）之后，他都从小伙子快熬成中年人了，职位终于有所变动。可见要在官场上走得足够远，你真要耐得住寂寞，经得住诱惑。

这一年，徐阶由少傅晋升为太子太师，在内阁中的地位更加稳固，已经不是严嵩能轻易收拾的了。五月，张居正升为正六品的右春坊右中允，掌国子监司业事。

明代的左右春坊是为太子服务的机构，长官为春坊大学士，其他还有庶子、谕德和中允等，往往都是虚衔。因此，张居正的主要工作，是国子监司业。

国子监是有明一朝的最高学府，分为南北两监，最高长官（校长）为祭酒，副长官就是司业了。

眼看徐阶和严嵩渐成分庭抗礼之势，很多人自然要做出自己的选择，不想被说成"脚踩两只船"。唯独张居正是个异类。他可以大大方方地去严府做客，碰上徐阶的门生也不躲闪；还替严家父子写公文，从不担心徐阶猜忌他。

张居正去徐阶家的时间，当然只会更多。但他并不遮遮掩掩，而是搞得动静不小，连严嵩家的下人都能知道。让人不得不佩服的是，在两位阁老面前，张居正的行事似乎不偏不倚，两边都不得罪，真不愧是双子男啊。

但我们今天都知道，张居正其实早就做好了选择。他坚定地站在徐阶一边，并成了这位次辅最重要的幕僚之一，长期专注于如何扳倒严嵩。

表面上看，徐阶和严嵩就像一个模子造出来的。对皇上的修仙行为，他们都极尽逢迎之能事，搜肠刮肚写青词，毫不犹豫试丹药，坚定不移去奉行。对嘉靖帝的各种铺张浪费、残害宫女和打压贤良的行为，他们变着花样地洗白甚至吹捧。心理承受能力都不是一般地强。

但事实上，严徐两人还是有根本区别的。严嵩很享受目前的环境与地位，并千方百计地维持；徐阶则是为了终止这种腐败和混乱，不得不牺牲自己的节操。

说来也巧，就在三月，一位明朝历史上的重量级人物也调任国子监，并成了张居正的上司。

此人正是高拱。他由翰林院侍讲学士升为太常寺卿、国子监祭酒，并因此离开了效力九年之久的裕王府。

高拱是河南布政司开封府新郑县人，生于武宗正德七年十二月（1513年1月），字肃卿，号中玄，因此在官场上被尊称为"玄翁"。和张居正不一样的是，高拱是标准的世家大户子弟，其祖父、父亲都中过进士。和张居正一样的是，高拱从小就有神童美誉。

嘉靖七年（1528），即王阳明去世的当年，十七岁的高拱参加了河南乡试，一举摘得解元（全省第一）桂冠，轰动了整个开封府。

但之后略显尴尬的是，直到嘉靖二十年（1541），已经三十而立的高拱，才在第五次会试时进士及第。经过殿试，他的最终成绩不过是三甲第四十五名。

成绩一般，年龄不小，但幸运的是，高拱通过了翰林院考选，当上了庶吉士。一同入围的，还有日后的内阁同事高仪和陈以勤。

高拱学术功底扎实，又热爱读书，两年半之后，他顺利地留院成为编修。和张居正一样，高拱并不喜欢吟诗作赋，而是关注国家典章制度与法律，早早将入阁拜相当成了奋斗目标。

这两个家境相差悬殊的才子，官场之路倒有很多相同之处。其中最重要的一点，就是他俩一天地方官都没有做过，只做京官，而且长期在国子监、翰林院一类的教育部门供职。很难想象，他俩最终都成了一人之下、权倾朝野的宰辅。

不能不说，二人真的都很有领袖天赋，用不着像别人那样一点一滴地积累。

高拱生性直爽（高高在上，逮谁"拱"谁），做事不大考虑别人的感受（只图自己舒服），裕王却自卑怯懦，奉行"多一事不如少一事"的准则。很难想象性格南辕北辙的两人，是怎样在九年中结下十分深厚的友谊。也有一种说法，是高拱一生无子，在潜意识中，他将小自己二十五岁的裕王视为亲儿子，自然要倾注全部心血了。

高拱向裕王告别之时，后者难过得流下了眼泪。不过即使高老师离开了裕王府，每逢有重要事件，裕王都要派太监第一时间去请教高拱，将他视为自己的"诸葛亮"。

随着裕王登基几乎已成定局，高拱自然也成了朝中红人。谁都能看出来：只要服丹服得重金属严重超标的嘉靖帝一死，裕王一坐上金銮殿，那个平日独来独往的高拱，铁定要入阁拜相，甚至当上首辅，那还不赶紧和他套近乎？

可惜，高拱依然学不会圆融通达，依然不想交太多朋友，依然坚持自己的做人原则。即便严嵩和徐阶这两位阁老，高拱都未必会买账，何况众多庸碌之辈？

不过，高拱和张居正居然成了好朋友。甚至可以说，他们是彼此最要好的朋友。这也更加证明了张居正的优秀。

都说人在年过三十之后，没有朋友，只有利益。这两位大明三百年中排名前三的政治家，居然能成为挚友，那真的是大明之幸，民族之幸。

平心而论，高拱的才情，还真配得上他的脾气。他的眼界高，水平高，心气也高。大明王朝建政已经两百余年，官场人浮于事、官官相护的现象已经非常严重。南北边患让天朝颜面尽失，高拱看在眼里，急在心中。

因此，当无意中看到张居正《论时政疏》之后，一向自负的高拱相当欣赏，甚至觉得这年轻人有一点点自己当年的风采了。

"叔大，这几天天气很好。明天没有事，咱们去香山可好？"深秋的某一天，高拱居然兴致勃勃地向张居正发出了邀约。

对啊，此时正是红叶盛开之时，香山的风景一定很美。但是……

人家王世贞他们游山玩水，都是要带几个歌女助兴，自己一路指点江山随口成诗，然后由歌女配乐唱出，间或一展曼妙舞姿，这种游玩才有意思嘛。两个老男人出游，成何体统？

如果换别人，张居正很可能就推掉了——不如在家看书。但高拱毕竟是自己的上司，更是京官中知名的学究。有这样单独交流的机会，岂能错过？

就这样，天刚蒙蒙亮，两人就各自坐上马车，一路向西。出了北京城，路就不好走了，当时的马车只有实心车轮，坐在车里很是颠簸，坐轿显然又太慢了。紧赶慢赶，好几个时辰才能到香山脚下。

相比张居正当年登过的衡山祝融峰，香山最高点香炉峰海拔还不到前者的一半。对三十来岁的张居正来说，还真是不用费多少力。可高拱毕竟奔五了，又长年做案头工作，登山还真是费了不少力气。

"玄翁慢点，别累着啊！"看着气喘吁吁的高拱，张居正关切地询问。

"没事，我还好！"高拱可不想服老。

在随从的帮助下，两人终于站到了香山之巅。一阵轻风吹过，带来了久违的凉爽。郊外的空气是这般新鲜，让人没有理由不大口多吸几下。再看如棋盘一般整齐的北京城尽收眼底，他俩的豪情难免油然而生。

"叔大，如此大好河山，繁荣京城。国势却日益衰退，江河日下，实在令人痛心啊！（还得我老高来主持大局才行！）"

看老哥如此触景生情，张居正一时也不知道说什么好了，只是微笑点头。

"叔大啊，老夫看得出来，你也胸怀大志，和朝中那些庸碌之辈大不一样。老夫想请教一下，你可有什么治国安邦的良策？"

高拱口无遮拦，心里也藏不住事儿。张居正反而欣赏这种性格，也愿意交这种朋友。他略加思考，似乎想到了诸葛亮的《出师表》，于是表情严肃、一字一顿地说："他日如果能秉持朝政，小弟定当鞠躬尽瘁，死而后已。"

"看来，你想当在世孔明啊。好，好，叔大果然有气魄！"高拱当然要点赞了，"诸葛武侯当年'出师未捷身先死，长使英雄泪满襟'。但他毕竟有六出祁山的壮举，永远被后世传扬，这一生也应无憾了吧。"

但张居正并不赞成这种说法，无憾？遗憾满满还差不多。他回答道：

"鞠躬尽瘁，但为国事；死而后已，功业自成。"

好大的抱负，不达目标绝不罢休！张居正平时挺低调的，这时候没有外人在，他终于不装了。

高拱乐了："你'居正'的名字，真不是白叫的！这气吞山河、睥睨天下的气势，除了老夫，还有谁能相提并论？"

高拱还就是行，这自我吹嘘的能力堪称一绝，又让人想到曹操青梅煮酒时说出"天下英雄，唯使君与操尔"的豪迈。

"哈哈哈哈，玄翁过奖了！"张居正不能不客气一下。

"叔大，我看你也是宰辅之材。他日如能入阁拜相，我们联手，好好做一番事业！"高拱的情绪被感染了。

"好，勠力同心，中兴大明！"说着，二人击掌为誓。以入阁之业相互鼓励，这就是发生在香山的所谓"香火之盟"。虽说没有正式结拜，但他俩显然已经视彼此为兄弟了。

有一次，两人一起骑马出朝。高拱突然诗兴大发，朗声吟道："晓日斜熏学士头。"张居正一听乐了，马上对了个"秋风已贯先生耳"。高拱一听，不觉大笑起来："好！"

原来，"干鱼头"是对湖广人的调侃，而"偷驴贼"是挤对河南人的，两人巧妙地将彼此地域恶俗的乡趣融入对子中，颇有化腐朽为神奇的功力，也足见他们三观接近、理念合拍。这样的兄弟，不一起做些大事，不是太可惜了吗？

不过，高拱虽与张居正交好，对后者的恩师却不欣赏，这不能不说，这对双方都是损失。而此时的徐阶，则在稳步实施他的计划。

很快，张居正得到了一项光荣的使命，也让他受益匪浅。他和袁炜、高拱等人，重录了大明最重要的百科全书——《永乐大典》。

《永乐大典》的重录，让张居正很好地接受了一次史学、目录学与文献学历练，可以毫不夸张地说，他从此成了一位优秀的出版人，之后又主持编撰了很多重量级的作品。直到今天，无数史学研究者依然从中受益。

国子监内风平浪静，朝堂之上却是云谲波诡。

二、多行不义，严氏父子被处置

盘点有明三百年的政争史，徐阶与严嵩之战，无疑是其中最为华彩的篇章之一。

对官场中人来说，权力就是最好的春药。严嵩独揽大权的头几年，别看都七十好几了，（表面上）依然精力充沛，干劲十足，走路都带风。

而且，独眼儿子严世蕃正值盛年，他的心机与能力此时已然在老爹之上。内阁中的大小事情，严嵩都得和儿子商量之后才定夺。这也成了公开的秘密，朝中官员给严世蕃送上的"小阁老"之誉，他也欣然接受：有什么大不了的！

不过，官二代和一代的思路毕竟不同。严嵩一心扑在工作（献媚皇上，打击异己）上，私生活过于简单，没有什么业余爱好，当然老腰也经不起折腾了。严世蕃则完全不同。

别看小严又矮又胖又独眼，长得实在砢碜了些，把他扔在京城的大街上，不认识他的姑娘，谁都不会多看他一眼。但人家却非常注重生活情调与艺术品位，身边更是从不缺少漂亮妹子。

说白了，严世蕃就是花天酒地，纸醉金迷，天天艳遇，夜夜新郎。母亲欧阳氏多少也知道他的一些业余爱好，对他也尽量约束。

严世蕃再霸道，也得给母亲面子。但到了嘉靖四十年（1561）五月，欧阳氏突然病故了。严府上下陷入了悲痛之中，最难过的是家中长子。严世蕃思念母亲的心是有的，但更要命的是，作为孝子，他必须得回分宜丁忧二十七个月，北京城里的花花世界、良辰美景，从此就跟自己作别了。

这一走，什么时候才能回得来？回来之后，是不是又得给老爹丁忧？这可把小严给愁坏了。

风水轮流转。此时看热闹的张居正不会想到，多年之后，他也会遇到严世蕃同样的苦恼，丁忧引发的风波也非常严重。

严世蕃很忧愁，他爹比他还焦虑。这以后青词谁来代写，奏疏谁来处理，坏事谁来操盘？换别人还真不放心。严嵩不得不向嘉靖帝哀求："万岁，老朽这把骨头八十二了，身边也得有人照顾啊。"看着满头白发、路都走不稳的老严还在为国奉献，嘉靖帝能不动容吗？他同意让严世蕃夺情守制，留在京师。

不过，严世蕃是个闲不住的主儿。母亲死了没多久，他就恢复本性了。快五十的人，还像个二十来岁的小伙子一样能折腾。严嵩此时已进入了真正的风烛残年，处理朝政已经力不从心了，对儿子的行为更无法约束；嘉靖帝也不断收到举报，对严世蕃更加厌恶了。

嘉靖四十一年（1562）九月，重建的三大殿及乾清、坤宁二宫华丽落成，了却了嘉靖帝一大心结。为了证明自己是有明一朝最伟大的帝王之一，嘉靖帝又祭出大手笔，将三大殿之名由奉天、华盖和谨身，改为皇极、中极和建极，顺带对周边建筑进行配套更名：奉天殿前的奉天门更名为皇极门；两侧的文楼与武楼，改为文昭阁与武成阁；奉天门前的左顺门与右顺门，更名为会极门与归极门。

由此一来，紫禁城也算是深深打上嘉靖帝的烙印了，连带严嵩也刷了一拨存在感，成了史上最后一个华盖殿大学士，第一个中极殿大学士。但是，花费这么巨大的三大殿，嘉靖帝还是不想启用，也不想住回乾清宫。

按理说，一心修仙的人，都应该远离女色。可人家嘉靖帝偏能做到并行不悖。当年十一月，这位人老心不老的皇帝和当时最受他宠爱的尚美人，在永寿宫里放起了烟花。他俩在室外放不过瘾，居然转到了室内；在卧室里放不过瘾，干脆在寝帐里放。不过，很快二人就乐不起来，甚至撒开腿没命地跑了。

火星溅到床上，很快把帐子点着了。房间里全是易燃物，再不跑，就得去见夏言了。

嘉靖帝不惜血本修建的永寿宫，从此变成了一片废墟。他不得不把两个最信任的辅臣召来，商量从今以后，朕应该住到哪里？

回乾清宫？那万万使不得。杨金英的阴魂要是跑来报仇，如何是好？

"圣上，南宫绿树成荫，亭台楼阁非常精致，您搬去崇质殿就好啊。"严嵩一如既往地媚笑着，等待皇上的夸奖。谁知嘉靖帝毫不客气地打断了他："休得胡言！"

严嵩完全给整蒙了。这么好的地方，我都想住进去养老，皇上您咋就不喜欢呢？难得为国家考虑一回，怎么就错了呢？

说话要过脑子。南宫风光再好，也是当年英宗朱祁镇被弟弟朱祁钰软禁的地方,多晦气啊。严嵩可能真是老糊涂了,居然出此昏招。徐阶侍立在旁边,心里自然乐开了花,表面上却非常淡定,毫无幸灾乐祸之色。

"徐爱卿,你有什么高见呢?"

徐阶也真不含糊,张嘴就来,一番话说得嘉靖帝非常开心:"好,就依你!"严嵩可就在旁边看着呢,给点面子行不行?

徐阶是这么说的:

"为主分忧是臣下的职责所在。咱们不是刚刚重修了三大殿吗?还剩下不少余料,正好可以用来翻修永寿宫。臣恳请让犬子徐璠担任总管,配合工部尚书雷礼,监督工程进度。"

徐璠确实也很争气,他带领工匠没日没夜地施工,很快就将一座比永寿宫更加宏伟气派的宫殿给建成了。材料真的都是修三大殿的余料吗?谁又会在意呢?反正嘉靖帝看之后相当满意,赐名为万寿宫,取万寿无疆之义。

嘉靖帝高兴之余,就给徐阶加少师衔,兼食尚书俸,徐璠也当上了正四品的太常少卿,从此也是京城大员啦。

这还不算完。很快,严嵩新的霉运又来了。

嘉靖帝手下有几个道士,经常用"扶乩"来忽悠皇帝骗银子,偏偏嘉靖帝就信这一套,给钱还给得特别痛快。扶乩就是在宫中设一个大沙盘,道士"做法"让神仙附体。随后,"神仙"让皇帝提问[1],接着拿根棍子在沙盘上瞎写,作为回答。

嘉靖帝特别信任一个叫蓝道行的山东道士,基本上是对他言听计从。有一次,蓝道行又口吐白沫倒在地下,嘉靖帝一见大喜:神仙又附体了哇,等蓝道行晃晃悠悠地站起来,嘉靖帝赶紧一脸虔诚地发问:"朕这些年殚精竭虑(地修仙),为何朝政不见好转?"

蓝道行当然不会说话,他挥着宝棍,奋力在沙盘上划动着。嘉靖帝看清楚了,上面赫然写着:

"贤不竞用,不肖不退耳。"(原文无标点)

---

[1] 一说是写在纸上焚烧,让神仙知道。

这打哑谜有意思吗？嘉靖帝赶紧追问："何为贤人，何为不肖？"

随着沙盘沙沙作响，新字出现了。嘉靖帝一看不觉大惊，整个人都不好了。

"贤如徐阶、杨博，不肖如严嵩。"

说得这么直白，是不是真的呀？嘉靖帝当然不死心，继续追问道："上苍既已知晓，为何不惩治不肖？"

好嘛，连上天都敢怀疑了，还想不想长生？蓝道行还真能耐住性子，又开始了他的表演。

"留待皇帝自行裁决。"给你表现的机会，多做好事才能成仙嘛。

嘉靖帝看着沙盘以及恢复了正常的蓝道行，陷入了深思之中。

蓝道行为什么要说严嵩的坏话？一种说法是他被徐阶收买了，这番话也是徐阶授意的。但以徐阁老办事的稳健，如此冒险并不值得。另有一说：蓝道行其实是个阳明弟子，为了致良知，他故意在皇帝面前说严嵩的不是。第三种说法，蓝道行拜了一个叫何心隐的文化人当老师，这些都是后者安排的。

而何心隐与张居正，日后还会有交集。

这事当然不算完。据说，徐阶的学生邹应龙在某个太监家躲雨时，无意听到太监说起了这件事。小邹装做若无其事，回到家立即沐浴更衣，准备写奏疏弹劾严阁老。

可能是写得太累了，邹御史决定出去骑马兜风。他出了北京城，一路奔驰，神清气爽。突然，前面出现了一座高山，邹应龙莫名其妙地来了火气，抽箭便射。当然，他拿高山是一点儿没脾气。

邹应龙绕开高山，继续前进，发现山脚东边有一座气势恢宏的阁楼，楼下有一块田地，地里堆着白花花的大米，米上还盖着草——怕淋雨吗？邹应龙看到阁楼就冒火：这得搜刮多少民脂民膏？他张弓搭箭，狠狠地向阁楼射去。随后，眼前出现的一幕，实在太刺激了。

伴随着轰隆隆的声响，阁楼当场塌了！邹应龙非常开心，觉得以后饭局上吹牛都有资本了。不过这仅仅是个开始。转瞬之间，大地震动了，田园裂开了，大片大片的稻米，连同上面的草都倒下了。邹应龙正得意间，身后又响起了震耳欲声的轰鸣声，空气中满是泥土的味道。

原来，那座让他看着就上火的巍峨高山，居然也神奇地……倒了！各种飞沙走石，直直向邹御史袭来。

邹应龙惨叫一声，从马上重重地摔了下来，似乎还听到了骨头断裂的声音。他揉揉眼睛，突然开心地笑了起来。

原来，刚才只是一场梦啊，一定是自己写作太累睡着了。邹应龙反复回味着梦境，突然间，他猛地一拍桌子：好，一定是天意！

这个高山，不就是严嵩的"嵩"吗？东边的楼，不就是严世蕃的小名"东楼"吗？田里有米，米上有草，合起来不是就严世蕃的"蕃"字吗？

高山射不动，说明弹劾严嵩是没有用的；东楼一射就能倒，连带山都崩了，不正是上天暗示我，只要扳倒了严世蕃，他爹也就完蛋了？哈哈，我怎么就这么聪明呢。

邹应龙兴奋得再也无法入睡，在昏暗的灯光下，他奋笔疾书，一气呵成。他列举了严世蕃凭借父权贪污受贿、广结党羽、作风糜烂的种种罪状，应当处死，严嵩呢，让他退休就好。结尾是这样的：

> 臣请斩世蕃首，悬之于市。以为人臣凶横不忠之戒。苟臣一言失实，甘伏显戮。嵩溺爱恶子，召赂事权，亦宜亟放归田，用清政本！

邹应龙并没有擅自做主，而是将文章呈给恩师审核。徐阶看了之后非常满意，随后二人就个别字句进行了调整，务求一击必中。

别看严嵩是内阁首辅，却并没能阻止这篇奏疏送到嘉靖帝案头。严嵩已经在身边侍奉二十多年了，嘉靖帝难免有"审美疲劳"，这些年来朝中大臣弹劾严家父子的文书，开个图书馆都没多大问题。而邹应龙的成功之处，就是抛开严嵩，集中火力猛攻严世蕃。

当然最重要的，是蓝道行扶乩的威力。嘉靖帝还想长生不老呢，怎么敢忤逆上天？

嘉靖四十一年五月，他下令将严世蕃抓进大理寺监狱，听候发落；严嵩以原职退休，返回家乡分宜。而次辅徐阶，自然就补上了空缺，当上了首辅。

徐阶在内阁隐忍十年，委曲求全，扮猪吃虎，终于等到了这一天。

不过，住习惯了大城市的严嵩，已经无法习惯小城的生活，他选择在南昌购宅住下。

八月初十日，是嘉靖皇帝的生日。远在洪都的严嵩，哆哆嗦嗦地提起笔，写出了一篇极尽巴结讨好之能事的《祈鹤文》，让人连夜送往北京。嘉靖帝对严嵩还是有感情的，看过之后不禁龙颜大悦，下诏赞扬了老部下一番。

但嘉靖帝的立场很坚定，不会再让这位老大爷回北京了。

也许是时人有意隐瞒，今天我们在各类史书中，很难看到张居正在徐严大战中所起的作用。但很显然，徐阶最青睐的学生只能是张居正，他不可能不参与老师的倒严行动，不可能不为徐阶出谋划策。

当徐阶再一次跨入西苑的值庐时，一切都变得不一样了。过去十年里，他已经不知道来过多少次，还曾在此过夜值班。多少次，他都差点让嘉靖帝发怒；多少次，他都可能官阶不保。但从今天开始，他就是一人之下、万人之上的首辅。所有的隐忍，所有的卑微，都已经得到回报了。

"磨墨！"徐阶心潮难平，脱口而出。

他不假思索，写下了三行字：

以威福还主上，以政务还诸司，以用舍刑赏还诸公论。

这即是史上著名的"三还"座右铭。徐阶不光是这么说的，也是这样做的。他要将被严嵩父子毁掉的朝廷威信修复过来，将对朝廷失去信心的能人贤才笼络进来。

看着严嵩被赶出京城，张居正激动得想当场跳起来。总算是出了一口恶气啊，他提起笔来，一挥而就：

壬戌[1]秋光此再游，纷纷凉月玉觥浮。

关中寒杵星河动，塞外清笳几席秋？

二妙相过怜北极，双鱼宁借滞南洲！

---

[1] 嘉靖四十一年（1562）是壬戌年。

狂歌裊裊天风发，未论当年赤壁舟。

随着严嵩退休，严世蕃被抓，张居正跟着徐阶，终于可以步步高升了吗？

三、无中生有，徐阶收拾小阁老

严嵩倒台之后，张居正自然可以撕掉"骑墙派"的伪装，露出徐党的本来面目。而恩师也没有亏待他。

很快，张居正就承担了更加重要的任务。担任《承天大志》的纂修官。

承天府这名字一听，就高端大气上档次，与北京顺天府、南京应天府齐名。这个府本只是湖广布政司一个普通的安陆州，但自打嘉靖帝从这里走出并当上皇帝，地位马上就提得特别高了，龙兴之地嘛。不光升级为承天府，还被誉为"兴都"。

别看嘉靖帝一贯刻薄寡恩，他对故乡倒有着特别的感情。二十年前，他就下令编撰《兴都志》，可当时那些文人业务能力不太行，并不能让皇上满意。

嘉靖四十二年（1563）四月，礼科都给事中丘岳请重修《兴都志》，嘉靖帝没有理由不准，并亲自定名为《承天大志》。之后，一个极其豪华的创作天团就成立了。首辅徐阶、次辅袁炜任总裁官。但事实上，出力最多的，是徐阶的得意弟子张居正。

谁都明白，劳民伤财搞这面子工程，还不就是为了让皇帝开心？而张居正也充分发挥了他双子座能屈能伸的个性，在这部作品中没有底线地吹捧献皇帝朱祐杬及其子嘉靖帝，将这爷俩比做周文王和周武王。张司业还一口气写下了十篇《承天大志纪赞》，极尽阿谀奉承之能事。在《基命纪赞》中，他写道：

我皇上应期挺生，膺图握纪，仰万年之明盛，陟三五之登闳，骏命之隆，超轶有周远矣。实由我献皇帝，天纵圣哲，日跻诚敬，渊仁厚德，迈于周文……

在《龙飞纪赞》中，张居正又一本正经地宣布：

惟我皇上应五百年之昌期，承二圣（指嘉靖帝的父母）之积庆，天人协顺。爰自兴官邸，入纂丕较图。万邦黎献，靡不快睹焉。曰圣天子，今之帝尧出。

足以看出，张居正虽说文笔逊色于王世贞，但也能算是那个时代一流的学者和出版人了。千穿万穿，马屁不穿。嘉靖皇帝看了之后龙颜大悦，将张居正擢升为右春坊右谕德，充裕王府讲师。

裕王一直没有得到太子头衔，但随着嘉靖四十年二月景王就藩，储君之位已经没有悬念了。张居正看准时机，很快就得到了裕王的信任。

张居正仪表堂堂，学养扎实，授课旁征博引，娓娓道来，分析事例切中要害，一针见血，令裕王没法不欣赏和器重，王府大太监李芳对他也很满意，这就为他日后的提升埋下了伏笔。与此同时，张居正还要协助老师继续收拾政敌。

所谓"百足之虫，死而不僵"。严氏父子专权近二十年，在两京十三省有着庞大的亲信队伍，想彻底铲除他们谈何容易？

此时，八十三岁的严嵩早已进入风烛残年，随时有可能一命归西。而五十岁的严世蕃正值盛年，作恶能力与破坏作用已远超其父。一不小心，他还真有东山再起的可能。

严世蕃的能量有多大，说出来能吓死人。他天天蹲在大理寺监狱，还能有条不紊地组织严党进行反击。在那个没有即时通信设备的年代，实在是太厉害了。

严世蕃恨透了蓝道行，就让太监中的严党内线在嘉靖帝跟前诋毁他。这位道士被抓进刑部大牢，受尽了残酷折磨。

严党希望逼蓝道行招认，是他与徐阶等人勾结陷害严家父子，这样就能翻案。但蓝道行还真是爷们，宁可最后被活活打死，也不愿出卖徐阁老。不久之后，大理寺传出让人啼笑皆非的宣判：严世蕃以"受贿八百两"的罪名，被流放广东雷州府。

好嘛，这八百两银子，拿去送给严府管家，人家都懒得收。

即便朝廷已经这样宽大了，严世蕃连雷州都不想去。他跑回老家袁州，继续过着左拥右抱、花天酒地的生活。严世蕃还大手一挥，招来了上千民夫，准备大兴土木，修建庄园。

这还不算完。严世蕃既不知道害怕，也不知道收敛。他居然酒后吐真言，说将来要有机会，一定要整死徐阶和邹应龙两个仇人。严世蕃说到做到，他拿出一点点家产，就雇用到了若干亡命之徒，准备让这些人潜回北京，收拾徐阶。

这也太狂妄了。借用一句电影台词：还有王法吗？还有法律吗？此时，与倭寇首领汪直、徐海有勾连的罗龙文也跑到了袁州。严世蕃也真够义气，让他在府上白吃白住。

纸里包不住火，消息传到了京城徐阶那里。这位新首辅原本想放过严氏父子。但眼下，他和张居正都意识到，严世蕃的危害远超严嵩，如果不及早置他于死地，无异于养虎为患，未来不知道还得有多少正人君子遭殃！

嘉靖四十三年（1564），徐阶的学生林润正担任南京都察院监察御史，巡视海防。徐阶寄去密信，要他去江西袁州走一趟。林润一开始还不明白：老师这是老糊涂了吧，江西哪有倭寇？转念一想，他就明白自己应该收拾谁了。

严世蕃确实也太狂妄了。当袁州府推官郭谏臣路过严家工地时，工匠们仗着严家的势力，对老郭相当无视，甚至还拿砖头瓦片招待他。

郭谏臣再怎么说也是朝廷命官，岂能咽下这口气。他立即向林润反映了此事。林润一听大喜，马上上疏控告严世蕃和罗文龙在袁州网罗江洋大盗，图谋不轨，并用八百里加急送到北京。

嘉靖帝果然发怒了，下令将二人捉拿到北京审问。得到消息的严世蕃之子严绍庭立即从京城出发，想赶回老家给老爹报信。可等他来到袁州时，看见的只有被破坏严重的工地。严绍庭这才知道，林润已经抢在他前面，将严罗二人抓走了。

说出来可能没人相信，像严世蕃这样级别的重犯，一到京城反而恢复了自由，住进了大宅院，除了有少量士兵象征性地看管，其他就跟当小阁老时没有多大区别。严世蕃不改官二代本色，每天依然过花天酒地、挥金如土的快活日子。

看着罗龙文整天愁眉苦脸，严世蕃就想逗逗他。小阁老的话一出口，小罗登时傻眼，吓得差点昏了过去。

"我已经派人在京城各地散布消息，说严世蕃就是杀害杨继盛和沈炼的幕后黑手。只有除掉小阁老，二位英雄的在天之灵才能够安息。"

您这是嫌我们死得慢吗？罗龙文绝望地说："那我们还能活多久？"

"放心，这样我们不但没事，还能被无罪释放！"

"小阁老，说反了吧！"罗龙文眼泪忍不住掉了下来。严世蕃知道对方的智商不够用，也不想向他解释，反而说出了一句震古烁今的名言："任他燎原火，自有倒海水！"

可花天酒地的日子没过多久，一队刑部公差就上门拜访了，并请小阁老和罗先生换个地方住。严世蕃当然不干："我才不去那鬼地方呢。"

"不好意思严老爷，这次由不得您啦。"

进了刑部大牢，小严的日子就不好过了。而此时的徐阶，怎么可能再犯错误？

嘉靖四十四年（1565），因林润再次上疏，嘉靖帝命三法司重审严世蕃案。三大部门的主官，即刑部尚书黄光升、大理寺丞张守直和都察院左都御史张永明都不是严党，都巴不得整死严世蕃为杨继盛报仇。他们经过反复斟酌，终于写出了一份自认为满意的罪状词，认定严世藩残害忠良，贪污受贿，罪不可恕。

三人去拜会首辅，并呈上了多日以来的劳动成果，期待着徐阶会赞扬他们。

徐阶不动声色地看完，突然换上了一副轻松的表情："各位大人，你们是想杀严公子呢，还是想放了他？"

三人面面相觑。这是毫不遮掩的打脸，是对自己智商的严重羞辱啊。看着三个书呆子的迷惑表情，徐阶也不装了："你们多亏没有直接呈给皇上。不然，严世蕃就会无罪释放了。"

有这么严重吗？三人更糊涂了。没有办法，徐阶只能给他们解释一番。三人一听这才恍然大悟，感慨在斗争经验方面，自己与徐阁老之间，不知道差了多少个严世蕃。

徐阶说的是："杨继盛、沈炼固然是冤死，可死刑令是皇上亲自签发的。万岁爷会犯错吗？（犯了错能承认吗？）你们把这罪状词交上去，不就是逆了龙鳞？皇上会觉得你们是借严世蕃向他施压，逼他认错，他老人家能乐意吗？"

三人额头上的汗都流下来了。好险！如果真把这份文件送上去，自己恐怕得提前退休了。多亏有了徐阶，才没让严世蕃的阴谋得逞。

"元辅说得极是。我等受教了。请您指点一下，我们重新去写。"

"不用了，这里有。"

徐阶云淡风轻地从袖口掏出一份奏疏，交给身边的黄光升："各位大人看看，这样如何？"

原来徐阁老早有准备啊。这三位认认真真地看完，脸上都露出心存疑虑的神色：真的能这么玩吗？良心真的不会痛？

徐阶给严小阁老安排的罪名，最关键的只有三条：

一、与倭寇首领汪直勾结，试图颠覆大明江山；

二、在袁州有王气的土地上修建庄园，其心可诛；

三、网罗不法之徒，祸害地方，威胁朝廷。

这三条哪个单拎出来，都是杀头大罪。严格说来，徐阶拟出的这三条罪状都是"诬告"，但也并不完全是空穴来风。罗龙文本来就和汪直打过交道，那么说严世蕃勾结汪直，也是合理的嘛。小严确实在袁州大搞基建，至于有没有王气，那还不是由人说？严世蕃是雇用来了不少亡命徒，理论上说，是可以威胁朝廷的。

鉴于张居正已经是徐阶的首席谋士，笔者推测，这些要命的阴招，很可能是师徒二人一起熬油点灯想出来的。

嘉靖四十四年三月二十四日，一个京师百姓普天同庆的好日子。严世蕃和罗龙文被押到了西四牌楼，带到了夏言当初被处斩的地方。冥冥之中似有定数。

监斩官一声令下："时辰到，行刑！"刽子手的屠刀高高举起，重重落下，严世蕃的脑袋咕噜噜滚落出去好远。不一会儿，罗龙文也身首异处了。围观的北京市民，无不欢呼喝彩，他们等这一刻，实在等得太久了。

严世蕃之死，令徐阶的威望继续升高，但他保持着难得的清醒，并有悲天悯人的情怀，不想冤冤相报，更不想斩尽杀绝。当有人盛赞首辅铲除大奸时，徐阶却说："严嵩杀了夏言，严嵩的儿子又被我杀。必然有人不肯原谅我。"这种谨慎态度，深刻影响了张居正。得饶人处且饶人，是首辅应有的气魄。

严世蕃被杀之后，他在北京和江西的豪宅也被查抄了。不得不说，严家贪污受贿的能力不能简单地说强，那得是出神入化了。到了清朝，有好事者将严家的财产清单编辑成了一本书，居然有六万多字，取名《天水冰山录》，还成了畅销书。

早在嘉靖四十一年五月，当了十四年首辅的严嵩，就被迫以八十三岁高龄退休。他也创造了明朝首辅连续掌权的时长纪录——十四年。那么，后来的张居正，能不能打破这个纪录呢？

此时，内阁只剩下了徐阶和袁炜。这位袁次辅除了写青词和拍马屁，别的事情好像都干不利索，也不喜欢干。但徐阶对袁炜非常包容，不会像严嵩一样独裁一切。徐阶一直希望给内阁增加阁员，但嘉靖帝就是不同意。

这年四月，一直对徐阶不太尊重的袁炜因病致仕，机会来了。徐阶立即向嘉靖帝提出了两个人选，准确地说是两大青词高手——礼部尚书李春芳和吏部尚书严讷。这么一来，徐阶对内阁的掌控就更加得心应手了。

那么，一直跟着老师鞍前马后效力的张居正，此时怎么没有得到重用呢？这就体现出老徐的高明之处了。正如顾璘不急着让张居正中举一样，徐阶也不急着让张居正入内阁，他的资历还是太浅，难以服众。再说了，李春芳也是徐阶门生，也不能同时安排两个嘛。

不过到了十一月，严讷就告病回乡，内阁里就剩下徐阶师徒俩了。

当徐阶在北京斗倒严嵩当上首辅之时，南边的战事正酣。戚继光靠着自己改良的鸳鸯阵，在浙江七战七捷，把倭寇都给吓到福建去了。没有办法，福建巡抚游震得只能向朝廷求助。兵部命戚继光赴闽作战。这位战神也果然不辱使命，连续取得了横屿、杞店和牛田大捷，令八闽大地的抗倭局势大为改观。

可就在年底，浙直总督胡宗宪却以"党附严嵩"的罪名被抓。严格说来，胡宗宪并非严党核心人员，只是巴结过严嵩干儿子赵文华。考虑到胡宗宪在江南大有一手遮天之势，徐阶决定不再设立浙直总督，只是让赵炳然留任浙江巡抚。如此一来，东南抗倭寇就没有了绝对的话事人。

失去了胡宗宪的支持，戚继光一度感到心灰意冷，在日记中，他如是写道：

> 胡公北辕，浙无知己。欲际新中丞未至，乞病东还。

在好朋友汪道昆的劝说之下，戚继光才打消了退隐念头，继续在浙闽一带驻防，到了嘉靖四十二年（1563）三月，戚继光的老领导兼老朋友谭纶以都察院右都御史巡抚福建，这位大明军神从此才没有了后顾之忧，并与俞大猷、刘显等名将一起努力，历经四年浴血奋战，终于将东南沿海的倭寇基本上清扫干净。

戚继光戎马一生，最辉煌的战争岁月，最为后世津津乐道的经典战役，都是在东南沿海创造的。而此时的张居正只是朝中的小角色，当然对戚继光不能有什么实质性帮助。

张居正会后来居上的，但在眼下，有人的风头却赛过了他，甚至压过了徐阶。

四、抬棺骂皇帝，海瑞一举成名

随着身体状况的不断下滑与修仙大计的屡屡受阻，嘉靖帝将朝政放手交给了徐阶，自己埋头于长生不老大计。

嘉靖四十四年（1565）十月，身体已经大不如前的嘉靖帝，鬼使神差地看到了一篇奏疏。他不看不要紧，看了之后猛然变脸，将文章狠狠扔在地上，大喊："来人，可别让这厮逃了！"

这篇奏疏也并非从头骂到尾，开头对嘉靖帝还是有点好话的："即位初年，铲除积弊，焕然与天下更始。"但很快就转入正题，言辞激烈，句句切中时弊，不像臣子说皇帝，倒像是老父亲教育不懂事的傻儿子：

> ……富有四海，不日民之脂膏在是也，而侈兴土木。二十余年不视朝，纲纪驰矣。数行推广事例，名爵滥矣。二王不相见，人以为薄于父子。以猜疑诽谤戮辱臣下，人以为薄于君臣。乐西苑而不返宫，人以为薄于夫妇。天下吏贪将弱，民不聊生，水旱靡时，盗贼滋炽……

有这么揭人短的吗？难怪嘉靖帝要生气。这还不算完，他还下了定义："嘉靖者，言家家皆净，而无财用也。"看来玩谐音梗，此人也是专家。

"万岁，此人不会跑的，"一个太监带着谄媚的笑容说道，"他知道自己必死，已经买好了棺材，沐浴更衣，祭拜天地，然后才上疏的。"

写下这篇文字的，不是什么大明重臣，只是一个正六品小芝麻官，但即使五百年后，中国人对他的事迹也是耳熟能详，他就是——海瑞。

回溯中晚明历史，海瑞绝对是个绕不开的人物，其知名度甚至不低于张居正，远高于徐阶。这实在耐人寻味啊。徐阶九泉之下有知，一定会好奇地问一句：凭什么啊？就凭他恩将仇报？

相比二位名相，海瑞学历太低——只是个举人，没有进士身份；官阶太低——长期在地方基层上任职；晋升太慢——五十二岁才当上京官，而且只是个正六品的户部主事。

但是，就这样一个生长在岭南琼州，长期在南方任职的芝麻小官，一旦来到天子脚下，偏偏如同闯入瓷器店的公牛，不整出点动静不算完。

人微言轻、年龄却一大把的海瑞，不安安静静地做个小京官，却跳出来骂皇帝刷存在感，还把棺材都买好了，让后人实在不能不佩服。

有人指责说，海瑞在严嵩当权的时候不上疏批判弊政，偏要等到徐阶已经做了两年首辅、逐渐拨乱反正时瞎折腾，不就是欺软怕硬、看人下菜、精准碰瓷吗？但这似乎真的冤枉了他。严嵩当权的时候，海瑞又不是京官，想出位，哪有机会呢。

嘉靖三十二年（1553）十二月，也就是张居正返乡"养病"的同年，两次会试失败的海瑞果断放弃了科举，并被推荐为正八品的福建延平府南平县教谕，开始了官场生涯。此时，他已经四十二岁，似乎这辈子也就只能这样了，能混到正七品退休都算运气好。

之后，海瑞先后担任了浙江淳安和江西兴国知县，标准的芝麻官。无论走到哪里，他似乎都与主流社会格格不入。

大明王朝建立快二百年了，洪武朝的严苛律法已经大大松动，请客送礼、相互吹捧甚至贪污受贿都成为官场的普遍现象。大家心照不宣。唯有海瑞坚持他从四书五经中学来的那一套"变态"的做人准则。他宁肯过着清贫的日子，宁可亲自在后院种菜，宁愿把周围人都得罪完了，也不愿意去拍上司的马屁，去收穷苦人的贿赂。

在一个人人都用手走路的环境里，用脚走路的自然就成了异类，成了不入流、不上道、不识时务的活样本。海瑞不光自己"变态"地清廉，甚至还想用这样的标准来约束下属，要求同事，不招大家讨厌是不可能的。

浙直总督胡宗宪之子路过淳安时，在驿站连吃带拿，殴打驿丞。海瑞听说之后，毫不客气地将胡公子一行抓了起来，并没收了他们搜刮的一千两银子。

这还不算完。海瑞还写信向胡宗宪汇报，大意是久闻胡大人廉洁奉公，爱民如子，此人居然敢冒充胡公子招摇撞骗，太给您老人家招黑了。胡宗宪看过之后无可奈何，居然抓不住报复的由头。可见，海知县并非榆木脑袋，甚至很有一些恶搞的天赋。

严嵩的干儿子、左副都御史鄢懋卿巡察浙江盐政，故意要求各地接待一切从简，粗茶淡饭就很好。但当官的都是人精，谁会傻乎乎地真这么干？鄢懋卿所到之处，都是山珍海味摆满桌，大把金银往出送。

而舍不得出钱（确实也没钱的）的海瑞，居然不解风情地给鄢懋卿写了封信，说我到底是按您宪牌要求的简单接待呢，还是按传闻中您花天酒地的标准置办？看到这样阴阳怪气的信函，鄢懋卿的心灵很受伤，干脆就不去淳安了。

嘉靖四十一年（1562），曾经风光无限的胡宗宪和鄢懋卿都被革职，只因他们的靠山严嵩倒台了。实话实说，如果严嵩晚点退休，这两人多干几年，随便找个理由都能让海瑞死在大牢里。

海瑞改任江西兴国知县，两年后升为户部云南清吏司主事，正六品。

海瑞此时五十二岁，他在户部的岗位其实是个闲职，他是被吏部当成"工具人"和挡箭牌使用的：看啊，咱不会亏待每一个清廉的好官！谁要再说我任人唯亲，我就把海瑞甩谁脸上。

六品官都不用上朝，每天喝喝茶看看公文，混混日子就好，不想干了就得回老家种地。但海瑞却不甘心一辈子就这样了。嘉靖帝躲在西苑炼丹，京城官员早就习以为常了，偏偏海瑞这个没见过世面的小官无法理解：这不是一个圣君应该做的吧。满朝文武难道都没长嘴，就不能劝一劝？

这个世界上，总有一些代价需要付出，总有一些牺牲需要承受，总有一些风头，需要有人来出吧。你们不来，那我来！

于是，就有了海瑞备棺上疏的一幕。按理说，都到这地步了，海瑞的生理寿命，应该和他的政治寿命一起终结，大明官场不会有他出头的机会了。但海瑞就是命硬，有人偏偏要保他。

"万岁，切不可杀他！"徐阶出来劝阻了。

"为什么啊？"嘉靖帝无法理解。夏言他都说杀就杀，一个六品主事算什么？

"您杀了他，就是上了他的当！"首辅掷地有声地说。

这话嘉靖帝不乐意听了，我可是天底下最聪明的皇帝，还能上谁的当？

"万岁啊，海瑞只是个来自南方蛮荒之地的小官。他敢上这样一份奏疏来骂您，就是抱着必死的决心，想在青史上留下一个好名声。但他越是这样，您就越不能成全他，不能让他的沽名钓誉之举得逞。"

嘉靖帝总算绕过弯来了，你想让我杀你我就杀，我凭什么听你的？你想死，我偏偏不让你死，坚决不让你碰瓷成功。于是他下令："将海瑞先押入诏狱，等候审理。"

那么，海瑞最终又是怎么死里逃生的呢？

第五章
徐阶扶持稳步高升

一、刻不容缓，师徒联手拟遗诏

嘉靖四十五年（1566）三月，徐阶向皇帝力推吏部尚书郭朴为武英殿大学士，礼部尚书高拱为文渊阁大学士，同入阁办事。如此一来，内阁就增加到了四人。

此时的高拱已经五十五岁，不年轻了。徐阶将他召进内阁，一来是高拱确实有能力，内阁应该有他的一席之地。二来是为了向未来的皇帝朱载垕示好。[1] 徐阶很清楚，只要朱载垕一继位，高拱作为皇帝最信任的老师，必定入阁拜相。与其让皇帝自己做，不如提早做了，至少能落一个人情。

但是，凭借与裕王的特殊关系，高拱早就将大学士甚至首辅视为囊中之物了，用得着你徐阶帮忙，还想让我欠你一个人情？还想借此摆布我？门都没有！

将高拱提拔入阁，算徐阶的一大败笔吗？当然不是，如果徐阶不这么做，高拱依然能进来，并且会对徐阶的首辅之位形成更严重的冲击。

高拱刚入阁时，徐阶和袁炜都在西苑值庐，不想回文渊阁。但嘉靖帝却强调说："阁中是政本，可轮一人往。"于是，高拱就自告奋勇（很可能是阴阳怪气）地向徐阶建议道："您是元老，得常驻西苑。不才愿与李、郭二公，一人在文渊

---

[1] 景王朱载圳已于上年正月去世了，谁会继承皇位不会再有任何悬念。

阁值一天班。"

俗话说打人不打脸，高拱初来乍到，就敢把别人心照不宣的事情公开，难怪徐阶不给他好脸色。当然，这仅仅是个开始。

只能说，八字不合的人，永远无法共事。徐阶与高拱的矛盾，因一个人的死而彻底激化。

嘉靖四十五年的冬天到了，嘉靖帝的病情越来越严重。说实话，一个连续吃了四十年金丹，体内摄入了太多重金属的人，能活到这岁数，还能刷新大明皇帝的执政时长，已经算是奇迹了。

眼看什么药都不管用，太医一个个都写好了遗书，随时准备受罚。不过，方士王金又献上了自主研发的新型丹药。嘉靖帝也是病急乱投医，大胆服用之后，果然有了明显效果——昏迷不醒。

王金被抓进了死牢，但皇帝的命，眼看也保不住了。

自打朱棣死在榆木川之后，大明王朝还没有一个死在离宫的皇帝。徐阶这时候果断下令，将生命垂危的嘉靖帝抬到乾清宫。

十二月十四日中午，距新年元旦仅有十六天时，嘉靖帝终于彻底闭上了双眼，告别了人间，到另一个世界修仙学道去了。他的死，让压抑多年的文武官员都松了一口气；他的死，算是他为大明王朝做出的最大贡献；他的死，也为之后的大明变革提供了良好契机。

十五日一早，文武百官身着孝服，在皇极门前下跪了个里三层外三层。大家的表情一个比一个悲痛，有些人已经当场哭起来了——不装一下对不起自己的表演才华。

当着朝中主要大臣的面，一位中官用尖厉的声音，宣读了一份长长的《大行皇帝遗诏》：

朕以宗人，入继大统，获奉宗庙四十五年。深惟享国久长，累朝未有。乃兹弗起，夫复何恨！

但念朕远奉列圣之家法，近承皇考之身教，一念惓惓，本惟敬天助民是务，只缘多病，过求长生，遂致奸人乘机诳惑，祷是日举，土木岁兴，郊庙之祀不亲，明讲之仪久废，既违成宪，亦负初心。迩者，天启朕衷，方图改彻，而据婴仄疾，补过无由，每思惟增愧恨。

盖愆成昊端伏，后贤皇子裕王，仁孝天植，睿智凤成。宜上遵祖训，下顺群情，即皇帝位。勉修令德，勿遏毁伤。丧礼依旧制，以日易月，二十七日释服，祭用素馐，毋禁民间音乐嫁娶。宗室亲、郡王，藩屏为重，不可擅离封域。

各处总督镇巡三司官，地方攸系，不可擅去职守，闻丧之日，各止于本处朝夕哭临，三日进香差官代行。卫所府州县并土官俱免进香。郊社等礼及朕祔葬祀享，各稽祖宗旧典，斟酌改正。

自即位至今，建言得罪诸臣，存者召用，殁者恤录，见监者即先释放复职。方士人等，查照情罪，各正刑章，斋醮工作采买等项不经劳民之事悉皆停止。于戏！子以继志述事并善为孝，臣以将顺匡救两尽为忠。尚体至怀，用钦末命，诏告天下，咸使闻之。

"万岁啊……皇上啊……"在场官员的哭声此起彼伏，似乎相当凄惨，其实格外温馨。这份遗诏，让所有人听着都倍受感动。一个时代终于结束了。再也不用搞斋醮、写青词、试丹药了；再也不用为了一点点蝇头小利，就要阿谀奉承、出卖灵魂了；再也不用为了一丁点失误，就被廷杖、下狱甚至杀头了。

不能不说，这遗诏写得真是太好了，堪称拨乱反正、凝聚人心的大手笔。大家把目光都聚焦在一位满头白发的矮小老人身上，对他投去感激的目光。

这位老人，自然就是主持撰写遗诏的内阁首辅徐阶了。不过，现场也有两人，恨得牙痒痒的，他们不是别人，正是内阁大学士高拱和郭朴。这俩哥们天天盼着能跟徐阶一起写遗诏，出风头。但现在才知道，首辅压根就不带他俩玩！

"兴化（李春芳是南直隶兴化人）兄，你参与起草遗诏了吗？"看到李春芳也在场，高拱马上就问。也太耿直了吧。

"没有啊玄翁，本人才疏学浅（也就会写写青词）。"

"那存翁就把咱们三个一脚踢开？这么大的事情，不跟我们商量？"高拱愤愤不平。

李春芳只能苦笑一下作为回应。

起草先皇遗诏，是每个大臣都梦寐以求的，是可以写进墓志铭向儿孙们永久炫耀的好事。被排除在外，高拱能不恼火吗？

可是，如果徐阶真的把高拱拉进来一起写遗诏，这个高胡子肯定又处处跟他顶牛，把大家搞得心力交瘁，甚至让遗诏无法出炉。

内阁明明有首辅徐阶和次辅李春芳，可这位初来乍到的高拱，什么事情都想插一杠子，什么问题都想发表意见，什么时候都想显得自己更聪明、更公正，更有战略眼光。好像他才更有资格当首辅，那要徐阶做什么？

高拱当然不会清楚，可能所有人都不清楚，徐阶并不是独立完成嘉靖帝遗诏的，而是临时找了个助理。

这个人大家也不陌生，他叫张居正。这个天大的秘密，是在多年之后，由当事人徐阶亲口透露的。

此时的张居正，刚刚被提升为从五品的翰林院侍读学士，按理说根本没资格参与起草遗诏。

嘉靖帝驾崩的那一天，北京城天寒地冻。张居正还想着早点下班，回家烤火呢。可有人着急忙慌地赶到翰林院，神秘兮兮地叫住了他："快跟我去文渊阁，元辅有请。"

张居正紧赶慢赶，来到了内阁，老师正在那里等候。

"万岁已经不行了。"徐阶说话时，脸上非常平静。

"那学生有什么能做的？"张居正相当紧张。

"我们必须革旧布新，以遗诏的名义发出去。"徐阶坚定地说。

张居正的内心狂喜不止。他才四十二，才是个从五品，这样的好事就能落到自己头上。可是，责任也相当重大啊。这遗诏，字字千金，可不能乱写。

徐阶已经让助手整理出了本朝近二百年的历次遗诏，两人抓紧时间仔细研读，分析它们各自的优缺点，并将眼前必须解决的问题如斋醮、大礼、大狱、土木和采买等，一一罢去。同时，要为新朝的革新留下操作空间，并尽量不扰乱民间生活。

师徒俩人反复讨论、斟酌、润色，直到天快亮时，终于才将遗诏定稿。张居正看着憔悴不堪的老师，感到一阵心疼。

"您赶紧休息一下吧。"

"老夫没有时间,马上要召集百官宣布了,你这就回去,切勿让人看到。"

"学生明白!"

张居正是明白,高拱等人却被隐瞒了一辈子。他们只怨恨徐阶,却不曾怀疑张居正。

二、运气爆棚,一年连升八级

白捡了一个帝国的嘉靖帝,坚持服用丹药四十余年,最终还是死于丹药。在即将迎来新年的前夕,他带着深深的遗憾告别了人间,结束了自己多姿多彩,连累百姓多灾多难的一生。经过必不可少的"三推三让",裕王朱载垕擦干眼泪,宣布登基。

新皇要设明年年号,让四位大学士各自想一个。最终,皇上没有采用徐阶的方案,而是选择了恩师高拱的"隆庆",可见二人关系之铁。不过老爹刚死,这个年号怎么看怎么有讽刺意味。

海瑞当时还在死牢里关着,提牢主事知道新皇上任,徐阶主政,一定会重用这位一根筋。于是大家伙儿置办了一桌丰盛的酒菜,邀请海先生享用。

海瑞见这阵势马上就明白了:这是要送自己上路啊。反正总有一死,一定要做个饱死鬼不是吗?于是,他毫不客气地大吃大喝,风卷残云,非常痛快。

"有劳各位,老朽的刑期是什么时候,我得把后事交代一下。"

主事一听乐了,这海主事还真实诚。于是就附在他耳边说了一句。

海瑞一听脸色大变,还将信将疑:"真的吗?"等得到了肯定答复之后,他的华丽表演,可把在座的都惊呆了。

海瑞扑通一声跪倒,放声痛哭:"万岁啊……皇上啊,您不能撇下微臣……"可能觉得光哭还不刺激,他干脆在地上打起滚来;光打滚还不过瘾,他又捂着胸口呕吐不止,刚才的一顿酒席是白吃了。

主事说的是:"皇上已死,您必定得到重用。"海瑞一听,却是如丧考妣,悲痛万分。嘉靖帝要是知道海瑞的表现,应该感到非常开心。全北京文官有两万多,大部分都是人前装难过,人后偷着乐,总算有一个因他的死真正感到伤心的了。而这个人，差点还被他处死。真的很有讽刺意味。

果然没几天，海瑞就被释放，官复原职，随后又升为大理寺丞。在隆庆朝，海瑞注定还会有华丽演出。

吃过了除夕的饺子，新年就到了。因国有大丧，隆庆帝宣布不早朝。俗话说：之前有多隐忍，之后就有多放纵。隆庆帝战战兢兢过了二十年，从来没有得到过太子身份。入住乾清宫之后，皇权在手，天下我有，一切都不同了。

睡觉睡到自然醒，游玩游到腿抽筋，这样的人生才有意思，这样的皇位，才没有白坐嘛。

至于朝政，交给内阁处理就好了嘛，朕只做最后的决策拍板。

这一年，张居正四十三岁，在大明官场还是个小字辈。自打二十年前当上庶吉士以来，他长年在翰林院和国子监一类部门工作，干的都是教育与出版的工作。除了当讲师与编书籍，其他领域几乎都没有涉及过。这样的一个人，你要预言他几年之后能当上首辅，而且是有明一朝最有权威的首辅，恐怕连张居正自己都不会相信。

但是，世界上很多事情，确实不是像一加一等于二这么简单直白。

隆庆元年（1567）正月，一道圣旨下来，晋升张居正为礼部右侍郎兼翰林院学士，让他总算有了在六部的职位。但是，有别于大多数人从主事、员外郎、郎中到侍郎这样的循序渐进，张居正几乎是一步到位，一下子就当上了正三品的右侍郎。在此之前，他不过是个小小的翰林院侍读学士。

这样的升迁当然非同小可。不过，刚摆酒招待完在京的亲朋好友，张居正就发现自己的钱花早了。二月，他又被大礼包砸醒了。

这一次，张居正的新职务是吏部左侍郎，东阁大学士。请注意，这个左侍郎是虚衔，他也不用去吏部上班，东阁大学士才是他真正的职务，文渊阁才是他该待的地方。也就是说，搁到今天只有41周岁的张居正，从此就进入了嘉靖朝以来最有权势的部门——内阁。

有明三百年，官员进入内阁当上大学士，往往被称为"拜相"。首辅则被尊称为"宰相"，但事实上，相比六部正儿八经的正二品尚书，大学士在明朝始终是个正五品（相当于六部郎中，地方上的知州），本质上只是皇帝的秘书。

内阁和司礼监一样，权力都来自万岁爷的授权，皇帝让渡的权力越多，你的威信就越高；皇帝给予的能量越少，你的地位就越尴尬。王振和刘瑾（以及明末的魏忠贤）这些太监一手遮天之时，内阁首辅就是奴才的奴才，完全得听太监指挥。当然在更多时间里，首辅还是会比司礼监掌印太监受人尊重的。

和张居正一道入阁的，是新晋为礼部尚书、文渊阁大学士的陈以勤。张居正参加丁未科会试时，后者正好担任从考官，是他的"房师"。和高拱一样，陈以勤也在裕王府供职多年，进入内阁是顺理成章的事情。

引裕邸讲官入内阁，是徐阶示好隆庆帝的一个重要表现，也让张居正的入阁显得不那么突兀了。与李春芳类似，陈以勤性情平和，不会惹事，让徐阶相当放心。而张居正，其实是首辅刻意培养的接班人。

此时，内阁已经有了六名成员，可以说阵容豪华。排名顺序是：徐阶、李春芳、郭朴、高拱、陈以勤和张居正。高拱虽说进内阁时间不长，却凭借与新皇帝的特殊关系，敢于公开和徐阶叫板。高拱和郭朴又抱团取暖，让徐阶时时能体会到什么叫"如芒在背"。眼见李春芳并不能帮他扛事，徐阶就采取了拉陈以勤和张居正进来的补救措施。

但是，张居正是徐阶的得意弟子不假，他和高拱却也好得如同结拜兄弟，并有传说中的"香火之盟"。而且就政治理念来讲，张高二人显然更加接近一些。

这一天，张居正穿着崭新的正三品官服，踏进了文渊阁的大门。

距离他进士及第，刚好整整二十年。只是当初他是风华正茂的少年，如今已然是奔五的中年人了。顾璘的预言终于成真，他老人家的眼光真是精准。

徐阶的期望也没有落空，他们师徒以后可以随时交流了。

早就以相业相期许的好大哥高拱，他也为张居正的到来而由衷高兴。

历史应该永远记住这个时点，大明王朝最优秀的三大首辅，从此就在一个地方办公了。

就在这年年初，福建巡抚涂泽民上疏，条陈海禁的种种弊端，请求在漳州的月港开放海禁，允许民间商人从此出海，前往东西二洋进行贸易。并将月港镇升格为海澄县，设立督饷馆（类似于今天的海关），对进出口货物征收商税，"易私贩为公贩"。但依然严格禁止对日贸易。

隆庆皇帝批准了这一建言。自朱元璋时期就开始实行的全面海禁，很大程度上得以废止。隆庆开关是在沿海倭寇基本上被肃清的前提下进行的。此举促进了中国海外贸易的大发展，也刺激了国内商品化农业和手工业的进步。日本（通过澳门）和美洲白银大量流入中国，使隆万年间的各项新政成为可能。

四月，张居正又一次升官了。他成为礼部尚书、武英殿大学士。转过年的正月，张居正又被加封为少保兼太子太保，成为从一品大员了。就这样，在一年时间里，张居正一路开挂，连升八级。即便是当年特殊历史背景下的徐有贞和张璁，都没有这种升迁力度。

想当年于谦出生入死，力挽狂澜，提着脑袋打赢了北京保卫战，才得到少保头衔，张居正一是年轻，二是政绩乏善可陈。他能被拿出来说事的，也只有参与编修《永乐大典》《承天大志》了，但这显然跟治国能力沾不上边。

至于帮助徐阶设计严嵩父子，联手起草嘉靖遗诏一类事情，肯定都不好公开宣传。那么，为什么张居正的火箭式攀升，并没有激起太多反对的声浪，没有引发舆论声讨呢？

首先，张居正毕竟做过裕王府讲师。新皇登基，重用一些自己人很正常吧。言官此时也不好起劲反对。

其次，张居正是徐阶最信任的弟子，是他刻意培养的接班人。抱着徐首辅这条大粗腿，很多事就好办多了。否定张居正，就是在否定徐阶的眼光。

再次，如果换成别人，高胡子很可能早就开骂，把文渊阁的房顶都能骂塌了。但张居正恰好是他的好兄弟，自然另当别论。

最后，也是最重要的，张居正为人谨慎低调，在京城官场的人脉积累已见成效，掌管国子监与翰林院的经历更是让他培植了不少知己和死党。当然，这一切都建立在徐阶的精心布局之上。

所以，毫不夸张地说，没有徐阶多年的悉心栽培，就没有张居正的顺利入阁，更不会有之后的一切。人生在世，找对贵人何其重要，真的能让你少走几十年弯路，让你创造之前根本不敢想象的辉煌。但反过来说，如果你的才具不是特别优秀，贵人又何必选择你？

因此，永远不要抱怨命运不公，有发牢骚的时间，不如去努力改变命运。

但是，当上一品官的张居正并不开心，这是什么原因呢？

三、倒徐失败，高拱被迫去职

自负暴虐、草菅人命的嘉靖帝终于死了，性情随和但放飞自我的隆庆帝上台，将朝中大权悉数放给了内阁。

当时，大明三百年中最优秀的三位首辅——徐阶、高拱和张居正，正好生活在同一片星空之下，还正好挤在一个文渊阁里上班，这难道不是大明之幸，民族之幸？他们携起手来，可以创造多少辉煌，营造多少口碑？

还真是想多了。知道什么叫三个和尚没水吃吗？虽说徐阶斗倒了严嵩，实现了拨乱反正，威望一时如日中天，但高拱根本看不上他。

当然，凭借隆庆帝的绝对信任，高拱早晚能取代徐阶。但作为一个后辈，你刚进入内阁，就要向德高望重的老首辅发难，这选择称得上明智吗？高拱指天画地，好像自己永远是最正确的，别人永远得顺从自己。

作为徐阶的学生，高拱的好友，张居正夹在中间，当然也挺痛苦。他厌恶内斗，希望徐高二人能捐弃前嫌，但显然这是不可能的。

隆庆元年，新皇改元，百废待兴。三月，正赶上六年一度的京查。在京官员五品以下的，都要接受吏部和都察院的考核。

几家欢乐几家愁。考核的结果，自然有不少人要被罢官卷铺盖。但就在京察行将结束之时，吏科给事中胡应嘉突然上疏，要弹劾吏部尚书杨博（他是山西蒲州即今山西省运城市芮城县人）。

这无疑是引来了轩然大波。胡应嘉慷慨陈词，指责杨博滥用职权，打击异己，包庇同乡。

对嘛，被罢职的官员，没有一个山西的，反而有不少南方人，其中很多与首辅有乡谊。徐阶并没有表示不满，胡应嘉却勇敢地跳了出来。

不过，胡应嘉本来就是监督吏部的，在京察过程中不提出疑问，现在事情结束了来这么一手，显然是玩忽职守：你早干什么去了？

高拱和郭朴当然抓住了这个漏洞，一定要将这个是非精赶出京城。

"胡应嘉全无人臣事君之理，应当革职。"郭朴理直气壮地说。

"安阳（用郭朴籍贯指代本人）所言极是，胡应嘉应革职为民！"高拱附和道。

高郭二位重臣，为什么揪着一个小小的七品给事中不放？再说人家也没弹劾你啊。原来，他俩将胡应嘉当成了徐阶阵营的头号打手，非要让他消失不可。同时，也可以趁机保护杨博，进一步孤立徐阶。

但事实上，胡应嘉只是徐阶的南直隶老乡，并不是什么死党。高拱和胡应嘉还有旧仇。当年嘉靖帝病重时，曾安排大学士在西苑直庐值班。五十多的高拱一直没有儿子，就在附近租房安排小妾住下，一有时间就往回跑，还把直庐的东西往家拿。

胡应嘉觉得高拱此举对皇上大不敬，就上疏弹劾。可惜嘉靖帝不久就去世了，没有机会追究高拱，但高拱却记恨上了胡应嘉。

眼看高郭二老这么上火，徐阶拟旨罢免了胡应嘉，也算是向两个下属示好。这哥俩还没来得及喝个酒庆祝，更大的麻烦却从天而降。

在两京言官之中，胡应嘉的口碑良好。他这一被罢官，其他人顿时有了兔死狐悲之感。是啊，让人说话，天塌不下来，有则改之无则加勉嘛，一定要把事情做得这么绝？

于是，弹劾高拱的表章，如雪片一样飞进了内阁。

兵科都给事中欧阳一敬在业内有"劾神"（弹劾之神）的美誉，他岂能错过这样的名场面？在疏文中，欧阳一敬将高拱比作北宋奸臣蔡京，痛陈他专横跋扈、阴险狡诈、见风使舵。随后，给事中辛自修、御史陈联芳联合上疏，弹劾高拱打击异己、锱铢必较。御史郝杰则认为，高拱惯于拉帮结派煽风点火，必须严惩。

眼看民意汹汹，高拱只能以退为进，向隆庆皇帝请辞。他的底气在于，自己的学生，还能不向着自己吗？隆庆帝当然很配合，并不批辞呈，徐阶也（装模作样地）慰留高拱，并申斥言官。

徐阶心想，我都做了这么多了，你小高怎么着也得给个面子，就别继续胡闹了吧。谁知高拱的反应，继续刷新着徐首辅的三观。

"现在的言官太肆无忌惮了，为了维护内阁（我老高）的权威，应该对辛自修、陈联芳施以廷杖！"

对嘛，以前敢弹劾严嵩的，不就是这个下场吗？但徐阶一心希望革除嘉靖弊政，怎么可能答应呢。言官的职责，不就是批评监督吗，难道让他们阿谀奉承，天天变着法儿地吹捧你？

"万不可堵塞言路，给后世留下骂名啊。"徐阶态度很坚定。

高拱讨了个没趣，只能悻悻离开。之后没多久，内阁大学士们坐到一起聚餐（会食），一开始气氛还是挺融洽的。突然，高拱站了起来，气势汹汹地质问道："我老高现在天天半夜失眠，提心吊胆怕遭小人陷害。徐公你在先帝朝，整天写青词以求媚；先皇刚一归天，你就反其道而行。现在，你又控制言官，一定要驱逐皇上的腹心重臣我老高，你这安的是什么心？"

满朝上下敢对徐阶这么说话的，还真只有高拱一个了。到底应该说他是真性情，还是真糊涂呢？

全场一片哗然，老好人李春芳都听不下去了。张居正试图用眼光制止高拱，可完全没有效果。徐阶也是非常吃惊，首辅的面子何在？但他拍桌子了吗？

并没有。徐阶依然表情平静，他示意大家安静下来，慢条斯理地说："高公你搞错了。言官本来就好弹劾，我怎么可能一一结交，又怎么让他们这么听话地攻击你？我能拉拢言官，难道你就不能拉拢吗？我并不是想背叛先帝，只是为他收人心，使皇恩自先帝出。"

徐阶不愧是老江湖，说话滴水不漏。接下来的一番话，更让高拱听傻了，转身悻悻地扬长而去。

徐阶说的是："高公说我喜欢为先帝写青词，这事儿我认。但是，高公你记不记得？"

"我记得什么？"高拱满脸不屑。

"那会儿你还在礼部时，先帝以密札问我：'高拱这年轻人上疏，希望能为斋醮大业尽点绵薄之力，你看他是不是这块料？'这封密札，我现在还收藏着，要不要请大家欣赏一下？"

全场观众一片哄笑。想不到一向高高在上、高人一等、高不可攀的高阁老，还有这样为五斗米折腰的黑历史。哎呀，人设塌方啊。

徐阶自此称病休假，不愿与高拱碰面。大家伙儿以为高拱从此会老实一些。可没过几天，他的学生、监察御史齐康居然跳出来弹劾徐阶，真是太会找机会了。朝中大臣当然会认为，这八成是高拱授意的，就是为了把水搅浑。当然猜测归猜测，齐康自己断不会承认，但他的上疏，只能引发更多人对高拱的厌恶。

不久，兵科都给事中欧阳一敬、工科给事中李贞元、南京吏科给事中岑用宾、广东道御史李复聘和湖广道御史尹校等纷纷上疏，指责高拱刚愎自用，闭塞言路，专权误国。应该按"京察拾遗"给予革职。有人甚至建议赐死高拱。

二十八道弹劾疏堆在了文渊阁。高拱眼看再吹胡子瞪眼也没有用，干脆称病不出。随后，他就连上十二道奏疏，请求退休回家。

隆庆帝真是舍不得高拱，但他也奈何不了汹汹民意。身边太监建议道："万岁啊，现在不好办啊。不如请玄翁暂时避避风头，过段时间再接回来。"

"玄翁真的病了？"隆庆帝不相信。

"是啊，再不回家救治，就很危险了。"（在北京都治不好，回新郑能治？）

隆庆帝派御医上门诊疗。高拱躺在床上，有气无力地说："老臣快不行了，请皇上可怜，放我返回故乡。让我死在新郑。"把御医听得鼻子发酸。

高拱是真病了，急火攻心，身体能好吗？但是，他肯定没到有生命危险的地步。他的病主要是心病，是对徐阶的不服气。

无奈之下，五月二十三日，隆庆帝同意了高拱的请辞，并赠送白金、文绮，安排专人护送。这规格之高，动静之大，堪比送别国之重臣。隆庆帝这就是做给徐阶看的。

传说，作为高拱最好的朋友，张居正曾向徐阶求情，请老师慰留高拱。

"叔大啊，民意如此，我能有什么办法呢？"徐阶的回答无懈可击。他对高拱已经彻底失望了，巴不得这个对手早点消失，怎么可能慰留他？

高拱卷铺盖回河南，以张居正与高拱的交情，肯定是要赶到京郊送别的。刚刚做了一个多月同事，好友就这么离开，之前的香火之盟，眼看也成了泡影。张居正的心中，自然是相当失落。对高拱的狂傲本性，张居正也不好劝说：都一把年纪，能改早就改了。

新皇刚登基半年，高拱就黯然去职。这怪谁？显然，他过高估计了自己的实力，低估了言官的力量和徐阶的作用。那么，他会吸取教训吗？

高拱走了，言官们也不忘招呼他在内阁的同袍郭朴。九月，郭朴也灰溜溜地致仕归乡。这么一来，再也没人和徐阶唱对台戏了，新的内阁班子，会在隆庆朝开创出新局面吗？

四、心力交瘁，徐阶告别政坛

送走了高拱和郭朴，隆庆朝的内阁恢复了和平。张居正也期盼着在恩师的领导之下，将朝政推上一个新的台阶。

但是，对好朋友高拱的离开，张居正肯定也是相当遗憾的。在《谷山笔麈》中，于慎行甚至记录了这么一件事：

有一次，徐阶和张居正商量事情。张居正居然和老师闹情绪，并说："今天我说错一句话，明天就成为中玄（高拱的字）了！"

当然，以张居正的个性，这样的事情很难发生。

可谁也没有想到，就在隆庆二年（1568），徐阶也致仕了。

这一年徐阶六十六岁。虽说已接近风烛残年，但相比过了八十生日还在努力写青词、收回扣的严嵩，还真不算老。高拱已经被打发回家了。内阁里的李春芳、陈以勤和张居正都是自己的学生，只要他愿意，首辅还能做很长时间。

但是，隆庆二年元旦一过，徐阶就在两个月里八次乞休。他是认真的。

这段时间，徐阶每天都带着大包中药，就在内阁值房现煎，搞得满屋子药味。好在是非精高拱走了，也没有人幸灾乐祸。所有下属都为首辅的身体健康担忧。

徐阶是真的干不动了。四十多年的官场生涯中，他见证了无数钩心斗角、尔虞我诈；他曾被小人陷害，也曾用不那么磊落的手段收拾了严世蕃；他在杨继盛遇害时见死不救，却一直保护和提携张居正、王世贞等年轻人。

他算不上标准的正人君子，但却是毫无疑问的国之重臣。

李春芳和陈以勤是什么底色，徐阶岂能不知？他欣慰的是，那个昔日翰林院的愣头青，如今已经成熟起来了。以他的才华，要成为一代名相，也并不是不可能的事情。

在嘉靖朝，徐阶确实和严嵩一样，对皇帝百般讨好，唯命是从。但到了隆庆帝当政时，他真心希望年轻的皇帝不要走老爹的老路，因此干涉也就多了一些。六月，隆庆帝要去南海子游玩，徐阶上疏劝诫，令皇帝和身边的太监都非常恼火：他们和高拱一样，都觉得徐阶欺软怕硬。

七月，一个叫张齐的给事中，突然勇敢地上疏弹劾首辅。他文中所提，都只是老调重弹，高拱当年玩剩下的，主要包括：

一、徐阶在嘉靖朝长期任大学士，对土木、斋醮之事非常热情，皇帝一归天，他就马上翻脸不认账；二、徐阶和严嵩订有姻亲，等人家一倒，就各种诽谤丑化；三、上年九月俺答进犯滦河时，作为首辅的徐阶应对无能，严重失职。

按理说，这种小喽啰的攻击，根本影响不了徐阶半分。如果放在严嵩时代，张齐免不了品尝廷杖的滋味。但让出乎所有人意料的是，徐阶又辞职了！

张居正看形势不对，立即去徐府求见，力劝老师不必如此。

"张齐血口喷人，老师何必与他一般见识？"

"叔大啊，老夫真的不想干了。再不乞休，恐怕看不到松江的老屋了。"徐阶态度很坚定。

"学生还要请老师多多指点，报效国家。"张居正舍不得老师离开。

"你的才华在我之上，假以时日，必成一代名相。"张居正看老师的神情严肃，并没有开玩笑的意味，接下来的一番话，更让他摸不着头脑了。

"我那三个不争气的犬子，还要靠叔大你关照！"

这话听着咋这么耳熟呢。对喽，二十八年前张居正刚考中举人时，堂堂的湖广巡抚顾璘，居然请他照顾自己的小儿子顾俊，怎么看都像是在演戏。

一年前，顾璘的预言还真就应验了。那么，徐阶说这番话，肯定也是认真的。

"老师放心，只要学生能做到的，老师尽管吩咐！"

这是张居正的真心话。一日为师，终身为父。何况徐阶堪称张居正生命中最重要的贵人。

尽管徐阶去意已决，张居正与李春芳、陈以勤三人作为后辈，还是一道向隆庆帝上疏请留，但这位皇帝似乎想要为老师高拱出气，非得要让徐阶致仕。而且，隆庆帝变着法想降低徐阶的退休待遇，跟当初送别高拱的诚意满满形成了鲜明反差。

聪明的张居正，岂能不看在眼里。他很清楚，只要隆庆帝不死，高拱随时有起复的可能，而徐阶就得永远退休了。

十六年的内阁学士，六年的首辅，徐阶肯定是明朝政治史上的传奇人物。他在庚戌之变中智斗俺答，保住了京城平安；忍辱负重十年，斗倒了头号权奸严嵩；悉心栽培、不断提携张居正；用嘉靖遗诏和隆庆继位诏书除旧布新，为之后的大变革奠定基础；重用谭纶、戚继光等平定东南倭寇，并促成福建漳州月港开关。大明王朝的历史，已经深深打上了徐阶的烙印。

相比高拱和张居正，徐阶的施政措施显得保守因循，甚至被称为"甘草阁老"，但京城解围之智、拨乱反正之功、提携后辈之贤、隆庆开关之绩，都是无可抹杀的。

要说徐阶此生最大的遗憾，就是嘉靖帝在位时间过长，严重压制了他的施政方略。等嘉靖帝死后，徐阶也老了，实在力不从心。否则的话，他的历史功绩，还会再上一个台阶。

当然，正是因为徐阶做得不够好，才给后来者留下了足够的改进空间。

当年十一月，徐阶回到了家乡松江府华亭县，开始了读书隐居的生活。松江位于中国最为富庶的江南核心区域，徐家过往几十年积累了大量财富，倭寇也不大可能再打过来了。徐阶的退休生活，想必相当舒心吧。

但如果他知道一年之后发生的事情，一定后悔当初的决定。

处处充满戏说的王世贞《首辅传》，居然说徐阶的下台，是张居正的"黑箱操作"：

> 阶再上疏乞归。而张居正意不欲阶久居上，且与高拱有宿约。以密旨报李芳：阶欲不任矣，遂许之。

徐阶是张居正的恩师，多年以来悉心提携维护后者。张居正只要还有一丁点良心，只要脑子不进水，就不可能去陷害徐阶。再说了，徐阶是首辅，张居正要搞这些小动作，无疑是搬起石头砸自己的脚，毕竟此时他还没有这么大的能量呢。

如果徐阶去职真的是张居正操纵，那又如何解释徐阶与张居正的师生情谊维持了一生？难道徐阶真的不会发现真相，不会学高拱写《病榻遗言》来攻击张居正这个伪君子吗？

离开恩师保护的张居正，到检验自己能力的时候了。

第六章
内阁混斗立于不败

一、《陈六事疏》吹响隆庆新政的号角

隆庆二年八月十九日，徐阶退休之后，李春芳很自然地升为首辅，陈以勤为次辅。上一年还是六人的内阁，眼下只剩下了三人。

不过，没有了徐阶这样的权威和高拱这样的刺头，三人的日子都过得挺舒服。李春芳和陈以勤都是谦和的君子，也自知能力有限，因此，张居正可以放手实现自己的想法。

在《剑桥中国明代史》第九章中，黄仁宇写道："张居正在47岁时成了首辅，他就要开始他10年的施政。他这10年的施政可以被看作明王朝暮色中的最后的耀眼光辉。"

但笔者以为，当张居正在隆庆六年（1572）坐上首辅宝座时，他接手的并不是一个问题如山的烂摊子，毕竟这个摊子，有他五年的努力与辛苦，他可是一天都没有缺席。当然，也有另一位首辅的贡献与付出。说隆庆时期一无是处，不等于是在说张居正无能吗？

万历新政的十年，肯定是隆庆新政的自然延续与升级。而为隆庆新政剪彩的人，并不是高拱（此时他还在新郑埋头读书），而正是后来充当其副手的张居正。

隆庆二年八月二十九日，张居正上的《陈六事疏》，自然可以看作是吹响新政的号角。

这六事包括以下内容：

第一，省议论。

读书人喜欢坐而论道，指点江山，夸夸其谈。大明言官们更是喜欢上疏言事，思维活跃。他们要监督六部九卿的日常工作，就养成了一种鸡蛋里挑骨头的毛病。张居正刚到翰林院时，一度也喜欢指点江山。但经过二十年的官场历练，他对"空谈误国"有了切肤之痛，对能臣良吏在苛责之下的左右为难深为同情。

做实事是艰难的，口若悬河却一点都不难。实干才能兴邦，空谈注定误国。大明局势已经相当严峻了，实在等不起了，根本不能再把时间浪费在议论争执上面：

> 伏望皇上，自今以后励精治理，主宰化机，扫无用之虚词，求躬行之实效。……一切章奏务从简切，是非可否，明白直陈，毋得彼此推诿，徒托空言。其大小臣工，亦各宜秉公持正，以诚心直道相与，以勉修职业为务。反薄归厚，尚质省文，庶治理可兴，而风俗可变也。伏乞圣裁。

第二，振纲纪。

朱元璋时代的严刑峻法为后世诟病，但大明建政二百年来，官场风气愈发污浊，大小臣工官官相护，彼此勾结，形成了各种利益集团。贪污受贿、以权谋私往往不仅得不到应有的惩罚，反而成了有本事、有门路的标志。张居正对"纪纲不录，法度不行，上下务为姑息，百事悉从委徇"非常反感，对将做实事之人称为"拂人之情""操切"相当痛心。他提出：

> 伏望皇上奋乾刚之断，普离照之明，张法纪以肃群工，揽权纲而贞百度。刑赏予夺，一归之公道，而不必曲徇乎私情；政教号令，必断于宸衷，而毋致纷更于浮议。法所当加，虽贵近不宥；事有所枉，虽疏贱必申。

> 仍乞敕下都察院，查照嘉靖初年所定宪纲事理，再加申饬，秉持公论，扬振风纪，以佐皇上明作励精之治，庶体统正，朝廷尊，而下有法守矣。伏

乞圣裁。

第三，重诏令。

嘉靖帝在位时，专注于炼丹修仙，长期不理朝政，放任严嵩专权。隆庆帝继位后又继续怠政，导致朝廷诏旨多形同虚文，下放到各部就没有动静了。地方官员的反应就更加迟缓，有些事情十年都办不完，导致公文越积越多。是非不明，赏罚不当，国家威信却严重受损。张居正主张：

> 伏望敕下部院等衙门，凡大小事务，即奉明旨，须数日之内，即行题覆。若事理了然，明白易见者，即宜据理剖断，毋但诿之抚按议处，以致耽延。其有合行议、勘、问、奏者，亦要酌量事情缓急，道里远近，严立限期责令上紧奏报。该部置立号簿、登记注销，如有违限不行奏报者，从实查参，坐以违制之罪。吏部即以此考其勤惰，以为贤否，然后人思尽职，而事无壅滞也。伏乞圣裁。

第四，核名实。

一个王朝想要长治久安，就需要有能重用贤才、淘汰庸才的选拔机制。但现实官场中，却往往是"劣币驱逐良币"，小人收拾君子。世界上永远会有人才涌现，这个自不必担心；但如果没有用才之道，很多才子就会报国无门，抱憾终身。张居正建议：

> 仍乞敕下吏部，严考课之法，审名实之归。遵照祖宗旧制，凡京官及外官三、六年考满，毋得概引复职，滥给恩典；须明白开具"称职""平常""不称职"，以为殿最。……在京各衙门佐贰官，须量其才器之所宜者授之，平居则使之讲究职业，赞佐长官。如长官有缺，即以佐贰代之，不必别索。……各处巡抚官，果于地方相宜，久者，或就彼加秩，不必又迁他省。布、按二司官，如参议久者即可升参政，佥事久者即可长副使，不必互转数易，以滋劳扰。如此，则人有专职，事可责成，而人才不患其缺矣。

第五，固邦本。

《尚书》中有云"民惟邦本，本固邦宁"。要攘外必得先安内，天下财富数额有限，必须善加利用。没有对比就没有伤害，汉武帝那样的大手笔注定会让国库空虚，而霍光的节俭省用才能让国用充足。隆庆帝继位以来虽已停止斋醮、土木、淫侈消耗，但还得再接再厉。张居正希望：

> 仍乞敕下吏部，慎选良吏，牧养小民。其守令贤否殿最，惟以守己端洁，实心爱民，乃与上考称职，不次擢用；若但善事上官，干理簿书，而无实政于百姓者，虽有才能干局，止与中考；其贪污显著者，严限追赃，押发各边，自行输纳，完日发遣发落，不但惩贪，亦可以为实边之一助。

> 再乞敕下吏部，悉心讲求财用之所日匮者，其弊何在？今欲措理，其道何由？今风俗侈靡，官民服舍俱无限制。……若求其害财者而去之，则亦何必索之于穷困之民，以自耗国家之元气乎？……

> 以后上下唯务清心省事，安静不扰，庶民生可遂，而邦本获宁也。伏乞圣裁。

第六，饬武备。

嘉靖一朝，大明的武备废弛，已经到了令人触目惊心的程度，北有鞑靼俺答等不时侵犯，南有一小撮倭寇无法无天。虽说戚继光、俞大猷等消灭了大批倭寇，但俺答及其兄弟、子侄，依旧是大明最大的威胁。隆庆元年九月，似乎是为了"庆祝"新皇登基，俺答率领六万精骑犯大同、陷石州。图们汗也趁机率兵进攻蓟州，抢掠昌黎、卢龙，直到十月才撤军。

张居正虽说是个文官，从未上过战场指挥军队，却对军事情有独钟。他认为当今之事，最应首先解决的正是边防，最应花心思日夜筹划的还是边防。他钦佩领导北京保卫战的于谦，痛恨只知道求和的严嵩，希望自己能够运筹帷幄之中，决胜千里之外，希望皇上赫然奋发，先定圣志。他建议：

> 伏乞敕下兵部，申饬各边督抚，务将边事，着实举行。俟秋防毕日，严查有无实效，大行赏罚，庶沿边诸郡，在在有备，而虏不敢窥也。……伏乞敕下戎政大臣，申严军政，设法训练，每岁或间岁季冬农隙之时，恭请圣驾亲临校阅，一以试将官之能否，一以观军士之勇怯。……伏乞圣裁。

十九年前，张居正给嘉靖帝上了《论时政疏》，结果无人搭理，更没人喝彩。十九年后，他已是内阁三辅臣之一，治国思想日臻成熟，看问题更加客观深入，他的《陈六事疏》在朝中的反响也与当年不可同日而语。

看过《陈六事疏》，隆庆帝的指示是"览卿奏，俱深切实务，具见谋国忠恳。该部院看议行"。也即对张居正的忠心很满意，让各部院看了商量实行。而得到的各处反馈，也是相当热烈。

都察院左都御史王廷在"振纲纪""重诏令"基础上提出了八议：慎政令，专责成，振士气，销勘和，公激扬，慎防检，惩贪酷，端风化。

户部尚书马森根据"固邦本"一则，提出了经理财政的十项建议。主要包括：筹措兵饷；解决赋役不均；严格驿递勘合使用；落实各布政司钱粮奏报核查制度；查禁奸猾军民将田产投献给王府贵戚之行为；严禁各地进解钱粮被奸徒揽纳，令巡视科道官严法杜绝，等等。

马森别有创意。他研发了一种"格眼号纸"，一年十二格，每月填报钱粮缴纳数据，岁末统计汇总。由州县报府，府报布政司，布政司报户部，层层落实。堪称张居正"考成法"的鼻祖。

兵部尚书霍冀针对"饬武备"，总结出了议兵、议将、议团练乡兵、议修守城堡、议整饬京营等细则。

各布政司的总督、巡抚、巡按等官，对《陈六事疏》的反应也相当积极，并根据本地实地情况，纷纷向朝廷提出意见建议。由此可以看出，张居正务实的施政方略，无论在京城还是地方都赢得了不少的反馈甚至赞许，这自然令他的威信有了进一步提高。

别看张居正只是"末相"，李春芳和陈以勤都非常支持他，也许这是徐阶临走前要求的。两位阁老无欲无求，都希望年轻人能早点挑起大梁，自己好当个甩手掌柜。张居正懂得感恩，他用《诗经》中的"伯氏吹埙，仲氏吹篪"来形容这种协作关系。

隆庆帝别看一上朝就不想说话，一掉到脂粉堆里就不想走，对于张居正提出的"大阅"，他居然兴致盎然，想以此证明自己还真的是朱元璋的后代，血液中依然残留着尚武的精神。

南京给事中骆问礼听说之后，不失时机地批评张居正，说阅兵靡费，不是当下所急。北京朝堂也议论纷纷，足以证明张居正"省议论"是多少明智。面对群情汹汹，这位年轻的大学士一语中的，一针见血，一句话就把大家说愣了。

张居正说："我大明武备都废弛成这样了，现在不赶紧补救，那么衰宋之祸，恐怕就不远了！"最后还是皇帝一锤定音，阅兵如期进行。

隆庆三年（1569）九月，大阅在京郊隆重举办。兵部、五军都督府和京营的数万兵马都参与了演练，隆庆皇帝穿上铠甲，站在高台之上，看着大明的步、骑、车兵进退有序，号令森严，自豪感油然而生。

大阅的阵势相当壮观，花费也显然不小。沈德符在《万历野获编》中说，大阅耗费的银子达到二百万两，这显然是太夸张了点。

早在嘉靖四十五年三四月间，高拱就精心撰写了《挽颓习以崇圣治疏》（又名《除八弊疏》），但考虑到自己在内阁中的地位与影响力，以及海瑞上《治安疏》的下场，高拱明智地选择雪藏了这篇文章。在疏文中，高拱将嘉靖朝的弊症总结为"坏法""黩货""刻薄""争妒""推诿""党比""苟且""浮言"，并提出了自己的相应对策。

不难看出，《除八弊病》与《陈六事疏》有异曲同工之妙，都表现出了鲜明的除旧布新立场，而高拱与张居正也确实是隆庆朝最有魄力与进取精神的两位官员。

相比之下，刚过六十的徐阶，似乎已经安于现状、故步自封了。他的急流勇退，也许真的有为张居正创造舞台的考量。而徐阶秉政时，张居正也不好意思提出自己的全面改革纲领。

年轻的张居正，努力想挑起大明变革的重担。但是，有些事情也会干扰到他。

二、辽王翻车，发小落井下石？

俗话说，君子报仇，十年不晚。

多年以来，为冤死的爷爷向辽王朱宪㸅报仇，一直是张居正努力向上的动力之一。

张居正成年之后两次返乡，辽王都热情招待。以张居正的品性，是不屑与这种花花公子交朋友的，何况他还间接害死了自己的爷爷。但毕竟王爷是得罪不起的，他也只能虚与委蛇。

朱宪㸅虽说智商平平，跟形势却跟得相当紧。嘉靖帝崇道，辽王在遥远的荆州也积极响应，还给自己搞了个"清微忠教真人"的名号。可嘉靖帝一死，徐阶就在遗诏中将他生前的做派全面否定。远在荆州的辽王，自然也失去了昔日的威风。

转眼到了隆庆元年。既然当政的徐阶鼓励言官讲话，御史陈省就盯住了辽王，弹劾他在荆州诸多不法行为。穆宗下诏，削去朱宪㸅的清微忠教真人头衔，并削夺了他部分年俸。

但这事还没完。隆庆二年初，巡按御史郜光先突然发难，一口气弹劾朱宪㸅十三条大罪。以大明言官的一贯作风，添油加醋、捕风捉影肯定是必需的。不把事态说得严重一些，皇上怎么能搭理你？那么，辽王都有哪些罪行呢？

大致说来，主要有这么几点：一是淫乱宗室，不分性别乱搞，甚至还霸占了从姑（父亲的叔伯姐妹），并允许手下出入王宫禁地，伤风败俗；二是残暴不法，打死过王府的仪宾，囚禁县君，甚至挖掘人坟墓，焚人尸首；三是紊乱宗统，将领养的儿子冒充亲生；四是僭越不臣，因为按照相关规定，亲王有且只能有王府，不得修建离宫别院，可朱宪㸅居然修建了多处离宫，奢侈无度。真的是太无法无天了。

隆庆帝将弹劾疏交内阁讨论。李春芳、陈以勤和张居正协商之后，决定派刑部侍郎洪朝选前江陵，彻查此事。

洪朝选为官清廉，不阿附权贵，是一个理想的人选。隆庆二年八月，他风尘仆仆地赶到荆州，来到宁王府门口。眼看看到的一幕，却让他吃惊坏了。

只见一面斗大的白旗高高竖起，上写"讼冤之纛"。好嘛，你还能觉得冤枉，那被你害死的冤魂去哪里说理去？朱宪㸅这是看戏太多，入戏太深，把自己看傻了。

洪朝选于是和按察副使施笃臣商量："施公，你看如何是好？"

听老洪讲述了事情的原委，施笃臣呵呵一笑："好办，交给我！"

施笃臣点齐五百官兵，马不停蹄杀向辽王府。别看朱宪㸅平日欺男霸女上瘾，他也知道自己无法跟正规军对抗。想靠王府那点家丁对抗官兵，简直就是以卵击石。

朱宪㸅束手就擒，被押入囚车，很快被下狱。洪朝选知道，以这位王爷的智商和能力，根本不可能造反，他压根不是那块料。因此，洪侍郎将自己的荆州之行写进奏疏，呈给隆庆帝。皇帝降旨道：

> 宪㸅僭拟淫虐，罪恶多端。背违祖训干犯既多官核实参奏，本当尽法。姑革爵禁锢，削除世封。其遣驸马邬景和告太庙，仍以书示各王府知之。拨置群党，俱下御史按问。

自此以后，辽王被关押到了凤阳，辽王爵位被废，由广元王管理辽府事宜。

洪朝选秉公办事，隆庆帝处理得也没有多大问题，但不知道什么原因，后世文人却喜欢归罪于张居正"公报私仇"，这实在是非常可笑的事情。此时的张居正在内阁只是老三，能在朝中一手遮天吗？

在隆庆帝心目中，是一个外人张居正重要，还是自家亲戚辽王重要？答案不证自明。辽王落到这步田地，纯属咎由自取。

而作为一位成熟老练的政治家，张居正就算再恨辽王，再想为爷爷报仇，恐怕也不会也不可能授意洪朝选去夸大事实构陷朱宪㸅，授人以柄。

他的目光，早已经望向了更远处。

三、波澜再起，两大强人先后入阁

在内阁中，张居正是小字辈，但首辅和次辅都是平和低调的长者，有了他们的支持，张居正主动挑起了边防重担，打算全面实施自己的整饬武备计划。他任用谭纶、戚继光训练军队，整修蓟镇边墙，任用俞大猷、郭成等剿灭广东海盗曾一本，并建议隆庆帝实行大阅。这一切都进行得相当顺利。

张居正不是兵部尚书，却成了事实上的大明最高统帅。他坐在文渊阁里，就能掌握南北战局，并及时做出批示。这一段时期的内阁，也称得上气氛融洽，其乐融融。

可惜，上天似乎是觉得张居正过得太舒服了，故意要给他制造麻烦。

隆庆三年八月，隆庆帝突然下旨，命赵贞吉以礼部尚书兼文渊阁大学士入阁。

赵贞吉生于正德三年（1508），此时已经六十二岁了。他是四川布政司内江府桐梓坝（今四川省内江市）人，泰州学派王艮的弟子。赵贞吉无论文笔见识还是操守，在嘉靖朝大臣中都属于一流，但因触怒严嵩而长期得不到提拔。现在有了这样的机会，他自然分外珍惜。

不过，赵贞吉和高拱一样自视甚高，为人做事太过张扬。他是嘉靖十四年（1535）进士，比张居正和李春芳早十二年，比陈以勤早六年，现在却排在内阁四人的末尾，因此很不服气。

赵贞吉急于表现自己，锋芒毕露，难免就与其他三人产生冲突。可以说，他就是个山寨版高拱。李春芳和陈以勤为人谦和，没有多大野心，对赵贞吉的处处抢戏也不太计较。但对胸怀大志的张居正来说，则是另外一回事了。

要命的是，赵贞吉最看不起的正是张居正，可能觉得后者是走徐阶后门进来的。每次内阁商量事情，张居正想发表意见时，赵贞吉就毫不客气地打断他："这不是你少年能懂的。"还一口一个"张子"，大概意思是"姓张的小子"，让张居正很不舒服。

每当张居正与李陈二人讨论经史时，老赵就主动凑上来，一本正经地忠告道："这些妙理你一个年轻人哪里懂，还是去多读读韩（愈）柳（宗元）文章吧。"好好的气氛，瞬间让他搞得非常尴尬。

更让张居正无法容忍的，是赵贞吉居然对边防事务也过于热心，甚至还上了一篇《论边事疏》，数落边境防卫中存在的问题。要知道张居正自打进入内阁来，一直就分管边事，赵贞吉这不就是打他的脸吗？

这年冬天，一封来自宣府、大同的急件发到内阁，说俺答很可能攻打蓟州，威胁京师。作为首辅，李春芳拿不出主意，就想听听张居正的意思。

"俺酋大冬天的怎么可能大举进攻？天寒地冻，来了容易走掉难。再说蓟镇还有戚将军，不怕给他来个关门打狗？"张居正颇为淡定。

"胡说！"赵贞吉生气地站起身来，"你张子还记得庚戌之变的惨剧吗（那时候你毛长齐了吗）？不能防患于未然，我们就得付出惨重的代价。"

"此一时彼一时也。"张居正显然不服气。

"那让俺答兵临城下了,你负得起这个责任吗,李阁老负得起吗?依我看,立即上奏皇上,实行全城戒严,让士兵做好准备,迎击来犯之敌!"

"好吧,咱们就听赵阁老一次。"李春芳和稀泥,作为首辅总结道。

就这样,北京城全面戒严,全民皆兵,一个月花出去了数十万银子,连个俺答的影子都没看到。显然,赵贞吉被俺答戏耍了,李春芳被赵贞吉愚弄了,皇上又被李春芳忽悠了!

隆庆帝火冒三丈,有这些钱再搞一次大阅多好!张居正更是愤愤不平:外行冒充内行的事能不能少一些?然而,赵贞吉安静了几天之后,又恢复了常态,依然摆出军事专家的派头。

此时,张居正想必一定会想念与自己有"香火盟"的高拱。老高同样自以为是,但对张居正是非常认可的。往远了说,连严嵩和徐阶这样的大佬都对自己很欣赏,你赵贞吉凭什么这么傲慢?

就在这个尴尬时期,可能是老天还嫌内阁斗得不热闹,又把一个人放了进来,所有人的命运都要被改变了。

隆庆三年十二月二十二日,隆庆帝下诏,起高拱以原官兼掌吏部。皇帝对老师是真爱啊。请注意,这次高拱的吏部尚书不是荣誉职务,而是实操。当时吏部尚书杨博因病乞休[1],隆庆帝马上就逮住机会,让高拱不但官复原职,还实打实地当上了"天官"。这当然是违反祖制的,可又有什么关系呢。

在《首辅传》的《高拱传》中,王世贞煞有介事地宣布:

> 而居正与上左右起拱于家,使掌吏部。

在其中的《张居正传》部分,王才子则如是说:

> 居正……与中贵人李芳谋,召用高拱,俾领吏部,计以扼贞吉,而夺春芳政。

---

[1] 隆庆五年(1571)杨博回京,改任兵部尚书。

这种观点被后世很多学者认可，被说成是张居正的"引虎驱狼"战略，就是为了收拾赵贞吉，进而赶走李春芳。

那么，张居正真的愿意拉高拱入阁，他真的有这么大本事吗？

朱东润先生一针见血地指出："贞吉入阁以后，因为个性倔强，居正当然感到不快，但是引进高拱，抵制贞吉，简直是引虎拒狼，居正不会做出这样的笨事。"

笔者认为，张居正根本不可能主动去策动高拱起复，除了高拱比赵贞吉更难对付之外，还有徐阶的因素。

徐阶引高拱入阁，希望他能为大明贡献聪明才智。高拱不感激徐阶就算了，却处处和人家作对，而且手段也不光彩。最终，两人都先后下台。

既然徐阶和高拱已经撕破了脸，张居正如果真的要帮高拱复职，却不想办法让老师再度入阁，那他日后如何面对徐阶？

再说了，高拱一旦大权在握，第一个想收拾的人就是徐阶。那张居正帮高拱出山，不就是打他老师的脸吗？

而且，高拱在内阁时的嚣张跋扈可谓一时无两，张居正除非是瞎子，不然不可能没有想法。他今天能这样对付徐阶，明天就不能收拾你张居正？

因此无论如何，张居正不可能主动去迎回高拱。但他显然也知道，以高拱和隆庆帝的情分，皇帝迟早会让他回来的。

如果隆庆帝问他："张先生，我想让中玄公回朝，你看行不行？"

这就不是听你的态度，而是看你的立场了。张居正要说不行，隆庆帝转个身就能给高拱写信："我想让你复职，可张叔大不让啊！"

为了安全过关，张居正应该会说："高阁老德高望重，我早就盼望他回来了。"

如此一来，好事者添油加醋，就成了张居正运作高拱起复，一起对付赵贞吉了。其实，老赵和小张之间，未必能到你死我活的地步。

但沈德符《万历野获编》卷八"邵芳"条却持另外的观点，并对后世影响很大。那就是在丹阳大侠邵芳[1]运作下，高拱复出。但喜欢八卦的《首辅传》却只

---

[1] 朱东润《张居正大传》中写作邵方。

字未提,《明史·高拱传》也未写。

沈德符笔下的故事大致是这样的:

徐阶和高拱堪称天下文官领袖,可二人双双退休下野,也太可惜了。一群被贬谪的官员凑出数万两白银,想运作二人之一出山,由邵大侠担任说客。

邵芳先到了华亭,想劝说徐阶出来工作,结果碰了一鼻子灰。没办法,徐阶怎么可能相信一个"江湖骗子"?

邵芳不甘心,就立马驱车去新郑找高拱。高拱的第一反应和徐老一样,认定此事纯属异想天开,因此也不热心。但邵芳死活不肯放弃,凭着三寸不烂之舌,动之以情晓之以理,终于把高拱说动了。

于是,邵大侠就凭借手中的银子打通了宫中太监陈洪等人的关系,成功地将高拱送上了高位。陈洪后来也掌管了司礼监。

而邵芳之死,也被算在了张居正头上。沈德符认为,正是这位后来的首辅让江南巡抚张佳胤拘捕并杀害了邵大侠。

仔细推敲一下,这种说法非常不靠谱。高拱和隆庆皇帝的交情,是这个地球上其他人都比不了的。只要有合适的机会,皇上一定会让老师复官。高拱这些年一直和隆庆帝通信,随时打算再就业,犯得着让一个陌生人去北京打点,需要靠太监说情?在隆庆帝心中,只怕所有太监的分量加起来,也没有恩师重要。

而且,这个丹阳大侠,很可能和传说中李自成的谋士李岩一样,是后人杜撰出来的角色。

把李岩和邵芳的事迹拿掉,历史进程不会有任何影响。笔者个人认为,虚构出邵芳此人,不过是为高拱的行为洗地。

高拱之所以能够起复,主要还是隆庆帝一直有此打算,否则,谁来运作都白瞎。

权力是最强兴奋剂。年近六十的高拱迎着漫天的雪花,顶着腊月的严寒,坐着颠簸的马车,吃着难咽的干粮,一路奔波,星夜兼程,到达北京时,已经是隆庆四年(1570)的正月十八日。

一个新的时代开始了。我们不妨称之为高拱时代。

两年前离开时有多颓丧,如今归来时就有多风光。只是他不会想到,两年后又会有让后人尴尬的一幕出现。

我高胡子又回来了，试问大家怕不怕？

吏部是六部之首，权力很大，因此历代皇帝通常都不会让内阁辅臣兼管吏部，以防止实权过于集中。之前夏言、徐阶和高拱确实都做过领吏部尚书头衔的大学士，但这些不过都是荣誉职位而已。

而"二进宫"的高拱，还真的做到了人事权与票拟权一手抓。隆庆帝还真是信任自己的老师，高拱当然也不至于要谋权篡位。

在内阁中，高拱只排第三，却整天摆出一副老子天下第一的架势。当初徐阶担任首辅时，高拱就多次公开顶撞他，现在的首辅李春芳，在高胡子眼中完全就是个摆设，或者说透明人。而李春芳也放任高拱大胆实施他的新政大计。

平心而论，李春芳是个好人，但不是好首辅，他确实不应该出现在这个位置上，这是历史开的一个大玩笑，但一点都不好玩。大明王朝的各种危机已经显露无遗了，必须要有一个有魄力、有野心、有"虽千万人，吾往矣"气概的政治家来掌舵。

高拱的回归，相当于在朝堂上丢下了一枚原子弹，之前依附和同情徐阶的官员，一个个顿时有了世界末日之感。胡应嘉挺猛吧，当初也让高胡子头疼吧。传言他还在出差的路上，一听说高拱复职，居然给当场吓死了。

欧阳一敬是个狠人吧。听说高胡子二进宫，这伙计二话不说连夜辞职，简直辱没了"劲神"的美名。但还没走到家，他就走不动路了——惊惧而死。左都御史王廷和刑部尚书毛恺，都被认为是徐阶一党。他们抓紧时间辞职，却发现自己还是想得太美。高拱很快罢了两人的官，要他俩立马滚蛋，驿递都不准用。

当然，这仅仅是个开始。

四、京查大战，终究有人要出局

如果说隆庆帝的脸上写着"我信高先生"，高拱的脸上也写着"我要当首辅"。他不搞阴谋，只有阳谋；不玩阴的，恃势怙宠。

高拱一回来，就尽反徐阶之所为，完全推翻了前首辅主持撰写的《嘉靖遗诏》和《隆庆继位诏》。之前因大礼案、大狱案被嘉靖帝治罪，因遗诏而平反的，现在又重新被罢黜。之前那些被关起来的道士，现在都通通恢复自由。

当然，高拱并不知道当年张居正参与起草了遗诏，后者也不敢说出真相，不然就成了徐阶余党。

有一说一，高拱的工作能力还就是强。他慨然以天下为己任，晨兴夜寐，孜孜矻矻。他早上在内阁办公，下午则在吏部坐班，处理事情既快又好，忙而不乱，雷厉风行，确实是天生当官的料。

高拱崇尚用人唯贤，反对学历崇拜，对进士、举人出身的官员一视同仁。他下令将所有官员的姓名、籍贯和优劣点都编辑成册，进行四百年前的"大数据管理"，确实收到了实效。

和张居正一样，高拱也高度重视国防。他认为，兵部两个侍郎实在太少，应该增加到四个。侍郎可以到蓟辽宣大出任总督，历练之后可以回京充任尚书。兵部的官员，不能轻易调到他部。事实证明，这对提升兵部官员的业务素质很有帮助。

张居正是徐阶的学生，但就从政理念而言，他反而更接近高拱。因此在内阁中，唯一能和高拱处好的可能就非他莫属了。

王廷罢官之后，朝廷在二月任命了新的都察院左都御史，令高拱和张居正都很不高兴——居然是赵贞吉。

原来，李春芳趁高拱忙吏部事务之时，向皇帝推荐了赵贞吉。谁说老好人没有心眼呢？这不明摆着就是把赵贞吉推到前台，让他跟高胡子死磕，其他人坐收渔翁之利吗？

一山不容二虎，眼看高赵大战一触即发，大家正准备搬椅子看热闹时，却发现有人先溜了。

陈以勤（四川南充人）与高拱是同科进士，又一道在裕王府当了九年讲师，陪这位王爷度过了最艰难的岁月。陈以勤还是张居正会试时的房师，是赵贞吉的四川老乡。眼看内阁里气氛过于压抑，他觉得继续恋栈下去实在没意思，还不如回到家乡读书治学，还能徜徉于青山绿水之中，体会儿孙绕膝的天伦之乐。

因此，陈以勤坚决请辞职，七月二十二日，隆庆帝眼见挽留不住，就爽快地批准了他的辞呈，并赠金放还。高胡子、赵内江，你们再怎么斗，我也是眼不见心不烦了。

高拱非常开心，兵不血刃，就当上次辅了。张居正非常闹心，陈以勤可是自己的房师，一直对自己挺照顾的。

首辅李春芳就更加郁闷了。这位老好人觉得，自己赖在首辅宝座上，是耽误了隆庆朝的长远发展。最明智的做法是主动下台，不要等人来轰。

于是，李春芳向隆庆帝辞职。可不知道出于什么原因，皇帝迟迟不批。

高拱是个眼中不揉沙子的狠角色。赋闲两年半，都是拜言官所赐，恩怨分明的他，岂能不报这个仇？就算胡应嘉和欧阳一敬知趣地死了，六科给事中和十三道监察御史中，依然有不少危险分子，其中有些还是徐阶的死党，不收拾他们，留着过年吗？

高拱向隆庆帝请旨，要求对科道言官进行京察，后者还能不答应吗？但麻烦在于，这次考察，吏部必须和都察院一起干活。也就是说，由高拱和赵贞吉一道主持。

高拱锱铢必较，他指示亲信，凡是和徐阶、赵贞吉有瓜葛的言官，一律评定为不合格，让他们回家种地去。赵贞吉火了，好你个高胡子，今天你做初一，我就做十五。于是，他就下令将跟随高拱混饭吃的言官，统统列为精简的对象。

"这样下去，六科和十三道都没有人了！"看着两位阁老滥用公权打击异己，正直的大臣难免发出阵阵叹息。眼看两败俱伤，也许又是李春芳当和事佬，高赵双方达成谅解，答应不再清理对方的势力范围。

但即使这样，一百多人的给事中和御史，依然有二十七人被免职。其中就包括张居正的两个好友：右佥都御史领广东巡抚吴时来，准备升为大理寺丞的耿定向。眼看保不住他们，张居正也是非常遗憾。两大强人之间的较量，伤及这么多无辜，真的好吗？

当然，罢黜言官不是最终目的，让赵贞吉消失才是高拱的真正诉求。吏科给事中韩楫堪称高拱旗下第一打手，他上疏弹劾赵贞吉，指责后者在考察中私心过重，维护自己团伙，完全没有执法为公的理念，应该革职为民。

赵贞吉可不想乖乖辞职，而是上疏极力辩护。他说自己自掌都察院以来，一直勤勤恳恳，公而忘私，而高拱却专横跋扈，坏乱法纪，纵肆作奸，只要不是瞎子都能看得明白。我要是装聋作哑不说一句话,那不就是失职吗?我可以离职,但不能让高拱久掌吏部大权,广树党羽。

皮球踢给皇帝了,而隆庆帝很快做出了自己的选择。十一月二十一日,赵贞吉被罢官,黯然收拾东西回了老家。幸运的是,内江和南充相隔仅有四百余里,赵贞吉想要去找陈以勤探讨阳明心学,也不是什么难事。

可能是觉得内阁里太冷清,二十五日,隆庆帝大笔一挥,让礼部尚书殷士儋入阁。

此时,高拱已加少师兼太子太师,张居正被加封为少傅兼太子太傅、殷士儋则是少保兼太子太保。

转眼就是隆庆五年(1571)的新年,又到了三年一度的会试时间了。这一年是辛未羊年,隆庆安排张居正和吏部左侍郎、翰林院学士吕调阳任考试官。也就是说,这届会试将由张居正全面负责。而张居正本人,正好是在二十四年前的丁未羊年中进士的。

大明科举会试,开始于洪武四年(1371)。到这一年恰巧是二百周年。这二百年来,取得进士资格的不超过两万人。在这两百年中的任何一年,有进士身份的官员和学者,都不会超过五千人,可见其身份之特殊,身价之尊贵。那含金量比现在的博士后高多了。

这一年的状元,是来自绍兴府山阴县的张元忭,王阳明的亲老乡。张居正此举是在向王圣人致敬吗?当然不是,巧合而已。

张元忭今天没几个人知道,但提起他的重孙子,那知名度实在是太高了。此人就是《夜航船》《陶庵梦忆》《西湖梦寻》的作者张岱。有讽刺意味的是,张岱连个举人都没考上,却为后世留下了数百万文字;张元忭当上了状元,传世作品却寥寥无几。可见,科举确实不是选拔人才的唯一良策。

张居正很重视乡谊、年谊,他当然希望这一届的学生能够跟自己走得近一些,但六年之后发生的事情,却让他非常寒心。此是后话。

张居正只是主持了一次会试,高拱却终于得到了梦寐以求的宝座。

隆庆五年四月,南京给事中王祯上疏,批评首辅李春芳"亲已老而求去不力，（为）弟改职而非分希恩"，是为"不忠不孝"。李春芳怀疑又是高拱搞的鬼，加上对内阁争斗早已厌倦，因此坚决请辞。这一次，隆庆帝终于批准了，赐金放还，让李春芳回家照顾依然健在的父母双亲。

五月十七日，高拱正式接任首席大学士，并继续兼任吏部尚书，成为大明有史以来权势最大的首辅。张居正也趁机前进了一步，成为次辅。

虽说自打隆庆四年正月进京以来，高拱事实上就是内阁一把手，"用人行政，皆自拱出"。但毕竟还是首辅的位子坐着更舒服，首辅的头衔听着更威风。高家是世家大族，但之前并没有出过一个首辅，现在高拱成功地填补了这项空白，确实可以宣称是光大门楣了。

李春芳是个好人，但他占着首辅的位子，却没有与之适配的领导力与担当精神，被高拱取代是合情合理的。但他这么一走，高拱与另一个人的矛盾，也就凸显出来了。

五、拳下救高拱，维持有利局面

在隆庆朝，高拱就像一只好斗的公鸡，将一个个竞争对手打回了老家，并坐上了首辅宝座。但上天似乎就是不想让他太舒服，又给他安排了一位挑战者。

他就是上年十一月刚入阁的殷士儋。

殷士儋比张居正大三岁，是山东布政司历城（今属山东省济南市历下区）人，和张居正同样出自星光熠熠的"二六黄金一代"，正好也做过裕王府讲师。

殷士儋是个追求进步的实力派，眼看高拱、陈以勤和张居正都入阁了，裕王府讲师就差自己没进去，多丢人啊！此时高拱一手遮天，殷士儋当然要提着礼物去高拱府上拜访。

"棠川（殷士儋的号）兄，不是老朽不想帮你，内阁甄选大学士都是要会推的，并不是我这天官想选谁就选谁。你这些东西我不能收。"高拱拒绝得一本正经。（谁说不是想选谁就选谁？你连司礼监人选都能定！）

殷士儋碰了一鼻子灰，自尊心受到了严重伤害。高拱当然不想让殷士儋入阁。大学士名额多珍贵啊，他正积极运作让自己的亲信张四维进来。

张四维是山西蒲州人，王崇古的亲外甥，杨博的真老乡。高拱二次入阁之后，张四维就鞍前马后地效劳，表现得非常忠诚。正当高拱准备向隆庆帝要名额时，张四维突然被御史弹劾，入阁的事情只好作罢。

殷士儋不愿意坐以待毙。他居然打通了太监陈洪的关系，未经会推，就由隆庆帝直接点名进了内阁。当老殷到文渊阁上班时，高拱的胡子都气歪了。他甚至有理由怀疑，张四维被弹劾，也是这个山东佬搞的鬼。

殷士儋靠巴结太监进内阁的事情被御史赵应龙知道了，他立即提出弹劾。殷士儋可不服气，他振振有词地说："老夫入阁的诏令是皇上签的，你们质疑我，就是质疑皇上！"

看着殷士儋得意洋洋的样子，高拱手下头号言官韩楫乐了，他对同僚说："我已经掌握了这无耻小人的好些证据，你们这就等着瞧好戏吧。"

不得不说，韩楫还真是个预言大师。按明朝的惯例，每月的初一和十五，六科给事中都要到内阁与大学士会面，相互作揖，称为"会揖"，是一个交流感情、拉近距离、共同进步的好机会。

但有时候，距离拉得太近了也不是好事。

十一月初一，大家伙儿又开开心心地聚在一起了，可能是韩楫那天的衣服太扎眼，殷士儋一下子就认了出来，并且走上前去一抱拳："韩大人，听说你老人家对我很不满意？怎么还不见你弹劾呢？（倒是快点啊！）整天被人当枪使，这感觉很爽吧？"

韩楫还没想好怎么答复，突然之间，一个雄浑的男高音响了起来："不分场合乱讲，成何体统？"

两人本能地回头一看，原来正是高胡子在跟前吹胡子瞪眼。韩楫不好意思了，他向老大作个揖，随后退到一边去了。

高拱恶狠狠地盯着殷士儋，似乎是在说：我是首辅，还不快给我道歉！只见殷士儋低下了头，他这是意识到错误了吗？随后，又见他用左手慢慢卷起了右手的长袖，这里面藏着什么好东西吗？

高拱一愣神，却猛然想到了一个成语——大事不好。殷士儋这个山东大汉，抡起了沙包大的拳头，直直向首辅扑来。他嘴里还喊着：

"驱逐陈阁老的是你，驱逐赵阁老的是你，驱逐李阁老的还是你。现在你要提拔你的爪牙张四维，又想驱逐我，这内阁，是你高家开的吗？"

疯了，真是疯了！

高拱平时作威作福习惯了，根本没想到有人跟他来这一手。你说真要打吧，自己马上六十的人了，跟人高马大、刚过五十的殷士儋硬杠，肯定要吃大亏。他想跑，可又觉得太跌份，他想挥拳抵抗，可胳膊又抬不起来。猛然间，他的眼前一黑……

半晌之后，高拱才睁开双眼。奇怪的是，自己脑袋上并没有挨上一拳，殷士儋近在咫尺，还能打偏了？再一看，老高终于明白了，有人居然把殷士儋给拉住了，没让他这拳打出去。好人啊，真是该出手时就出手，救下一把老骨头。

殷士儋没有打着高拱，非常愤怒，转而把火气全撒在那人身上："你还是人吗？高拱那样欺负你的恩师，你还要护着他，你对得起徐阁老吗？"

关键时刻拉住殷士儋的人，正是本书的男主角张居正。那么，高拱怎么欺负徐阶的呢？别急，后文将会详细讲述。

张居正一直在观察着形势，并考虑自己应该做些什么。鹬蚌相争，渔翁得利吗？并不是。他是不太相信殷士儋能在大庭广众之下动手的，更没想到这山东汉子力气这么大。

高拱是好面子的人，自己拼命护住他，再向他提建议不就好办了嘛，哪怕挨一下子也值。

高拱有仇必报，岂能吃这亏？御史侯居良率先弹劾殷士儋，其他言官纷纷跟进。老殷知道大势已去，立即连夜写好了辞呈，随后就打点行李，返回济南了。

没过几天，隆庆帝的圣旨也下来了，正式批准殷士儋致仕。此时，这位山东大汉已经开始了大明湖畔的退休生活，每天喝茶赋诗骂高拱，日子过得倒也潇洒。

让我们来盘点一下吧：

隆庆元年，内阁成员是徐阶、李春芳、郭朴、高拱、陈以勤和张居正。此后，还有赵贞吉、殷士儋和高仪补进来。

隆庆五年底，内阁成员只剩下了高拱和张居正。高拱还是"二进宫"。也就是说，唯一没有出过局的，就是不爱惹事、只爱做事的张居正。内阁斗得再厉害，他也没有当炮灰，反而从第六阁老上升到了次辅。

可见，升迁未必一定要靠亲自斗。而高拱保住脑袋之后，自然对张居正更加感激，也就不好意思把徐阶往死里整了。

六、海瑞下江南，诠释"恩将仇报"

在张居正的成长道路上，徐阶的指引与提携起到了至关重要的作用。滴水之恩当涌泉相报，何况徐阶的恩情比长江水还要深得多，三生三世肯定都报答不过来。

没有顾璘，张居正依然可以中进士；没有高拱，张居正一样能写出《陈六事疏》；但没有徐阶，张居正能不能当上尚书和大学士，完全是个未知数。

因此，如果徐阶和高拱同时掉进水里，张居正当然知道应该先救哪一个。所谓张居正向太监建言辞退徐阶，张居正积极活动高拱复职的说法，完全不值得一驳。

让我们把时间切回隆庆二年。

六十六岁的徐阶告别官场，回到松江老家，开始了读书治学的退休生活。但他做梦也没有想到的是，自己好心好意提拔的两个人，却给自己带来了天大的麻烦。

海瑞一骂成名，成了忠臣样板，在隆庆朝步步高升。他先是担任尚宝司司丞，很快又升为通政司右通政使。到了隆庆三年（1569）六月，海瑞又被任命为右佥都御史、总督粮储、巡抚应天十府。

乖乖，包括应天、苏州和松江在内的应天十府，就是中国文人口中的狭义江南，就是大明经济最为繁华的核心区域，就是北京漕运最重要的来源地。这样一个诗情画意、物欲横流的好地方，为什么偏要找个官服都打补丁、日子过得无比清苦、完全没有艺术底蕴和浪漫气质的海瑞来管理呢？根本不对路嘛。

应天巡抚的任命必然要经过内阁票拟，而首辅李春芳是徐阶的弟子。这项任命，很可能是一来让海瑞约束一下当地豪强对百姓的盘剥，二来让他有报答徐阶救命之恩的机会。

海瑞当年上《治安疏》,把嘉靖帝气得七窍生烟、牙根发痒,恨不得活剥了他,好在有徐阶的机智劝说,他才保住了老命。至于他能活着走出大牢,而不是"病死"在里面,没有徐阶的保护,也是很难做到的。

那么,海瑞是怎样回馈他的大恩人的呢?

江南虽说富庶,却要承担两京十三省中最为沉重的赋税,普通百姓的日子,并没有一般人想象的那么舒服,家家有本难念的经。

海瑞的行事原则是"对事不对人"。不管过去和谁有什么矛盾,他也不会公报私仇;不管过去谁对他有多好,他也不会为报恩而放弃原则。

"海瑞来了"带来的恐慌,绝对远胜"狼来了"。听说海大人要下江南,苏松十府的官员们个个如临大敌,如履薄冰,甚至如丧考妣:吃喝嫖赌的幸福生活一去不复返了哇。为了不让姓海的收拾自己,大家争先恐后地将朱色大门染成朴素的黑色,好衣服都不敢穿了,或者故意打俩补丁。

有人甚至连夜加班写辞职报告:我都不干了,你海大人总不能还收拾我吧?负责江南织造的太监们平日飞扬跋扈,现在也知道害怕了,赶紧将八抬大轿换成四人抬的,免得被海瑞弹劾。

海瑞虽清高,但和那些只会夸夸其谈的言官不同,他是能干实事的。今天上海的吴淞江,正是海瑞出任应天巡抚期间开凿的。海大人以阳明弟子自居,论知行合一,没有多少人做得比他更好。他学习浙江巡按御史庞尚鹏的经验,试图在应天推行赋税与徭役均折银征收的"一条鞭法"(原称条编,又称类编法、明编法、总编法等,后"编"又作"鞭",称"一条鞭法")。

为此,海瑞决定在应天十府全面清丈,并用强力手段逼迫豪绅地主交出隐匿的土地。但万万没想到,江南最大的豪绅,居然是他的老熟人!

徐阶并不是清官,这是明史学界一致公认的事实。但要说徐家居然囤积了二十万亩良田,那就实在有些骇人听闻了,也未必是事实。以徐阶和三个儿子的薪水,他们连两千亩地都置办不下来,想来致富之法少不了各种收受贿赂、以权谋私,反正都是拿不到台面上讲的方法。

海瑞气势汹汹地颁布退田令,一把年纪的徐阶只能苦笑,三个儿子则咬牙切齿，恨不能提着扫把抽这个姓海的忘恩负义之徒：我们富足祥和的生活都让你给破坏了！因大明律有规定，田产买卖五年以上的，均不追诉（明显保护富人），因此徐阶决定，将五年内划到自家名下的田产地契（大约一万亩）都交出来，算是响应海大人的号召。

徐阶认为自己已经仁至义尽了，但压根不能满足海瑞。他收到的举报材料，有说徐家田产二十多万亩，有说四五十万亩，这一万亩完全就是九牛一毛，怎能就这样算了？

但是，海瑞并没有派人精准核查徐家到底有多少田产。可能他也知道，想查出真相比让骆驼穿过针眼还难。于是，海瑞大笔一挥，写信要求徐阶交出一半田产保平安："若不退之过半，民风刁险可得而止之耶？……区区（我）欲存翁退产过半，为此公百年后得安静计也。"

平心而论，海巡抚此举相当武断，是他"与其屈民，宁屈乡宦"精神的生动写照。但交出一半田产的依据何在呢？海瑞当然说不出来。

捏着海瑞的来信，徐阶双手不停地哆嗦，眼泪都滴滴答答落了下来。

"你们还有没有侵占良民家的田地？"徐阶泣不成声，质问三个不争气的儿子。

"爹啊，"徐璠、徐琨和徐瑛哥仨跪在地上，一把鼻涕一把泪地说，"我们怎么会做那种事？咱家的地都是合法所得，是一亩一亩攒下来的。都是海瑞仗势欺人。您要再不向李阁老和张阁老求助，咱家的家产就被抢光了……"

"丢不丢人？我已致仕，怎能再干预朝政？"见三个儿子态度如此坚定，徐阶也就打定了主意。他向海瑞回信，拒绝交出一半田地。海瑞岂能善罢甘休，他把徐阶的弟弟徐陟请到监狱免费居住，希望以此为突破口打开局面。

就在此时，苏松多处地方发生洪灾，造成几十万人流离失所，海瑞只能先把徐阶搁在一边，致力于救灾事宜。看来，老天都想帮助徐阶一家渡过难关。是这样吗？

海瑞人在苏州，不可能天天守在徐阶家门口要地，但在他有意无意的纵容之下，松江当地每天都有成百上千的穷苦人，在徐宅门口敲锣打鼓、喊叫骚扰，甚至还想往里冲。对付这些人，徐璠很有经验。他让下人准备了几桶大粪，只要谁敢往里冲，就泼谁。

徐阶心灰意冷，从此一心崇佛，不问世事。三个儿子有的是银子，但他们肯定不敢雇杀手去解决海青天，只能向京城里的首辅们写信，寻求帮助。

李春芳、陈以勤和张居正三位内阁辅臣，都是徐阶引入内阁的；海瑞出任应天巡抚，也是他们一致决定的。但现在，徐老却被海瑞折磨得怀疑人生，三人能不着急上火吗？

但明朝大学士毕竟不是宰相，对巡抚不能说换就换，还得等机会。张居正给徐璠回信，请他们哥仨照顾好老爹，自己这边再想想办法。

请注意：这个时候，徐阶的克星还没出场呢。

七、徐阶遭难，当学生的巧为保护

江湖传言，在新郑老家潜心治学时，高胡子特意在书房里放了个稻草扎的小人，心情不好时就过去捅几刀，心情好时就过去摸两下。这个稻草人的原型，想必大家都很清楚。

段子是假的，高拱对徐阶的仇恨却如假包换。他忘不了老徐起草遗诏时踢开自己的"无礼"，忘不了被诸多文官弹劾时的狼狈，忘不了凄凉离京时的落寞，更忘不了"君子报仇，十年不晚"的古训。

总有一天，我要让你姓徐的连本带利还回来！

因此，对高拱来说，隆庆三年无疑是双喜临门。先是七月海瑞就任应天巡抚，"恩将仇报"收拾徐阶，省得自己亲自动手了；二是十二月隆庆帝的诏书送到新郑，起复他以原官兼吏部尚书。

海瑞整徐阶，高拱当然乐观其成，但是海瑞在江南得罪的人，可远远不止徐阶一家，弹劾他的奏章如雪片般飞来。有些官员好心地向朝廷建议，海公太过耿直，不宜担任实务，不如安排个高薪虚职把他供起来，给大明当个吉祥物。

最致命的攻击来自吏科给事中戴凤翔。他弹劾海瑞在应天巡抚任上"庇护刁民，鱼肉乡绅，沽名乱政"。中国的语言真是博大精深，以前只听说有鱼肉百姓的，海瑞倒来了个鱼肉乡绅，搞得官不聊生，没法轻松愉快地贪污受贿，简直是太卑鄙了！戴凤翔认为，海瑞为博清官名声简直不择手段，完全不顾及大局。

戴凤翔还认为，海瑞一妻一妾在七月的同一天里突然死亡，最大嫌疑人不就是海瑞本人吗？应当严查此事，还死者一个公道。这不算完，戴给事中还一本正经地宣布，海瑞与倭寇勾结，企图夺取南直隶的丰富资源。

如果情况属实，海巡抚可不是丢官那么简单，完全可以杀头了。不得已，这位清官写了《被论自陈不职疏》为自己进行辩驳。他指出自己的妾死于七月十三日，系上吊自杀；妻死于七月二十四日，是得病而死。至于倭寇，完全是没影的事儿，实属诽谤。

其实大部分官员都知道，自打隆庆帝开关之后，倭寇基本上都不往中国跑了。但海瑞这种志大才疏不上道的人，真的不能让他占据要职，给江南上流社会添堵了。重要的不是用什么手段赶走他，而是必须得赶走他。

作为老谋深算的政治家，高拱自然不能完全否定海瑞。他在戴凤翔奏疏上批示道：

> 看得都御史海瑞自抚应天以来，裁省浮费，董革宿弊，厘肃吏治，矫正靡习，似有倦倦为国为民之意。但其求治过严，更张太骤，人情不无少拂。既经言官谕劾前因，若令仍旧视事，恐难展布，相应议处。

高拱决定，让海瑞以右佥都御史原官总督南京粮储。由此可以看出，高尚书做事滴水不漏，即保住了海瑞的待遇，又把他从要职上拿下，两边都有交代。可惜不久之后，南京粮储岗位又被裁撤了。

要换一般人，只要朝廷开工资，我就在右佥都御史的办公室苟着，每天看书喝茶不也挺好？可海瑞是个实干家，既然你们不想重用我，我走好了！于是，明明健壮得堪比小伙子的海大人，偏要奋笔疾书，写下了《告养病疏》，发泄心中的不满。在其中，他还留下了一则震古烁今的金句：

> 举朝之士，皆妇人也。

如果活在二十一世纪，海青天一定会被女权主义者喷得关闭个人账号。但在赤裸裸重男轻女、妻子得给亡夫守制三年的十六世纪，海瑞这番话就是对官场老爷们最恶毒的人身攻击了。老好人李春芳看过之后都大摇其头，为自己当初重用这个二愣子深深自责。

隆庆四年（1570）四月，朝廷批准了海瑞的辞职——这不是自找的吗？当海大人准备离开苏州，卷铺盖回琼州时，眼前的一幕把他惊呆了。

数千名穷苦百姓自发组织起来，扶老携幼站在路边，自发为海瑞送行。有人送上家里的鸡蛋，有人拿出一点碎银子，更有人甚至当场哭了起来，场面真是相当凄凉。在全中国最为富庶的江南，民众的清官情结居然如此强烈，这个锅显然不能由海瑞来背。

高拱安排朱大器接任应天巡抚，去安抚南直隶官员们。海瑞的清丈和条鞭，当然就从此终止了。这位改革家应该不会想到，这两项政治遗产，会被一个嫌弃自己的人继承下来，甚至发扬光大，最终在全国铺开。

海瑞一走，张居正也不必担心老师的安危了。在给朱大器的信中，他还是把前巡抚例行公事地夸了一通，但婉转地规劝了一下新巡抚，说"霜雪过后，少加和煦，人即怀春，亦不必尽其变法以徇人也。惟公虚心计量之，地方幸甚"。

对于高拱的脾气，张居正岂能不知？他委婉地劝说这位大哥，要忘记过去的恩怨，把精力放在治国理政上。所谓"恩怨"，最重要的当然是与徐阶的矛盾。但高拱真能听进去吗？

隆庆四年初，发生了孙克弘及其家仆孙五事件。孙五被抓，说自己是替孙克弘在京城活动起复的，还收了后者二百两银子。

当时，已经有松江府人顾绍和沈元亨状告徐家有"不法行为"，高拱的亲信韩楫就将孙五说成是到北京阻止顾沈二人告状的，将两件完全不沾边的事情联系起来，试图整垮徐家。

李春芳在首辅之位时，当然得捍卫老师，但隆庆五年五月，李春芳被弹劾下课，高拱成为首辅，徐阶的日子就更不好过了。

同月，孙克弘案宣判，顾绍、孙五充军，孙克弘罢官，徐家在京城的店铺被查封，但高拱并不想就这么放过徐阶。

隆庆五年七月，传说中的大杀器终于粉墨登场，他就是苏松常镇兵备道蔡国熙。

蔡国熙有个特殊的身份——徐阶门生。高拱这是当上首辅之后乐昏头了，还是想做好事？

都不是。姓蔡的恨透了徐阶，只因徐家三少得罪过自己。蔡国熙有仇必报。他一到苏州，就授意苏松一带与徐家有过节的人向朝廷告状。不到一个月时间，状告徐家的信件就有上千封。

蔡国熙开心得如同过年。他"秉公处理"，将徐璠、徐琨和徐瑛三位少爷革职充军，发配边关劳动改造，徐阶家人也多被充军，徐家六万多亩良田被抄没。

看着几个孙辈跪在自己脚下，拉住自己衣服哭泣，徐阶心如刀割，却又无可奈何。龙游浅滩被虾戏，一个小小的苏松兵备道，居然能把当了六年首辅的他逼上绝路？

徐阶甚至几度想过自杀，但想到孙子们的可怜处境，他还是顽强地活了下来，咬牙承受着屈辱。蔡国熙比海瑞还狠，只因后者讲原则，姓蔡的则不择手段。远在京城锦衣玉食的张居正非常焦虑，但又深感无可奈何，无能为力。

高拱大权在握，圣眷正隆，满朝不是他的亲信，就是想巴结他的人。连宫中的小内监都知道，高拱恨死了徐阶，不整他整谁？

李春芳和陈以勤都走了。如果此时贸然向高拱求情，非但起不到任何作用，甚至自己可能也得卷铺盖滚蛋。而自己一走，徐家的下场只会更惨。

可是，如果连恩师都保护不了，那还算是个人吗？

向前一步是深渊，向后一步是悬崖，怎么走可能都得万劫不复。何去何从？

想来想去，张居正还是没有向高拱求情，只是向蔡国熙连去了几封信，委婉地劝说对方见好就收。

张居正继续发挥捧人的特长，对高拱大吹特吹，说首辅一向光明正大，宅心仁厚，我佩服得不得了。就算结怨于人，一句话就解决了。他还用耕牛来做比喻，说别人牵牛踏坏了你的田地，你总不能把人家的牛给抢了吧。踩坏田地不对，抢人家的牛也不应该嘛。只要您蔡大人高抬贵手，"存老之体面，玄翁之美意，两得之矣"。大家好才是真的好。

信发出去之后，没有悬念地石沉大海，蔡国熙懒得搭理他。张居正没有办法，只能默默等待机会。皇天不负有心人，十一月，还就有了殷士儋试图痛殴高首辅，张居正挺身保护的事情。

张居正挡住了殷士儋的拳头，后者却大骂他仇将恩报，去保护一个欺负自己老师的恶人。高拱虽说自负，却也是好面子之人，这话对他不可能没有一点刺激。

不久之后，高拱纵容蔡国熙陷害徐阶，导致人家家破人亡的段子就在民间传开了。如果张居正暗中做了一些工作，当然也很好理解。各种史书上都没有张居正直接劝说高拱的记录，但想必他还是拐弯抹角地说了一些好话，但这就已经足够了。

高拱向苏松巡按御史去信，说蔡国熙整徐家，可不是本辅的意思哟。这真是生动诠释了什么叫"此地无银三百两"。蔡国熙听说之后，愤愤不平："高公说卖我就卖我，让别人骂我，他老人家受称赞，厉害厉害！"

此后，蔡国熙有所收敛，徐阶终于没有被逼上绝路。但弟弟徐陟病死，六个孙辈夭折，对这位老人的打击实在太大了。在给门生吴时来的信中，徐阶感叹道："人生得失利害原如梦幻泡影，不足为喜怒。"

隆庆六年（1572）四月，蔡国熙调任山西督学，此后再没有人找徐家的麻烦。但有人却想找张居正的麻烦了。

有一天，张居正和高拱守在空荡荡的文渊阁里闲聊。张居正羡慕高拱日理万机还能写很多文章，高拱苦笑着回应："我是想和儿子们交流，可一个儿子都没有，不写作还能做什么？"

可能是为了缓和气氛，张居正就说："我这么点薪水，要养活六个儿子实在艰难，又没有人家严世蕃那种贪墨的本领，愁啊！"

谁知高拱一听，却哈哈大笑起来，笑得张居正摸不着头脑。随后，高拱的一席话，把对方搞得是又诅咒又发誓，说绝无此事，不然让老天赏我一记闷雷。

高拱说的是："叔大，你少给我装穷。朝中不是在传，你帮徐公脱难，徐家给了你三万两银子吗？"

高拱原本也是半开玩笑半试探，他这段子也不知道听谁说的，其实也没有太放在心上。但张居正知道，猜疑已生，两人的嫌隙只会越来越深。

再说回战事。张居正并没有像于谦、王阳明那样亲临战场，但他对明朝军事的贡献却非常突出，这是为什么呢？

第七章
北境沿海皆平定

一、结识戚李，全力支持大明战神

在南北边境屡遭侵扰的刺激之下，有明一代将星频出，在五千年中华文明史上放射出熠熠光辉。在东南剿倭中发挥了首要作用的戚继光，无疑是其中的佼佼者。

张居正与戚继光，一个是明朝第一首辅，一个是大明第一战神，两人正好生活在同一时代，还建立起了长久的信任关系。这不光是他们个人的幸运，也是大明之幸。

戚继光是有明一代罕见的帅才，但就个人品德来说，他称不上后人学习的典范。戚继光既贪污又受贿，还喜欢用财物拉拢腐蚀文官，甚至传言他给张居正送这送那。但在那个重文轻武、不做不错的年代，勇于任事的戚继光想要建功立业，真的无法像海瑞一样独善其身。同样，张居正也够不上清官的标准，但却是最为务实、最能平衡各方面关系的政治家。

张居正与戚继光的友谊被传为佳话，在大明也只有在隆万时代能做到，别忘了夏言和曾铣是怎么死的，文臣武将勾结，在嘉靖朝可是够杀头的大罪了。幸好并不是所有的皇帝都如嘉靖帝一样刻薄多疑。

隆庆元年八月，工科右给事中吴时来上疏，建议将在抗倭战争中功勋卓著的三大将领谭纶（其实是袁崇焕式的文官）、俞大猷和戚继光调到北疆，戍守九边重镇，训练北方士兵，对抗蒙古的侵扰。

注意这个时间点。此时，高拱已经回乡去了，因而谭纶和戚继光都与高拱并无交情。

这样的思路，很有点"拆了东墙补西墙"的意味，在南方各省引发了强烈抵触情绪。福建巡抚涂泽民举双手反对："盖一日有闽，即不可一日无此官。"坚决不让戚继光走。

最先上京的是两广总督谭纶，他被任命为兵部右侍郎、右佥都御史。当看到北兵素质低下、战力拉胯，谭纶无可奈何，只能继续恳请朝廷调戚继光和俞大猷来帮助自己。隆庆皇帝亲自拍了板，福建方面也只能放人。

因俞大猷年事已高（此时已经六十五岁），兵部只安排了戚继光北上。隆庆元年十一月，戚继光正式卸任福建总兵，也结束了十二年的东南抗倭生涯。等待他的，想必是一个更加广阔的舞台，一个更加严峻的挑战。

对于北疆，戚继光并不陌生。他在年轻时，曾经有五年驻守蓟镇。俞大猷曾说过："丈夫生（于）世，欲与一代豪杰争品色，宜安于东南；欲与千古之豪杰争品色，宜在于西北。"也就是说，抗倭只能算一代豪杰，唯有打败蒙古人，才算得上千古豪杰。

在东南，戚继光战功卓著，但历次战争的规模都不大。因此，像卫青、霍去病一样深入漠北，封狼居胥，才是这位战神追求的目标。但保守的大明，会给他机会吗？

隆庆二年正月，已经名满天下的大明军神戚继光，来到了皇极殿。

"参见陛下，万岁万岁万万岁。"戚继光毕恭毕敬地叩头行礼。

"戚将军平身。"见到戚将军很有几分儒雅之气，隆庆帝非常开心，"俺答危害我大明四十多年了（折腾了我爹一辈子，还想折腾我），对于平虏，爱卿有何高见呢？"

"末将不才，有上中下三策。"

看来，这还真是历代名将的保留节目，而决策者总是莫名其妙地选择下策。

"快说来听听。"

"请给末将拨十万兵马，勤加操练，出兵塞外，问罪鞑靼。归来则屯田守边，保我大明世代不受侵扰，此为上策；给末将五万兵马，披坚执锐，北伐鞑靼，使其不敢南下，此为中策；给末将三万兵马，固守北疆，抵御鞑子，待有可乘之机，再发兵北伐，此为下策。"

戚继光话未说完，朝堂上已是一片哗然：这也太自大，太不把俺答当回事了吧？

"徐阁老，你看如何呢？"

"戚将军一片赤诚之心令人敬佩，但练兵事体重大，需要内阁与兵部仔细斟酌。"徐阶回答道。

"好，你们好生招待戚将军，退朝！"

这次朝会，应该是张居正与戚继光的首次见面。此时，张大学士年方四十四，戚将军四十一，均处于人生的黄金阶段。对戚继光过往在东南的累累战功，张居正自然相当熟悉；而练兵三策，在这位年轻大学士看来却是太过大胆，也是大明财力难以承受的。

但接下来发生的事情，让戚继光哭笑不得。因一些官员的反对，他被任命为都督同知，神机营副将，留在京城，不用戍边了。

神机营副将是个待遇不低的闲职，换个人可能还挺开心，但对一心想建功立业的戚继光来说，实在是一天也不想干。苦闷之余，他向隆庆帝上了《请兵破虏四事疏》，全面阐述了自己对未来练兵与军队建设的构想。三月，他又写成《请兵辩论》，系统阐述了打造车、步、骑三军联动的新型军队之重要意义。

事情总会出现转机。对于谭纶和戚继光过去的战绩和当下的雄心，张居正深为欣赏。隆庆二年三月，经张居正大力推荐，谭纶升任兵部左侍郎，总督蓟辽保定等处军务兼理粮饷，担负起保卫京畿的重要责任。

这个总督职权很大，管理整个（北）直隶及辽东，顺天、保定和辽东三巡抚都是其下属。但蓟辽总督又是个"夺命索"，王忬（王世贞之父）、杨选等前任，均因在与鞑靼的作战中表现拙劣而被问罪诛杀。

谭纶立即建议，要戚继光总理练兵事务。五月，兵部命戚继光以都督同知总理蓟镇、昌平、保定练兵事务，三镇总兵、副总兵和参将均受其节制。

按大明制度，武将当到总兵就算到头了。但谭纶试图让戚继光拥有"常务副总督"式的权限，直接领导三镇总兵。此举引发了朝廷文官强烈的抵触情绪。上一个能指挥这么多军队的统帅，名字可叫安禄山，这哪能让历史悲剧重演？

为了减少反对的声音，谭纶将戚继光的练兵十万改为三万，调一万浙兵改为三千，但见不得他们好的还是大有人在。在朝中言官的鼎力支持之下，三镇总兵摆出不合作态势，拒绝服从戚继光的领导。

在极端困难的条件下，无论是蓟辽总督谭纶，还是事实上主管军事的大学士张居正，都给了戚继光很大的支持。隆庆三年（1569）正月，兵部尚书霍冀将蓟镇总兵郭琥调走，任命戚继光为蓟镇总兵。

这么一来，戚继光算是掌握了蓟镇实权，但他的"总理"头衔却没了，因此也很不高兴。还是张居正明察秋毫，马上向谭纶写信表示慰问和安抚。其中说道：

> 戚帅以总理改总兵，诚为贬损！缘渠（指戚继光）当仆（张居正自称）以书相问之时，不急以此意告我，而本兵（兵部尚书）又仓猝题覆，故处之未尽其宜，然及今尚可为也。望公于议疏中，委曲为言。

同时，张居正也在设想补救办法。不久之后，戚继光得以蓟镇总兵兼总理蓟镇、昌平、保定练兵事。这无疑是各方都能接受的一个局面。士为知己者死，戚继光从此对张居正有了特别的崇敬，并用自己的全部聪明才智，来报答这位大学士的知遇之恩。

当年八月，三千戚家军从浙江赶到蓟镇。戚继光将他们与三万边军混合编队，并将最新创作的《练兵实纪》发给将官。经过一年的魔鬼式训练，边军的实战水平有了很大提高。

隆庆二年十二月，戚继光根据自己修整江南长城防御倭寇的经验，以及蓟州边防的实际情况，建议修整边墙并增筑敌台。

从山海关到密云两千余里的长城，都归蓟镇总兵管辖。经过多次实地考察，戚继光认为现有的防御设施难以阻挡蒙古骑兵的攻击，遂写成《请建空心台疏》，建议在蓟州、昌平两镇共建三千座空心敌台，台高五丈，四面广十二丈，设计为三层，可以供百名士兵居住、储存物资，架设火器。

谭纶看过之后，将敌台高度由五丈减为三丈，住百人减为五十人。次年二月，朝廷批准了筑台计划。但由于耗资不菲，且需要砍伐树木，引来了朝廷言官的普遍抨击。

此时高拱还未入阁，张居正事实上承担着大明军务重任。他充分认可敌台的作用，给予谭纶和戚继光大力支持。如果没有张居正的坚持，筑台计划八成要泡汤。

到了隆庆五年夏，一千座敌台修建完工。由于敌台上配置了大量的佛朗机和火铳，可以形成密集的火力网，加上戚家军的威名，蒙古骑兵想要强行闯关，难度之大可想而知。因此，蓟州在戚继光镇守期间，蒙古诸部入侵次数少之又少，辽东成为"重灾区"。

隆庆四年九月，蒙古辛爱部进犯锦州，辽东总兵王治道战死。兵部重新任命了一位总兵。在这个高危岗位上，他一干就是二十二年，成为与戚继光齐名的战神。

此人就是李成梁，他生于嘉靖五年（1526），经历也非常传奇。原本他可以继承家传的指挥佥事一职，却因交不起打点的银子，一直拖到四十岁时，才在辽东巡按御史张铎资助之下，去北京办了入职手续。

四十岁已经接近大明男人的平均寿命，按说这辈子只能这样了，李成梁的辉煌却刚刚开始。有些人别看几十年如一日地默默无闻，一旦给了他施展的平台，他爆发起来比谁都猛。

李成梁从小苦读兵书，早早就当上了武秀才，作战指挥很有自己的一套，特别善于使用骑兵部队长途奔袭，因此在短短五年之内，就当上了辽东总兵。

戚继光善于练兵，手下精锐被称为戚家军。而李成梁不遑多让，就任总兵之后，他在辽东精选勇士，许以高薪，严格训练，打造出了一支战力爆表的骑兵队伍，被后世誉为"李家军"，也称"辽东铁骑"。在与鞑靼和女真的历次战役中，李家军一改明军传统的龟缩防守战法，主动出击，闪电奔袭，取得了多场战役的胜利。

辽东铁骑的装备堪称精良。除了传统的马刀和弓箭之外，士兵都装备着有中国特色的近代化武器——三眼铳。这是类似西方火门枪的早期火枪，有三个枪管，可以在马上连发三枪。当然，三眼铳无法瞄准，射击精度不如火绳枪（明人称为鸟枪）。

但是，三眼铳有着鸟枪不具备的优势：三枪打完，还能当铁榔头使，特别适合骑兵作战，对付蒙古骑兵的弯刀也有长度和重量优势，因此在实战中非常管用，成为辽东铁骑的大杀器。

隆庆四年，刚刚当上总兵的李成梁，就和副将赵完前后夹击，在卓山大败蒙古插汉部，斩首五百八十余级。消息传到北京，隆庆皇帝非常兴奋，升李成梁为都督同知，荫一子世袭千户。

对于李成梁，张居正给予了最大程度的支持。李成梁不仅私生活不检点，而且喜欢"杀良冒功"，用百姓首级冒充蒙古武士。但张居正认为人才难得，只要李成梁做得不是太过分，他都不会计较。

相比之下，高拱眼中不揉沙子，对戚继光和李成梁要苛刻得多。

二、运筹帷幄，平定南方水盗

盘点张居正的一生，并没有亲自指挥作战的事例，在这一点上似乎远不及于谦和王阳明。但张居正同样熟知兵书，同样有着超凡的军事指挥天赋，同样渴望在大明战史上留下辉煌纪录。更重要的是，于谦和王阳明亲自下场指挥，张居正则是坐在文渊阁中掌控全局，很有一些"谈笑间，樯橹灰飞烟灭"的意味。

在嘉靖一朝，倭寇对繁华的江南各省造成了极大破坏。幸有胡宗宪、谭纶等文官的运筹帷幄，戚继光、俞大猷、汤克宽等将领的浴血拼杀，倭寇终于消停了下来。而在隆庆开关之后，中国海商得以公开出海贸易，附倭现象自然大大减少。

正因为东南事态平稳，朝廷才大胆地将谭纶和戚继光调到北方。

但是，作为一门传统的高利润、高风险的无本生意，海盗终究不会在南国大地上彻底消失。盘踞南澳岛（今广东省汕头市南澳县）数年的海盗吴平势力于嘉靖四十五年（1566）被汤克宽率兵彻底铲除之后，他的部将曾一本悄悄在广东崛起，重新以南澳为大本营，侵扰沿海的富庶区域。

隆庆元年，曾一本率军攻打占了潮州府澄海县（今广东省汕头市澄海区），绑架当地知县，杀害了数千当地百姓，满载着抢夺来的数船财物胜利返航。

这年冬天，曾一本军又进犯雷州府。当地官军开船迎战，结果被打得大败，缪印和俞尚志两名军官做了俘虏。就连广东省城广州府，也处在了曾一本的直接威胁之下。

曾一本对明朝官场的腐败洞若观火。他主动放还了俞尚志，似乎在表达自己归顺的诚意，其实不过是为了麻痹明军。而广东总兵汤克宽已然没有了昔日抗倭的豪气，力主招抚曾一本。

福建巡抚涂泽民打探到风声之后，在向广东发出的公文中，坚决反对招降。而以创作《松窗梦语》闻名后世的张瀚，此时正担任两广总督。他审时度势，上疏请将汤克宽革职，重用曾与戚继光齐名的老将俞大猷。

张居正长年关注边事与军队建设，嘉靖二十九年庚戌之变的奇耻大辱，令他没齿难忘；倭寇横行东南沿海的暴行，他记忆犹新。自从进入内阁之后，张居正自告奋勇地承担起了军事方面的职责，而无论徐阶还是李春芳，以及后来的高拱，都能给予他充分肯定与大力支持。

明朝迁都北京之后，京师与广州之间的距离超过了四千里，即使用八百里加急，文书在驿道上也得跑十几天，两地的沟通联络实在是非常麻烦的事情。

为了打击两广水盗，嘉靖四十五年十月，谭纶被任命为两广总督，但他在次年五月才到任。到了八月，兵部又请调谭纶北上，担任对防护京师最为重要的蓟辽总督。十月，戚继光也奉调入京。

谭纶希望在北方训练战车营，因而积极斡旋让俞大猷北上。但因广东形势也不容乐观，新任两广总督张瀚坚持请留。

广东战局陷入困境，张瀚压力巨大。但张居正审时度势，非但没有撤换总督，反而授予他节制巡抚的权力，并用熊烊取代了与张瀚不和的广东巡抚李佑。这么一来，张瀚再不做出点成绩就实在说不过去了。他很清楚，想要剿灭曾一本，一定要让俞大猷充分发挥作用。

工欲善其事，必先利其器。俞大猷深知，要想彻底打败曾一本，必须打造一支战力突出的船队，在海上就能给予对手有效杀伤，而不是等到他们上岸后才行动。当然，论陆上作战的能力，谁也无法与戚家军相提并论。现在，戚继光已经北上，剿灭曾一本的重任，俞大猷责无旁贷。

张瀚同意了俞大猷打造四十艘福船的建议，但并没有像后者希望的那样去福建生产。张总督认为，何必这么折腾呢，在广东就近打造不好吗？但后来的事情证明，姜还真是老的辣。

隆庆二年六月十一日，广州郊外的水师造船基地，突然变成了一片火海。原来，曾一本在打探到消息之后，亲率手下过来搞破坏。要等你们把船建好，我还能有活路吗？绝对不给你机会。

到了这时，张瀚才后悔不已。之后不久，他因病向朝廷请辞。而俞大猷则强调："两广欲灭海盗，必须按我原来的设想！"在福建巡抚涂泽民的大力支持下，一个大规模的造船基地，在福州建立起来了。而曾一本想远离基地去攻打福州，显然也力不从心。

在北京，张居正密切关注着闽粤局势。为了选出代替张瀚的最佳人选，他召集吏部、兵部和各科道的负责人进行商讨。

"三省事权必须统一，集中调度，再不能令出多门，互相掣肘了。"张居正坚定地说。

与会者当然都表示赞成。吏科都给事中温纯建议："如今谭、戚都无法南下，不如让兵部左侍郎刘焘统管三省剿倭。"

与谭纶类似，刘焘虽为文官，却长期在浙闽抗倭前线领兵作战，还当过戚继光的顶头上司。因此，吏部尚书杨博、兵部尚书霍冀和大学士赵贞吉都表示赞同。张居正最终一锤定音："刘焘可谓才称其职，就是他了。"

可见，在徐阶去职、李春芳恭谨自守的大背景下，年轻的张居正经常要扮演一个"事实首辅"的角色。他这种勇于担责、毁誉不惊的气度，确实是辅国宰相的必备素质。

隆庆二年十二月，隆庆帝下诏，令刘焘以右都御史兼兵部左侍郎，总督两广军务，兼理福建，三省巡抚均由其节制。

"刘大人此去岭广任务艰巨，军务之事，您可大胆决策，朝廷会大力配合，等候您的好消息。"张居正赶往刘焘府上送行，并鼓励他积极进取，不留情面。

"感谢张阁老信任，老臣此次南下，不灭曾一本，誓不回京！"刘焘掷地有声地回应。

张居正相当满意。他又向熊桴去信，要求他配合刘焘一起剿灭海倭寇，切不可像之前那些"前辈"一样相互拆台，并推荐陈瑞担任广东按察使，协助巡抚的工作。

如此一来，张居正就将广东的军务安排得井井有条。而他派出去的人选，无不怀抱建功立业、扬名后世的愿望，憋着劲要大干一场。

隆庆三年四月，刘焘到达福州，涂泽民率当地官员迎接，并表示愿意在即将到来的大战中，为广东水师做好辅助工作。

当年三月十二日，由四十艘福船、四十艘冬仔船组成的庞大船队，秘密离开了福州，向南行驶。船队的总指挥，正是广西总兵俞大猷。他心心念念的战船编队，终于从蓝图变成了现实。

由于海上飓风，船队被困在了中左所（即厦门岛），不少船只损坏，士兵的口粮也马上要断绝了。

俞大猷不得不向涂泽民借银三千五百两买米。为了避免公对公的扯皮，俞老将军干脆以自己的名义借款，为人豪爽的涂巡抚也没有任何犹豫，第一时间派人将银两送到，从而缔造了一段佳话。

五月十二日，在收到探报之后，俞大猷与广西总兵李锡赶往古雷（今属福建省漳州市），不过，曾一本已经得到消息逃跑了。原本摩拳擦掌想大干一场的两省官兵，不免相当失望。

俞大猷到底是大风大浪经历多了，并不着急。他让部将摊开地图，手指马耳港（今广东省汕头市东南）："曾一本必然逃向此处，我们立即追赶！"

船队向广东方面努力追赶。可偏偏又遇到了飓风，不得不在铜山（今福建省东山岛）休整。俞大猷故意把大军停驻铜山修整的消息放出去，还将自己的困难说得非常严重。

同时，俞大猷秘密联络广东总兵郭成，希望能南北夹击。但后者只是派参将王诏带少部分船只北上。显然，郭成不愿意给老俞打下手。熟悉官场潜规则的俞大猷不以为意，依然有条不紊地进行着自己的准备。

六月初四日，铜山岛外喊声震天，曾一本果然中计，想"趁你病，要你命"，率领数十只战船赶过来了。早就做好准备的闽桂两省联军，岂能放过这个大好立功机会，都憋足劲想要曾一本的命。

作为后辈，李锡怎能让俞老将军冒险。他请俞大猷驻扎港内，自己率领福建战船出港迎战。

"弟兄们，成败就在今日，封妻荫子就等建功。有后退者，杀无赦！"李锡披挂整齐站在甲板上，丝毫不惧可能袭来的危险。

"生擒曾一本！"数千士兵的呐喊直冲云霄。他们等这一天，实在等得太久了。

连绵不断的炮击声震耳欲聋，浓烈的尘烟遮蔽了湛蓝的天空。明军的火炮优势明显，很快就击沉了几艘海盗船，幸存者也难免胆战心惊。明军乘胜奋勇向前，凭借船体的吨位优势，向敌船发起撞击。一些无畏的勇士，更是举着刀枪跳上对方甲板，与海盗展开肉搏战。

眼见对方招架不住，俞大猷部顶着逆流，出港前来助战。明军士气旺盛，多点开花，更让对方狼狈不堪，许多海盗被当场杀死，鲜血将大船甲板都染红了。其他人要么疯狂逃窜，甚至跳进海水中，要么跪在原地请求免死。

天渐渐暗了下来，曾一本见大势已去，只能带领残存的船只向南逃去。

这一战，曾一本军损失了数千人。明军并没有追赶，而是继续在铜山休整。经过几番侦察，俞大猷和李锡锁定了曾一本的位置——"南粤海道咽喉"柘林澳。六月十二日，明军神不知鬼不觉地杀到柘林，打了曾一本一个措手不及，又有近百条战船被击沉或俘虏，六百多名士兵被杀，落水溺死者更是不计其数。

曾一本率三十艘战舰逃往莲澳，还没睡上几天安稳觉，明军又杀来了。六月十八日，双方又是一场恶战。士气低落的海盗怎么可能是明军的对手，即便他们知道再也输不起，依然力不从心。在丢下数百具尸体之后，曾一本率残部逃往马耳澳。

就这样，俞李联军实现了三战三捷。一直在观望的郭成终于出手了。看来，之前他是想让两家兑子,现在则是跳出来想收官。二十四日,广东水师驻扎长沙尾,二十五日又进军广澳,截断了曾一本的退路。

二十六日,胸有成竹的郭成下达了总攻命令,明军分三路向马耳澳进攻。王诏一船当先,势不可挡。最终生擒了曾一本及其妻郑氏。五百多名海盗被杀,仅有九艘船侥幸逃出。这么一来,吴平之后危害东南的头号海盗曾一本,也就退出了历史舞台。

郭成虽说完成了最后的工作,但很显然,没有俞大猷和李锡之前的三战三捷,没有福建和广西水军的奋勇杀敌,广东水师根本不可能这么轻松地收官。一直紧密关注广东战局,甚至可以说是总指挥的张居正,岂能看不清这一点?

因此,当年八月,俞大猷以平曾一本功,晋升为正一品的右都督,达到了武将的最高职衔。

此时,张居正的好友高拱还在新郑老家种地呢,后世一些学者再怎么热衷于吹高踩张,也总不能把高拱说成是平定广东海盗的总指挥吧。

平定海盗不易,善后工作更难。前广东巡抚吴桂芳曾建议,在柘林、碣石、南头、白鸽门、乌兔和白沙设立六大水寨,维护一方治安。张居正非常欣赏吴桂芳的建议,遂令分区设寨,加强巡逻,保障两广的长治久安。

虽说海盗势力如百足之虫死而不僵,林道乾、林凤等又冒出头来,但他们毕竟远离大明京师,对政权安危并不会有实质性影响。对张居正来说,还有更加重要的问题要解决。而高拱的到来,让他在朝中有了更加坚定的同盟者。

三、爷孙成情敌,一个妹子引发的"蝴蝶效应"

海盗毕竟无法威胁大明江山,鞑靼却始终不忘恢复大元荣光。因此相对于南方的倭与海盗,北边的防务才是重中之重。否则,朝廷也不会将谭纶和戚继光从东南沿海调到蓟辽。

没有人会预见,一个草原上欣赏汉族文化的妹子,会成为改变北疆战局的关键因素。

没有人会想到,一桩鞑靼部落的"桃色事件",会令明蒙关系发生二百年来最为重大的变化。

而这个局面的达成，离不开张居正和高拱的正确决策与不懈努力，离不开相关人员的大力配合，也离不开隆庆皇帝的最终拍板。

时间来到了隆庆四年九月。此时高拱已经起复，在内阁里一手遮天。

地广人稀的北方边境已相当寒冷，落叶纷飞，大地一片苍茫，平房卫败胡堡（今属山西省朔州市平鲁区）上，几个士兵警惕地望着远方。虽说鞑靼人此时入侵的概率不大，但也不能不加以防范。

突然之间，前方不远处人喊马嘶，一队蒙古骑兵直直冲了过来。这是要做什么，是要刺探情报吗？随着领头的一挥手，明军张弓搭箭，准备问候远道而来的客人。

这时一个蒙古士兵用熟练的汉语喊道："不要动手！我们的头领是阿勒坦汗（俺答）之孙把汉那吉，是特意来归降的！请早点打开城门，送我们见方逢时大人！"

什么？俺答的孙子来要归降，说出来谁信啊？莫不是什么圈套？

"你们在下面等着，我这就去向刘将军请示！"

刘廷玉闻讯赶到。他自然也拿不了主意，于是立即派快马赶去大同，向巡抚方逢时请示。

方逢时见的大场面多了，根本不慌。他一边安排五百精骑将把汉那吉等迎入大同城，收缴了他们的兵器；一边立即派人前往阳和卫（今山西省大同市阳高县），向宣大总督王崇古请示。

王崇古之前一直在陕西驻防，这年正月才改任宣大总督。同月，方逢时由辽东巡抚调任大同，成为王崇古的下属。这次调动，很可能都是张居正的精心安排（高拱此时还没到任）。

王方二人都是辛丑年进士，与高拱同年。他们二人关系融洽，配合默契。虽说都是文官出身，却对兵事相当熟悉。

在得到了王崇古的反馈意见之后，方逢时决定将把汉那吉留在大同，吃住都按贵宾标准，并派重兵保护（监视）。

王崇古设宴为把汉那吉接风，并不失时机地向他打听"弃暗投明"的原因。

通过翻译，王方二人慢慢明白了：这是一个姑娘引发的血案啊。

喝最香醇的美酒，佩最锐利的弯刀，骑最彪悍的骏马，追最迷人的姑娘。这大概是每个鞑靼勇士终生的奋斗目标了。蒙古草原上最有权势的领主俺答，明明和嘉靖帝同岁，六十好几了不知道养生，整天还像个小伙子一样好勇斗狠，甚至一样喜欢追女人。

俺答这么能折腾，让他的孙子把汉那吉看着就头大。

把汉那吉的父亲铁背台吉，是俺答的三子。铁背台吉夫妇很早都去世了，俺答正妻伊克哈屯将可怜的把汉那吉抚养长大，并为他娶妻比吉。

遗憾的是，把汉那吉没有继承俺答的作战能力，却遗传了爷爷的风流本性，又喜欢上了一个叫钟金哈屯的漂亮姑娘，爱得那叫一个神魂颠倒。

有学者认为，钟金哈屯的母亲，正是把汉那吉的亲姑姑哑不害（俺答之女）。当然，表兄妹通婚在中原都不叫事儿，在草原又能算什么呢？

俺答本来已经答应为孙子办喜事，但见到钟金哈屯之后，却如同唐明皇见到杨玉环。俺答立马改变主意：我不想当新郎的爷爷了，我要当新郎。

可能是被真情打动，也可能是在权衡利弊之后，姑娘最终决定，我不想当把汉那吉的妻子了，我要当他奶奶！

钟金哈屯移情别恋之后，把汉那吉和普通小伙子没有两样，无非是借酒浇愁，间或打个架发泄一下什么的。但突然有一天，不知道是受了谁的挑唆，他想到了报复爷爷最狠的一招。

把汉那吉带着妻子比吉，奶公（奶妈的丈夫）阿力哥，以及十来个手下，趁着夜色离开草原，跑去投奔明廷了。

这小子是要归降大明当将军，然后带兵打回草原，夺回媳妇吗？

人在阳和的王崇古知道兹事体大，马上准备向负责军事的张居正写信汇报。哪里想到，张阁老的亲笔信经八百里加急已经送到了。王总督打开一看，不由得暗暗佩服：怪不得人家比我小一轮（十二岁），还能燮理阴阳，这就是水平啊。

张居正信中写道：

昨有人自云中（大同）来，言虏酋有孙，率十余骑来降，不知的否？俺答之子见存者，独黄台吉一人耳。其孙岂黄台吉之子耶？彼何故率尔来降？公何不以闻？若果有此，于边事大有关系，公宜审处之。望即密示，以信所闻。

这是一系列连珠炮似的询问：

一、听说俺答老酋的孙子带十余骑来降，是不是真的呢？

二、俺答活着的儿子只有一个黄台吉，这小子是黄台吉的儿子吗？

三、此人为什么投降，搞清楚了吗？

四、这么重大的事体，怎么不赶紧向我汇报？

张居正运筹帷幄，令王崇古很是崇敬。他清楚把汉那吉的价值，意识到这很可能是一次千载难逢的机会，能让明军占据主动。

不久之后，张居正的第二封信到了，他高屋建瓴地指出，这是解决北虏问题的关键契机，一定要吸取桃松寨的教训。

桃松寨事件，那可是大明王朝的奇耻大辱，是所有人都不愿意揭开的伤疤。

嘉靖三十六年（1557），张居正还在江陵隐居时，俺答汗长子辛爱的一位小妾桃松寨，突然跑过来投降明廷了。

送上门的人，不就是人质吗？正好拿来与辛爱兑换些东西。宣大总督杨顺向辛爱提出，想用桃松寨交换赵全和邱富。辛爱是个痛快人，马上就答应了。

当桃松寨回到草原之后，辛爱居然毫不迟疑地杀了她，并将她剖腹挖心。原来，桃松寨与辛爱的手下私通被发现了，被迫逃往明廷，可明廷却不愿意收留她。

辛爱并没有守约送来赵邱二人，反而率军猛攻大同，再次淋漓尽致地诠释了什么叫"强权即公理"。大同城几乎失守，死伤惨重，而杨顺则成了明蒙两边共同的笑柄。

随后，张居正指示王方二人要坚壁清野，扼守险要，防止俺答入侵。如果他们来要人，大致就这么答复：

"您孙子投降不是我们引诱，是他自己仰慕天朝文化，反感蒙古才主动来投的。我们这边有规定，得到虏酋或其子孙，赏万金并封侯。我们并不是不能杀您孙子，但因为他是主动来投的，又是您的孙子，我们不忍杀害，还好吃好喝地招待他。您想要回孙子，就写一封言辞恳切的感谢信，并把叛逆赵全等人交给我们,大家指天盟誓,约定数年互不侵犯,这样我们就会交还您的孙子。如果您想发兵索取,我们岂有害怕之理?大明军队早就不同于往昔了。"

王崇古与方逢时于是向朝廷上疏,建议给把汉那吉赐田舍,封官职,待遇优厚却要限制活动。奏疏呈上之后,朝堂算是炸开锅了。御史叶梦熊、饶仁侃、武尚贤等坚决反对受降,还举出北宋接受郭药师投降结果引火烧身的事例,建议无条件送还把汉那吉。真是愚蠢之至。

实权人物高拱和张居正坚定地支持王、方二人,隆庆帝坚定地支持高、张二相,于是将把汉那吉封为指挥使,阿力哥为正千户,各赏大红纻丝衣一套。这就是表明态度了。

当得知亲孙子负气出走的经过之后,俺答表面上紧张,内心里狂喜:这下没人打我宝贝的歪主意了。如果南人真把情敌一刀给咔嚓了,俺答还真想写封热情洋溢的感谢信呢。但有个人,却能令他改变主意。

别看俺答天不怕地不怕,他也有自己的软肋。伊克哈屯知道孙子的事情之后,每天不是哭,就是拎着棍子追打俺答,完美致敬了戚继光之妻王夫人修理戚继光的壮举。

老太太边哭还边喊:"老东西,只要宝贝孙子能回来,就算大明要你的脑袋,我也马上送给他们。"

没有办法,为了自己脑袋不被敲扁,俺答只能把气撒在大明身上。他拼凑了两万五千铁骑,兵分三路。辛爱领一万攻弘赐堡,永邵占率五千人打威远堡(今属朔州市右玉县),俺答亲率一万人进驻平房城外,威胁大同。明蒙大战眼看一触即发。

鞑靼大军来势汹汹。但这一年的俺答可都六十四了,军队实力也以肉眼可见的速度衰落了。王崇古可不是仇鸾,隆庆年代的明军也远非庚戌之变时可比,又有战神戚继光镇守蓟镇,随时可以过来增援。鞑靼方面并不占据优势。

俺答不辜负他人精的英名,并没有马上发动进攻,似乎想逼明军将把汉那吉杀了,然后再跑回去向老婆汇报:你看看,你的宝贝孙子是南人杀的哟,真不是我见死不救哟,以后得对我温柔一点哟!可好消息没等来,却等来了一个汉人使者。

两方交兵，不斩来使？俺答又不认识汉字，也不吃这一套。通过翻译，两人开始对话了。

"在下鲍崇德，奉王总制之命前来问候大汗。"

"你怕死吗？"俺答气势汹汹地问道，"我们蒙古武士一攻城，你们的人都得死光光。"

俺答以为能吓住眼前这位书生，可鲍崇德却一点不害怕，依然笑呵呵地说："打仗嘛，总得死人，哪边吃亏还不一定呢。"

可能觉得这样还刺激不了俺答，鲍崇德继续说："我们现在对您的孙子很好。但如果真打起来，他的安全就没法保证了（你看着办吧）。"

"我的好孙儿还活着？"俺答失望地问。

"当然。如果大汗能将赵全等奸细交给我们，我们马上就把您孙子一行安全送回！"

岂有此理！俺答火了。这不就是敲诈勒索吗？但一想到伊克哈屯手中的棍子，他马上就冷静下来："好，让我们考虑考虑。"

为了表明诚意，俺答还从军营中挑了一匹好马送给鲍崇德，让他尽快回去复命。

鲍崇德赶回阳和，向王崇古汇报谈判过程。这位总督不敢怠慢，立马向高拱和张居正请示。接到回信，王崇古和方逢时都不免大吃一惊：张阁老有这样的宏大构想！

原来，交换赵全并不是张居正的最终目的。他希望借老酋想要回孙子之机，实现与鞑靼通贡互市，结束双方百余年来的对抗局面。

"如果真有这么一天，我们不都名垂青史了？"王方二人既开心又担心，觉得俺答这老狐狸，怎么可能跟我们互市，那是要称臣的呀。

王崇古继续派人与俺答谈判。看俺答有动心的意思，赵全彻底慌了：把汉那吉回来，还能继续吃香的喝辣的当小王爷，我若被遣返大明，就等于进了棺材！

可是，想要俺答否定这笔交易，就是让他的孙子死啊！赵全再自负，也知道自己和把汉那吉哪个对俺答更重要。万般无奈之下，他也拿出了自保之法。

王方组合正紧锣密鼓地与俺答讨价还价，张居正当然也不会闲着。

过了几天，鲍崇德又出现在了可汗的帐之中。在亲切友好的气氛中，两人就送还把汉那吉的事宜进行了进一步的磋商。不过，当鲍崇德掏出一份礼物时，俺答吃惊得差点跳了起来："这厮实在猖狂！"

原来，赵全准备"弃蒙投明"，还向方逢时写去了密信，可方巡抚却把信交给了俺答。

俺答伤心了。他说："我本来早就想向天朝朝贡，就是赵全、丘富这些人老是挑唆我进攻，劳师动众，很多兄弟也战死了。今天我孙子归顺天朝，得到了厚待加官，我才知道天朝真是以德抱怨。我老了，如果天朝愿意封我为王，掌管大漠，我保证北疆太平，永不犯边，年年纳贡。"

说得这么动听，这还像一个跟大明干架五十年的老战士吗？"大汗深明大义，在下佩服！"鲍崇德半信半疑，立即回去向总督汇报。

和平真的会出现吗？

四、抓住良机，促成俺答封贡

为了保住孙子的小命，让自己不用天天挨打，俺答服软了。王崇古根据俺答的反馈，向朝廷提出了三点建议。

一、确定俺答、辛爱和其他鞑靼贵族的爵位；

二、确定每年的通贡数额标准；

三、接收赵全等人，清除俺答的羽翼。

事情正在向有利于明廷的方向发展。可就在此时，一个言官跳出来刷存在感，差点把局面彻底搅黄。看来，张居正对"省议论"的执着，还真不是没有道理的。高拱对这些言官也非常反感。

此人名叫姚继可，时任宣大巡按御史。他一脸正气，指责方逢时通敌卖国，与虎谋皮，要求明军做好迎接侵略的准备。高拱和张居正看了哭笑不得。对这种自作聪明的小官，也许嘉靖皇帝最欣赏的廷杖大法才最有效。内阁把姚继可的奏疏扔在一边，肯定了王崇古和方逢时的工作。

当时，王崇古的外甥张四维担任吏部右侍郎，成为高拱的助理。王崇古不敢直接疏催皇上，就天天写信给张四维。后者自然会向高张二人请示。而这段时间里，张居正给王方二人写的亲笔信超过了二十封，展现了他对解决俺答问题的用心与睿智。高拱也有九封信给王崇古，但除第一封之外都比较简短，更在第二封信中如是说：

> 仆抱病月余，神思惝恍，以故未能作书奉答。然于处降一节，未尝不伏枕而虑也。

不难看出，实际主持与俺答谈判的，只能是从隆庆二年就开始负责军务的张居正，而不可能是在此期间病了一个多月的高拱。

张居正对局势研判之精准，对各种突发事件设想之严密，完全就像一个统兵多年的大帅，而不是一个完全没有上过战场，多年来一直只在教育与出版领域打转的文官。

张居正对俺答奉表称臣很有信心。但却强调了三重顾虑，分析得鞭辟入里，让老江湖王崇古佩服不已。

一、赵全等人背华即夷日子久了，在草原上不可能没有同党，也不可能坐以待毙，伸长脖子等着被抓。如果他们说服俺答，随便找几个人冒名顶替，而我们的圣旨已经宣布出去了，朝廷的威信与脸面，岂不严重受损？

二、鞑靼使诈不是一回两回了，俺答表面上是哀求，事实上是要挟。如果他们突然拥兵进击，我们准备不足，唐朝时吐蕃劫盟的耻辱又要重现了。

三、现在多数人都觉得把汉那吉会引来祸患，都想着赶紧把他送回去，却对封爵、贡市并不关心。我却觉得如今边防的关键，不在于送不送走把汉那吉，而在于俺答求和有没有诚意。就怕把汉那吉一放回去，他明年又来犯边，就算我们得到赵全等人，也没法阻止他侵扰。

赵贞吉自称知兵，此时却坚决反对议和，不过十一月二十一日，隆庆帝将这位大佬免职，反对派们顿时有失去主心骨之感。

隆冬十二月，大同城外寒风呼啸，但边关将士的心里，都感觉非常温暖。俺答将赵全、李自馨等人送到了云石堡，并经大同押送北京。

方逢时接收了赵全等之后，就置办了丰盛的酒宴为把汉那吉践行。这小伙子在中原已经养得白白胖胖，将爷爷的夺妻之恨早抛到九霄云外了，真舍不得离开。方逢时好言劝说了半天，把汉那吉才洒泪上马，向西北方向奔去。

"孩子啊，你总算回来了！"当看到把汉那吉平安归来时，俺答非常激动，终于不用再挨老婆的毒打了。孙子闯下这么大的祸，俺答非但不惩罚他，还将大板升一带划给他做领地，暗示他将来能继承爷爷的汗位。

镜头切回北京，隆庆帝非常开心，第一时间赶到午门城楼受俘，并为赵全等人举办了极其隆重的欢迎仪式——祭天，告太庙，然后凌迟处死。

交换人质的工作算是告一段落，接下来更为重要的是实现持久和平。张居正认为，应当用册封为王的形式来约束俺答。

在张居正和高拱的大力支持下，王崇古向朝廷上疏，提出了八条具体建议。

一、议封号。给予俺答和各部首领相应的官位。

二、定贡额。确定鞑靼朝贡马匹的数量价格，以及回赠之物的多少。

三、议贡期。确定朝贡具体时间及细节。

四、立互市。保证互市条件双方都能够接受。

五、议抚赏。主要针对的是市场工作人员。

六、议归降。对归降人员进行合理安排使用。

七、审经权。封贡达成之后，依然要强化边务，防患于未然。

八、戒狡饰。压制反对和谈的行为，强化边境防卫规定。

这些建议非常有针对性。充分展现出了王方二人的政治素养。高拱和张居正看过之后，自然相当欣赏。但朝中反对的声音依旧强劲。不能这么拖下去了。

"不如请皇上主持廷议，尽早决断。"张居正建议道。

"好，皇上必定深明大义（听我指挥）。"高拱很有信心。

参与廷议的有六部九卿，以及一些勋贵后裔。内阁四人一致赞成封贡，但兵部尚书郭乾、英国公张溶等却不同意，认为此举实在有辱大明国体。

哎，狭隘的华夷观害死人啊！

"永乐六年（1408），我成祖皇帝封瓦剌部马哈木为顺宁王、太平为贤义王，把秃孛罗为安乐王。永乐十一年（1413），又封鞑靼首领阿鲁台为和宁王。"张居正引经据典，侃侃而谈，"封王可以约束俺答，如果他再犯边，我大明军队也早已今非昔比了。"

眼见两派谁也说服不了对方，高拱向隆庆帝建议："可以投票决定。"于是，小太监拿来了纸笔。工夫不大，一摞纸张堆在了隆庆帝案头。

定国公徐文璧、吏部右侍郎张四维等二十二人赞成封贡。工部尚书朱衡等五人只赞成封贡，不赞成互市，而英国公张溶、户部尚书张守直等十七人对两项都不赞成。

巧了，二十二对二十二！这么一来皮球可就踢给了皇上了。

关键时刻，隆庆帝从来不含糊，他欣然说道："就按高阁老说的，外示羁縻，内修守备，可保我大明平安。"

皇上的态度非常坚定，如同他四年前批准隆庆开关一样。

就这样，明廷封俺答为顺义王，赐红蟒衣一袭，昆都力哈、黄台吉授都督同知，各赐红狮子衣一袭，把汉那吉被加封为昭勇将军，其他近六十位军官也都有封赏。得到头衔的蒙古人非常开心，大肆杀牛宰羊摆酒，连开几天宴席庆祝。

但更高兴的应该是隆庆帝和他的官员们。大明仅仅用了一点小恩小惠，就解决了困扰北疆近二百年的危机。

张居正并没有上过战场，也没有在草原生活过。但他对封贡互市可能出现的危机却明察秋毫，不能不说，这样的天才有了施展天赋的平台，那就是国家之幸，民族之幸。

张居正向王崇古去信，强调了以下事宜：

一、开市之初，内地百姓想必不愿意与鞑靼交易。那官府就应该首先做出表率，让百姓看到交易有利无害，他们自然会响应跟从；

二、鞑靼想要我们的铁锅，但铁锅融化之后可以打造兵器，轻易不要卖给他们，但允许对方以旧铁锅兑换。可以卖给他们不能打制兵器的广东所产铸铁锅；

三、不得交易火药、硫黄等战备物资；

四、一旦明蒙战争停止，一些将士就会失去掳掠机会而心生怨恨，应当早做防备；

五、鞑靼使者一概不允许进入内地城市，更不能入朝觐见，只能在边堡停留。

朝中的保守势力依然强大，他们将一切形式的封贡议和，都等同于宋朝与辽朝签订的《澶渊之盟》，认为这是丧权辱国、丢人现眼。而在内阁权势日隆、六部渐成僚属之际，有些人借题发挥，为自己争取权益，当然也丝毫不奇怪。

自从张居正入阁以来，他就对北边防务特别热心，令前后两任兵部尚书霍冀和郭乾都很不自在，觉得他未免管得太多了吧。但张居正就是这样的人，愿意担责，还能把事情办好。

因促成俺答封贡之功，首辅李春芳晋为中极殿大学士，高拱晋少师、建极殿大学士，张居正则晋升为少傅、太子太傅、吏部尚书、建极殿大学士。

那么问题来了，张居正和高拱都是吏部尚书、建极殿大学士，级别谁高谁低，吏部该听谁的？

其实，张居正这个尚书是空衔，吏部还是高拱的地盘。内阁里高拱还是名义上的次辅、事实上的首辅，张居正还是他的小弟。

隆庆五年，对张居正和高拱都是无比重要的一年。本年度最重要的事情，无疑是俺答封贡的最终达成。张居正和高拱能接住这"泼天的富贵"，利用把汉那吉主动来投的契机，以明朝已经大为进步的武力为后盾，迫使折腾了大明近半个世纪的俺答服软称臣，基本上结束了双方的对峙局面，其意义再怎么强调也不过分。

这么一来，困扰了嘉靖朝近四十年的南北两大边患，在隆庆朝居然都大体上解决了，从而为之后大明经济社会的全面发展，为张居正的万历新政创造了良好的外部环境。

可以说，单凭"俺答封贡"的成功，就算张居正之后什么事情都不做，他在明朝历史中也会占据一个非常重要的席位了。

但这一年如果评选风云人物的话，那高拱会毫无悬念地当选。隆庆五年五月，中极殿大学士李春芳致仕，六十岁的高拱终于坐上了梦寐以求的首辅宝座，距他考中辛丑年进士并入选庶吉士，正好过去了三十年。因此，他的六十大寿，也有了特别的意义。

古人有个讲究，父母在的时候是不庆寿的，张居正就没办过生日宴。高拱此时双亲都不在了，也没有丁忧压力，自然要好好操办一下，给未来的事业添个彩头。这无疑让人联想到二十二年前，严嵩曾办过的七十大寿。

历史总有惊人的相似，却从不会简单地重复。写贺表吹捧严嵩时，张居正只是个毫不起眼的翰林院编修；现在，他已经跨过了无数台阶，见证了无数风浪，长出了无数白发，却依然要给人写寿表。

十二月十三日夜，高拱府第灯火通明，全京城有头有脸的官员能来的都来了。作为高首辅最重要的助手，张居正当然也不可能缺席。

这一次，张次辅接连写下了《翰林为师相高公六十寿序》《门生为师相中玄高公六十寿序》，对老朋友的功业不吝溢美之词。特别是在后一篇文章中，他全然不顾事实地大加吹捧：

> 虏从庚子（1540）以来，岁为边患。一旦震惧于天子之威灵，执我叛人，款关求贡，中外相顾骇愕，莫敢发。公独决策，纳其贡献，放为外虎，虏遂感悦，益远迁徙，不敢盗边。

这段文字，也成了后世一些人将"俺答封贡"的功劳全算给高拱的铁证：张居正自己都说人家高拱是"独决策"嘛。那张次辅还更加变态地吹捧过嘉靖帝和严嵩呢，这能当真？

"叔大用心了，老夫收了这么多礼，都不如你这两篇寿序有分量啊。"高拱非常开心。

"玄翁过奖了，我这只是实话实说。"

这样大喜的日子，高拱一想到自己三个千金早早夭折的凄凉，一直没有儿子的尴尬，没法传宗接代的失职，难免又心情复杂。当然在众人的轮番敬酒之下，这点不愉快也就抛到脑后了。严嵩当首辅都能当到八十二，自己好好保养身体，再干个十年二十年也不成问题！

这么一来，就意味着只要不出意外，张居正要长期充当他的副手了。

第八章
壬申政变成赢家

一、隆庆宾天，大明政坛注定生变

一朝天子一朝臣，在大明王朝，一个大臣能掌权多长时间，很多时候并不取决于自己有多优秀，而是要看皇帝有多支持。夏言够厉害吧，嘉靖帝看他不爽了，说杀就杀；徐阶也不差吧，隆庆帝说让他今天致仕，他就留不到明天。

但高拱有可能是个异类。他既是首辅，又是吏部尚书，皇帝是他的学生，又无条件地信任他。六部尚书要看他的脸色行事，十三道监察御史对他唯命是从。毫不夸张地说，他已经成为有明二百年来权势最大的首辅，唐宋宰相都得甘拜下风。

如果不出意外的话，高拱还能在首辅位置待很长时间，致仕是遥远的事——有八十多了还活蹦乱跳的严嵩做榜样。

只要皇帝还是隆庆帝，首辅就还得是高拱。

当大明王朝迎来隆庆六年元旦时，隆庆帝身体和精神都还不错，整天不是忙着出游，就是忙着约会，全无寿夭之兆。

但天算不如人算，谁能想到隆庆帝这皇位只坐了五年半，就在三十六岁的壮年一命呜呼了？

这年二月初二，隆庆帝在早朝时突然中风。从此之后，他就在乾清宫养病，连高拱和张居正都见不到他。

四月，高拱将好友、吏部尚书高仪补进内阁，成为所谓"隆庆九相"中的第九人。

五月二十五日，隆庆皇帝突然急召内阁三阁老高拱、张居正和高仪入乾清宫。三人都非常紧张，不知道是吉是凶，于是急忙赶到寝殿东偏室。

隆庆帝已经病入膏肓，无力回天了。陈皇后、李贵妃、太子朱翊钧和太监冯保侍立于榻前，不停地哭泣。三位大臣被气氛所感染，也一个个叩头哭泣不止。

据王世贞在《首辅传》中记载，隆庆帝艰难地拉起高拱的手，对陈皇后说："以天下累先生了。"随后颁下遗诏，嘱咐高拱等阁臣与冯保商量行事。

但根据《病榻遗言》记载，隆庆帝此时已经昏迷不醒、奄奄一息了，因此也没有来得及跟高拱说话。两份遗诏已经写好，分别颁给了太子和顾命大臣：

给太子的遗诏写道：

> 朕不豫，皇帝你做。一应礼仪自有该部题请而行。你要依三辅臣，并司礼监辅导，进学修德，用贤使能，无事忽荒，保守帝业。

给顾命大臣的遗诏如下：

> 朕嗣祖宗大统，今方六年。偶得此疾，遽不能起，有负先皇付托。东宫幼小，朕今付之卿等三臣同司礼监协心辅佐，遵守祖制，保固皇图。卿等功在社稷，万世不泯。

当时司礼监的掌印太监，还是高拱推荐的孟冲，并非宣讲圣旨的冯保。但孟冲本人并未在场。

太子朱翊钧还不满十岁。他和父亲隆庆帝一样，都是皇三子，但排在前面的两个哥都早夭了。

隆庆帝本来娶了昌平李氏为裕王妃，但嘉靖三十七年（1558）四月，李妃就病逝了，未能等到隆庆帝登基。当年八月，隆庆帝立通州陈氏为王妃，但后者一直未能生育。

嘉靖四十一年（1562）的某一天，裕王无意中撞上了府内一位姿色颇佳的宫女，将其收入房中。次年八月，这位宫女就生下了一位大胖小子。

据说这位宫女名叫李彩凤，是通州漷县（今北京市通州区漷县镇）人，父亲李伟只是个来自山西的泥瓦匠。有了儿子以后，裕王就对李氏更加宠爱了。

但鉴于之前两个儿子早夭，裕王根本不敢让嘉靖帝知道生子的事情。直到登基之后，他才封李氏为贵妃，为儿子取名翊钧。陈氏则被封为皇后。隆庆二年时，朱翊钧已经六岁，徐阶率内阁其他大学士一道，向隆庆上疏请立太子。

三月，隆庆帝为朱翊钧举办了隆重的册封仪式。母以子贵，李贵妃的身份就更加尊贵了。但她无意与陈皇后争宠，甚至坚持每天都带着太子去坤宁宫，向陈氏请安问好。两人可以说情同姐妹。陈皇后也特别喜欢朱翊钧，最爱听他晃着小脑袋背书。

隆庆帝的死，让大明政坛注定生变。这么小的孩子，能扛得起大明江山吗？

二、不依不饶，高拱对冯保发难

五月二十六日卯时，隆庆皇帝告别了人间，整个皇城沉浸在了强烈的悲痛之中。当年嘉靖帝死时，很多大臣的哭是装出来的，但隆庆帝死时，许多人发自内心感到难过。

这是一位推崇"垂拱而治"的君主，在位期间几乎就没有诛杀过大臣（当然在位时间太短），更似乎有宋朝皇帝与士大夫共治天下的自觉意识。

最难过的无疑就是高拱了。他与隆庆帝情同父子，没有这位皇帝，他根本不可能有今天的地位。六十一岁的老人，哭得撕心裂肺。张居正和高仪也相当悲痛，并劝慰首辅："玄翁节哀啊，新皇还要你大力辅佐。"

"万岁走得太早了啊，十岁的太子，怎么治天下呢？"高拱哭个不停。

"玄翁一定要保重身体，大明还要靠你呢。"高仪说，"皇上让咱们和孟冲一起辅政，不知道孟公公这几天安好？"

"钱塘（高仪是杭州府钱塘县人）兄不必担心，老夫身体还好。"

高拱对孟冲并不担心，老夫安排的人，还不得乖乖听我的！

但就在当天，一个令人震惊的事情发生了。

文书官来到内阁传下懿旨："孟冲不识字，事体料理不开，冯保掌司礼监印。"

沉浸在悲痛中的高拱,无疑是受到了又一重打击。毕竟他和冯保不对付啊。

冯保比张居正还大四岁,嘉靖时期就做到司礼监秉笔太监了。他不光有着扎实的文字功底,在书法、音乐和绘画上都有一定建树,妥妥的太监中的知识精英。

但不知道什么原因,高拱就是看不起冯保。隆庆帝在位期间,司礼监掌印太监出缺,冯保一心想要这个"内相"职位,但高拱却要干涉后宫用人,推荐了据说曾帮他起复的陈洪。等陈洪去职之后,冯保以为自己机会来了,但万万没想到,高拱居然推荐了一个文盲——尚膳监太监孟冲。冯保这个恨呐!

都说高拱处事公正,但干涉太监人选,实在是文臣的大忌,也就是隆庆帝不在乎他如此做派而已。

皇帝一死,高拱感觉自己的权威直线下降。怪不得遗诏强调司礼监与内阁三大臣一起辅政,原来就是为冯保预留的!

显然,隆庆帝遗诏未能体现出高拱的意思,他也没有参与撰写,如同六年前一样。

但让人费解的是,六年前高拱只是个内阁排名倒数第一的"末相",没有参与遗诏撰写都愤愤不平,并处处跟徐阶作对。六年之后,他已经是一言九鼎的首辅了,撰写遗诏不是他的本职工作吗,为什么又没有捞着呢?

隆庆六年是农历壬申年,这一年发生的事情,被一些历史学家称为"壬申政变"。

对张居正颇有微词,或者故意将他吹捧为"权谋高手"的学者,都坚定地认为这两份遗诏正是张居正起草的,体现的是他和冯保的意图,是他俩陷害高拱完整链条的一部分。署名高拱的《病榻遗言》当然也是这么认为的。

但问题是,整天在首辅高拱眼前晃的张居正,怎么能悄悄跟冯拱勾结起来干坏事,还能偷偷跑进宫里起草遗诏,然后还能跑得回来,并和高拱一道入宫接受顾命?张居正是厉害,可也不至于厉害到会分身术吧。

很多皇帝一登基,就开始为自己修建身后之所。隆庆帝才三十六,他大概觉得自己还能执政很多年，还能享受很多时光，因此根本没考虑陵墓的事。直到归天之时，隆庆帝的下葬之处还没有确定。

内阁三辅臣中，高拱是元辅，自然要在京师主持大局；高仪身体不好，需要休养；给皇帝挑选陵寝位置的任务，自然就落到了最年轻的张居正头上。

六月初六日，正值北京的盛夏，一年中最热的时候到了。张居正顶着炎炎烈日，坐着减震效果有限的二轮马车赶往昌平。随行的还有司礼监太监曹宪，以及礼部、工部和钦天监的官员。他们要根据风水、土质和周遭环境等，确定新皇陵的位置。

张居正承担起探陵任务，自然是责无旁贷。同时，在高拱即将与冯保发生冲突时，他也有了不深度参与的借口，避免自己成为炮灰。反正两边无论谁胜出了，都需要跟自己合作，不是吗？

张居正离开京城一百里，一天之内想打个来回根本不现实。如果有人说他还在频繁地与冯保商量各种收拾高拱的阴谋诡计，那显然太高估这个次辅了，他真的做不到啊。

六月初十日，经过三推三让之后，太子朱翊钧在皇极殿含泪登基，以第二年为万历元年（1573）。他戴上了特别赶制的十二旒冕旒冠，穿上了崭新的龙袍，端坐在大殿正中的龙椅之上。高拱率领群臣在阶下跪倒行礼，山呼万岁。张居正显然不太可能回到现场，从万寿山到紫禁城可不是说回就能回的。[1]

不过，当天仪式上就有不和谐因素出现，当满朝文武向新君磕头时，冯保这个太监居然衣冠楚楚地站在御座前不走。好嘛，成了所有人给他行大礼了。

鉴于仪式流程耽误不起，群臣当时不好发作。大典刚一结束，高拱就怒不可遏，要对冯保下手了。

"我受先皇遗命辅政，岂能让阉人如此跋扈？"他手下有的是言官，留着又不是当吉祥物的。这些年来，一个个大明王朝最响亮的名字，都被他高胡子送回家过年了：陈以勤、赵贞吉、李春芳、殷士儋……一个太监，真的就治不了了吗？

给事中程文、御史刘良弼马上吹响了弹劾冯保的号角。他们指责冯保不配当

---

[1] 林乾教授认为张居正是赶回来参加了继位大典，然后又返回昌平了。见林乾：《柄国宰相张居正（上）》，中信出版社，2023年10月第一版，第174页。

掌印太监。

礼科都给事中陆树德大胆假设,让冯保掌司礼监的圣旨是伪造的,然后又小心求证:"如果是大行皇帝的意思,为什么早早不定,非要在弥留之际说?如果是新皇的意思,当时正哀痛得紧,还没登基呢,哪有工夫操心中官?"

意思很明显了,冯保居然敢矫诏,那就让他去死吧。

这还不算完,高拱的得意门生雒遵也出手了,他义正词严地指出:

"冯保不过是侍从的奴才,胆敢立在天子宝座前,是谁给了他勇气?文武群工是拜天子还是拜太监?欺负陛下年幼,无礼至此!"

三道奏疏有备而来,直击要害。以自己多年的政治斗争经验,高拱认为冯保肯定得滚蛋了。

高拱这是老糊涂了吗,不知道所有的上疏都要通过司礼监?他当然知道。但司礼监也得把上疏交还给内阁票拟,这是一个完美的闭环嘛。

弹劾疏就放在高拱案头,他老人家亲自批示:"着冯保去看守孝陵。"在高胡子看来,对这个阉人这已经是格外开恩了。高拱还不辞辛苦,连夜写好了《陈五事疏》,试图在赶走冯保之后,让皇帝收回司礼监的掌印权,一劳永逸地铲除中官祸乱的土壤!

太监的盖章大权,乃是宣德朝(1426—1435)才开始有的,以前的几位皇帝并没有让太监代劳。在高拱看来,太监只是宫中的奴才,没有资格干预朝政。当年的朱元璋,不也是这态度吗?

高拱能心想事成吗?

三、风云突变,高拱就此告别官场

时间来到了隆庆六年六月十六日,新皇上任的第六天,日子似乎非常吉利。

刚过寅时(3:00—5:00),高拱就被人吵醒了,太监敲开了高府大门:"传万岁口谕,召众大臣至会极门听旨。"

高拱简单洗漱一下,就乘轿向会极门赶去。根据过往经验,这一定是要有大事发生了,很可能就是要驱逐冯保吧,他想。

大臣们纷纷赶到，看到高阁老之后当然要拱手行礼。大家伙儿也是议论纷纷，不明白为什么一大早就传召众臣。

之后，根据不同人的记述，就有了两个版本。

场景一

张居正从大峪岭回来之后就中暑了，一直在家养病。这时候拖着疲惫的身子赶了过来。见到高拱，他艰难地问好。高拱却大义凛然地说："肯定是弹劾冯保的事情。我要和皇上据理力争，如果我因此被罢免，你就接我的班。"把自己整得跟准备刺秦王的荆轲一样悲壮。

张居正只能安慰道："元辅你不要想太多，皇上肯定信任你。"

不一会，只听"吱扭扭"一声响，宫门徐徐打开。众人正准备下拜，却见出来的却是个太监，不免大为失望。

这位公公名叫王蓁，他手捧圣旨在殿前这么一杵，众位高官只能纷纷跪下，等着王蓁宣读圣旨。结果他一张口，所有人都惊呆了。高拱更是直拍耳朵，怀疑自己听力丧失了。

"张老先生接旨！"

高拱接旨的动作都做出来了，却不得不收回去。真的好尴尬：明明我是首辅，明明我就站你眼皮底下，你却让个次辅接旨？

张居正当然也大惑不解，但还是说："臣在！"随后，王蓁就用他那尖细的嗓音念开了。

听着听着，高拱的眉头越皱越紧，表情越来越痛苦，身体越来越僵硬，根据王世贞记载，高拱则"面色如死灰，汗陡下如雨"，就差当场昏死过去了。

根据《明神宗实录》卷二，圣旨是这么说的：

> 皇后懿旨，皇贵妃令旨，皇帝圣旨，传与内阁府部等衙门官员。我大行皇帝宾天先一日，召内阁三臣至御榻前，同我母子三人亲授遗嘱说，东宫年少，要他每辅佐。今有大学士高拱专权擅政，把朝廷威福都强夺自专，不许皇帝主管。不知他要何为？我母子三人惊惧不宁。高拱便着回籍闲住，不许停留。你们大臣受国家厚恩，当思竭忠报主，如何只阿附权臣，蔑视主上？姑且不究。今后俱要洗心涤虑，用心办事。

每一个字，都变成了扎向高拱心口的尖刀，令他流血不止。他近三十年的官场生涯，十三个月的首辅经历，就以这样惨痛的方式收场了。高拱根本不愿意相信这是事实，跪在原地，几乎瘫痪。

别人都起来了，高拱还在那里跪着，表情悲愤而茫然，他实在是起不来了。此时，一个身材修长的男人走了过来，伸出一双有力的大手，一把将他扶了起来。"玄翁，不要难过！"

高拱感激地转过头，看清楚后却勃然大怒："你这个荆人，放开我！"

这双手，一年之前帮高拱挡住了殷士儋的老拳，让他不至于下半辈子坐轮椅，也让高拱确认了他是自己的兄弟。但仅仅一年之后，这双手就让高拱非常恶心，此人当然就是一直号称自己有病此时却充满力量的张居正。看来，眼前的这一切，都离不开此人的出谋划策。

场景二

当天张居正并没有到场。王蓁用他尖细的声音宣读了同样一份圣旨，催生出了一个同样被打击到吐血的高拱。

扶起高拱的不是张居正，而是小太监。

高拱完全失去了首辅的尊严，只是个六十一岁的糟老头子。这一年是他的本命年，都说流年不利，可这打击也太残忍了吧！先是最信任自己的皇帝死了，接着自己最看不上的太监掌管了司礼监，然后，（曾经）自己最信任的好兄弟又勾结太监，把自己赶下台了！

既然圣旨要求"回籍闲住，不许停留"，高拱只能马上回家收拾东西。太阳出来了，六月正值酷暑，高拱的心中却在下雪。可能他也知道，这次下台和五年前有着天壤之别。五年前朝中有最信任自己的先皇，五年后，紫禁城里只有压根不尊重自己的李贵妃母子，以及与自己不对付的冯保。

高拱想收拾冯保，在朝官员无不一清二楚，这个数度沉浮的太监岂能坐以待毙？

在乾清宫明亮的灯光下，李贵妃与小皇帝对面而坐，冯保跪在阶下，哭得像个泪人一样，悲愤地诉说自己的委屈，高拱如何专横，朝臣如何冷漠。好像全世界都欠他一个道歉似的。

"娘娘啊，老奴以后没法伺候您了！"

"这个高阁老，为什么就不能给哀家一个面子呢？"李贵妃愁眉不展。

"高老头敢这样欺负大伴，我罢了他的官！"小皇上用稚嫩的声音喊道。

"休得胡言，高阁老是你父皇最尊重的先生，是顾命大臣之首。没有他，朝中事务就瘫痪了！"

"母后，瘫痪是什么意思呢？"小皇上好奇地问。

"万岁爷，瘫痪，意思就是国家乱成一团了。"冯保差点没笑出声来，"娘娘不必担心，有人比这高胡子更适合当首辅！"

"谁？"

"就是次辅张居正啊。他能力出色，又为人谦和，比高胡子强太多了！"

"皇上新丧，我们就罢免他的老师？"李太后依然拿不定主意。

"娘娘啊，张居正同样是先皇的老师。而且，高拱不但想架空司礼监，还，还……"他突然说不下去了。

"到底是怎么回事，你快说！"李太后急了。

"高胡子他们开封府不是有个周王朱在铤吗？高拱认为十岁孩子无法坐天下，就铤而走险，想把周王扶上台，他自己好当权臣。娘娘，后患无穷啊！"

"啊！"李贵妃没法不紧张了。朱翊钧可是她最大的期望。要是换了皇帝，她们母子还能不能活着出紫禁城？

"不行，我这就去坤宁宫，请皇后裁决！"

所谓皇后裁决，还不就是个走形式。陈皇后与世无争，宫中事情基本上都由李贵妃决定，只是罢免首辅这种大事，必须得征求她的意见。

于是，高拱的悲剧结局，就这么注定了。

顾命大臣是个至高荣誉，但并不等于有了免死金牌，不能碰触。前有刘瑾收拾刘健和谢迁两阁老，后有慈禧太后清理肃顺等八大臣（当然这个高拱可不知道）。

有明一朝，太监的表演远比大清的同行精彩。但汉唐那样太监操纵朝政、废立君主的现象，是绝对不会出现的。随着皇权制度的完善，太监势力只能充当皇帝的爪牙与外廷文臣博弈，绝对不可能对皇权有实质性的威胁。

刘瑾的"立皇帝"当得威风吧，可正德帝想让他下午死，他就绝对活不到天黑。

魏忠贤的九千岁干得漂亮吧，可崇祯帝想收拾他时，他顺从得如同小猫咪。

但只要皇帝授权，太监们就能骑在文官头上肆意妄为。

高拱熟读经史，就应该知道司礼监掌印太监往往正是皇帝和太后最信任的人。你跟掌印太监过不去，往往就是在打皇上和太后的脸。

连"四朝元老"杨士奇、杨荣和杨溥，都知道给英宗任命的掌印太监王振一点面子，谢迁和刘健试图打掉刘瑾，结果被打掉的是自个儿。

连这点政治智慧都没有，高拱被赶回老家又能怪谁？

四、最大赢家张居正是否参与了政变

高拱在新皇登基第六天即被罢免，因《首辅传》《病榻遗言》等书的歪曲与夸大，张居正被说成是与冯保里外勾结，陷害高拱的"阴谋家"。但如果进行审慎复盘，就知道张次辅当时并没有好事者形容的那么大的能量，导致高拱下台的，只能是掌握实权的两宫皇太后，特别是李太后。

后世史家喜欢渲染高拱与张居正之间的矛盾。甚至认为在隆庆朝他俩已经接近水火不相容了，这显然并不是事实。

在隆庆六年，确实出现过刘奋庸和曹大埜弹劾高拱的事件。但并没有证据显示，这两人是受了张居正的指使。何况，刘奋庸还是高拱的河南老乡。

而自高拱二进宫之后，隆庆帝对高拱的信任，显然超过了嘉靖帝对严嵩。因此，这两次弹劾没有一丁点成功的可能。

在当时，言官的表现欲普遍强烈，我们不能"事后诸葛亮"，愣要为高、张决裂找线索。很显然，在高拱一手遮天之时，以张居正的智商，绝对不会贸然挑起事端，让自己吃不了兜着走。即便他要学徐阶干掉严嵩，也得隐忍再隐忍，寻找合适的机会。

高拱对大明的忠心没有问题，但他公然挑战大明惯例，试图打破内阁与司礼监的平衡，忽视两宫太后的感受，被赶下台纯属咎由自取。之后，他一直迁怒于张居正，只因后者是他去职的最大受益者。

而王世贞之所以将张居正形容成一个没有底线的"权谋高手",是因为张居正没有重用甚至故意雪藏他这个大才子,让他脆弱的心灵受到了一万点的伤害。

历史总有惊人的相似,却不会简单地重复。

正德帝的父亲弘治帝,死时三十六。

万历帝的父亲隆庆帝,死时同样三十六。

老皇帝临终前,都指定了三位大学士为顾命大臣。

弘治朝首辅刘健是河南洛阳人,谢迁是浙江余姚人,而与刘瑾达成妥协并成功保住乌纱帽的李东阳,则是湖广茶陵人。

而隆庆朝首辅高拱是河南新郑人,高仪是浙江钱塘人,据说与太监冯保勾结并成功赶走高拱的张居正,则是湖广江陵人。

弘治帝与隆庆帝生前都立了太子,死时太子都未成年,无法亲政,并且有一位关系很好的太监玩伴。所以后来正德帝有刘瑾,万历帝有冯保。

刘瑾是正德帝的陪读,冯保是万历帝的大伴,这关系自然都是非同一般。再加上李太后也欣赏冯保,自然要重用他,让他担负起司礼监掌印太监的要职。

新皇帝刚刚上位,作为一个成熟的政治家,张居正就算有取高拱而代之的野心,也不会急吼吼地搞事情,这会让两宫太后觉得不可靠。张居正更不会在高拱还大权在握之时,就秘密与冯保结成同盟——这个太监把他卖了怎么办?

但是,得知高拱被罢免的消息,张居正会幸灾乐祸吗?不会。那他是心里偷偷乐?还真不见得。

据高拱《病榻遗言》,张居正第一时间联合高仪一起上疏,请留高拱,言辞还十分恳切:"臣等看得高拱历事三朝,三十余年,小心端慎,未尝有过。虽其议论侃直,外貌威严,而中实过于谨畏,临事兢慎,如恐弗胜。……伏望皇上思践祚之初,举措当慎。念国家之重,老成可惜,特命高拱仍旧供职,俾其益纾忠荩,光赞新政。"

最后,张居正和高仪甚至强调,如果觉得高拱应罢职,那就请将他俩也一并免了。结果,万历帝的批复是"卿等不可党护负国",让他们不要瞎胡闹了。

高仪肯定是真心的,张居正这是在演戏吗?未必!如果演得不好,他可就弄巧成拙了，反而让太后和冯保更加讨厌，真的要将他也一并革职了。

因此，张居正唯有真心请留高拱，方能令太后放心，才觉得他是接替高拱最可靠的人选。这正是"大智若愚，大巧不工"的完美体现。

高拱认为张居正是在表演，是"又做师婆又做鬼"，更多是出于失利者的情绪宣泄，并不是事实。而"张居正联合冯保驱逐高拱"的段子，也是根本经不起推敲的。

没有办法，人们一向热爱八卦，更热衷权谋。如果张居正不是靠玩阴的干掉高拱，很多人就会觉得他没本事。电视剧这么拍，观众会换台；评书这么讲，听众会起哄；小说这么写，读者也觉得不过瘾。

但是，能让李太后把首辅之位交给自己，而不是和高拱一样被免职，这不就是张居正政治智慧的体现吗？

同俺答封贡一样，张居正把握住不是机会的机会，得到自己最理想的结果，进而改变历史的进程，这难道还不值得后人膜拜和景仰吗？

高拱向冯保发难，事实上就是在挑战李太后的权威，是以卵击石。作为次辅，世人眼中高拱的跟班，张居正既不能公开反对，又不能积极参与；既要保护自己的安全，又要表现出臣子的忠心；既不能让高拱早早视己为叛徒，又不能得罪两宫太后和冯保；既不能为高拱陪葬，还得设法给自己加分。这个火候想要拿捏好，非常不容易。幸运的是，张居正成功了。

从政二十五年积累的政治智慧，帮助他做出了最为理性的选择，当上首辅自然也是顺理成章的事情。

五、平台召见，一个新时代的开端

高拱黯然去职。按理说，他六月十六日当天就得离开京城，不得停留。可根据署名为他老人家的《病榻遗言》，他当天并没有离开京城，第二天还跑去辞朝了——有这个必要吗？

张居正也及时出现了，还"阴阳怪气"地说："玄翁啊，我为你申请了驿递。"

但高拱大义凛然地回敬："我又不是不能走，要驿递做什么？"接着还嘲讽道："叔大你这么做，就不担心被说成'党护负国'吗？"张居正无奈地苦笑道：

"你这脾气还真让人没办法。"

最后，高拱坚持乘骡车回家，坚决不接受荆人的施舍。这事情是不是真的，大家自行判断吧。反正接下来，张居正就要坐到高拱的位置上去了。

当然，以这样的方式、这么快的速度取代高拱，是张居正之前没有预想过的，他多少也会有一些愧疚和不安。

六月十九日，对高仪来说非常不幸。

高拱下台加重了他的病情，令他呕血三天而死。小皇上下旨，赠太子太保，谥文端。

这一天，对张居正来说意义重大。

这是他第一次以首辅的身份，与万历帝在建极殿后面的云台会面。而李太后，想必会隔着帘子在后面倾听。

张居正中暑后还没好利索，神态疲倦。小皇上一见就关切地说："先生，您为了我父皇的陵寝，辛苦受暑热，但国家大事只需在内阁调理，您不必告假。"

张居正没有办法，只能遵旨。

"父皇在世时说过，先生是忠臣，高拱是奸臣。（隆庆帝：胡说八道！）以后凡事要先生尽心辅佐了，这也是母后的意思。"

见小皇上如此信任，张居正自然非常感激。他伏地叩头道："老臣受先帝厚恩，亲承顾命，不敢不竭诚效忠。现在的国家要务，核心就是遵守祖宗旧制，不必纷纷更改（该改还得改嘛），至于讲学亲贤，爱民节用，这些君道是首先要做到的，伏望皇上您留意。"

万历帝向后望了望，得到肯定之后欣然说道："先生说得对。"

"现在正值酷暑，伏望皇上在宫中，慎起居，节饮食，以保养龙体，造福万民。"张居正意犹未尽，还主动关心起小皇帝的身体来了。

小皇上给说愣了，不知怎么接话，请教了太后之后，才一本正经地说："知道了，赐先生酒饭吃。"随后就颁赐银五十两（别嫌少），纻丝四表里，内蟒龙、斗牛各一匹。

回到家中，张居正相当激动。他挥笔写下了《谢召见疏》，表达自己的一片赤胆忠心:"伏荷皇上天语谆谆,恩若父子,自非木石,能不奋励。"

张居正将十岁的熊孩子比作自己的爹,表示要像儿子一样孝顺。当然,今天的我们读起来实在觉得肉麻,但在当年可太正常了。再伟大的政治家,也摆脱不了历史的局限性。

他深情地表态道:

> 臣之区区,但当矢坚素履,罄竭猷为,为祖宗谨守成宪,不敢以臆见纷更;为国家爱养人才,不敢以私意用舍,此臣忠皇上之职分也。

后世学者喜欢将张居正与王安石相提并论,有意思的是,王安石被人说成是"天变不足畏,祖宗不足法,人言不足恤"的愣头青,张居正张口闭口却在谈遵守祖制,当然也是不想招来太多的批评。显然,一味遵守祖制,什么事都不用做了,得过且过最好,但那可能吗?

最后,张居正却大胆建议:

> 仍望皇上思祖宗缔造之艰,念皇考顾遗之重,继教今益讲学勤政,亲贤远奸,使宫府一体,上下一心,以成雍熙悠久之治。臣愚幸甚!天下幸甚!

万历帝应该没有读过诸葛亮的《出师表》,但"亲贤远奸"的出处,正是"亲贤臣,远小人,此先汉所以兴隆也;亲小人,远贤臣,此后汉所以倾颓也"。而"宫府一体,上下一心",不就是化自"宫中府中,俱为一体;陟罚臧否,不宜异同"吗?

换成在嘉靖朝,哪个首辅敢偷偷结交内臣,分分钟能拖到西市正法;而刚当上首辅的张居正,居然堂而皇之地要"宫府一体",俨然违背了祖制。但又有什么关系呢? 时代不同了嘛。

张居正并没有直接参与倒高行动,却和冯保达成了默契。有些事只能做不能说,以他的政治智慧,"宫府一体"这样的话是不会公然写在奏疏之上的,此处可能被后人篡改过。但不难看出,张居正是以诸葛亮为偶像,要为大明江山"鞠躬尽瘁,死而后已",从而也让自己的名字,成为一代贤相的代名词。

一个新的时代开始了,他自然也要扛起更大的责任,做出更多的贡献与牺牲。

下部

江陵柄政

第九章
锐意革新无惧挑战

一、唯才是举，不拘一格擢人才

隆庆六年（1572）六月，高拱黯然谢幕，张居正取而代之，明朝的历史翻开了新的一页。此时的张居正四十八岁，次年就将迎来第四个本命年了。

还记得他三十二岁游衡山时，在福严寺求到的签文吗？"一番风雨一惊心，花落花开第四轮。行藏用舍皆天定，终作神州第二人。"现在，他真的马上要走完人生第四轮，也成功当上了神州第二人。

这个签文也许是后人附会的，是为了给张居正的人生增加神秘色彩。他能走到今天，当然有运气成分（比如隆庆帝及时死掉，高拱与冯保冲突严重），但更为重要的无疑是他二十多年来坚持不懈的努力与执着，是得到了顾璘、徐阶等贵人的照顾和扶持，又有实权人物李太后的分外垂青。

所谓站在风口上，猪都能飞得起来。嘉靖帝不就白捡了一个地球上最大的帝国吗？必须承认，运气从来都是决定成败的关键因素，甚至是最重要的一环。

如果正德帝不在三十一岁时突然死去，并且没有后代，嘉靖帝只能当一辈子兴王。

如果隆庆帝不在三十六岁时突然死去，并且太子只有十岁，张居正也不可能掌握实权。

不过，我们真的不能总抱怨没有"泼天的富贵"，如果有一天它真的掉在你头上时，你能接得住、接得稳、接得精彩吗？

尽管张居正向万历帝表示要"遵守祖宗旧制，不必纷纷更改"，但这不过是为了掩人耳目，不想引发太多的抵触情绪。事实上，张居正就任首辅时期，在政治、经济、军事和文化诸多领域，都采取了相当务实却不失大胆的改革措施，除旧布新的意图相当明显。

而无论是在位的万历帝还是事实上摄政的李太后，都对张居正的施政方略给予了全面支持，几乎到了言听计从的程度。万历初年张居正出任首辅的时期，也被称为"江陵柄政"。盘点明朝三百年的历史，一个大臣能在如此长的时间内掌握实权，张居正确实是空前绝后的独一份儿。

高拱当国，把徐阶的"亲信"几乎换了个遍。俗话说一朝天子一臣，换上自己熟悉和信任的下属，当然也无可厚非。但能够抛弃门户之见，不拘一格用人才，显然更值得称道。

张居正执政之后的第一件事情，便是在隆庆六年七月实行京查。五品以下的由吏部、都查院会同考察，四品以上的责令自陈。

这么一来，他就可以将自己不满意同时确实也不合格的官员予以斥退。后人可以说这是"排除异己"，但小到一个球队的主教练，大到一个国家的掌舵人，谁愿意重用跟自己不同频的人呢？

张居正绝对不会刻意排挤高拱旧部，但却非常厌恶某些人，尤其是那些充当打手，将陈以勤、李春芳、赵贞吉和殷士儋排队送回老家的言官团队。在给好友汪道昆的信中，新首辅愤愤然写道："二三子以言乱政，实朝廷纪纲所系，所谓'芝兰当路，不得不锄'者。知我罪我，其在斯乎？"

因此，对这些言官的清理，是张居正不得不做的事情。接下来，他必须得构建自己的核心团队了。

吏部尚书是六部之首，是为"天官"。高拱下台了，他原来兼管的吏部尚书，现在也空缺出来了。

早在隆庆四年十二月，张居正因隆庆和议中的突出贡献，就当上了吏部尚书，此后一直到生命终点，他都挂着这个头衔。但事实上，这不过是一份荣誉职务，张居正本人并不直接参与吏部的事情，大学士兼部事也违反了大明传统。只有高拱这样既有"祖宗不足法"的气概，又有皇帝绝对支持的重臣，才能做得出来，做得下去。

如今，高拱已经卷铺盖回乡，吏部该交给谁打理呢？张居正不想学高拱的小气，他将自己的理想人告知身边的参谋后，这些人马上大摇其头，甚至惊恐不已："元辅，万万使不得！""这么做后患无穷！""引狼入室啊，他是高拱死党！"

原来，张居正想请兵部尚书杨博再任天官。当初，正是杨博的致仕归乡，才给了高拱以大学士兼掌吏部的机会。隆庆五年，杨博回京改任兵部尚书。现在他回归吏部，可以说是"无缝衔接"。

但是，杨博和高拱的关系实在非同一般，可以说是"一起下过乡，一起扛过枪，一起撒过谎，一起分过赃"的交情。当初驱逐赵贞吉时，他俩就配合默契，一唱一和。现在高拱去职了，不等于永远不会卷土重来。那么，一旦他要搞什么动作，当上天官的杨博不就能里应外合，成为张居正身边最为危险的间谍了吗？

高拱去职，对杨博的打击可想而知，说不难过是不可能的，他也做好了致仕的准备。没想到，张居正居然主动拜访了。

首辅登门，杨博也不能不见吧。张居正非常坦诚："现在朝中就属博老的资望最深。天官之位只有您能胜任。学生愿与博老勠力同心，辅佐幼主，完成高阁老未竟之业！"说得好像他是高拱指定的接班人似的。

杨博这一年六十四，已经在官场摸爬滚打了四十来年，各种大风大浪都经历过了。他是和高拱走得近，但是也相当看好张居正。杨博知道，新首辅此举并不是作秀，而是真心实意希望能做些实事，真的需要他来保驾护航。

和很多人一样，杨博很可能也怀疑高拱下台是张居正做了手脚，但那有什么关系呢？给谁打工不是打工？明朝官员又没有退休金，能多做几年，多攒点钱不好吗？

就这样，杨博就以少师、太子太师的身份出任吏部尚书，大司马一职空了出来，张居正随即安排战功卓著的谭纶接任。

高拱被罢，高仪去世，偌大的内阁可就剩下张居正一个人了，必须得补充新鲜血液。出乎多数人意料的是，张居正没有选择自己的同乡或同年，也没有选择年富力强的少壮派官员，却推荐了比自己大九岁且没什么私交的礼部尚书、广西桂林人吕调阳。六月，吕调阳被任命为文渊阁大学士，参预机务。

吕调阳被坊间誉为"性行端谨，学问纯明"，是个李春芳式的老好人。不难看出，张居正深感隆庆时期内阁斗争太过激烈，怎么可能再用高拱式的刺头？吕调阳这样的"中材"，反而能很好地领会和执行自己的意思。

吕调阳入阁之后，七月，张居正以陆树声为礼部尚书。当月，户部尚书张守直致仕，王国光接任。刑部尚书也由刘自强换成了王之诰。

就这样，一个多月以来，六部中有五部更换了尚书，这个换血力度还是挺大的。仅有工部尚书朱衡和左都御史葛守礼留任。这么一来，张居正构想中的新政，很大程度上在执行中就能得到保证了。但这位新首辅，绝不是"任人唯亲"，而是量才使用。

应天巡抚张佳胤（字肯甫）才华横溢，曾与余曰德（字德甫）、张九一（字助甫）和魏裳（字顺甫）并称"四甫"，加上张居正的同年汪道昆，就构成了文坛"后五子"。但与其他四位不同，张佳胤称得上有实干精神的能臣，不然也不会得到高拱的青睐。

张佳胤对高拱也是非常敬重，高拱下台之后，张佳胤认为自己的仕途已经进入倒计时，准备返回重庆老家治学修书。

但万万没想到的是，堂堂的大明首辅张居正日理万机，居然还有工夫给应天巡抚写信，而且一写就是两封。在信中，张居正先是对张佳胤的能力进行了高度肯定，又澄清了自己与高拱之间的不和传闻，更是希望张佳胤能够留下来："天下之贤，与天下用之，何必出于己？……愿勉奉简书，以徇国事。"

首辅的真诚终于打动了张佳胤，令他打消了辞职的念头，决定继续扎根苏州，为大明奉献光和热。而张居正此举，无疑是为自己做了一次漂亮的施政宣传：本首辅唯才是举，不管你之前是不是依附高拱，我只看你现在的表现。

张居正有着自己清晰的用人标准，别人可以建议，但不能左右首辅的判断。他掌权之后，有很多人立马跑来劝说：海瑞品行与能力都是一流，应该让他出来工作才对啊。

即便德高望重的杨博亲自推荐，张居正依然没有答应。海瑞确实不是只会夸夸其谈的清流，在应天巡抚任上还是做出过政绩的。但他的道德洁癖和清官思维太可怕了，太容易得罪同僚，导致政务推动不下去。而且，张居正的新政，是打着恢复祖制的旗号搞改革，一旦海瑞抱着朱元璋的《大诰》跳出来反对，那很容易被好事者利用，造成难以估量的破坏作用。

另一位清官丘橓，也和海瑞一样以道德模范自居，好给别人挑错，但工作能力还不如海青天，张居正当然更不会用他。但首辅大人想象不到，此君能将"君子报仇，十年不晚"的定律，诠释得入木三分，令人发指。

话说回来，住在皇宫的万历小皇帝，也有遇到麻烦的时候。

二、王大臣案，尽力弥合平事端

万历元年正月，北京城中已经是万木萧瑟。不时刮起的寒风有如锐利的刀锋，划过行色匆匆的市民脸庞。

隆庆帝宾天不久，北京城内不能搞庆祝新年活动，自然也没什么喜庆气氛。元旦当天传统的大朝仪也取消了，文武百官正好可以舒舒服服地睡个懒觉。

有明一朝，京官假期是从正月十一一直放到二十。正月十九日，在家与妻儿享受天伦之乐的首辅张居正，突然收到一则消息。他不由得大吃一惊。

这件事牵扯到戚继光的名誉，搞得不好，很多人都得丢官甚至坐牢。

原来，就在当天早上，万历小皇帝遇到了一件怪事。

可能是看书看累了，他打着哈欠走出了乾清宫，想到外面活动一下。

当天的天气很好，太阳晒在身上很舒服。小皇帝想多玩一会儿，就越走越远。冯保和几个太监紧紧跟在他后面，几个人出了乾清门。万历帝伸个懒腰，贪婪地呼吸着早晨的新鲜空气。不过就在前面不远处，站着一个陌生的太监，缩手缩脚的似乎不熟悉宫廷礼仪。

"你叫什么名字？"万历帝快走两步，大声问道。

那人没有回答，反而跟偷了东西似的，加速猛跑。冯保一看形势不对，用尖细的嗓音喊道："来人，快快拿下！"

几个带刀侍卫跑了过来，将此人当场抓获，捆了个结结实实，还从他身上搜出了一把短刀。大胆奴才，这是要行刺万岁爷吗？

这个疑犯很快就被带到了东厂，由冯保亲自审讯。工夫不大，这伙计就很识趣地招供了——不然真的会被活活打死的。

"你叫什么，进宫做什么，赶紧从实招来！"

"小，小人王大臣，本是蓟镇总兵戚继光大帅帐下的士兵。戚爷不想要我，我就流落到了京城，不小心误闯禁地，公公饶命啊。"

"王大臣？就你这样？"冯宝快笑岔气了，"就你长得这么砢碜，当个小宦官都不配，还想当大臣？来人，通知张阁老！"

收到消息的张居正难免紧张，担心牵连到戚继光，否则北疆的守卫都成了问题。不行，一定要保住戚大帅！

张居正立即进宫去找冯保："王大臣一案责任重大，切不可草草结案。"

"元辅这是不相信我？"冯保可不希望张居正怀疑自己的专业水准。

"京师安危，几乎系在戚帅一人身上，他怎么可能派人来行刺？这事并不简单。有可能是朝中痛恨戚大帅的奸人，用的借刀杀人之计。请冯公公一定要好好审理。"

"元辅说得在理，我心里有数。"冯保满口应承。

张居正这觉没法睡得踏实。第二天一早，他就让管家游七去冯保处打探消息。临近午饭之前，游七赶了回来。他一见张居正，就笑得合不拢嘴："老爷，大喜啊！"

张居正看着游七没个正形儿，马上就发火了："大胆奴才，行事岂能没有礼数？"

"扑通！"游七立马跪了下来："老爷恕罪，小人是太开心了啊，一时乱了规矩。"

太开心？难道这小子又收了冯保一大笔银子？张居正不耐烦地说："到底怎么回事？"

"王大臣招了，原来，高胡子被赶回家了不服气，他收买了王大臣，打算行刺皇上。多亏冯公公明察，高胡子跟他的爪牙，这次得被一网打尽了！哈哈……啊！"

刚准备开怀大笑的游七，却发现脸上生疼，主人的靴子居然和自己的小脸蛋儿来了个亲密接触。"啊，啊啊……"他疼得不禁大声喊叫起来。

172

"混账东西，高阁老是我特别敬重的股肱之臣。下次要这样无礼，我一定打断你的狗腿！"说着，张居正喘着粗气还准备踢下去，游七见状赶紧求饶："小人知错了！"

话分两头，冯保这边立马派人拘捕了自己昔日的顶头上司，高拱同乡陈洪；随后派东厂校尉经驿道赶往新郑，问候埋头创作的高拱，并请李宝、高来等高拱的家仆来京免费居住——在大牢里。

闲居在家的高拱，当然不甘心自己的失败，他还想着东山再起呢——又不是没有起复过。但当几十号全副武装的公差敲开自家大门，抓走自家亲信之后，高拱被吓得不轻，连自杀的心都有了。经此一劫，他的身体状况从此大不如前。

高拱有可能谋害小皇帝吗？当然不可能。张居正知道，高拱虽说目空一切，但极爱惜名誉，他谋害万历帝会有什么好处，不得在史书上遗臭万年？就算要报仇，也该找张居正和冯保才对嘛。

都说是冯保屈打成招，逼着王大臣承认是高拱指使，要他来京刺杀小皇上。这未免也太小看这位大太监了。如果冯保想收拾高拱，他早就可以下手，直接从东厂派几个杀手去新郑不就完事了吗？为什么非要利用这次入宫行刺的机会来借题发挥？

可见，事实真相肯定没有这么简单。这个王大臣可能真的和高拱的亲信有联系，是这些人授意他进宫搞破坏的。

张居正知道冯保恨高拱，正好可以利用这个契机做个彻底了断。但是，如果高拱真被定了罪杀了头，那朝中不知道有多少人都会把这笔账记在他张居正头上。

不行，为了保持朝局稳定，必须阻止冯保的下一步行动。但是，这位大太监又是自己不能得罪之人。如果为了高拱而让内外廷的合作告吹，那他这个首辅也将会当得特别艰难。

一定要想个万全之策，既保下高拱的命，也保住冯保的面子。

正当张居正坐在家里纠结之时，门房来报，吏部尚书杨博和都察院左都御史葛守礼求见。

杨博都亲自上门了，作为后辈的张居正岂有不见之理。

"虞老有何见教？"张居正明知故问。

"元辅，想必你也知道王大臣案的审理了。老朽愿以全家性命担保，证明玄翁的清白。"杨博真是个实诚人。

"这……"张居正一时竟不知如何应对。

"那我也用全家百口性命，担保玄翁的无辜。"葛守礼也平静而坚定地说。

这不就是传说中的逼宫吗？张居正不高兴了。他不愿意被人如此拿捏，更痛心的是，连杨博这等聪明的人都会对自己产生怀疑。

"别人可以误会我，二位也不是不了解我张某，真以为王大臣案是我挟私报复高拱？"张居正很不开心。

"我们从不怀疑元辅。但现在这当口，也只有你能救玄翁了！"

"二位放心，张某一定会还高阁老一个公道！"张居正以不容置疑的语气宣布。

有一个非常流行的段子，说是张居正为了警告杨博和葛守礼不要多管闲事，就拿出了一份东厂揭贴，上面写着"历历有据"四字。

杨葛二人一看，开心得哈哈大笑。张居正被笑得发毛，这才想起东厂揭贴必须面呈皇上，拿到内阁就是欺君犯上。为了堵住二人的嘴，张居正只好答应放过高拱。

这个经典段子的最早出处，居然出自托名高拱的大作《病榻遗言》。后人看到这里，不由得感慨高阁老真是千里眼。人在新郑，竟能把北京发生的芝麻绿豆大的事情都看得清清楚楚，还能记录下来。但《国榷》《明史纪事本末》等对这种说法照单全收，就显得太过草率了。

高拱早已经灰溜溜地被赶回老家，没想到朝中还有如此维护他的高官。那么，中下级官员之中，同情他的显然也不在少数。张居正明白，如果高拱就这么死了，后世史家就会将自己视为第二个严嵩，将高拱比作又一个夏言。那不是亏大了？

张居正提起笔来，向千里之外的高拱写信，说自己相信他的无辜，会尽力保护他的安全。不管高拱信还是不信，他都要写，这就是他的个性。

随后，张居正立即上疏，请求搞一个"三堂会审"，由锦衣卫左都督朱希孝、左都御史葛守礼和东厂提督冯保一起审理王大臣案。葛守礼自不用说，他是保高派急先锋，冯保则是高拱的仇人，而成国公朱希忠之弟朱希孝为人正直，不徇私情。张居正相信，他会在冯葛二人之间维持平衡。

三堂会审当天，原本好端端的天却一下子变得狂风呼号，乌云密布，豆大的雨点噼里啪啦砸在路上，也砸在行色匆匆的京官心上。人们都不由得为高前首辅捏一把汗，感慨内阁每一次人事变动都要以流血结束。

王大臣原本心情大好，还在憧憬自己出狱之后的美好生活呢。但两个衙役突然把他拉到院子中，不由分说抡起棒子就打，直打得皮开肉绽。

这不过是刑部的保留节目"杀威棒"，但这一次，却起到了完全相反的效果。

冯保坐在公堂中央，两边是朱希孝和葛守礼。冯保一拍惊堂木，大声说："王大臣，你先前说受戚大帅指使，后来又说是高拱安排，到底怎么回事，从实招来！"

万万没想到，王大臣的回答，让冯公公恨不能找个地缝钻进去，太尴尬了。

"不是冯公公您这么教我的吗，您今儿个怎么忘了？"

"胡说八道！昨天你还说是受高拱指令来刺杀皇上，今天怎么敢翻供？"

王大臣接下来的回答，却如钢针一般扎心："那不过是你教我讲的，我不那么说，不得被你打死啊？"

冯拱大怒，恨不能亲自卷起袖子抽王大臣。朱希孝一见，果断喝道："一派胡言，来人，给我狠狠地打。"

几个衙役上前，照着王大臣的小脸蛋儿左右开弓，很快，他的嘴就肿起来了。还没来得及满地找牙，衙役们就将他拖了出去。

朱希孝为冯保解了围，这位大太监自然非常感激。三人很快便达成了共识。

第二天，三位大佬又坐在东厂大堂，王大臣被拖了上来。这一次，他垂头丧气，昨天的嚣张劲彻底没了。

"王大臣，你从实招来！"葛守礼微笑着说。可跪在下面的王大臣，嘴里只是哎呀哎呀地哼哼。

三人相互交换了一下眼神，就让衙役上前查看，原来，王大臣的舌头没了（一说被灌了生漆酒）。

东厂大狱里，居然有人割了要犯的舌头，这安保措施也太差劲了吧。

"这厮居然咬掉了自己的舌头，那真相更难查明了。"朱希孝不无忧心地说。

"私闯大内就是死罪，此案不如到此为止，交给刑部处理吧。"葛守礼建议道。

"好，就这么办！"冯保一锤定音。

很快，刑部就给王大臣来了个"斩立决"，案件就这么草草收场。高拱的家人全部得到释放，他老人家也不用担心要坐囚车进京了。保住面子的冯保，也不想再追究下去了。

王大臣闯宫事件，到底是他的个人行为，还是受高拱或其他什么人指使，真相已经没有大白于天下的可能了。但不难推断，以王大臣这么个草民的本事，如果没有大人物提供便利，他根本不可能持刀混进宫里。案件深挖下去，肯定会有不少猛料。但为了不将事态扩大，张居正和冯保选择了见好就收。

后人指责张冯二人试图陷害高拱，完全是低估了他们的能力与智商。

就算我们以最阴暗的心理来揣测这两位大佬，就算他俩要真想将高拱置于死地，可以有上百种更方便更不露痕迹的办法，根本没必要借王大臣入宫案做文章。

如果将高拱保住老命的理由解释为民意汹汹，那也实在是太过滑稽。高拱如果能赢得这样广泛的民意，当年又怎么可能轻易地被剥夺元辅职位？权势熏天之时，他都能被一道圣旨赶回老家；现在成了一介草民，有多少人会真拿他当根葱？没有了隆庆帝这柄保护伞，高拱想三进宫的机会即便不是零，也已经非常渺茫了。

张居正不是严嵩，根本无意于从肉体上消灭竞争对手，更何况高拱还是与他有过"香火盟"的好大哥。即便后人不想称赞张居正保下高拱的气度，也不应诋毁他是想借王大臣案搞死前首辅，人家的智商没这么低。

况且，张居正还有太多重要的事情要做。

三、联手辅弼，太后首辅配合默契

李太后生于嘉靖二十五年（1546），比张居正小二十一岁。理论上说，这个年龄差距不算大得离谱，钱谦益可比柳如是大三十六呢，两人照样恩爱了二十三年。

四十八岁的张居正当上了大明首辅，他显然还处在一个男人的壮年期。而事实上的王朝话事人，并不是还没到青春期的万历帝，而是他的母亲李太后。

万历元年的李太后仅有二十八岁，虽出身民间，却有着清新脱俗的气质、妩媚姣好的容颜、婀娜俊俏的身段，女性魅力非同一般。

当模样端正、男性荷尔蒙强劲的张居正闯入她的世界之后，李太后可能很难不胡思乱想。更何况，这个男人为了她和孩子的江山，真的是鞍前马后操碎了心。因此，她对这样一位首辅产生别样的好感，也是非常正常合理的事情。

但是，李太后肯定也知道什么叫分寸，中国传统文化，讲究一个"发乎情止乎礼"。相信这位政治智慧不俗的女性，不会做出让自己孩子尴尬的事情。

如果说张居正是凤凰男励志的典范，李太后就是草根女逆袭的标杆。她除了美貌，还有手腕与心机。她可以把陈太后哄得团团转，让后者甘愿变成吉祥物；她可以干脆利落地拿下先帝最宠信的高拱，却没有引发朝堂动荡；在之后的十年中，她更是给予了张居正最大程度的信任，使万历新政可以顺利推行。

本质上说，首辅的所有权力，都是皇权暂时让渡出来的。说李太后是张居正的主人，没有一点问题。

因此，笔者可以小心翼翼地宣布，张居正生命中的第三个贵人是异性。没有李太后的鼎力支持，他不会在历史上留下这样浓墨重彩的篇章。

万历帝登基之后，住进了皇帝该住的乾清宫。考虑到孩子实在太小，张居正就上疏建议，请李太后和皇上继续住在一起，方便照顾和管教。不能不说，这确实是个好主意，既能让母子朝夕相见，又能有效防止小皇帝乱来。

万历帝对母亲百依百顺，不敢有半点忤逆。按照大明传统，陈太后是先皇的皇后，可以加尊号，李太后不是正妻，就不能加了。这让小皇帝很不开心。为此，他特意把张居正召来商量："张先生，生母就一定不能加尊号吗？"

张居正可不是高拱式的死脑筋，他认为："今拟两宫尊号，于皇太后之上，各加二字，并示尊崇，既不违反祖制（当然违反了，可又有多大关系呢），又能让皇上欣慰。"

于是，礼部在张居正的指示下，尊陈太后为仁圣皇太后，李太后为慈圣皇太后。专制王朝讲究母以子贵，陈太后当然明白，李太后才是皇宫里真正的主人，好在人家不是武则天，自己也不是王皇后（被武则天害死），能有现在的和平局面，已经是祖宗保佑了。

将近三百年之后，同治皇帝给嫡母和生母上尊号慈安和慈禧，也堪称照猫画虎。

为了让李太后开心，张居正也是煞费苦心。有一次，翰林院飞来了一只白燕，内阁院内长出并蒂莲花，这在古人看来都是吉兆。张居正火速将白燕和并蒂莲献给了小皇帝。但他强调，这是献给圣母（李太后）的。很久不写诗的张首辅，还毕恭毕敬地写下了《白燕颂》《白莲颂》。《白燕颂》中吟道：

　　白燕飞，两两玉交辉。生商传帝命，送喜傍慈闱，有时红药阶前过，带得清香拂绣帏。

在《皇上祝圣母诗》中，张居正毫不掩饰地吹捧道：女中颂德称尧舜，膝下承欢有帝王。

今天看来，这些诗句未免太过阿谀奉承，严嵩写出来才正常嘛。但张居正就是这样务实的政治家，自己认为对的就去做。而且，他赞美李太后，与当年吹捧严嵩性质肯定不一样，他很大程度上是发自内心的。

李太后好佛是出了名的，也好做善事，很舍得花钱。她从内库拨出五万银子，由冯保亲自主持，修建了涿州二桥。但很显然，这点儿钱根本不够用，相关人员也不可能不贪污，因此户部还得资助。二桥完工之后，张居正写下《敕建涿州二桥碑文》予以歌颂，其中说道：

　　乃圣母与皇上，视民之溺由己溺之，既以涝渡引救之矣。而又不烦有司，不扰间阎，出其脂盎之资，以为万姓造福，兹非所谓"损上益下"而有"孚惠"之心者乎？

之后，李太后又再接再厉，先后修建了承恩寺、海会寺、东岳庙、慈寿寺和万寿寺等地标建筑，为儿子和大明江山积福。张居正也当仁不让，每一处都写碑文吹捧，并不在意文人的冷嘲热讽。

国家财力有限，看着李太后为崇佛大把大把地花钱，张居正作为臣子，也不好意思明打明地劝谏。但他想出了一个妙招，解决了太后的资金来源问题。

在明朝，宫廷的财务与户部是分开的。皇室有内库，也有自己专门的店铺，宝和店就是其中规模最大的。张居正和冯保商量，决定将本属于皇室的宝和店，直接划到李太后名下。

有些人难免不理解了，这不是鼓励太后胡乱消费吗？但按张居正的意思，人都是要面子的，李太后拿着宝和店的利润可劲儿花，再想花户部的钱就不好意思了嘛。

事实证明，这一招还真的管用。作为首辅的张居正，对李太后其实也并非一味顺从，甚至还偶有忤逆的时候。但每次争执的结果，基本上都以太后的让步告终，实在令后人佩服不已。

万历元年九月，刑部录囚。因为是小皇帝改元后的第一年，李太后打算免除死刑，给儿子攒人品。

张居正听说之后，立马进宫去见万历帝。这位新首辅并不介意得罪太后，他说：“春生秋杀，是天道之常。皇上继位以来，已经好几次停刑了。但是，稂莠（杂草）不除，反害嘉禾；凶恶不去，反害良民。”张居正的语气不容置疑。

见首辅如此坚持，小皇上只好去向母亲汇报，最后，太后还是认同了张居正的看法。可见，李太后虽说读书不多，眼光与见识还是相当出色的。她事实上起到了"张居正保护伞"的作用。

为了报答李太后的知遇之恩，张居正不光为朝政殚精竭虑，更当起了万历帝的老师，在他身上倾注了全部心血。

四、呕心沥血，元辅义务兼任帝师

张居正能够掌握大权，离不开李太后的全力支持，但更离不开万历帝的特殊情况——年龄太小。如果隆庆帝晚死个十年，万历帝一继位就能亲政，那样就算张居正依然能取代高拱，能发挥的空间也不大了。

对大明建政以来历任君主的作为，张居正当然是了如指掌，并亲自主持编纂了世宗（嘉靖帝）和穆宗（隆庆帝）实录。对这两位先帝，他当然嘴上不敢说什么不敬之辞，内心必然是相当失望甚至不满的。如果成年之后的万历帝跟他俩一个德行，那大明江山真的要进入倒计时了。

因此，作为顾命大臣，张居正将小皇帝的教育问题，放到了重中之重。

对万历帝的培养，隆庆帝生前并非一点也不上心。他为太子安排的东宫辅导官，阵容也是相当豪华的，计有高仪、张四维、余有丁、马自强、沈鲤和许国等名臣。但张居正既然当上了首辅，他就得亲自抓了。

张居正以首辅之职掌控天下大事，但是张居正所做的一切，与曹操、司马懿有着根本区别。为了让小皇帝尽早学习领会治国要领，首辅也是煞费苦心。

"万岁，老臣请于文华殿设职官书屏。"一次在授课完毕之后，张居正建议道。

"这是什么？"万历帝显然听不明白。

"就是一座大屏风。中间三扇画的是大明疆域图，您可以看清各地山川形势，了解风土人情。左边六扇列出六部九卿主要官员明细，右边六扇列出五军都督府、各地卫所军官明细，这样您对他们的姓名、籍贯及出身资格就能了如指掌。"

"先生用心了。但要是官员职务有变呢？"万历帝好奇地问。是啊，这书屏又不可能自动更新。

"您可以颁下圣旨，责令吏、兵二部每十天将官员升迁变动名单送至内阁，核实无误之后，再由中官及时更改调整。这样但凡有人事变动，您也能掌握全局了。"

"太好了，就请先生拟旨，尽快落实。"万历帝非常开心。大明有的是能工巧匠，很快这块拥有十五扇的职观书屏就制作完工，运送到万历帝日常进读讲学的文华殿。站在屏风之前，庞大的两京十三省尽收眼底，小皇帝一股豪迈之情油然而生。

这是太祖、成祖发奋图强打下的江山，这是无数大明将士浴血奋战得到的疆土，物产丰饶，文化昌明，英才辈出。自己也是皇帝，未来的政绩也不能太丢祖宗的脸吧。

文武百官的信息，一开始让万历帝眼花缭乱。但随着时间的推移，他越看越专注，似乎盼着自己早点长大，可以掌控全局。

明代皇帝的经史学习有着规范的流程，称为"经筵"和"日讲"。只是过往几代皇帝都是个性太强的主儿，早就将祖宗的优良传统丢到一边去了。现在，趁小皇帝还在学龄，那就尽早恢复起来吧。

万历帝登基时仅有十岁，自然不能按成年皇帝的标准要求。张居正认为，皇上可以暂时先将学习放在首位。

按照传统，早朝的时间是卯时（5:00—7:00），那皇帝寅时（3:00—5:00）就得起床，让宫女伺候梳洗完毕，打着哈欠奔向皇极殿。十岁孩子正是觉多的时候，天天这样怎么受得了？张居正禀明李太后，建议每月逢有三、六、九的日子上朝就行了，其余时间让万岁多睡一会儿。

但是，小皇帝每天都得完成学习任务。日讲嘛，日出时分就得开始，地点是文华殿。正式讲课前，万历帝需读《大学》十遍，《尚书》十遍，然后才由讲官正式授课。之后小皇帝休息片刻，再审读奏疏，随后还有午讲。近午初时，万历帝还要听讲《资治通鉴》节要，学习了解历代兴亡的过程。随后是午膳，之后小皇帝才能回乾清宫休息。

显然，对一个十岁小朋友来说，学习任务有些重了。

也许是考虑到万历帝的实际需要，也许是当年教育几个儿子时积累了经验，张居正发挥自己编撰图书的特长，为小皇帝精心准备了一份大礼。

隆庆六年十二月十七日，讲读完毕，张居正将一本新书恭恭敬敬地呈给万历帝。这孩子看到后眼前一亮，马上如饥似渴地翻阅起来。

"先生费心了，朕一定要认真品读！"

这就是大名鼎鼎的《帝鉴图说》，由张居正亲自主编审订。具体选编则由马自强等讲官完成。同《资治通鉴》类似，《图说》讲述的也是历代帝王的功过得失，但阅读门槛大大降低了。图文并茂的形式，也能给孩子留下深刻印象，便于他们学习领会。

当然，这本书肯定不会公开发行，只能由小皇帝一人来学习。书中有八十一则"善为可德者"，三十六则"恶为可戒者"。万历帝非常喜欢张先生的劳动成果，将它放在自己的座位右边，以便随时翻阅。

日讲之外还有经筵。这是为皇帝讲解经传史鉴的"专题讲座"，相比日讲自然要正规和隆重许多，仪式感满满。从英宗开始，经筵定为每月逢二进行，一月三次。讲解基本上以四书五经为主题，结束之后，皇帝会给讲官及其助手赐宴，甚至允许将食物打包带走，要不然怎么叫"经筵"呢。

和老师徐阶及晚明很多读书人不同的是，张居正并不喜欢讲学，更厌恶"坐而论道"，他只是对小皇帝的教育倾注了全部心血。

对于万历帝，张居正总是不失时机进行开导启发，希望他能成为一代明君。有一次，首辅给万历帝讲宋仁宗不喜欢珠宝的故事，没想到小皇上还能举一反三："贤臣才是宝贝，要珠玉有什么用？"

张居正一听，当然非常开心，孺子可教也！于是进一步开导说："明君贵五谷而轻金玉，五谷养人，所以圣王重之；金玉虽贵，饥不可食，寒不可衣，多一二两就价格不菲，徒费世财，不适用啊。因此《尚书》上说：'不作无益害有益，功乃成；不贵异物贱用物，民乃足。'说得很有道理了。"小皇帝点头称是。

今天看来，张居正的财富理念并不正确，但那个年代的主流价值观，就是重五谷而轻珠玉。这位首辅是希望万历帝知道民生艰难，从小养成节约的习惯。

明朝是最为特殊的汉人王朝，京师直接放在了边境附近，很容易受到游牧民族的冲击。于谦北京保卫战与庚戌之变，无数大臣都记忆犹新。但从洪熙帝开始，历代帝王并不教授皇子武功战策，只让他们学习五经四书，这显然不是什么明智的选择。

当年明英宗御驾亲征瓦剌，自己连马都不会骑，闹出了很多笑话，还可耻地做了瓦剌的俘虏。睿智如张居正者，也未能改变这种局面，不能不说是一种遗憾。

书法是万历帝的"必修课"。一国之君，写字肯定不能太难看。但小皇帝似乎真的有书法天分，而且也特别爱好书写。他经常会兴致勃勃地写上好几幅字，赏给日讲的先生。但张居正的反应呢？

他一本正经地劝说道："陛下要学习的是治国之道，而不是书法这样的小技。汉成帝熟悉音律，能吹箫作曲；梁武帝、陈后主、隋炀帝、宋徽宗、宋宁宗，一个个都能文善书，精通绘画，但治理国家一团糟。一国之君，要以道德修养为重，岂能以一艺沾沾自喜？"

张居正当然有脑子，还不至于用宣德帝斗蛐蛐的"先进事迹"来刺激万历帝，阐述玩物丧志的可怕后果。他对宋徽宗式的误国保持警惕，肯定是没有问题的，但如此压制一个孩子的天性，可能也不是什么好事。

万历帝读书相当认真。有一次，他看《论语》看得开心，摇头晃脑地读道："过位，色悖如也，足躩如也……"谁知道，身边却有严厉的声音传来，如同当空作响的炸雷："是勃，不是悖！"吓得他不由自主地打了个哆嗦。万历帝循声望去，看到的是张居正严肃的面庞、冷峻的表情，小皇帝马上说："是朕读错了，以后一定注意。"

各位看官，首辅何至于如此较真，不就一个字吗？学习是不能马虎，治理天下更不能马虎。但万历帝还是个小孩子呀。张居正显然认可"严师出高徒"的模式，但很大程度上忽略了学生的感受，很容易让对方产生逆反心理。这种不满没有发泄的合理通道，只会越积越多，直到彻底爆发的那一天。

但此时的万历帝，还算是个懂事的孩子，也知道张先生是为他好。

传统社会经济增长缓慢，开源方面确实没有多少好办法。张居正当国之后，只能在节流上狠下功夫。为此，他甚至向万历帝建议免去日讲的赐宴，连元宵节的灯会也要停掉。后者真是个听话的孩子，全都按张先生说的做了。其实，这些传统仪式有其存在的价值，取消了也省不下几百两银子，还把节日气氛给搞没了，真的是得不偿失。

紫禁城没有空调，夏天只能靠人工扇扇子。张居正毕竟年龄大了，站着给万历帝讲课，时间一长难免也就出汗不止。此时万历帝就会安排太监给首辅掌扇，令他倍感舒爽。

到了冬天，文华殿生着火炉，但也不是什么地方都很暖和。特别是张居正要站在冰冷的方砖上授课，脚心都能感到阵阵寒意。万历帝就会让太监们拿毛毡片将方砖盖上，这样首辅就会好受不少。

有一次，张居正在上朝时突然发烧，浑身哆嗦。万历帝居然亲自调制椒汤，让太监端给先生。这虽说不算什么了不起的事情，但却让张居正相当感激，从而以更加积极的态度处理朝政和讲授课程。

在相当长的时间内，张居正与万历帝的关系确实相当融洽，这就为他顺利推行各项新政，奠定了一个良好的基础。而对皇宫的另一个重要人物，张居正也从不小觑。

五、配合默契，张冯实现"宫府一体"

隆庆六年，李太后通过"壬申政变"将高拱赶回了老家。但坊间更愿意相信，这是司礼监掌印太监冯保与内阁次辅张居正相互勾结，联手做掉了高拱。第二年的王大臣案，虽说最终不了了之，让高拱逃过一劫，但很多人依然认为，这又是张居正和冯保联合起来想整死高拱的经典案例。

张冯二人有没有合谋借王大臣案陷害高拱，这是历史学者四百多年来一直争论不休的问题。但是很显然，这桩案件的最终结果，并没有影响他们之间的合作。

在《张居正大传》中，朱东润先生认为张居正有三个主人，即李太后、万历帝和冯保。前两个主人是名正言顺的。但冯保只是万历帝的奴才，难道张居正是"奴才的奴才"吗？肯定不是。

在"江陵柄政"期间，张居正与冯保确实建立起了一种同盟关系。但是很显然，张居正是其中更为强势的一方，冯保更像是首辅的助手，否则，"江陵柄政"就该改叫"深州[1]柄政"，冯保也可以与王振、刘瑾和魏忠贤并列，成为大明四大权奸之一了。

在历朝历代，文臣结交内侍都是在玩火，都有可能被皇帝杀头。也只有诸葛亮和张居正敢提倡宫府一体，而且还成功做到了，这当然因为李太后和万历帝对此并不计较。

---

[1] 冯保是北直隶真定府深州县（今河北省衡水市深州市）人。

在很多文官眼中，冯保这个太监根本不值得尊敬，跟他交朋友不跌份儿嘛。但张居正却明白，冯保的支持对自己至关重要，一定得好好珍惜这份难得的默契。

赶走了高拱之后，冯保一度特别招摇。万历皇帝一开始上朝，都是由他抱着去的；去万寿山祭陵时，这位冯大珰故意走皇帝的专用道，行皇帝才能行的礼仪。让一些言官非常不满。

但张居正却认为，人无完人。他不希望自己成为第二个高拱，自然就不能为芝麻绿豆的事情开罪冯保。

身为首辅，张居正确实不能整天和太监混在一起，但他有别的办法保持联络：让自己的管家游七与冯保的管家徐爵结为兄弟。徐爵与游七志趣相投、爱好相仿，反正感兴趣的都是些吃喝玩乐之事。但两人也都是人精，并且对主人都非常忠诚，都能第一时间把重要信息传递出去。有了这俩能干的好仆人，张居正和冯保就能及时处理朝中的各种问题与变故。

冯保是太监中不可多得的文化人，而且兴趣广泛，在音乐、书法和绘画领域都有一定造诣。爱好多了，自然开销也大，手脚也就不那么干净了。张居正又不会像海瑞一样锱铢必较，只要冯保不破坏自己的新政，有些小污点又算得了什么呢？

让首辅开心的是，冯保不光积极配合内阁的工作，几乎从不在盖章的事情上设置障碍，甚至还能安排东厂帮助张居正调查大臣，绝对属于首辅最为可靠的合作伙伴之一了。

不要小瞧太监，他们也是有理想有追求的。为了监视各地驻军，明朝一度在两京十三省广设镇守太监。这些公公们仗着皇帝的宠幸，在地方上要吃要喝，贪污受贿，成为大明王朝蛀虫式的存在。

嘉靖朝也并非一无是处，至少对太监的限制比较厉害，多地的镇守太监都被裁撤，大批公公们只能回到紫禁城当奴才干粗活，待遇一落千丈。到了万历初年，眼看大珰冯保和首辅张居正好上了，一些宦官就去求冯老，希望能恢复镇守太监制度，让大家伙儿有到地方上连吃带拿的机会。

冯保也想为手下人谋福利，就让小宦官去向张居正传话。后者千方百计想为国家创收，怎么能够容许太监胡来？但是，冯保的面子也不能不给啊。

这位首辅灵机一动，一席话就把小宦官说得脸色大变，打死也不想离开紫禁城了。张居正说："公公们肯为国分忧，老朽感激不尽。最近留都南京一带匪徒肆虐，他们甚至和倭寇勾结，无恶不作，百姓正盼着公公们过去扫除匪患呢。"

匪徒！倭寇！太监们都是想出去享福的，哪里会打仗？光听到这俩名都要吓死了。小太监向冯保汇报之后，这位首辅的同伙也就知道怎么回事了。这事儿就算揭过不提了。

冯保位高权重，他的亲戚们自然也有优越感。据《万历野获编》记载，有一次，张居正的长班（家仆）姚旷满脸是血地回到家中，向主人告状。可把张居正郁闷坏了。

原来，冯保的侄子左都督冯邦宁在京横行霸道，没人敢惹。一天，他在街上遇到了刑部尚书刘应节的马车竟不避让，可见狂妄到了何等地步。后来，冯邦宁又和姚旷撞上了。冯邦宁出言不逊，以为对方好欺负。但姚旷也不好惹，两人就厮打起来。冯邦宁的手下掏出大锤，照着姚长班就是一下子，打得他登时血流满面，好在还没出人命。

张居正思虑再三，还是让人通知了冯保。各位猜冯大珰怎么做的呢？他将侄子叫了过来，当场让人剥下其衣冠，责打四十大棍，并暂时剥夺了他上朝的权利。

张居正听说了之后，也觉得冯保处理得太狠了一些，毕竟姚旷也有责任。但这足以说明，冯保对亲戚也不是一味袒护的，张先生的面子决不能不给。

万历二年（1574）十二月，留都的太监出事了。

南京的风不如北京刺骨，但酒楼生意比北京火爆，没有皇帝管嘛，喝到天荒地老也没事。

南京守备太监张进和南京守备申信去一个酒楼喝酒，俩人很快就喝得认不得爹妈了。仗着酒劲，张进把一个跟自己起争执的文官可劲地侮辱谩骂了一通。后来他才知道，此人居然是给事中王颐。

这不就等于捅了马蜂窝？很快，刑科给事中郑岳、浙江道御史麻永吉等南京言官纷纷上疏弹劾张进，一定要为王颐讨个公道。

处分张进，就等于是不给冯保面子，因此张居正迟迟不愿处理此事。但他没想到的是，丁未科进士、时任户科给事中的赵参鲁又上疏，不但弹劾了张进，还要求治申信的罪。

哎，自己的学生，怎么一点没有大局观，不懂得老师的苦心呢？张居正知道张进不止酒后打人这一点破事，如果深入调查下去，这小子至少得革职充军。看来，为了将事态尽快平息下来，他只有使出雷霆手段了。

张居正禀明万历帝，认定赵参鲁所言不实，将其贬为没有品级的江西高安县典史，郑岳、麻永吉等罚俸一个月。张进则调回北京，交由冯保严肃处理。首辅看似一碗水端平，实则完全在袒护太监群体。

赵参鲁的十年寒窗算是白辛苦了，张进却逍遥法外；言官的声音暂时被压了下去，张居正的口碑也受到了不小的伤害。但为了冯保，他也只能承受这样的代价。这位首辅知道，没有冯保的支持，很多事情都无从谈起，也没法进行下去。

就这样，张居正负责推行新政，李太后负责行善积德，万历帝负责好好学习，冯保负责琴棋书画，倒也合作愉快，相得益彰。

六、实施考成法，让官员戴上紧箍

无论中国还是世界其他国家，改革（变法）都属于社会资源的再分配，利益关系的重新调整，会让一部分人受益，当然也会让既得利益者受损；能缓和阶级矛盾，但也往往会在统治阶层内部引发冲突，甚至是你死我活的较量。

通常认为，中国历史上的重要改革有商鞅变法、王莽改制、（北魏）孝文帝改革、王安石变法、张居正改革和戊戌变法等。而真正取得显著成果的，只有商鞅变法和张居正改革。

王安石和张居正是中国历史上绕不开的两位政治家。他们的出生和主要政治活动，恰好相差了大致五百年。但两人的做法大相径庭。

王安石留给后世最经典的理念，是"天变不足畏，祖宗不足法，人言不足恤"，虽说有史家认为，王安石本人并未讲过这番话，但他改革措施之大胆激进，无疑完美体现了"三不足"思想。

相比之下，张居正却非常务实，务实到避谈革新的地步。他只是强调要恢复洪武祖制，谁也不敢说太祖皇帝制定的措施有问题吧（当然问题确实不少）。但用脚指头想想都能明白，万历新政绝不是简单地回到洪武时代。

万历元年八月，杨博突然病重，并向万历帝请旨归乡养病。小皇帝连续驳回了他的几次上疏，并派太医前去诊疗。眼见老天官态度非常坚决，万历帝也只好答应下来。一年之后，杨博在蒲州平静地离世，终年六十六岁。

杨博一走，吏部尚书人选就成了张居正必须解决的问题。学高拱亲自掌握吏部吗？张居正可不想这么做。

当时，吏部会推了三人，即都察院左御史葛守礼、工部尚书朱衡、南京工部尚书张瀚。张瀚的资历和人望与前两人差得很远，显然是被拿来充数的。

但出乎所有人意料的是，最终张居正向万历帝推荐了张瀚。

葛守礼和朱衡均以品行端正闻名，而张瀚在两广巡抚任上却口碑不佳。为什么张居正还要选这么一个人呢？

有一种说法，说是张居正不喜欢任用强势有想法的下属，更喜欢听话懂事的，吕调阳不就这样吗？这显然并不完全符合事实。如果将张居正类比为王安石式的改革家，那葛朱二人就是富弼式的老派官僚，缺少变革意识，张居正不用他们也好理解。相比之下，张瀚不那么守旧，自然更让张居正满意。

张瀚比张居正大十五岁，吕调阳比张居正大九岁，显然，他俩并不愿意给这样的晚辈当下属。但有什么办法呢，形势比人强。人家给你机会是看得起你，总比现在就让你退休回家好些吧。

礼部尚书陆树声也是个守旧派。他不想给张居正打下手，于是申请致仕。张居正去陆树声家中送别，并请他推荐继任人选。陆树声推荐了王国光。

方逢时在俺答封贡时表现突出，但常年只能当个大同巡抚。张居正就将王崇古调回北京，出任兵部尚书理京营戎政，方逢时也就升任为宣大总督，这让他非常开心，也对张居正更加感恩戴德。

在完成了朝廷主要官员的替换之后，张居正就准备推进变革了。

大明王朝的官场陋习，当然不是形成于一朝一夕。洪武皇帝当政时，对官员极为严苛，做官成了高危行业。但随着成化朝、弘治朝以来皇权统治的日渐宽松，以及社会经济的平稳发展，官员的实际待遇明显上升，各种利益集团也逐步形成。

人浮于事，得过且过，相互推诿，拉帮结派，在官场上算不上什么大毛病，甚至可以被当成情商高的表现。但是，张居正眼里是不揉沙子的，他出身寒门，却不怕得罪任何人。近三十年的官场经历，让他对这个政权的弊端所在洞若观火。

京城流传着"翰林院文章、武库司刀枪、光禄寺茶汤、太医院药方"的说法，讽刺这些机构的名不副实。在《请稽查章奏随事考成以修实政疏》中，张居正一针见血地指出：

> 盖天下之事，不难于立法，而难于法之必行；不难于听言，而难于言之必效。若询事而不考其终，兴事而不加屡省，上无综核之明，人怀苟且之念，虽使尧舜为君，禹皋为佐，亦恐难以底绩而有成也。

为了让各级官员真正对自己的岗位负责，对自己的乌纱帽负责，张居正毅然或者说悍然推出了考成法。其主要内容，简单说就有以下三点：

一、实行账目制，用任务清单来约束各级官员。六部和都察院遇到各章奏，或"钦奉明旨"或"覆奉钦依"，转行到此衙门，都要考量道路远近，事件缓急，设定期限，设立文本存档，到每个月月底注销。

二、需要另外造本两册，一本送到六部对应的六科，另一本送到内阁留档。[1]

这么一来，账目清单就成了六部的考核标准，完成一项才能注销一项。各地巡抚、巡按也得依样造册，如果有延迟耽搁的，六部检举；各部院完不成任务的，六科来揭发；六科如有隐瞒纵容的，内阁来处理。

张居正口口声声要遵守祖制，坚决与搞"变法"的王安石划清界限，他说："稽查章奏，自是祖宗成宪，第岁因循，视为故事耳。请自今伊始，申明旧章。"但考成法如果真的付诸实施，那就成了地方抚按驾驭知府、知县，六部管理地方巡按，六科稽查六部，内阁领导六科，首辅指挥阁员。

---

[1] 共有三个账本。

张居正把奏章拿给次辅吕调阳和吏部尚书张瀚过目。两个老实人都惊呆了，他们不无担忧地说："元辅，您这是要把内阁变成中书省，皇上不可能批准的！"

"二位过虑了，六科稽查六部，不正是洪武大帝定下的祖制吗？"张居正平静地回答。

"是，可洪武并没有让内阁来指挥六科啊！"张潮反驳道。这下看你张首辅怎么接话？

"洪武朝还定都南京，连内阁都没有。两百年过去了，不能事事按洪武的来，我们尊的是洪武朝的精神所在！"

一句话把两人说得哑口无言。显然，以张居正的权势，哪些该遵哪些该改，解释权还不都在他那儿吗？不过，相权过重，皇上那边能答应吗？这夺的是他家的权啊！

哪里知道，这份奏章居然很快就被批准了。以万历帝名义发布的圣旨，开宗明义地指出："卿等说得是。事不考成，何由底绩？这所奏都依议行。"显然，这批复体现的是李太后和冯保的意思，他们对张居正的举措大力支持。

考成法颁布之后，最坚定的支持者无疑是谭纶。他将兵部未完成事务列在两本青色册子上，一本送部，一本交内阁。有谭纶开了好头，其他各部都积极跟进。

王世贞堪称张居正的头号黑粉，但他这么评价考成法："如疾风迅雨，虽万里外，朝下而夕奉行，无所披靡。"清修《明史》则说："自是，政体为肃，一切不敢饰非。"言语虽有夸张，却可见考成法对官员的制约作用非常明显。

但是，与曹操、司马懿不同的是，张居正对大明江山极其忠诚，对小皇帝特别照顾，因而也得到了李太后和冯保的高度信任。为了大明江山能够千秋万代，张居正真可谓操碎了心。

万历三年（1575）正月，到了考成法实行以来第一个年度考核期。各布政司巡抚、巡按名下未完成事项多达二百七十三件，涉及五十四人。凤阳巡抚王宗沐、巡按张更化、广东巡抚张守约、浙江巡按萧禀，都被罚俸三月。处罚不是遮遮掩掩，却要公之于众，实在让大家伙儿有些难堪。那些没有受到惩办的官员，个个也是战战兢兢，一点也不敢大意，说不定下回就轮到自己了。

为了防止一些官员不顾民情，突击式创造政绩，万历二年，张居正采纳吏科都给事中张楚城的意见，实施了"久任法"。规定官员以三年或六年为考核期，称职者提升，平常者留任，不称者罢免。知府、知县六年一迁，布政使、按察使三年一迁，科道、部曹六年一迁。久任法保证了各级官员任职的相对稳定，考成法又让他们无法混日子，如此双管齐下，对于整顿吏治、提升工作效率与质量确实发挥了重大作用。

有明一代，官场非常重视进士身份，举人出身的官员往往受到排挤和歧视。万历三年六月，在和吏部官员协商之后，张居正大胆提出了"三途并用"的人才选拔标准。只要有真才实学和工作能力的人，无论是进士、举人还是贡生，都一视同仁，根据朝廷需要选择安排。如此一来，无疑让千千万万的举人和贡生看到了希望，也令进士们的优越感受到一定程度的抑制。

同月，左都御史葛守礼致仕，他的职务由陈瓒接替。

在内阁中，吕调阳发挥作用的空间极其有限，形同张居正的助理。万历三年八月，在张居正的关照下，当年高拱想塞入内阁的张四维，以礼部尚书、东阁大学士入阁。这样，内阁就有了三人。

九月，又有礼部尚书万士和退休，马自强接任；刑部尚书王之诰致仕，王崇古接任。但不管换上的是谁，都不可能跟首辅对着干。

张居正这样的首辅，放在大明三百年中是独一份儿。一个重要的原因，就在于通过推行考成法，他确实拥有了比历朝宰相更大的权力，加上冯保在内廷的大力配合，张居正事实上相当于大明的摄政王。

张居正的新政，从一开始就是玩真的，绝对不是做做样子。

七、整顿驿站，向既得利益者开战

根据《明史·地理志》记载，在十六世纪，大明国土"东起辽海，西至嘉峪，南至琼崖，北抵云朔，东西万余里，南北万里"。但事实上，明朝的核心区域，即两京十三省大约仅有三百三十万平方公里，比二十一世纪的中国小很多，甚至赶上不秦始皇时期的最大疆域。

2024年1月，中国人口已经突破了14亿。但著名的胡焕庸线，即黑河至腾冲一线东南，以43%的面积集中了全国95%的人口；这条线的西北，拥有57%的面积，却只有5%左右的人口，对比非常明显。

将胡焕庸线东南区域拿掉东北三省（除辽东外），那就与明朝疆域相当接近了。这片区域堪称亚欧大陆东部最好的土地，也是中华文明最主要的传承之地。从西周到明末，我们华夏民族一代代的祖先，就主要在这个区域劳作，繁衍生息，发展壮大。

由此，大家似乎也明白了一个道理：为什么中国历代统治者很少有对外扩张的动力和雄心。太平洋西岸最适合农耕的区域，基本上都纳入了华夏文明，剩下的那些大片的草原、荒漠和高原区域，就算费很大力气打下来，以当时的客观条件来看，也不值得开发。

由此可见，一个人走不出舒适区，他的潜能就不会充分兑现；一个民族走不出舒适区，就很容易停滞不前。当西班牙、葡萄牙已经开始瓜分世界时，明廷守在东方无动于衷；当两国已经向大明的朝贡国下手时，朝廷依然麻木不仁。俄罗斯都快要从乌拉尔山一路杀到外东北了，当时大明的读书人，估计都不知道地球上还有这么一个国家——当然，他们连地球都不知道。

扯远了，回到正题。在两京十三省的富饶土地上，经过洪武朝和永乐朝的努力，明朝政府精心修建了上千处驿站。借助马匹、船只和人力，从京师发出的指令，在不长时间里都能传递到国家任何一个州县，这是一项非常了不起的成就。

在张居正掌权的万历初年，两京十三省的驿站共有一千九百三十六个，平均间距大约六十到八十里，这是官员在一天内乘马车可以走完的路程，但传递公文的信使，速度可以快上好几倍。为了提高传递效率，朝廷还在各县都设立急递铺，大约每十里就有一铺。

生活在二十一世纪的我们多么幸福，坐飞机从北京到广州只需要三个小时，可在明朝，四千里的行程，坐马车五十天都很难赶到。但通过急递铺间不断换马，十二时辰三四百里不难实现（晚上也要上夜班），八到十天信件就能送到了。

即便到了明朝中晚期，中国城市化率也大约只有10%，出了北京城都能看到大片农田。如果不广设驿站和急递铺，官员在赴任途中就得搭帐篷休息了，而皇帝的指令也不知道猴年马月才能传递到两广和云南。

可见驿传制度对保证皇权统治的有效运转何等重要。在张居正执政期间，朝廷发给十三省的公文更是五花八门。我们不难想象，从华北平原到海南岛，从黄浦江口到青城山麓，都会有朝廷的驿使在劳碌奔波，力争将新政的规章尽早传递出去。

驿递不光可以送信，当然也可以送东西，如同今天的物流业。"一骑红尘妃子笑，无人知是荔枝来"的壮举，也是借助驿道才能完成。

当然，不是每个大明子民都能享受驿递待遇的。明朝律法规定，官员因公出差，需要由兵部开出勘合，类似今天的 VIP 卡或者通行证，证明自己有权在沿途驿站免费住宿、就餐、存放行李，等等。

大明刚刚建政时，慑于洪武帝的严刑酷法，官员使用驿站还相当守规矩，但随着时间推移，驿递制度就越发变味了。官员出公差，使用驿站当然天经地义，但他们往往要带上一大票人，一路走一路玩，一路吃饭一路打卡，前呼后拥，东拉西扯，充分享受驿站提供的免费服务。其中大多数人，当然是"搭便车"的。

更有甚者，官员们还将勘合交给亲朋好友使用，用国家的资源经营自己的人脉，舒服的是这些既得利益者，受苦的是各地老百姓。

山东是孔孟二圣的故乡。但颇为讽刺的是，孔家居然出了一个"头脑灵活"的后代。他就是孔夫子的第六十四代孙孔尚贤。他继承了孔家世袭的"衍圣公"爵位，原本可以舒舒服服过一辈子，但他却有着发家致富的远大理想，以"当世子贡"为努力目标。

按照多年来形成的惯例，孔家每年秋天都要进京面圣。头脑活泛的孔尚贤，很可能借鉴了很多东南亚朝贡国的先进经验：使臣们不光带着献给大明皇帝的贡品，还装上更多土特产就近贩卖，利润是成本的数倍到数十倍。

曲阜到北京大约一千里，正常需要半个月的行程。孔尚贤的运输队伍浩浩荡荡，能排出几里地去。一路之上，只要亮出"衍圣公"的招牌，沿途驿站都要拿出最高规格接待，至于要消耗多少粮食、蔬菜和草料，那都不是需要考虑的问题。

到了北京，孔尚贤架不住朋友众多应酬频繁，往往一住好几个月。他的手下就四处售卖土特产，价格当然比在山东卖要贵得多。有些想结交衍圣公的富商，还愿意出高价收购，为的就是交个朋友。

当然，这种占公家便宜鼓自己腰包的事情，在大明王朝中后期屡见不鲜，孔尚贤只是其中的优秀代表而已。大部分官员当然不方便亲自出马经商，而是拿到勘合，将生意交给自己的亲戚或者合伙人，让他们在驿站白吃白住。

驿站的管理者即驿丞，是连从九品都进不了的边缘人员。他们要一年四季伺候各种官老爷姨太太，受他们的刁难挤兑，心理难免不平衡。于是很多驿丞干起了监守自盗的买卖，贪污伙食和草料钱，以次充好，甚至接受往来人员的贿赂。反正是你做初一，我做十五，看谁能捞过谁。

但是，大明驿站的一大传统，是朝廷并不拨发专款，不光费用由当地百姓分摊，甚至马、船都得他们来提供。沉重的负担令沿线百姓苦不堪言。

对这样的局面，很多有识之士早就看不下去了。万历三年五月十四日，吏科给事中杨言向朝廷上疏，要求"严革诈伪以清驿递"，整顿驿递中出现的不当行为。这么一来，也就为张居正大张旗鼓地整顿驿递吹响了开场哨。

根据《明会典》卷一百四十八，张居正指示兵部颁布了《给驿条例》，其主要内容有：

一、凡官员人等非奉公差，不许借行勘合；非系军务，不许擅用金鼓旗号。虽系公差人员，若轿扛夫马过溢本数者，不问是何衙门，俱不许应付。抚、按有违明旨，不行清查，兵部该科指实参治。若部、科相率欺隐，一体治罪。

二、抚、按、司、府各衙门所属官员，不许托故远行参谒，经扰驿递；违者抚、按参究。

三、有驿州、县，过往使客，该驿供送应得廪粮蔬菜，州、县止送油烛柴炭，不许重送下程纸札，如有借此科敛者，听抚、按官参究。

四、凡经过官员有勘合者，夫马中火，止令驿递应付，有司不许擅派里甲。其州、县、司、府官朝觐，给由入京，除本官额编门皂，量行带用外，不许分外又在里甲派取长行夫、马，及因而计路远近，折干入己。

五、凡官员经由地方，系京职方面以上者，虽无勘合，亦令巡路兵快防护出境，仍许住宿公馆，量给薪水烛炭，不许办送下程心红纸札，及折席折币礼物。

六、凡内外各官丁忧、起复、给由、升转、改调、到任等项，俱不给勘合，不许驰驿。

如此一来，公职人员的驿站接待办法与范围就有了详细规定，大大减轻了各地的接待负担，大小官员再也无法将免费住驿作为照顾亲属、拉拢同乡甚至收取好处费的重要手段了。

之后，张居正又规定，自京往外省者，由兵部发给"内勘合"；其中仍须回京者，回京之日缴还勘合；无须回京者，即将该项勘合缴到省抚、按衙门，年终一并缴回兵部。自外省入京者，由抚、按衙门发给"外勘合"，到京以后，一并缴还兵部，其中有须回省者，另由兵部于回省之日换给"内勘合"。

针对之前驿递给各地百姓造成沉重负担的情况，张居正决定，由国家财政负担驿站开销。他并不打算裁撤边远地区的驿站，反而增加相关经费，以保证邮件能够在两京十三省顺畅通达。

张居正的六个儿子中，三子张懋修的学养最接近乃父，万历四年（1576），二十二岁的他即将参加乡试。其实，懋修在顺天府就可以报名，但张居正却偏要他回江陵原籍参考，似乎是要提醒老三不要忘本。

"此番回乡，知道应该怎么做了吗？"临行前，张居正问儿子。

"孩儿明白，沿途不得使用驿递。"张懋修毕恭毕敬地回答道。

就这样，张懋修坐着简陋的马车，带着书童，啃着难咽的干粮，开始了两千七百里的长途奔波。对于江陵的故居、荆州的父老、湖广的山水，他有着特殊的感情。母亲陪同父亲回乡隐居的第二年生下了他。兄弟六人中，其他五人都生在京师，只有他和父亲一样诞生于故乡。仅凭这一点，就让张懋修觉得分外自豪。

张懋修一路风餐露宿，紧赶慢赶，吃了不少苦，终于平安到达了故乡，顺利参加了考试，然后……意外地落了榜。当然，只要他打个招呼，沿途驿站都会拿出最高规格来接待他；只要他亮出身份，走到哪里都被当成神供着；只要他不嫌弃，很多有钱人都想把女儿许给他。但张懋修牢记父亲的教诲，始终非常低调。

张文明在家乡过生日，儿子张居正贵为首辅，却让仆人早早带着寿礼，骑马奔驰近三千里给老爷子祝寿。仆人沿途不得投宿驿站，真可谓苦不堪言，狼狈不堪。估计赶到江陵之时，很多礼物都过保质期了。

到了万历八年（1580），张居正的二弟居谦病重，从北京回江陵养病。保定巡抚张卤得知消息之后，赶紧派人送来了勘合，表示要一路好好照顾。张首辅怎么做的呢？

他将勘合当场交还来人，还写下一封信给张卤，名为婉拒，实为批评。这位张巡抚明白，如果再不识抬举，官帽就真的保不住了。

在有些人看来，张首辅此举怎么看怎么像是作秀，但我们切不可用普通人的心理，去揣度一位伟大的政治家。

甘肃巡抚侯东莱为人正直，兢兢业业，但宝贝儿子却是个纨绔子弟。他仗着老爹的地位，继续违规使用驿递，还高调得生怕别人不知道。当言官提出弹劾之后，张居正毫不客气，马上将侯公子的官荫革去，引发朝臣一片哗然：封疆大吏啊，首辅竟一点面子不给！

当然，张居正并非海瑞，他很快向侯东莱去信解释原因，表示自己也是没有办法，以后只要条件合适，还是会给侯公子恢复待遇的。侯巡抚也情商极高，表示坚决拥护首辅的驿递新政，坚决打击不正之风。

驿递的勘合均由兵部发出，因此兵部尚书谭纶承受的压力也很大。为了支持首辅，谭纶决定向各省驿传道官颁发专门的敕书，保障他们的合法权益。如果与非公务想使用驿递的各种关系户发生纠纷，传道官可以向各地巡抚、巡按及上级驿站官举报。如果这些人也不能秉公处理，传道官可以直接向兵部举报。

这么一来，各地没品的驿丞们无疑底气十足，再也不会随便被拿捏了。那些对驿递条例不以为然，总觉得没人治得了自己的高官纷纷中招。江西布政使吕鸣珂、浙江按察使李承式、四川按察使梁问孟、严州知府杨守仁、淮安知府宋伯华、汉阳知府万钟禄和南宁知府黎大启等，都因自己或家人违规使用驿递受到处罚，甚至被削职为民。

世界上很多事情，怕就怕"认真"二字。张居正发起狠来，就算海瑞都得甘拜下风。当然，张居正主导的驿递新政，并没有完全回复到洪武朝的严苛，时代毕竟不同了。但即便这样，万历五年（1577）的驿递经费还是比万历三年减少了近三分之一，也就是节约了大约九十四万两白银。

富国与强兵，是张居正追求的两大目标。对于边防，他一直极其关注。

第十章
运筹帷幄消除边患

一、大臣巡边，有收获也有失落

万历新政想要顺利推行，既离不开安定的内部环境，也需要稳固的边疆防卫。张居正一生都没有在兵部供职，也没有亲自指挥过哪怕一场战役，但他在军事方面的贡献，绝对不能抹杀。在"江陵柄政"的十年里，毫无疑问，张居正就是大明的最高统帅。

张居正可以在北京运筹帷幄，但他毕竟不能亲自上战场。幸运的是，在他执政期间，正好赶上两位战神的黄金时代，他们成为为万历新政消除后顾之忧的重要保障。

这两人，就是与张居正年龄相仿的戚继光和李成梁。可惜大明王朝历来重文轻武，他们难免受到文官的各种掣肘。张居正掌权之后，特别注意维护二人的权益，甚至连任用总督、巡抚之前，其人选也得他俩认可才行："每言蓟中之任，皆取总兵所欲者而用之。"

隆庆六年九月二十九日，为了加强对九边重镇的管理，张居正和谭纶决定派要员巡边，及时发现问题，寻找解决办法：左侍郎王遴巡视陕西四镇，右侍郎汪道昆巡视蓟辽，右侍郎吴百朋巡视宣大、山西。此三人都是嘉靖二十六年的进士，即张居正的同年。

在张居正主政时期，只要不是瞎子就能看得出来，他特别爱用三类人：一是湖广同乡，二是丁未科（1547）同年，三是癸丑科（1553，这一年张居正担任同考官）进士，即他的门生。

由此，有道德洁癖的学者，便认定张居正"任人唯亲"。但是，任何一位改革者想要将事业很好地推进下去，减少阻力与变数，一定得多用与自己志同道合者，古今中外概莫能外。

那么，张居正为什么不重用辛未科（1571）进士，那才是他真正的门生，是他们太年轻吗？后面我们就会看到，这一科进士和张居正的关系，还真是相当微妙。

蓟辽二镇距京师最近，承担的守御任务也最重，因此戚继光要长驻三屯营，李成梁驻守广宁，蓟辽总督刘应节驻密云。

汪道昆是戚继光最好的朋友，没有之一，张居正这么安排，显然是故意的。但他还是给戚大帅写去了亲笔信，要他好好接待："（汪）司马此行，于蓟甚有关系，幸留意焉。"戚继光听说之后非常兴奋，并且有了大胆的构想。

这位战神向朝廷上疏，希望能进行一次大规模的阅兵和实战演习。搁过去哪个边将敢这么搞？文官的口水都能把皇极殿给淹了，可现在张居正掌握中枢，戚大帅的想法大都能够实现。

十月，汪道昆先在密云约见了刘应节，两人随后来到三屯营，与蓟州巡抚杨兆和戚继光会面，决定二十二日一早开始阅兵，地点选在汤泉镇（今河北省遵化市北）。

这次阅兵持续了七天时间，参与的士兵多达十万人，戚继光充分展现了车、步、骑三军联合作战的叠加效应，更向上司和好友炫耀了各种让人眼花缭乱的火器装备：佛朗机、虎尊炮、迅雷铳、灭虏炮……

让人惊叹的是，在没有网络、没有GPS，甚至连望远镜都没有的年代，戚大帅能组织起这么大规模的军演，强度接近实战，居然没有人员伤亡，无疑创造了一次军事史上的奇迹。

汪道昆非常开心，借着酒劲，他洋洋洒洒地写下了一篇《燕山勒功铭》，盛赞戚继光"筹画之审，驾御之宜，措置之方，战守之备"。显然，这样一支十六世纪东亚最强军，完全没有必要躲在边墙后面被动守御，更应该跨出长城主动进攻，去复刻卫青、霍去病的荣耀。

随后，汪道昆又去了辽东，参观了李成梁的辽东铁骑。经过实地调查，汪道昆建议在蓟辽增筑墩台，增加军饷，保障将领的指挥权，等等。虽说都有一定道理，但总免不了书生意气太重。

而据南明揭重熙所作《谭襄敏公传》记载，在汤泉大阅之后，谭纶不失时机地向首辅建议："请大举北伐，以振威中国。"此时，蒙古的土默特部已归顺大明，俺答满足于顺义王的头衔，对朝廷相当恭顺。谭尚书所指的北伐，只能是针对以插汉（察哈尔）部为首的漠南蒙古左翼诸部，北伐的主力，必定是戚继光麾下的十万军队。

只要打垮了插汉部，还不把建州三卫吓出心理阴影？这确实是一个可以彻底改变十六世纪中国甚至东亚历史走向的契机。但可惜的是，首辅却并不赞成。他说："征伐自天子出，如主幼何？"这个理由非常牵强。此时张居正可是掌握一切大权的。

北伐之事从此不了了之，想必谭纶和戚继光的心中，一定充满了遗憾。

张居正是个典型的双子人格，时而积极进取，魄力极大；时而又喜欢稳扎稳打，不求突破。后人每提起此事，难免会为他扼腕叹息，但人无完人，岂能苛责？

王遴似乎吃了亏，汪道昆只巡两镇，他得巡视四镇。而且谁都能看出来，当时陕西的生活条件是最差的。王遴带着一肚子怨气完成了工作，随后就上了辞职疏，甩手不干了。张居正有些失望，去信指责他"欲自越乎不可逃之分，而背乎不易得之时，此愚蒙之所未譬也"。但人各有志，也不能强留了。

吴百朋曾在东南与谭纶、戚继光一道抗倭，是文官中不多得的实干家。可他居然以为派到宣大是一种贬谪，因此也不开心。张居正不得不写下亲笔信加以慰问，解释说宣大实在是太重要了，这种巡视工作一般人做不了，只能你去才行。

与汪道昆喜欢喝酒赋诗吹牛不同，吴百朋注重精细化管理，他提出了粮饷、险隘、兵马、器械、屯田、盐法、番马和逆党八项考核标准，逐一落实，搞得宣大总督王崇古、宣府巡抚吴兑和山西总兵郭琥几位老兄苦不堪言。但吴百朋相当于钦差，怎么敢得罪呢，只能尽量配合。

没过多久，张居正就收到了吴百朋的公函。不看不知道，一看差点没骂出声来，他这是海瑞附体了吧。

吴百朋居然要弹劾战功卓著的大同总兵马芳贪污。对大明军队中的潜规则，张居正太熟悉了。连民族英雄戚继光都不能免俗，但又有什么办法呢？不这么做，很多事情就进行不下去。

在以文制武的大环境下，军官不向主管文官行贿，就怕后者弹劾；文官要不收礼，还怕对方不安心打仗。吴百朋办事认真没有错，但这种认真似乎用错了地方。

不久之后，宣府总兵赵岢也被弹劾，眼看宣大的"廉政风暴"越刮越猛，张居正压力巨大，甚至后悔派吴百朋过去。这事要继续发酵，连俺答封贡的大功臣王崇古可能都得回家抱孩子了。

为了平息言官的愤怒，张居正不得不同意将马芳免职，并去信好言抚慰吴百朋，总算将他稳住了。

不久之后，鞑靼那边又有事端。之前，明军收到一则情报，俺答的弟弟昆都力哈死了。张居正非常高兴，打算扶持昆都之子青台吉，让他和俺答长子黄台吉对抗，如此明廷便可坐收渔翁之利。

但之后的情报证明，昆都力哈并没有死。他听说了明廷的态度，就愈发不满。隆庆六年，张居正当上首辅没多久，就收到了昆都力哈的信件，这位居然也想学俺答，要求明廷给他封王，否则他手下的弟兄没法安心。

显然，这是向大明发出的战争威胁。按有些文官的意见，王爵又不值钱，能给俺答就能给昆都，一山不容二虎，让两个王火拼就是了。

但张居正却有自己的想法。在给王崇古的信中，他说出了自己的应对措施。不久之后，昆都果然老实多了，再不敢挑衅大明。

张居正让王崇古给昆都去信，大致意思是这样的：

俺答是你哥，伦序为大，又有首先归顺大明之功，还送交叛徒，并一直谨守藩属之礼。朝廷欣赏他的忠诚，才给他封王。你却率兵连年为患，对大明没有一分贡献，就想跟你哥一样？皇上胸怀宽广，当然不会吝惜一个王爵，但以你这样的表现，肯定不能给。你如果听你哥的话，遵奉约束，坚守盟誓，两三年后，我会上疏请朝廷加封。如果你想借这个挑起事端，那对不起，我们只能奉陪到底。

昆都力哈并不蠢，他知道大明军力已今非昔比，来硬的只会自己吃亏，只好悻悻地断了念想。

当然，如果昆都知道明军在南边都做了些什么，他一定会非常庆幸。

二、重拳出击，弭平两广

中国历代王朝的统治者，似乎形成了一种"北拉南打"的传统。其具体做法是：对北方草原比较强势的游牧民族，往往送钱送物资送公主拉拢，或是修个长城，增加你打过来的成本；对南部丛林相对弱势的少数民族，则以雷霆手段强硬出击。

拿"好战成性""软硬不吃"的秦始皇来说吧，他在灭掉楚国、整合传统的"九州"之后还不肯收手，而是派军队继续南征，将疆域从长江流域扩张到珠江流域和越南北部，并设立了若干郡县。但在北方，自打占领河套之后，秦始皇却下令停止进攻，并将秦、赵、燕三国之前修筑的长城连接起来，形成西起临洮，东至辽东，绵延一万余里的秦长城。这位大帝居然想以此抵挡匈奴入侵，而不是彻底征服劲敌。

之后的汉唐宋等王朝，无不采取北松南紧的攻防策略。至于号称最有血性、不和亲、不纳贡的大明王朝，除了开国二祖（洪武、永乐），其他时期也好不到哪里去。

表面上看，大明是不像两宋一样向北方的邻居交纳岁币，但与瓦剌、鞑靼的互市，说白了就是一种不平等交易，是用好物换赝品。但大明皇帝和官员都心照不宣，只要能维持住和平局面，经济上吃点亏算什么呢？

但对于南方的叛乱，明廷的态度俨然就强硬铁血了太多。英宗朝，官军就四征麓川，不惜血本，还间接促成了"土木堡之变"的发生。成化朝、嘉靖朝，官军又有讨伐大藤峡的记录。

隆庆初年，广西古田的壮族贫民在黄朝猛、韦银豹的领导下，聚众十万，声势浩大。瑶族酋长杨公满也趁机起兵呼应。

虽说天高皇帝远,朝廷对广西之乱却高度重视。隆庆三年,张居正力荐殷正茂出任广西巡抚。

殷正茂字养实,号石汀,南直隶徽州府歙县(今安徽歙县)人,张居正的同年进士,但比后者大整整一轮。身为文官,老殷却有着读书人中罕见的火爆豪爽性格和军事指挥才华,这自然逃不过张居正的慧眼。

经过一年多的精心准备,殷正茂集合了十四万大军,准备来场"毕其功于一役"的战斗。

殷正茂毕竟还是书生,真正在一线指挥战斗的,是老将俞大猷。他将十四万军队分为七路,布置了密不透风的进攻体系,准备展开全面进攻。

隆庆四年十一月,战役正式开始。漫山遍野的明军架着佛朗机、虎尊炮和大将军炮等近代化武器,对着起义军营寨狂轰滥炸。六十二个寨子在一个多月时间里被先后攻破,黄朝猛死于乱军之中,韦银豹被活捉,并被送到京城凌迟处死。

老将俞大猷又添一功。但很显然,如果没有殷正茂掌控全局、平衡各方面关系,战事也不会进行得如此顺利。战后,殷正茂的安抚工作也做得相当到位。他改古田为永宁州,将荒田分给平叛功臣和破产农民耕种,让他们生活有了奔头;又改革盐政,不仅满足了民众所需,缓解了当地官府的压力,还以其成效显著被一直沿用至明末。

隆庆五年九月,高拱钦点殷正茂代替李迁提督两广军务。殷正茂一直以贪污闻名,弹劾他的奏疏就从来没有断过。但高拱有自己的主见:"我给殷正茂一百万两银子,只要他能把事办成,就算贪污一半,我也乐意。"这就叫用人不疑。张居正更是全力支持殷正茂,并为他在朝廷中分担压力。

殷正茂从此由广西转战广东,他的助手郭应聘继任广西巡抚。不久之后,府江瑶民发动起义,攻下了永安州和荔浦县。相传最危险的时候,附近各县城白天都不敢开门。

形势已十分危急。但郭应聘没有殷正茂的好战劲头,迟迟未能行动。大明首辅都由高拱换成张居正了,郭应聘还在按兵不动。

张居正不得不写信催促,说在荒凉烟瘴之地,屯数万之兵不能持久,重要的是临机速断,沉谋迅发,先集中全力破其一巢,余贼自然吓破胆子,次第可平。

郭应聘拼凑了六万军队，正准备兵发府江之时，却又出事了。怀远瑶民起义，杀了知县马希武，连远在北京的万历皇帝都被惊动了。对于郭应聘的错失战机，张居正并没有立即处分他——换个人不还得重新开始吗？反而更慢。

按照首辅的指示，郭应聘对怀远叛军采取了优厚的招抚政策，又送银子又送农具，好言相劝。起义军非常开心，放松了警惕。

就在这个当口，郭应聘集中全力，率军猛攻府江义军。府江瑶民孤立无援，起义就这样被扑灭了。

到了万历元年春，广西居然下起了大雪，实在是千古奇闻。冰雪融化之后不久，十万官军杀向怀远，准备将瑶民义军一举歼灭。

明朝时国人大都迷信，广西大雪被认为是天怒人怨，消息传到北京，很多言官都建议不能再打了。恶劣的气候，同样也麻痹了义军，让他们觉得官军不敢再攻击。可是呢，作为大明事实上的最高统帅，张居正并不相信什么"天谴"。

在给郭应聘的信中，张居正毫不掩饰地说道："兵已深入，须尽歼之。勿使易种于斯土，又烦再举也。"郭应聘言听计从，采用多种手段彻底平息了起义事态，广西局势终于恢复正常。他在广西开展屯田，建立堡垒，安抚地方，理顺民族关系，成绩喜人。万历帝下旨，晋升郭应聘为兵部右侍郎兼右副都御史。

相比广西，广东的民变势力更多。其中以惠州洋马潭、马公一带的蓝一清、赖元爵部实力最强。此外，潮州还有林道乾、林凤和诸良宝，海瑞老家琼州有李茂。

殷正茂并不急于发动攻势，而是埋头训练军队，筹集粮草。看他迟迟没有行动，一些言官坐不住了，准备弹劾他。

但张居正给了殷正茂最大程度的信任。他说："广东之事已经托付给了殷司马，此公才略足以在一两年内荡平贼寇。"张居正还特意拨出十万马价银支援广东，也真不怕殷正茂贪污。

不久之后，殷正茂收到了首辅的亲笔信。还没看完，他就惊呆了。

在信中，张居正直言不讳地说：

……从古以来经略南方者，皆未能以一举而收荡平之功，其势然也。今当申严将令，调益生兵，大事芟除，见贼即杀，勿复问其向背。诸文武将吏有不用命者，宜照敕书，悉以军法从事，斩首以徇……不惜一朝之费，而贻永世之安，唯公留意焉。

中国人讲究说话艺术，口气通常会尽量委婉。可张居正为了给殷正茂撑腰，变得比后者更狠，甚至不惜放出"见贼即杀，不问向背"的狠话，这无疑是给殷正茂吃了一颗定心丸。

但是，殷正茂依然不急于发动进攻。虽说马谡因失街亭成为千古笑柄，但他的"攻城为下，攻心为上"策略还是很有用的。殷正茂派人四处散发传单，鼓励海盗改过自新，重新做人。很快，杨崖、鲁万璋和江汉等人都闻风而降，并加入了官军。

针对广东的实际情况，殷正茂精心设计了"雕剿"和"截杀"战术，"雕剿"就是派出精锐，出其不意地突袭敌人营垒，类似"斩首行动"。"截杀"是在险要地段设置埋伏，打伏击战。殷正茂上书朝廷，希望将雕剿和截杀录入战功，以激发将士的血性与牺牲精神。

经过精心准备，万历元年四月，殷正茂终于对惠潮二府的海岛发起了总攻。武器占优的官军士气高昂，势不可挡。蓝一清等被全歼，林道乾逃往暹罗，林凤逃往台湾。广东算是恢复和平了。一万二千多叛军的首级，成了殷正茂向朝廷邀功请赏的本钱。

万历三年，张居正将殷正茂提拔为南京兵部尚书，心高气傲的殷正茂反而很不开心：我在广东还没打够呢。不得不说，张居正显示了高超的驭人之术。他不想让殷正茂战功太多以至过于骄横，成为言官弹劾的焦点。

随后，张居正推荐凌云翼接任两广总督。希望殷正茂过往的辉煌能够激励他，在南国大地谱写新的篇章。

凌云翼做事稳当，心思缜密。他集结起了二十万大军，分为十队，由广东总兵张元勋、广西总兵李锡统领，杀向罗旁山。

明军拿出与后世曾国藩湘军类似的结硬寨、打呆仗战术，步步为营，缓慢推进。经过四个月的战斗，瑶人首领潘积善投降，明军共擒斩四万多人，开拓土地百余里。

次年，在凌云翼的建议下，朝廷升泷水县为罗定州，由广东布政使司直辖。州下设东安、西宁二县。凌云翼在当地开设驿道联结华南，招募流民进行农业生产，将汉人的先进耕作技术引进到粤西，不光令地方经济得到了长足发展，也促进了民族团结，少数民族同胞与汉人的关系大为改善。

除了两广，张居正还特别关注另一区域的战事。

三、紧锣密鼓，安定四川

蜀道难，难于上青天。因与外界交通艰难，四川很容易在乱世中自成一体。在中国历史上，并没有哪一个大一统政权以四川为龙兴之地，但蜀汉、成汉、前蜀、后蜀等割据政权先后在这里建立，让中原王朝相当头疼。

今天四川南部的宜宾、珙县一带，原本生活着一个名为都掌（明廷蔑称为"都掌蛮"）的民族。今天，这个民族已经消失在历史长河之中。

都掌人有两个标志性特色。一是腰间要别一把铜鼓，似乎个个都能歌善舞。二是有族人去世后，他的棺材会被架在悬崖峭壁上，称为"悬棺"，很有仪式感。但具体的操作手法，至今仍未研究明白。

都掌人与大明的仇恨不知道从何而起，反正持续了二百多年。朝廷先后派出十一支大军征讨，结果收效甚微，有时反而死伤惨重。到了万历初年，都掌蛮由阿大、阿苟控制。阿大的基地在兴文县东南的九丝山，阿苟的老巢在凌霄峰。两处地形都无比险要，官军的骑兵根本派不上用场。

张居正自是想着早日解决这一势力。当然，首辅自己要管理两京十三省，是不可能亲自跑到四川去的。他必须安排得力的文官主管四川民政，骁勇的武将在一线指挥战斗。

张居正想到的，是自己的湖广老乡曾省吾。此人为安陆州钟祥县人氏，比首辅晚九年中进士。曾省吾虽是文官，却没有文人容易染上的迂腐之气，反而有几分武将的豪情，并与谭纶、戚继光和俞大猷都成了好朋友，更是张居正如假包换的亲信。"举贤不避亲"，不重用他重用谁？

当然，曾省吾自己并不能披挂上阵，他建议将贵州总兵刘显调任四川总兵，具体负责作战，得到了张居正的赞同。

刘显也算是本朝名将了。在东南抗击倭寇战争中，他固然没有戚继光那样的名声地位，但功劳也是不小的。嘉靖四十二年四月，刘显与戚继光、俞大猷联手进击，赢得了平海卫（今属莆田市秀屿区）大捷。但和当时明朝很多军官一样，刘显操行不太过关，经常干出贪污公款的事情。

刘显在福建和贵州时，都有言官不断试图弹劾他。到了四川，刘显的位置更是岌岌可危。看来这伙计是个惯犯啊。但是，所谓金无足赤，张居正宁可用能办实事的小人，也不会用只会夸夸其谈的"君子"。

为了减轻刘显的压力，张居正还将前广东总兵郭成改任四川副总兵，充当刘显的副手。郭成是四川叙南卫人，父亲正是死在都掌蛮之手，这个仇他岂会忘记？

在大明，京官通常都不愿意外放，如果是被安排到边远地方，官员的抵触情绪无疑更加强烈。但曾省吾不会，他渴望在诸葛亮当年战斗过的地方建功立业。

张居正在家设宴，为自己的好下属饯行。首辅深情地说："都掌蛮肆虐叙、泸，杀害我大明子民，罪不容诛。你肩上的担子，可以说比千斤还重！"

"他们遇到了我，只能自认倒霉！"曾省吾将杯中酒一饮而尽，"元辅您就等我的好消息吧，不灭都掌，誓不回还！"

"好，有我楚人的血性，我就在京师做你的后盾！"张居正非常开心。

曾省吾来到叙州之后，立即派人搜集情报。

"敌军老巢地形险要，如果强攻必然损失很大，各位有何高见？"曾省吾问道。

"都台，末将认为应先攻占凌霄城和都都寨，剪除他们的两翼，最后集中兵力攻打九丝城。"兵巡副使李江说道。

"对！欲破都掌蛮，必破九丝城；欲破九丝城，必取凌霄城。"曾省吾告诉刘显，"那刘将军就布置一下吧！"

"末将遵令！"

刘显虽说是武人，但也知道做事情不一定非要用武力。他略施小计，就将阿苟给抓到军营里来了。

还是男人更懂男人。阿苟和刘显一样贪财好色，后者就安排手下口才出色的李实前去当卧底，并忽悠阿苟去一个神秘地方"找乐子"。智商欠费的阿苟只带了俩跟班就去了，结果发现自己进了刘显的埋伏圈。

阿苟的愤怒之情难以言表，闭起眼睛只待一死。刘显却建议他回去劝说全寨投降，以争取宽大处理。

阿苟火了，猛地翻了个白眼："想得美！我族有个优良传统，老子出事了儿子接班，你们抓我根本没有用！"

没用？难道把你放了？刘显决定押着阿苟上凌霄城，逼着他叫门。

"你就死了这条心吧！"阿苟不想干。

"少废话，快去！"刘显让士兵把阿苟推到了阵前。这伙计刚刚站定，叽里咕噜没说两句，就听一阵刺耳的鼓声响起，接着乱箭齐发，阿苟很快变成了刺猬。

刘显怒了。他对郭成下令："见人就杀，不留活口！"

明军架好一排排的佛朗机，对着寨子疯狂轰炸。随后，数万只燃烧的箭射进了寨子，现场变成了一片火海。不时有人顶着烧着的头发到处逃窜。

眼看烧得差不多了，郭成大喝一声："杀！"早已憋足劲的官军提着刀枪杀进了寨子，四处追杀逃跑的都掌人。真不是明军有多么厉害，只是双方的武器差距有些大。都掌战士的鲜血，将寨子里的小溪都染成红色了。

踏着一堆堆尸体，明军占领了凌霄城。曾省吾开心之余，立即用八百里加急向北京报喜。但张居正并不急着庆祝。他回信说：

> 凌霄即破，我师据险，此天亡小丑之时也。宜乘破竹之势，早收荡定之功！……攻险之道，必以奇胜。今可征兵积饷，为坐困之形，而募死士，从间道以捣其虚。

首辅都这样循循善诱了，曾省吾怎能不感动？他立即敦促刘显再接再厉，强攻都都寨。不久之后，这个寨子也宣告陷落。这么一来，官军的目标，只剩下了一个九丝城。

九丝城听起来高大上，不过只是都掌人的自我吹嘘，它实际上就是一系列的山窝子，位于夜郎西山里面。此处壁立千仞、山势陡峭，外人一进来就蒙圈。但对自幼生长在这里的都掌人来说，上攀下跳根本不叫个事。因为有汉人从密道提供粮食物资，官军就算封锁一两年，也不会产生供应危机。

但刘显显然不是省油的灯。他学习王阳明平定宁王时的心理战术，派间谍四处发布传单，瓦解都掌人的斗志：

> 刘显将军大名鼎鼎，用兵如神（反正吹牛不上税），当年与戚继光、俞大猷共破倭寇，名闻中外。今以十万之众进攻凌霄、都都二寨，易如反掌（我说是就是）。城破之日，你等叛贼岂可逍遥法外？若能事先降我，许诺免死。

凌霄、都都二寨被攻破的惨状，九丝城的叛军怎能没有耳闻？再加上间谍们添油加醋的吹嘘，刘显简直就成了天神下凡，让一些都掌人吓破了胆。不长时间，有两千三百多人跑出来投降。

形势可喜，刘显却愈发谨慎。他拼凑了十四万大军，兵分五路，如同五台开足马力的推土机，所到之处寸草不生，向着九丝城步步推进。

五路大军并非各自为战，而是相互配合，分进合击，稳扎稳打。九丝城外围的据点一个个被清理，只剩下最后的据点。

眼看末日降临，都掌人爆发出了惊人的战斗力，用密集的箭雨招待远道而来的明军朋友，并令他们损失惨重。复杂的地形，恶劣的天气，不断的伤病，让明军士气大减。刘显知道这样下去不是办法。

眼看到了九月初九日。刘显下令，重阳节休息一天。

这一天，正好也是都掌人的"赛神节"。虽说外面大雨如注，天气阴冷，九丝城的大小山洞里却是觥筹交错，杯盘狼藉。都掌人听说刘显也放假了，再加上下这么大的雨，他们认为明军根本不可能发动进攻。

压抑了这么久，大家可以尽兴地喝一次了。美酒能放松人的心态，也能麻痹人的神经。不大工夫，这些拿起兵器就骁勇无比的都掌士兵，大部分都醉得东倒西歪。

但有人还是能叫得动他们。突然之间，只听"嗖嗖嗖"几声弓弦响过，几个都掌士兵应声倒地。不大工夫，越来越多的明军杀了进来，杀向毫无准备的敌人，并趁机到处放火。

一边是憋足了劲想立功，另一边是喝大了酒走不成道；一边把兵器抡得倍儿欢，另一边还搞不明白怎么回事。雨渐渐停了，风却呼呼地刮，明军趁机到处放火，熊熊大火让九丝城亮如白天，映衬出一张张因惊吓而变形的苦脸。

这根本不是一场战斗，而是一次屠杀。现场很快血流成河，都掌士兵有的被当场杀死，有的被活活烧死，有的逃跑时失足坠下悬崖摔死，还有的跪在道边请求收编，结果人家只想收编他的脑袋。

天色渐渐亮了起来，一身金甲、眼中带着血丝的刘显来到了士兵中间，显然，他已经长时间没休息了。

"弟兄们辛苦了。这都是皇恩浩荡，首辅英明，曾抚台指挥有方，各位兄弟奋勇杀敌。今天晚上大家喝个痛快！"刘显自然要表示一下。

"大帅用兵如神，我等无比佩服！"

这一晚的刘显，简直有点戚继光附体的味道了。

他故意放话让士兵休息，只是为了麻痹对手。而更多的精兵，已经做好了战斗准备。

风雨再大，都不是不行动的理由。对手越觉得不可能，我就越要给他来一家伙。数万明军克服山路湿滑、地面泥泞的障碍，用缆索攀上绝壁，神兵天降一般杀到了醉鬼们跟前，给他们以斩草除根式的暴击。

经此一役，中国从此就少了一个民族。倒不是都掌人都死绝了，而是他们再也不敢暴露身份，甚至将阿姓改为何姓。在张居正的建议之下，刘显长驻四川。只要听说这个名字，很多想闹事的山贼马上规矩了；孩子啼哭不止，只要母亲喊出"刘显"两字，孩子马上老实了。

捷报用八百里加急传到京师，送进内阁，又转送到张居正府上，这位首辅看过之后非常平静，一切都在我掌握之中嘛。但迈过门槛时，他还是把木鞋的履齿折断了，恰如淝水之战后的谢安。在给曾省吾的信中，张居正毫不掩饰得意之情："灭了这股巨寇，不光四川百姓可以安枕无忧，从此国家也可以扬眉吐气了。天南地北还有想造反的人，也得吓破胆，不敢随意造次了。"

张居正谆谆教导，一定要斩草除根，防止叛军春风吹又生。而曾省吾也表现出了一位成熟政治家的风度，他向朝廷上了《经略平蛮善后疏》，力主在当地分配耕地、抚恤饥民、修整道路等，以安定民心。戎县也被改名为兴文县，寓意是偃武修文。

北平定了南方，控制了北疆局势，张居正的新政，也就不会有什么阻力了吧？

第十一章
夺情风暴愈演愈烈

一、文官上疏，挑战首辅权威

在《陈六事疏》中，张居正将"省议论"列为第一条，足见他对口舌之争的厌恶。

从成化朝、弘治朝起，明朝官员就热衷高谈阔论，喜欢抨击高官的不作为与渎职，特别是六科给事中和十三道御史，更是拿弹劾高官当饭吃。当然，其中不乏敢于针砭时弊、不畏权贵的正直之士，但很多时候，言官的奏疏简直是捕风捉影、信口开河。对待这些官员，张居正一点好脸色都不想给。

"考成法"是江陵柄政初期最为重要的措施。通过此举，张居正获得了比历代宰执更大的权力，六部九卿事实上成了他的僚属。这当然是违反所谓洪武祖制的，但大明已经建立了两百余年，人口至少翻了一番多，也不可能事事都依照朱元璋定下的标准吧。

对于小皇帝，张居正是极为恭敬的。早在万历元年，翰林院中飞来了白燕，内阁中的并蒂莲盛开，为了让小皇帝高兴，张居正就将白燕和白莲当作祥瑞之物献给了万历帝。

这种事情，嘉靖朝的大臣们做起来可是争先恐后。但时代真的不同了，如今连冯保都不支持。他批评道："圣上还小，切不可让他玩物丧志。"张居正自知理亏，也就不作辩解。

但张居正没想到的是，有言官居然趁机上疏，指责首辅在不恰当的时机，不恰当地进献祥瑞。此人是南京户科给事中余懋学。他是南直隶徽州府婺源县（今江西省抚州市婺源县）人。隆庆二年（1568），余懋学考中进士，外放为抚州府推官，之后被提拔为现职。

对于这种小官的非议，整天忙得脚不沾地的张居正自然根本不放在眼里。但没想到，万历三年（1575）二月，余懋学又玩了把更大的。

在上疏中，余懋学就像个恨铁不成钢的老学究，苦口婆心地劝导皇帝要崇惇大、亲謇谔、慎名器、戒纷更和防谀佞。施政要有张有弛，宽严相济，不要总是杀气腾腾地处罚官员。

对喽，十二岁的小皇帝就是个吉祥物，他那些圣旨，执行的还不都是张某某的意思。万历帝整天处罚大臣，还不是因为姓张的搞了个考成法，搞得官不聊生，一个个就跟内阁雇用的临时工似的。"防谀佞"防的是谁，只要不是瞎子都能看出来。涿州桥修成，工部都不知道谢皇恩，一味地阿谀内阁和司礼监，良心哪里去了！

对余懋学的指桑骂槐，张居正表示是可忍孰不可忍！在他的暗示之下，万历帝将这位小官革职为民，永不叙用。那些还想继续碰瓷的言官，确实都得好好掂量一下了。

张居正的雷霆做法，也不是没有人质疑。礼部尚书万士和认为，言官就要敢于直言，如果什么都不让讲，六科十三道这些岗位也没有存在的必要了。如果因一些小小过失就如此惩罚，以后朝政出现大问题时，就没人敢站出来说实话了。

张居正则坚持认为，对于敢"无中生有"的言官，就应该严肃处理。可能对首辅的施政逻辑不满，当年九月，万士和请求致仕，马自强接替了他的"大宗伯"之位。

徐阶当政时，对待言官相当宽容。但高拱与张居正先后掌权之后，很不欣赏这些人的做派。经过两百年的大浪淘沙，大明很多言官确实形成了敢于直言、不畏权势的好传统，当年的严嵩父子他们都不怕，张居正怎么着也不应该是严嵩加强版吧？因此，别看余懋学倒霉，很少有言官将他当成"前车之鉴"，大家的工作热情还是一如既往地高。

而且，个别同情余懋学的，行为就更加激进了。

当年十二月，北京城内已经是万木枯槁，呵气成冰，居民们非必要绝不出门。但权倾朝野的张居正，却见识到了比暴风雪更让人心寒的事情。

有个他的门生，居然上疏拐弯抹角地嘲讽他的新政。此人就是时任河南道御史的傅应祯。

傅应祯是吉安府安福县人，隆庆五年（1571）辛未科进士。据说傅应祯头脑活泛，多次向老师行贿都被拒绝，于是怀恨在心。当看到余懋学罢官引起朝野不少同情时，他觉得自己扬名立万的机会到了。

在奏疏中，傅应祯建议皇上"常存敬畏以纯君德""蠲租税以苏民困""叙言官以疏忠说"，表面看是忠心耿耿，但他巧妙地将当年保守派攻击王安石变法的"天变不足畏，祖宗不足法，人言不足恤"置入文中，暗指张居正就是在世王安石。

正史对王安石的评价很低，在有明一朝，如果把某个官员比作王安石，也只是比说他是秦桧转世强一点点。

张居正一再强调他搞的不是变法，只是维护祖制。余懋学的罢黜，那是万历帝下旨决定的，傅应祯却指责此举是闭塞言路，让正直之人不敢说话。他要求重新起用余懋学，这样"则正直之气弘，而謇谔之风兴，岂非太平盛世也哉"？

事实证明，傅应祯还是天真得过了头。万历帝看了之后勃然大怒，称他为"这厮"，并准备用公开廷杖的方式招呼他：

> 傅应祯无端以三不足诬朕，又自甘欲与余懋学同罪，这厮每（们）必然阴构党与（羽），欲以威胁朝廷，摇乱国是。着锦衣卫拿送镇抚司，好生打着问了来说。

这么一来，傅应祯还能有什么好下场？

安福是江右王门的重要基地，王阳明得意门生邹守益正是安福人。傅应祯是否王门嫡传弟子史书并未记载，但他确实享受到了王圣人当年的待遇——免费入住锦衣卫诏狱。狱卒们个个热情好客，每天变着法儿用各种刑具问候这位书呆子，逼他说出党羽姓名。

傅应祯只是个七品小官，哪有什么党羽可言，他当然要极力否认，结果被打得皮开肉绽，奄奄一息，随时有见先帝的危险。所谓患难见真情，当大多数同年对傅应祯避之不及时，户科给事中徐贞明无所畏惧地混进诏狱，为傅应祯送来粥药，并鼓励他勇敢地活下去。广东道御史李桢和陕西道御史乔岩随后也跑来探望。他们的到来，无疑给了傅应祯坚持到底、跟首辅唱对台戏的信心与底气。

消息传到张居正耳朵里，这位权臣相当失落，一个学生弹劾自己就够了，又有三个学生和自己作对。如果再让傅应祯留在京城，同情他的人不就越来越多吗？于是张居正请旨，将傅应祯发配到浙江定海卫充军，徐贞明等三人也降二级，赶出京城。

定海卫位于繁华的宁波府，生活条件相比那些热门流放地如两广贵州一带还是要好得多。在浙江，傅应祯依然不肯安生，继续从事攻击张居正的活动。

傅应祯等人的遭遇，在辛未一代（1571年进士）中继续发酵。按常理说，会试主考官与其门生之间，往往可以建立特殊的情分。但这一届进士真是例外，很多人倒真是团结，他们的共同敌人，正是自己的座师张居正。

很快，又有人站出来了。

二、学生弹劾，带来严重后果

万历四年的新年到了，北京城内处处洋溢着喜庆气氛。家家户户贴春联，挂灯笼，放鞭炮，期盼新的一年能有新的收获、新的突破、新的机遇。

但根据惯例，大明官员的假期从正月十一日才开始，元旦还得继续上班。去往文渊阁的路上寒风呼啸，呵气成冰，但张居正的心是暖和的。就在前不久，蒙古泰宁部首领炒花进犯沈阳，被李成梁杀得大败。实行考成法这三年来，官员的绩效有了明显进步，国家财赋也有了很大改善。他这个首辅，可以说上对得起皇上，下对得起黎民了。

但一想到傅应祯和另一个门生，张居正的心里又不是滋味了。

张居正到了内阁，见吕调阳和张四维已经开始工作了。对于这两位下属，首辅还是比较满意的，他们既不像高拱那样爱惹是生非（当然也没那个实力），又不像李春芳、陈以勤一样花式躺平，都能较好理解首辅的意图，做出自己的贡献。

当然，如果要张居正选一个接班人，他们都不是理想人选。

"元辅您来了？"老好人吕调阳过来打招呼，脸上却看不到一点笑意，让张居正不太适应：大过年的，需要这么严肃吗？这时，演技精湛的张四维也过来了，脸色苍白，手时还拿着一份奏疏："元辅，这个不能不给您看。但您看了，千万、千万不能动怒啊！"

说得似乎很严重，张居正有点糊涂了。如今不是一切在我掌控之中吗，还有什么事情值得我动怒，总不至于是李太后让儿子罢免我吧？他平静地说："拿来，我看！"

"元辅，身体要紧，别气着了！"张四维把奏疏交给张居正，又特意强调了一遍。

张居正不耐烦地接过奏疏，坐在自己的公案前开始审读。看着看着，他不禁大声咳嗽起来。桌上泡着一壶热茶，张居正哆哆嗦嗦地想给自己倒杯水，但他突然抓起茶杯，使劲砸在地板上，随后自然是"啪"的一声摔了个粉碎。

"这个畜生！"张居正瘫在椅子上，大口大口喘气。

吕调阳和张四维赶紧过来，安慰老大说："元辅，切不可和这等小人一般见识啊。"

张居正看到的，正是青史留名的《恳乞圣明节收辅臣权势疏》，署名是最近让他不省心的另一个辛未科进士。

此人从此也天下闻名，他叫刘台。

和傅应祯一样，刘台也是吉安府安福县人。他虽未被选为庶吉士，但官运却顺畅得让人眼红。在当了一段时间刑部主事之后，万历三年，也就是中进士四年之后，刘台被破格提拔为辽东巡按御史。

在这其中，很难说没有恩师张居正的提携。不过，就在年底的辽东大捷之后，刘台的表现欲过于强烈，居然抢在辽东巡抚张学颜前面，向朝廷上了一份报捷疏。

所谓的监察御史，当然只是督导地方工作的，并不能干涉军政。说刘台这是自作聪明吧，其实之前也有一些同行这么做过，什么事都没有。

但如今是江陵柄政，跟以前能一样吗？张居正看到报捷疏之后火冒三丈：这刘台脑子是进水了吗？千万别让人知道他是我的门生！他立即向万历帝建议，降旨申斥刘台，让他好好反省。

如今，看到这份弹劾疏，张居正终于明白，自己的好学生是如何反省的了。

刘台的这份弹劾，简直就像一把锋利的刀子，直戳张居正的心脏，让它流血不止。

刘台在奏疏中开宗明义，指责张居正败坏洪武祖制，擅作威福：

> 臣闻进言者皆望陛下以尧、舜，而不闻责辅臣以皋、夔。何者？陛下有纳谏之明，而辅臣无容言之量也。高皇帝鉴前代之失，不设丞相，事归部院，势不相摄，而职易称。文皇帝始置内阁，参预机务。其时官阶未峻，无专肆之萌。
>
> 二百年来，即有擅作威福者，尚惴惴然避宰相之名而不敢居，以祖宗之法在也。
>
> 乃大学士张居正偃然以相自处，自高拱被逐，擅威福者三四年矣。谏官因事论及，必曰："吾守祖宗法。"臣请即以祖宗法正之。

其次，张居正以权谋私，陷害大明好首辅高拱，任人唯亲，私用不合格的张四维等，影响实在恶劣：

> 祖宗进退大臣以礼。先帝临崩，居正托疾以逐拱，既又文致之王大臣狱。及正论籍籍，则抵拱书，令勿惊死。既迫逐以示威，又遗书以市德，徒使朝廷无礼于旧臣。祖宗之法若是乎？
>
> 祖宗朝，非开国元勋，生不公，死不王。成国公朱希忠，生非有奇功也，居正违祖训，赠以王爵。给事中陈吾德一言而外迁，郎中陈有年一争而斥去。臣恐公侯之家，布贿厚施，缘例陈乞，将无底极。祖宗之法若是乎？
>
> 祖宗朝，用内阁冢宰，必由廷推。今居正私荐用张四维、张瀚。四维在翰林，被论者数矣。其始去也，不任教习庶吉士也。四维之为人也，居正

知之熟矣。知之而顾用之，夫亦以四维善机权，多凭藉，自念亲老，旦暮不测，二三年间谋起复，任四维，其身后托乎？瀚生平无善状。巡抚陕西，赃秽狼藉。及骤躐铨衡，唯诺若簿吏，官缺必请命居正。所指授者，非楚人亲戚知识，则亲戚所援引也；非宦楚受恩私故，则恩故之党助也。瀚惟日取四方小吏，权其贿赂，而其他则徒拥虚名。闻居正贻南京都御史赵锦书，台谏毋议及冢宰，则居正之胁制在朝言官，又可知矣。祖宗之法如是乎？

再次，张居正目无皇上，自封宰相，控制行政与监察系统，打击正直官员，献媚两宫太后，侵夺民脂民膏：

祖宗朝，诏令不便，部臣犹訾阁拟之不审。今得一严旨，居正辄曰"我力调剂故止是"；得一温旨，居正又曰"我力请而后得之"。由是畏居正者甚于畏陛下，感居正者甚于感陛下。威福自己，目无朝廷。祖宗之法若是乎？

祖宗朝，一切政事，台省奏陈，部院题覆，抚按奉行，未闻阁臣有举劾也。居正定令，抚按考成章奏，每具二册，一送内阁，一送六科。抚按延迟，则部臣纠之。六部隐蔽，则科臣纠之。六科隐蔽，则内阁纠之。夫部院分理国事，科臣封驳奏章，举劾，其职也。阁臣衔列翰林，止备顾问，从容论思而已。居正创为是说，欲胁制科臣，拱手听令。祖宗之法若是乎？

至于按臣回道考察，苟非有大败类者，常不举行，盖不欲重挫抑之。近日御史俞一贯以不听指授，调之南京。由是巡方短气，莫敢展布，所惮独科臣耳。居正于科臣既啖之以迁转之速，又恐之以考成之迟，谁肯舍其便利，甘彼龃龉，而尽死言事哉？往年赵参鲁以谏迁，犹曰外任也；余懋学以谏罢，犹曰禁锢也；今傅应祯则谪戍矣，又以应祯故，而及徐贞明、乔岩、李祯矣。摧折言官，仇视正士。祖宗之法如是乎？

至若为固宠计，则献白莲白燕，致诏旨责让，传笑四方矣。规利田宅，则诬辽王以重罪，而夺其府地，今武冈王又得罪矣。为子弟谋举乡试，则许御史舒鳌以京堂，布政施尧臣以巡抚矣。起大第于江陵，费至十万，制拟宫禁，遣锦衣官校监治，乡郡之脂膏尽矣。恶黄州生儒议其子弟幸售，则假县令他事穷治无遗矣。编修李维桢偶谈及其豪富，不旋踵即外斥矣。盖居正之贪，不在文吏而在武臣，不在内地而在边鄙。不然，辅政未几，即富甲全楚，何由致之？宫室舆马姬妾，奉御同于王者，又何由致之？在朝臣工，莫不愤叹，而无敢为陛下明言者，积威之劫也。

最后，刘台摆出一副视死如归的英雄气概，说自己虽为张居正学生，却是大明忠臣，不是谁的走狗，一定要为朝廷揭发权奸：

> 臣举进士，居正为总裁。臣任部曹，居正荐改御史。臣受居正恩亦厚矣，而今敢讼言攻之者，君臣谊重，则私恩有不得而顾也。愿陛下察臣愚悃，抑损相权，毋俾偾事误国，臣死且不朽。

刘台不愧是才子之乡长大的读书人，这篇文章写得洋洋洒洒，旁征博引，却也不是无的放矢，信口雌黄，而是将张居正执政以来的主要事功进行了有针对性的歪曲解读，带有相当程度的欺骗性，并将很多新政的反对者只敢在心里诅咒的话语，明打明地写了出来，自然能得到好事者的共鸣，并煽动起他们反对首辅的决心。

相比傅应祯的指桑骂槐，这一次刘台算是真真正正、指名道姓地弹劾自己的老师，并以"大义灭亲"之势来搅乱视听，颠倒黑白。这个后果是非常严重的。

要知道大明以仁孝治天下，尊师重道的传统融入了每一位读书人的血液中。二百多年来，从来没有学生弹劾座师的事情发生过。即便是严嵩这样的"超级奸臣"，一生被人弹劾了无数次，其中也没有一个是自己的学生。

我为国家殚精竭虑，到头来连严嵩都不如。不行，为了证明清白，我要……辞职！

三、以退为进，靠辞职赢得主动

诸位，张居正是意志如此薄弱，被人弹劾一下就赌气不干了吗？

这倒不是。按明朝惯例，大臣被指名道姓弹劾之后，确实应该提出辞职，然后由皇帝决定去留。当然，这样就存在一定风险，皇上只要一批准你的辞呈，你真的就得收拾东西走人了，万岁爷还不必背锅：这可是你自己要走的呀。

当年的徐阶，不就是这么被言官张齐和隆庆帝"联手"给抬出局的吗？有这样的前车之鉴，张居正真的一点都不害怕？此时他当然有这样的自信心，知道小皇上和太后向着谁。

张四维原本是高拱的亲信，现在居然被安排成张居正的"嫡系"。眼看老大都要辞职了，他和张瀚也只好上疏请辞。

收到张居正辞呈的万历帝，无疑像被万伏高压电线击中一样茫然。他立即让太监去请张先生。这位大明最有权势的首辅，此时跪在台阶下，居然泪流满面，小皇帝不由得非常心痛。

"此等小人挑拨离间，朕一定不能轻饶！"万历帝喊道。我不是一直想尝试廷杖吗？这次元辅应该不反对了吧。

张居正一字一句地说："万岁，依照大明律，巡按御史不得报军功。去年辽东大捷后，刘台违制上疏，本应被降谪。当时老臣只是请旨申饬，这刘台就愤愤不平了。之后御史傅应祯因妄言入狱，臣请旨追查其党羽，刘台与傅应祯是同乡，做贼心虚，因此完全不顾师生情面，对老臣泄私愤。我大明立国二百年来，从没有门生弹劾座主的事情，因此，"张居正又流泪不止，"老臣唯有一去以谢刘台。"

十五岁的万历帝也没出宫上过学，哪里明白事情的严重性。不就是污蔑诽谤嘛，打他个生活不能自理不就行了，还用得着辞职？

万历帝走下台阶，亲手将张居正扶了起来："先生不要难过。我这就严厉惩处这厮，为先生讨回公道！"

"老臣想休息几日，不去内阁了。"张居正喘着气说。

"准！"万历帝命太监传旨：

> 卿赤心为国，不独简在朕心，实天地祖宗所共降鉴。彼谗邪小人，已有旨重处。卿宜以朕为念，速出辅理，勿介浮言。

张居正已经不知道自己是怎么回到家里的。仆人端上了茶点，他一口都不想吃。一想到这四年对刘台栽培的用心、这小子反咬一口的无耻,张居正是越想越气,就差一拳砸在茶壶上了。

识人不明,反被羞辱,换作普通人都难免耿耿于怀,何况是一国宰辅,对如何识人、用人相当自负的他呢?刘台说的那些事情,其实也并不全都是污蔑;换个角度看,几乎都是成立的。他以首辅领导六部,本身就是违反祖制的,家乡的"张大学仕府",自己是没见到,但很可能确实过于奢华。皇帝和太后如果对他产生猜疑,其实也是不难理解的。

可是,我张居正绝不甘心做一辈子甘草阁老,尸位素餐,在这个位子上一天,就要做一天的事情,不然就辜负了太后与皇上的信任,做不到,就退位让贤!一想到此,张居正的鼻子一酸。"磨墨!"他向屋外喊道。

很快,张居正的第二封辞呈就送到司礼监了。

他首先感谢了皇帝的知遇之恩,指出相比那些多如牛毛的怀才不遇者,自己实在太幸运。眼下所做的事情,都是为皇帝做的,绝不是擅作威福:

> 臣捧读恩纶,涕泗交集,念臣受先帝重托,既矢之死报矣。令皇上圣学,尚未大成;诸凡嘉礼,尚未克举。朝廷庶事,尚未尽康;海内黎元,尚未咸若。是臣之所以图报先帝者,未尽其万一也,臣岂敢以去?古之圣贤豪杰,负才德而不遇时者多矣,今幸遇神圣天纵不世出之主,所谓千载一时也,臣又岂可言去?

> 皇上宠臣以宾师不名之礼,待臣以手足腹心之托,相亲相倚,依然蔼然,无论分义当尽,即其恩款之深洽,亦自有不能解其心者,臣又何忍言去?然而臣之必以去为请者,非得已也!盖臣之所处者危地也,所理者皇上之事也,所代者皇上之言也。今言者方以臣为"擅作威福",而臣之所以代王行政者,非威也则福也。

随后,他摆明了自己的态度:要做就尽职去做,而不是顺从批评者的意愿,碌碌无为地混日子:

> 自兹以往,将使臣易其涂辙,勉为巽顺以悦下耶,则无以逭于负国之罪;将使臣守其故辙,益竭公忠以事上耶,则无以逃于专擅之讥。况今天谗

邪之党，实繁有徒，背公行私，习弊已久。臣一日不去，则此辈一日不便；一年不去，则此辈一年不便。若使臣之所行者，即其近似而议之，则事事皆可为作威，事事皆可为作福，暗暗之谗日哗于耳，虽皇上圣明，万万不可为之投杼，而使臣常负疑谤于其身，亦岂臣节之宜有乎？此臣所以辗转反侧，而不能不惕于衷也。伏望皇上怜臣之志，矜臣之愚，特赐罢归，以解群议。博求廊庙山林之间，必有才全德备之士，既有益于国而又无恶于众者，在皇上任之而已。臣屡渎宸严，无任战栗陨越之至。

不难看出，张居正这是以退为进，让皇上做二选一。虽说首辅的新政得罪了很多人，但支持他的也不少。吏部左侍郎何维柏等认为，张居正上辅皇上圣德，下为百官楷模，坚决请留。在李太后的指示之下，万历帝派太监孙隆带天子手谕前往张宅。

张居正率一家老小跪倒磕头。孙隆用他尖细的声音念道：

谕元辅：先帝以朕幼小，付托先生。先生尽赤忠以辅佐朕。不辞劳，不避怨，不居功，皇天后土祖宗必共鉴知。独此畜物，为党丧心，狂发悖言，动摇社稷，自有祖宗法度（惩治）。先生不必介意，只思先帝顾命，朕所倚任，保安社稷为重，即出辅理。朕实惓惓伫望。特赐烧割一份，手盒二副，长春酒十瓶，用示眷怀。先生其钦承之，慎勿再辞。

这无疑是为事件做了最后定性。太后和皇帝对首辅深信不疑，还搬出先帝顾命来证明，并决定要处理刘台，张居正再辞职就不明智了。

辽阳距京师一千三百余里，锦衣卫赶过去大约要十来天，等到将他抓回北京，已经是二月了。刘台在诏狱中吃足了苦头。

小皇帝派文书官丘得用传旨，准备将刘台廷杖一百，然后将他流放到天荒地老之处。以刘台的小身板，很可能直接就被打死，根本也用不着流放了。

然而，奇迹出现了。在张居正的坚持之下，刘台居然只是被削籍为民，其他什么事都没有。想必在定海卫吃糠咽菜的傅应祯得知此事，定要哭昏在茅厕里：这也太双标了吧！

张居正之所以建议宽赦刘台，只因上次傅应祯嘲讽万历帝都没被廷杖，这次刘台只是攻击首辅却要动刑，显得元辅仿佛比皇帝更重要，这可万万使不得。"事上而爱君父不如爱己，臣不敢也。"什么叫水平？什么叫情商？学着点吧。

此事足以说明，张居正虽大权在握，依然非常谨慎，事事将皇上和太后摆在前面，并非像好事者说的狂得没边儿。

处理了刘台，张居正与万历皇帝对彼此的信任又上了一个台阶，各项政策的推行有了更加有力的保证。朝野之中的大多数人还是愿意相信张居正的操守没有大的问题，而余、傅、刘的行为太过迂腐甚至投机。用今天的话来讲，他们就是在搞政治碰瓷。

当然，同情三人的声音依然存在，对张居正的不满情绪也在发酵。在《石匮书》中，大才子张岱居然慷慨地将这三人列入"七君子"之列，说什么"如七君子之闵不畏死者，亦铮铮为天下之奇男子矣"。

那么，另外四位仁兄是谁，又会有什么表演呢？别急，属于他们的高光时刻马上到来。

四、父亲离世，儿子左右为难

自打嘉靖三十八年（1559）离乡返京，张居正和父亲张文明已经十九年[1]没有见面了。人生能有多少个十九年？特别是在人均寿命不到五十的十六世纪，十九年差不多就是普通人的半生。

十九年，足够一个女婴长成风情万种的大姑娘，也足够一个中年人变得老态龙钟。十九年前，当张居正告别江陵时，只是一个在翰林编修岗位上待了十年的小芝麻；十九年之后，他已经是这个帝国最有权势的大臣，甚至是整个帝国真正的主宰。但他要想见父母一面，却依然是如此不便。而生活在今天的我等普通人，哪怕与亲人相隔万里，拿起手机就能视频通话。

万历元年十二月十五日，张文明迎来了他的七十大寿，适值长子刚就任首辅一年多，按理说，张居正此时回江陵为父亲办个寿宴，必然是全城轰动的名场面。如果把老爹接到北京摆宴席，那北京城有头有脸的人物，都要排队领取

---

[1] 实际是十八年，古人计算时间往往如虚岁一样多加一年。

入场券。

但是，对张文明来说，家以外的地方都是远方，手够不到的地方都是他乡，还是江陵的一亩三分地儿最好。尽管张居正几次希望能将爹娘接到北京赡养，张文明坚决不答应。

万历帝对张居正的尊敬是不打折扣的，对先生的父母当然也非常关心。万历三年的某一天，小皇帝突然放下手头的事情，问身边的太监："元辅的双亲如今可安好？"

"好着呢，只是都到了古稀之龄了。"太监们回答道。

"好啊，希望二老人健康长寿，元辅在京师也能安心（给我干活）。"万历帝说道，"我要给他们打赏！"

于是小皇帝下旨，赐张家大红蟒衣一袭，银钱二十两；又赐玉花坠七件，彩衣纱六匹。并给张居正写去了亲笔信。虽说东西不多吧，也不是很值钱，但诚意很足。首辅收到信之后，当然要对着紫禁城方向连连叩头，以示感谢了。

万历五年，绝对是张居正人生中至关重要的一年。

二月，在刺骨的寒风之中，张敬修与张嗣修奋战在京师贡院。老三张懋修则因上年乡试失败，失去了和两个哥哥一起出镜的机会。本届的两位主考官，是东阁大学士张四维和翰林院侍读学士申时行。他俩都是首辅核心朋友圈里的精英。

张敬修落榜了，但张嗣修却顺利入围，最终在殿试中高居榜眼，直接当上了正七品的翰林院编修，做到了父亲当年都未曾做到的事情，可喜可贺啊。

但是，因为父亲是当朝首辅，很多人自然而然地就怀疑张嗣修作弊，这个逻辑成立吗？其实，张嗣修在会试中只是第五名，但廷试又不是密封卷，万历帝要把张嗣修提到榜眼，别人还能拦住他不成？

同时，万历帝留下了金句："朕无以报先生功，当看先生子孙。"为了表彰首辅的功绩，就把他儿子提到一甲？这真是妥妥的败人品，责任真不在张居正。

四月，一则噩耗传到内阁，兵部尚书谭纶去世了。这让张居正非常难过。

对于这位出身文官却以战功出名的大司马，张居正一直信任有加。故而他一当上首辅，就请兵部尚书杨博改署吏部，由谭纶接任。过去五年，谭纶与张居正配合默契，稳固边防，训练士兵，修整边墙，成果斐然。有谭纶在，大明的北部边境相当安全，戚继光的蓟镇总兵也当得非常踏实。

谭纶这一年才五十八，死因很可能是积劳成疾，透支了身体健康。刑部尚书王崇古接任"大司马"，刘应节改任"大司寇"。

谭纶的骤然离世，让张居正从此失去了一位得力助手，更意识到生命的短暂、岁月的无常、亲情的宝贵。此时老爹七十四，老娘七十二，都已进入风烛残年，保不齐哪天说走就走了。一想到这里，张居正能不焦虑吗？

"万岁，江陵来信，家父身体欠佳，老臣想告假回江陵探望。"一次，在给小皇帝讲课完毕之时，张居正不失时机地提出了自己的想法。

"先生回乡尽孝是应该的，朕怎么可能不准呢？"万历帝表示非常理解。但是，他后面的话才是重点："明年三月就是朕的大婚之期了。没有先生在，这喜事肯定就办不成了啊。"

对头，皇上的喜事，比你家的丧事重要，这没有什么好讨论的。

普通人家娶个媳妇都要折腾好几个月，皇家婚礼上各种程序仪式更是烦琐得可怕，一点马虎不得。作为首辅，张居正是责无旁贷的主婚人，显然走不开。

"那就等陛下大婚之后，老臣再回江陵。"张居正只能如此妥协了。

"好！"万历答应得非常爽快。

皇帝大婚事宜有条不紊地向前推进着。九月二十五日，深秋的清晨已经有了一些凉意。时值中午，张居正、吕调阳和张四维三人正商量着在哪里吃饭。突然一个文书急匆匆过来行礼："元辅，您江陵老家来信了！"

不知道什么原因，张居正有了种不祥的预感。他迫不及待地拆开信封，看着看着，神情越发痛苦，很快，大颗大颗的泪珠落在了信纸上。最后，他干脆面向南"扑通"跪倒，大声喊着："父亲大人，孩儿不孝啊……"

吕张二人面面相觑，知道是出大事了，但也不知道应该怎么安抚首辅大人。好半天过去，张居正情绪逐渐平复。他坐了下来，告诉两个助手："家父已于十三日宾天，我这就向万岁上疏，内阁的事情，就多辛苦二位了！"

"元辅，您一定要保重身体，先回府休息吧。令尊大人的在天之灵，也不希望您太过悲伤。"

从文渊阁到张府的路，张居正走过了无数遍，但这一次却是最漫长的。一到家，他立即叫来游七，让他安排搭设灵堂，开始祭奠。又让下人准备回乡的行李。

但作为一国首辅，他真的能说走就走吗？

五、执意夺情，引发强烈反弹

收到吕调阳和张四维的题奏之后，万历皇帝对张文明的去世表示非常震惊和悲痛，并立即颁下手札向元辅表示慰问。九月二十七日，小皇帝又一口气赐了大批财物，供张家作祭礼使用：计有白银五百两，纻丝十表里，新钞一万贯、白米二十石、香油二百斤，各样碎香二十斤，蜡烛一百对，麻布五十匹。两宫皇太后也分别有赏赐。

就在当天，万历帝还颁布了正式的圣旨给吏部，明确要求张居正"夺情"留任：

> 朕元辅受皇考托付，辅朕幼冲，安定社稷，朕深切倚赖，岂可一日离朕？父制当守，君父尤重。准过七七，不随朝，照旧入阁办事，侍讲读，待制满之日随朝。你部里即往谕朕意，着不必具辞。

显然，这道圣旨体现了李太后以及冯保的真实想法。过去五年中，张居正事实上就是大明的摄政，而且做得相当出色，太后看在眼里，喜在心中。至于冯保，他这五年和张居正配合默契（在一些言官眼中是"沆瀣一气"），自己的小日子也过得非常舒坦，如果张居正离开首辅之位，朝中一些文官很可能就会继承高拱未竟的事业，向他发动进攻了。因此，冯保也不藏着掖着了，积极向李太后建议让张居正留任。

但是，这么做是与华夏千年的传统人伦相悖的。

在明代，如果朝廷官员的父母去世，当事人从收到丧报的那天起，须辞官回乡守孝二十七个月（不含闰月），称作丁忧。期满之后官复原职，称为起复。而个别时候，皇帝也可以责令当事人无需回家守孝，继续在原岗位上任职，是为

"夺情",即为国家夺去了孝亲之情。

明朝号称以仁孝治天下,夺情通常是用在镇守边关或者在外征战的武将身上,文官则寥寥无几,而且每次夺情都会引来很大争议。如宣德元年(1426)正月,大学士金幼孜母丧丁忧,被宣德帝下诏起复;宣德四年(1429)八月,大学士杨溥母丧丁忧,宣德帝下令他起复;成化二年(1466)三月,大学士李贤父亡,成化帝令他起复。

眼下,整个朝廷的眼睛都盯着张居正。他是去是留,很大程度上会影响大明朝局的走向。

过去五年,万历皇帝和李太后对张居正基本上"言听计从",整个王朝的政务事实上是由张居正在处理。真的要他离职二十七个月,小皇帝能挑起这个担子吗?别说别人,最疼他的李太后都不敢相信。

而因张居正才得到重用的"新政团队"成员,都担心新的首辅上台之后,一方面废除新政举措,可能让他们无事可做;另一方面直接调整人事安排,让他们回家抱孩子。这些人包括京官李幼滋、潘晟和曾省吾(已从四川回到京城,任兵部右侍郎)等,地方大员有殷正茂、凌云翼和宋仪望等,武将则有戚继光、胡守仁和李成梁等。

其中,户部侍郎李幼滋与张居正是铁哥们,在这样的敏感时期,李侍郎本着争当出头鸟的精神,第一个跳出来上疏,建议小皇帝给首辅夺情。

吕调阳和张四维的心情是复杂的,他们当然希望张居正离开,自己的日子能过得舒坦一些,但也知道要是在这事上得罪了首辅,仕途很可能就得画上句号了。张居正无可代替,像他俩这样的助手一抓一大把。因此,二人也果断赞成请皇帝夺情。

反对夺情的官员人数必定更多。其中很多人倒不是真的故意与张居正为难,只是他们信守纲常伦理,希望首辅能为百官做出表率,而不是贪恋权位。另一些当然就是张居正革新的反对派了,他们巴不得张居正一下台,考成法就被扫进历史垃圾堆,驿站又能给官家子弟做生意,公共工程又能多收回扣。

但最关键的决定因素,还是在张居正自己。

平心而论,张居正与父亲的感情,真谈不上有多好。但这绝对不是不去丁忧的理由。儒家文化信奉"天下无不是的父母",不管爹妈生前跟你的关系有多僵,只要你还信奉孔孟之道、程朱理学,你就得乖乖回去守孝。否则,别人的口水都能把你淹死。

中国人有"七七之期"的守丧仪式,这段时间里,张居正肯定不能理事,只能待在家里,守护在灵堂前。一位翰林学士过来祭拜,顺便带给首辅一条令他非常上火的新闻。张居正感慨道:"我还在京城,他们就已经无所顾忌了。一旦出了春明门,不知道我还能回来吗?"

春明门是唐代长安城东边的三门中的中门。明清两代,官场喜欢用"长安""春明"指代北京。张居正想必也仰慕汉唐的强盛,但他一辈子都没有去过真正的长安城。

在大明,喜事的主色调是红色,丧事主色调是白色。张文明尸骨未寒,张居正每天都要哭上好几回,心力交瘁。可有一群人,居然穿着红袍,跑到文渊阁去了。

"吕阁老,恭喜啊!"这些人见到吕调阳,忙不迭地向他祝贺。这还有没有良心,有没有人性?

六十二岁的吕调阳一向安分守己,原本打算再混几年就退休,没想到天上真会掉馅饼。按明朝制度,只要首辅去位三日之后,次辅就可以将自己的座位从内阁的右边移到左边,翰林院学子们和内阁僚属,都要穿红袍过去道贺!

首辅的爹不在了,吕调阳如果情商不是负数,至少表面上也得装一下难过吧。但这么多人跑过来道喜,还是让他不淡定了。

"张阁老已正式向吏部提出丁忧了,看这样子过两天就要回江陵。内阁的事情,就得桂林兄(吕调阳是广西桂林人)主持了!"张四维也非常开心(我就是次辅啦!)。

"多谢各位!"吕调阳的脸上洋溢着舒展的微笑。但是,毕竟张居正还没有正式丁忧,吕调阳也始终没有挪动自己的座位,他还算是聪明人。

在巨大的权力诱惑面前,连老实人吕调阳都有点把持不住自己,何况朝中那些反对派,那些巴不得张居正马上去见严嵩的人?"你们越想赶我走,我越不能成全你们!"张居正出身军户,他的血管里流的是开国英雄张关保的血,他的词典里,永远不会有"认输""信命"这些词语。

但是，夺情的命令只能由皇帝发出，自己还不得不做出丁忧的姿态。也许是已经吃准了太后和万历帝的心态，十月初三、初五和初八日，张居正连上三道奏疏，请求回乡守制。小皇帝当然是毫无悬念地全部驳回。

在今天的我们看来，这就像君臣二人合演的一出双簧，是做给满朝文武看的。非得一定要这么演吗？新皇登基要三辞三让，首辅夺情，也需要这么夸张？

一边是言辞相当恳切，另一边是态度极其坚决；

一边表示"以二十七月事臣父，以终身事君"，另一边则强调"顷刻离卿不得，安能远待三年"；

一边感慨"惟圣慈哀怜臣下情，不能沥血挂泪恳切祈望之至"，另一边认定"卿平日所言，朕无一不从。今日此事，却望卿从朕，勿得再有所陈"；

一边在自谦："何必专任一人，而使天下贤者，不得以各效其能乎？"另一边则表达："朕为天下留卿，岂不轸迫切至情，忍相违拒？"

这来来回回，节奏控制得特别到位，情绪烘托得相当饱满，令围观群众只能默默点赞，甚至黯然流泪；是非精们想找碴也一时也不好找。不能不说，李太后和万历帝真是给足了张居正面子，换成隆庆帝，可能真的玩不下去了。

万历帝甚至向吕调阳、张四维宣布，就算首辅再上一百道奏本，我也坚决不批准。言下之意，就是你俩别想着升职了，安安心心当好助理吧。

既然皇上夺情的立场如此明确，做臣子的，当然得为主分忧。御史曾士楚、给中事陈三谟火速上疏，请留首辅。当然，也有不愿意配合的。

十月十一日，堂堂的吏部尚书张瀚，居然被勒令致仕，左侍郎何维柏、陈阶罚俸三月。这就是他们不肯慰留首辅的小小代价。万历帝此举，当然也是在敲山震虎：谁还想阻挠朕让元辅夺情，张老兄就是你们的榜样。

这一年张瀚已经六十八，其实早该回家抱孙子了。是张居正把他带到了本不属于自己的高度，也还是张居正让他在这把年纪还能领工资。没有张居正，张瀚做梦也不敢想自己能当天官。他自己也承认，这个职位就是张居正赏给他的。但是——

当冯保传中旨让吏部带头挽留元辅时，张尚书居然一本正经地宣布："首辅奔丧，应当用殊典，这是礼部的事情，为什么要问吏部？"他既不想担责，又不想和首辅对着干，故而只能这样推诿了。

给事中王道成、御史谢思启趁机弹劾张瀚、何维柏，万历帝顺应民意，对吏部官员做出了惩罚。张瀚离开时，也许是心有内疚，张居正亲自为他送行，并真诚地说道："公这一去，我心愈苦，事愈难了。"但张瀚竟毫不领情，拂袖而去。

回到风景如画的杭州之后，张瀚文思如泉涌，创作有《松窗梦语》八卷传于后世，还一口气活到了八十四。也算在另一条赛道上跑赢了张居正。

眼看夺情成为定局，张居正为了表现忠孝两全的意愿，提出了五点要求。一、在京守制期间的所有薪俸，他一分钱也不领，义务劳动；二、所有的祭祀吉礼，他一概不参与；三、入侍讲读，在内阁办事，都要着青衣角带；四、章奏具衔，允许他加"守制"二字。五、容许他来年请假回乡葬父，并接老母来京。

"朕能答应的都答应，只要能留先生。但明年的事，现在还定不了。"小皇帝真诚的告白，害得张居正感动之余，又多磕了几个头。

万历在十月又传下圣旨：

> 元辅张先生，俸薪都辞了。他平素清廉，恐用度不足。着光禄寺每日进酒饭一桌，各该衙门每月送米十石，香油三百斤，茶叶三十斤，盐一百斤，黄白蜡烛一百支，柴二十扛，炭三十包，服满日止。

太后和万历帝对首辅可是真的关心，这手笔相当不小了。话说回来，六部之首的天官都说换就换，满朝文武还有不怕死的吗？还有不在乎头上乌纱帽的吗？还有想跳出来刷存在感的吗？

六、"四君子"登场，引发广泛同情

自打万历帝下旨令张居正夺情之后，大明的天象也突然变得异常。十月初五日，一颗彗星从西南方直射东北，划出壮观的白虹，令不少京城百姓胆战心惊。更有好事者兴高采烈地宣布：这就叫天怒人怨，报应啊。不久，皇宫中突然又起大火。

李太后和万历帝都不是无神论者，但他们宁可学嘉靖帝，在朝天宫内大醮三日，停刑禁屠，也不肯改变当初让首辅夺情的决定。这份信任与坚持确实特别难得，自然也令张居正分外感动。

自从张府搭起了灵堂之后，每天过来吊唁的京官自然是络绎不绝。张居正即将夺情的消息传出，很多人当然非常不满：你张首辅不是口口声声要遵守祖制吗？亲爹死了不奔丧，还赖在内阁不肯走，这孝子当得真有水平！当然，他们通常只能在心里埋怨，不敢向张居正公开吐槽。

十月十八日，张居正依然守在灵堂中，翰林院编修吴中行来了。吴中行是隆庆五年进士，和刘台一样是张居正的门生。

"先生节哀，您一定要保重身体。"吴中行一脸忧郁地说。

"放心，我身体还好（朝廷大事还需要我）。你最近学业可有进展？"对这名弟子，张居正还是挺看重的。

"这是学生新写的，请您过目。"

吴中行拿出一份奏疏，恭恭敬敬呈给张居正。首辅大人看着看着，脸色越来越难看了。他没有想到，这个蔫黄瓜，也有发狠的时候。

吴中行在文中夹枪带棒，讽刺元辅一天都不回乡守制就想夺情，完全不将祖宗的制度放在眼里，连底层小官都不如：

> 在律，虽编氓小吏，匿丧有禁，惟武人得墨衰从事，非所以处辅弼也。即云起复有故事，亦未有一日不出国门而骤起视事者。祖宗之制何如也？

"你这是要弹劾老夫？！"

"学生不敢。只是想请皇上收回夺情之令。"真是书呆子一枚啊。

"你知道上疏的后果吗，我现在就给你撕了！"

"我要是没有上奏，怎么敢拿给老师？"呵呵，这小子够阴的，先斩后奏啊。张居正猛然感到心口一阵剧痛。"混账！"他将奏疏狠狠地摔在了地上。

"先生保重！"看到张居正发火了，吴中行赶紧开溜，将老师丢在原地继续生气。

也许老天是看张居正受的伤还不够重，伤口还不够疼，马上又安排上了新的捣乱分子。第二天，吴中行在翰林院的同事、检讨赵用贤也上疏，批评万历帝不该强留张居正，称朝野内完全不缺堪比张首辅的英才（难道是他姓赵的？）。现在，皇上应该依照杨溥、李贤的先例，让张居正立马回乡守制，限定日期方能入朝。

赵用贤还叫嚣："庶父子音容乖睽阻绝于十有九年者，得区区稍伸其痛于临穴凭棺之一痛也。"

很多事情，只要有一个人开头，就不愁没有人跟进。这两位翰林院小官不过是书呆子，刑部员外郎艾穆、主事沈思孝混迹官场有些年头了，却也愿意凑这个热闹。他们在二十日联合上疏，拿最近的星变、火灾说事，指责首辅夺情夺得天怒人怨，虽说人微言轻，但为了大明江山，他们冒死也要上疏。

再说了，纲常伦理大于江山社稷。徐庶母亲被曹操软禁，他立刻方寸大乱。张居正还是不是人（子），老父新亡，他怎么就能照常理政，方寸一点不乱呢？因此，二人提出：

陛下诚眷居正，当爱之以德，使奔丧终制以全大节，则纲常植而朝廷正，朝廷正而百官万民莫不一于正，灾变无不可弭矣。

之前吴中行、赵用贤只是要求张居正回乡葬父，这两位倒好，直接就要求首辅必须守制三年。张居正已然明白了。如果这股风不用强力手段压制下去，接下来就得有更多人要求他辞职了。

张居正出身寒门，对于通过科举脱颖而出的普通学子，他天生有一种亲近感。他原本希望刘台、吴中行和赵用贤等人都能在万历朝大显身手，跟着自己好好干。哪想到他们把聪明才智都用来攻击老师了。张居正特别重视同乡之谊，可他的同乡艾穆（岳州府平江县人）却全力逼他守制下台。

内心再强大的人，也有脆弱的一面。正如刀枪不入的武林高手也有命门。跪在张文明的灵前，张居正泣不成声。他一下子老了很多，甚至有一瞬间想追随父亲而去。

弹劾首辅的上疏转到了司礼监，冯保不紧张是假的。张居正还在七七之期，老冯只能去向万历帝请示。听说沉浸在丧父之痛的张老师还被人如此编排，万历帝能不一蹦三丈高吗？

"收拾这些个嚼舌头的书生，先皇一般怎么做？"小皇帝恨恨地说。

"很简单，廷杖啊！一定要公开打，让所有官员都看看诋毁元辅是什么下场。"冯保一本正经地建议。

"好，你就代朕拟旨！"上次万历帝本来想好好招待刘台，让张居正拦下来了。现在元辅既然不出来，那就帮他出气！

还记得大才子张岱盘点的七君子吗？就是之前弹劾张居正的那三位，再加上现在这四位。既然能将把这些人捧得这么高，就可知张岱对张首辅印象如何了。

万历帝颁下中旨，令锦衣卫二十二日执行廷杖。吴中行、赵用贤只是要求张居正回乡葬父，因而只挨六十杖；非要让张居正守制三年的艾穆、沈思孝则要被打八十。当然也有好事者会说，吴赵二人的刑罚轻，只因为他俩是宰相门生啊。

"四君子"即将受刑的消息，很快就在北京官场传开了。有人敬佩他们的"仗义执言"，有人嘲笑他们的"自作聪明"，更有人火速行动起来四处奔走，试图让他们免受皮肉之苦。但是，这种可能性存在吗？真不害怕皇上一生气，连你一起打？

不管别人怕不怕，反正马自强不怕——总不能打我这个礼部尚书兼帝师吧？

马自强来到张府，找到了跪在灵前的张居正，看到这位元辅苍老了不少，马自强也非常不安。但该说的话还得说。

"叔大兄，这群少年虽说言辞激烈，年少无知，但也是出于公心，罪不至此。老朽厚着脸皮，还请叔大兄出手解救他们。"

"体乾（马自强字）兄，老夫现在服丧之中。皇上直接下中旨，我怎么能干涉？"张居正冷冷地回答。

难道就这么白跑一趟，我一个正二品尚书就这么没面子？马自强这名字不是白叫的，他一向自强不息，此时当然不想放弃："皇上现在震怒，满朝除了您，真的没有第二个人能救得了他们了！"

救他们？救这四个诽谤我、诋毁我、恶心我，给我心口插刀子的白眼狼？我是不是有病？救下他们，让更多人看到希望，看到机遇，接着造谣，接着弹劾？

"体乾兄，皇上的旨意，怎么说废就废？您请回吧！"张居正一脸不悦，直接下逐客令了。马自强只能怏怏离开："叔大兄，老朽如果年轻二十岁，真愿意替他们扛下这些杖刑，可现在力不从心了。您多保重，大明江山还需要您！"

建议很好，下次还是别建议了。

多年以后，只要看到刀子，已经当上首辅的王锡爵都会想到万历五年那个冬天，他跑到张居正府上为四个扑火少年求情的场景。

这一年，王锡爵只有四十四岁，却已是翰林院掌院学士了，进入内阁几乎是早晚的事。自己两个下属兼张居正门生要被廷杖，他能不着急吗，能不把大家伙儿组织起来请愿吗？

翰林院官员展现出了罕见的团结。侍讲赵志皋、张位、于慎行、张一杜、田一俊、李长春，修撰习孔教、沈懋学等联名向万历帝上疏，希望能免除四人的杖刑。但小皇上一门心思要为元辅出气，怎么可能搭理这些小人物的意见。

眼见向万岁求情没有结果，沈懋学就想到了"曲线救国"的套路。他是这一年会试的状元，张居正次子张嗣修是榜眼，两人在翰林院抬头不见低头见。沈懋学于是向张家二公子写信，希望他能说服老爹得饶人处且饶人，给自己积点德不好吗？"师相之留为世道计，诸子之疏亦为世道计，奈何视为狂童，斥为仇党乎？"

可惜，沈懋学还是高估了自己的状元光环。沈懋学一连写了三封信，各种苦苦哀求，对方就是没有回应。

当然，张嗣修也有自己的难处，知道老爹这次是谁都说不动，谁敢求情就跟谁翻脸。碰了一鼻子灰的沈懋学继续发扬爱写信的好习惯，又去向张居正的好友李幼滋求援。

这一次，李幼滋在百忙之中倒是回复了，只是还不如不回复呢。他夸奖沈懋学这位小伙子说话就像大宋的腐儒，赵家的江山就是让你这样的人给整没的。而张居正不奔丧则是"圣贤中道"。

沈懋学勃然大怒，对这个官官相护的污浊官场非常失望，于是打辞职报告回乡隐居。五年之后，他在家乡郁郁而终。

眼见"四君子"的刑期越来越近，王锡爵再也坐不住了。他带领翰林院十几位下属赶往张府，希望能用声势打动张居正，但府上用人带话说，首辅身体不适，不能见客。这是心虚吗？趁门卫不备，王锡爵径直闯了进去。

见不到首辅,我死不瞑目!

张居正还在孝帏前跪着,神态依旧认真,表情依然痛苦。王锡爵近前施礼:"参见元辅。请您救救四位义士。"

张居正站起身来,冷冷地看着这位不速之客。义士?他们是义士,那我是什么?奸相吗?不过这位首辅并没有发火,而是平静地说:"圣怒不可测,我无能为力。"

"圣怒不可测?"王锡爵非常不满,"这些年不都是元辅您在发号施令吗?如果不是您拒绝丁忧,他们四人也犯不着上疏,更不可能有飞来横祸!"

这也太不把首辅当领导了吧。张居正勃然色变。只听"仓啷"一声,他从侍卫身上抽出一柄短刀,恶狠狠地盯着王锡爵,把这位读书人吓得大脑一片空白,早上吃什么都记不起来了。不过,张居正接下来的动作,更令他万万没有想到。

据王世贞在《首辅传》中透露,不可一世的张首辅并没有提刀去捅王学士,反而是"扑通"跪倒,当场给这个芝麻官磕了个响头,并声嘶力竭地喊道:"皇上要强留我,各位大人却要驱逐我,我该怎么办?我还是死了算了!"

眼看张居正就要抹脖子,王锡爵方才还给整得发蒙,现在却吓清醒了。如果首辅就这么死了,他这个翰林学士还能活?于是他赶忙劝阻:"元辅,万万不可!"

"让我死吧,让我死吧!"张居正已经是泪流满面,但不再试图自杀了。王锡爵见此情景,再也不敢造次,只能深施一礼,赶紧离开。把首辅大人丢在那里哭泣。

"首辅撒泼"的故事,从此流传了四百多年。但这有可能是真事吗?张居正身上有楚人的豪放之风,又继承了祖父张镇的"混不吝"。他抹脖子吓跑王锡爵是完全可能的,但无论如何也犯不着给这么个小虾米磕头啊。

那么,所谓的四君子,到底能不能挺过廷杖?

七、午门廷杖,可否压制反抗之火?

一切救援努力均以失败告终,十月二十二日,吴中行等四人的廷杖准时开打。

时值初冬，按理说不应太冷，北京城里却寒风呼号，卷起漫天的尘土和落叶，提醒大家京师离沙漠很近。天上乌云密布，似乎随时都能来场大暴雨。难道说，老天对张居正和万历帝的暴行都看不下去了，要以这种方式表示强烈抗议？

盘点历史，这次廷杖居然是大明建政以来，自正德朝文官劝谏皇帝南巡、嘉靖朝大臣反对大礼议被群殴之后，最让后人津津乐道的名场面。为了给元辅出气，万历帝的名字从此也光荣地与两位昏君排在了一起。当然，最终背下恶名的只能是张居正。

这一天，数万北京民众自发汇集在长街上，只为看一看传说中捍卫礼教纲常、不惜以身试法的斗士；

这一天，上千京师官员挤在午门外，观摩书呆子跟首辅唱对台戏的下场；

这一天，几百名锦衣卫全副武装，手持长棍待命。当然，大部分人都是过来助威的，打四个书生，用不了多少人。

这一天，十来个宦官从宫里赶来。其中一人手捧驾帖[1]。他精气神十足，用尖细的声音喊道："带人犯上来！"

四位书生被押解到近前跪下，看着巍峨的午门城楼，难免不生发时空穿梭之感。十六世纪堪称中国的阳明世纪，他们四人对阳明心学当然都不陌生。七十一年前，同样在寒风凛冽的冬日，同样在人潮涌动的午门，当时还是兵部主事的王阳明，因触怒大太监刘瑾被廷杖四十，发配贵州龙场驿。

王阳明从小就体弱多病，因而被打了个奄奄一息，死去活来。但他家世好，挨完打就直接被仆人抬回家养伤去了，还有京城最好的大夫给及时治疗，保住了性命。而这四人，命运又会如何呢？

宦官宣讲完毕，锦衣卫就熟练地脱下吴中行和赵用贤的裤子，按在地上噼里啪啦一顿狂扁。很快，二人的下半身就被打了个血肉模糊，痛得大声叫唤。等六十下打完，他俩倒安静了下来——吴中行已当场晕厥，赵用贤也近乎昏迷。二人被解发原籍为民，永不叙用。

中书舍人秦柱带着郎中赶来，一顿操作将吴中行救活，又把赵用贤弄醒。郎中从二人大腿上割下数十块烂肉，敷上药之后，用门板抬到城门外的民居里

---

[1] 秉承皇上意旨，由刑科发出的判决文书。

养伤。

赵用贤是个胖子,体脂率高,当然就抗揍一些。但依然得割掉很多烂肉。他的妻子也是个狠人,特意挑了一块最大的肉风干,准备留给子孙作传家宝,让他们看看张居正当年怎么欺负先祖的。

两人离京之前,日讲官许国过来看望。据说他被二人的精神感动,遂送给吴中行一只玉杯,上面刻着:

> 斑斑者何?卞生泪。英英者何?蔺生气。追之琢之永成器。

许国又赠赵用贤一只犀角杯,上面刻着:

> 文羊一角,其理沈黝。不惜剖心,宁辞碎首。黄流在中,为君子寿。

回到廷杖现场。锦衣卫换了更大更粗的棍子,来招呼伤害首辅更深的艾穆和沈思孝。

虽然被打得血肉横飞,他俩倒是都活下来了,却没有资格住民房。锦衣卫直接给二人扔到了空气污浊的诏狱,手脚还加了镣铐。三天之后,二人就拖着化脓的伤腿,踏上了流放之路。

艾穆被发配到陕西行都司凉州卫(今属甘肃省武威市),沈思孝则被安排到广东布政司神电卫(今属广东省茂名市)。这一路的颠沛流离,不知道两个重伤员是怎么坚持下来的。

在笔者看来,五十三岁的张居正为了新政大业,敢于背上骂名果断夺情,其气魄值得尊重;而这四个年轻人,却太拘泥于礼教,对勤政爱民的首辅进行捕风捉影的攻击,显得过于守旧。但当时,四人的"仗义执言""不畏强权",在士林中赢得了广泛喝彩。张居正的形象,也遭到了严重损害。

这一年,正好是张居正考中进士三十周年。三十年前刚刚金榜题名并当上庶吉士的他,也和这四位年轻人有很多相似之处,也渴望用单薄的身躯维护社会公义,捍卫伦理纲常。但官场上的很多事情,根本不能简单地用对与错、黑与白、善与恶、正与邪来评判,张居正廷杖四君子,性质也与严嵩廷杖杨继盛、沈炼完全不同。

数千名京师官员现场目睹了午门前的血肉横飞与凄惨哀号,领教了皇权的巨大威力，意识到了鸡蛋碰石头的不明智，从此变得规矩起来了。当然，也有一些人义愤填膺，从此更加痛恨张居正（万历帝是不敢恨的，他们所受的教育也不容许）。

那么，还会有"鸡蛋"跳出来吗？

八、行贿找打，邹元标致敬王阳明

因为反对首辅夺情，四名官员被公开廷杖，而上千名京官都要现场参观，很多人自然就会对首辅心生不满。其中，就有一个当年刚刚考中进士，在吏部观政的小芝麻。

对于自己的才华，他一直非常自负。可庶吉士却没有自己的份儿。自己看不上的张嗣修，却能高中榜眼，直接当上编修。公平吗？

小芝麻回到阴暗潮湿的出租屋里，开始奋笔疾书。文思如泉涌之下，他洋洋洒洒写了五千多字。这正是著名的《亟斥辅臣回籍守制以正纲常疏》。

此前，他已经连上了两道奏疏，恳请皇帝放首辅回乡丁忧。可奏疏呈上去之后，如同一把沙子撒进了太平洋，没有一点儿动静。怎么成功地把上疏交到皇上手中，可是一门大学问啊。

他信奉阳明心学，推崇"致良知"。徐阶为了打倒严世蕃，可以栽赃他通倭。想直达天听，肯定不能用常规手段。

小芝麻鼓足勇气来到了午门前，正好遇到两个小宦官出来。他不动声色地在远处听了一会儿，知道这二位是司礼监的，于是有办法了。

"二位公公，可否帮个忙？"

"何事？"

"这有一封举报信，请务必交给冯公公。"眼见四下无人，当然也没有摄像头，他就掏出两块银子，"有劳了！"

"你可真行！"二人相当满意。

两个小宦官马上去见冯保，呈上那封信。冯保草草地看了一下，大吃一惊："他弹劾的竟是首辅？"

这篇弹劾疏的最后，是作者的名字——邹元标。

邹元标字尔瞻，别号南皋，吉安府吉水县人。与顾宪成、赵南星合称"东林党三君"。

冯保叫人将奏疏送到张府，呈给埋头吊丧的张居正。信使还认真地说："冯公公交代了，请您一定要保重身体，不要动怒。"

多此一举！堂堂首辅的情绪，会被别人左右？不过，张居正打开奏疏，看着看着，就不禁骂出声来："混账！"

吴中行、赵用贤是让张居正回乡安葬父，艾穆、沈思孝是让首辅丁忧，邹元标这是要上天啊，他直接否定的是张居正的为人，以及他的万历新政！

邹元标认为，张居正虽有治国才能，学术上却偏颇自负；虽然有远大志向，却刚愎自用。个中所含的潜台词是，这不就是个志大才疏的老头吗？当首辅不合格！

州县入府学仅有十五六个名额，相关部门为讨好元辅还在减人，这就叫进贤未广；

处决犯人也有定额，官员担心受罚，就人为增加犯罪数量，这就叫决囚太滥；

高官拿着高薪尸位素餐，小臣怕事沉默闭嘴，今天直言明天就能倒霉，这就叫言路未通；

黄河泛滥成灾了，小民驾蒿为屋，啜水当饭，当地官员隐瞒真相，这就叫民隐未周；

至于其他刻薄吏员，冷落豪杰之材的事例，更是数不胜数了！

万历帝在诏令中说过"朕学尚未成，志尚未定，先生即去，前功尽弃"。邹元标却认为，如果皇上真的让张居正回籍，那可是宗社无疆之福啊。张居正说过："世有非常之人，然后办非常之事。"邹元标揪住这话不放，侃侃而谈，直接将张居正比作禽兽：

> 若以奔丧为常事而不屑为者，不知人惟尽此五常之道，然后谓之人。今有人于此，亲生而不顾，亲死而不奔，犹自号于世曰："我非常人也。"世不以为丧心，则以为禽彘，可谓之"非常人"哉？

相比李贤夺情，邹元标认为张居正根本没回家，哪来的情可夺，哪来的复可起，纯粹是强词夺理！

　　且疏又曰：不顾旁人之非议，徇匹夫之小节。非病狂丧心，有此言哉？三年之丧，无贵贱一也，可谓小节乎？……先朝李贤夺情起复，罗伦力排斥之。居正之不归，无情可夺，无复可起，远非贤之俦矣。

　　据消息灵通人士透露，边看边骂的张首辅突然冷笑一声："此人不怕死，真奇男子也！"似乎是动了杀机。老朋友冯保也认为，要让邹元标付出一点点代价。

　　邹元标当然知道自己会有什么下场，也坦然做好了准备。两天之后，就在"四君子"受刑的老地方，邹元标也享受到了与艾穆、沈思孝同样的待遇——廷杖八十，充军都匀卫（今属贵州省都匀市）。

　　这八十杖打得结结实实，血肉横飞，直接将邹元标打成了长短腿，让他在余生里都要靠拐棍帮忙。

　　但这八十杖，居然让一个长短腿直男收获了爱情，实在是傻人自有傻福。

　　江西姑娘江坤芷欣赏小邹不畏权贵的气节、旁征博引的文采、强词夺理的逻辑，以身相许，并陪他踏上了贬谪都匀之路。

　　这八十杖，反而成了激励邹元标扎根边疆、潜心治学的动力。

　　在贵州，他结识了黔中王门的不少同好，一道传播心学，教书育人。没有这段经历，很难相信他能摆脱年轻人常有的浮躁，无论何时何地，都能坚持学习，进而成为日后的东林党精神领袖。只是他的爱妻却在贵州不幸去世，未能看到他后来的辉煌成就。

　　如此说来，张居正还是邹元标生命中的贵人兼媒人嘛。正如没有刘瑾，王阳明也不可能有"龙场悟道"。

　　让我们来总结一下邹元标与王阳明相似指数：

　　一、邹元标弹劾权臣张居正，王阳明弹劾权奸刘瑾；

　　二、邹元标被廷杖八十，王阳明被廷杖四十，都留下了影响一生健康的伤情；

　　三、邹元标被发配贵州都匀卫，王阳明被流放贵州龙场驿；

　　四、传说，张居正曾派人追杀邹元标，刘瑾也曾派锦衣卫去杭州追杀王阳明，都未能得手；

五、邹元标和王阳明在贵州都坚持读书学习，并开班讲学，传授弟子；

六、邹元标被廷杖五年之后，张居正离世；王阳明被打四年之后，刘瑾归天。可见，得罪他俩的下场都不太美妙。

张居正夺情事件继续发酵。在母后的支持之下，万历帝果断颁布敕谕，为元辅保驾护航：

> 群奸小人，藐朕冲年，忌惮元辅忠正，不便己私，乃借纲常之说，肆排挤之计。……再有党奸怀邪，欺君无上，必罪不宥。

这份杀气腾腾的敕谕，加上"四君子"和邹元标血肉模糊的尊容，确实吓住了不少还打算拿夺情说事的家伙。但是，讨张风波并没有因此烟消云散，反而有继续激化的趋势。

当邹元标夫妇乘船路过南直隶镇江府时，眼前的一幕让他们难以置信。上百名当地生员在码头上列队欢迎。这是天高首辅远，没人管得了了？

"邹义士辛苦了，我代表江南学子请您痛饮几杯！"带头的年轻学子向邹元标拱手致意。

"感谢各位的盛情。邹某不想连累大家。您怎么称呼？"

"在下吴仕期，是宁国府生员。"

"宁国府？……让我想想，那你可否认识新科状元沈懋学？"

"哈哈，君典（沈懋学字）兄是我多年好友。他现已回到宁国，我们经常见面。你的事迹都是他说给我听的。"

真是缘分啊。在酒桌上，邹元标与吴仕期等人聊得起劲，很快就喝得不知道张居正是谁了，酒醒之后接着喝，喝大之后继续睡。三天之后，他才继续赶路。而吴仕期却有了新的打算。

他挑灯夜战，洋洋洒洒写下了上万字的弹劾疏，比邹元标骂得还狠，指责张居正贪图权位，不忠不孝，不配做首辅。即使这样，吴仕期依然觉得不过瘾，他伪造了一份罢免张居正，任命海瑞为首辅的圣旨。

都说冲动是魔鬼，而吴仕期为此交出的学费也分外高昂。很快，全副武装的衙役就来到吴家，将这位书生，连带他的弹劾疏与"圣旨"都带到了太平府衙。

操江都御史胡槚都从安庆府赶过来了，可见事态多么严重。

"你一个穷秀才，怎么可能有这么大胆子。"胡槚非常不屑地说，"是不是沈懋学指使你干的，同谋的还有谁？老实交代，饶你不死。"

秀才？秀才就不能为民请命了吗？吴仕期朗声回答："大丈夫负刚肠，奋直言，岂用听人指使？"

吴仕期到底是书呆子，他其实还没决定好要不要学邹元标上疏，文稿和"圣旨"就被同学王制给抄录了。

当时，江南的民间出版业已经相当发达，不过霸占排行榜的永远都是些宅男最爱看的类型小说，很少有政论题材的。王制与不良书商勾结，将吴仕期的"奏疏"和"圣旨"印制成册，署名作者海瑞，再加上没有底线的病毒式营销，这本小册子很快就在南直隶各县大卖特卖。没办法，谁让海青天的人气指数那么高呢。

太平府同知龙宗武知道事体重大，汇报给了相当于巡抚的操江都御史胡槚。后者一心想为首辅分忧，为日后回到京城当高官奠定基础，故而想扩大打击面，将南直隶反对夺情的读书人来个一锅端。

胡槚用八百里加急向张居正请示。别看张首辅一直把海瑞晾在琼州老家，但他清楚对方是不会上疏弹劾自己的。原因很简单：海瑞一旦退休，就不想再插手朝中事情。

吴仕期虽说智商欠费，却很有骨气。无论挨了多少棍棒，都死活不肯拉垫背的。时值隆冬，吴仕期被关在阴暗潮润的监狱里，几天都没人给送饭。吴仕期就果断地拆开棉衣，将里面的棉絮都吞咽下去，居然一直不死，顽强如斯。

龙宗武此时却动了杀机，遂命人用砂囊堵住他的嘴，将这位书生活活打死了。

龙宗武做这种事很有经验。随后他眼含热泪宣布，吴仕期不幸病死在狱中，一定要善待他的家属。

江南的反夺情风潮，因吴仕期的死而平静下来。我不杀伯仁，伯仁却因我而死！尽管张居正从来不想置一个平凡秀才于死地，可杀害吴仕期的杀手，的确是为了讨好张居正。

张居正虽在家守制，事实上并未放弃权力，很多时候，差役都会将公文直接送到张府，送给躲在孝帷中的元辅批阅。十一月初五日，张居正收到鸿胪寺少卿陈学曾的传旨，要求他七七期满之后，于明日入阁办事。

初六日，万历帝与张首辅平台相会。将近两个月没有见到小皇上，张居正有些激动了。他庄重地跪倒，毕恭毕敬地磕头。

"老臣父亲不幸，仰荷天恩，赐吊赐赙，又派官治丧，恤典极为隆重。老臣对国家没有尺寸之功（客套话没人当真），受此隆恩，感激不尽。"

万历帝见到元辅扛住了因丧父和各种诋毁攻击造成的伤害，气色尚好，当然非常开心："先生已尽孝了。为了大明江山，朕不能不屈留先生。请切勿忘记先皇的嘱托，始终为国操劳，才是大忠大孝。"

小皇上这番话非常得体。张居正不由得眼眶湿润了。他说："皇上您前后谕旨，委曲恳切，老臣怎能不感恩？又有先皇的执手顾托（明明人家执的是高拱），誓当以死报效，今天怎么敢违背呢？但是，臣秉性愚直，凡事只知一心为国，不知道曲徇人情，以至于怨恨丛集，妨害贤路。如果能早点赐臣归乡，不光能让臣尽父子之情，还能保住晚节。"

这就叫以退为进。此时的张居正，怎么可能再归乡守制？他承担了多少压力，扛住了多少骂名，还不都是为了今天嘛。万历帝当然不傻，他正色道："先生精忠为国，天地祖宗知道，圣母与朕心知道。那群奸邪小人想乘机排挤，自有祖宗法制收拾他们。先生啊，你一定不要介怀！"

"皇上英明，老臣感激不尽！"张居正的心放在了肚子里，又赶忙磕了几个头。

"今天是个好日子，先生就入阁办事吧。"万历又赏赐张居正白银五十两，彩绸四表里，酒饭一桌，令文书官孙斌送张居正入阁。

多少年来，文渊阁里就没有出现过青衣角带打扮的大学士，张居正也算填补了一项空白。见他进来，吕调阳和张四维赶忙过来参见，他俩知道，舒服日子要告一段落，又得跟着张居正的节奏跑了。

"我不在的这些天，辛苦二位了！"

"不辛苦不辛苦。"吕张二人心说，遇到大事，差役不都往您家跑嘛，我们用不着辛苦。

"元辅啊，不要为了几个愚人，伤着自己的身体。"他俩小心翼翼地规劝。

"不至于，"张居正胸有成竹地说，"要吏部上奏章，再搞一次京查。"

张瀚被免职之后，张居正马上推荐王国光出任天官，难道就是为了京查？

此话一出，把二位助理吓得一哆嗦。京查，那是六年才能搞一次的大动作啊。

"咱们总得给个理由吧。"吕调阳说。

"你们没看到最近天象异常吗？彗星的光都射向了东北，太邪门了。"首辅提醒道。

可这异象，大家伙儿不都说是您夺情造成的吗？吕张二人心里嘀咕，但不敢说出来。

"天象有变，说明人间有奸邪之臣。我们把小人找出来，赶出去，天象自然就好了。"张居正一本正经地宣布。

这一下，反对派的回旋镖可要扎到自己个儿了。不过，京查也不能说搞就搞吧。

"不是有闰查吗？"张居正以不容置疑的坚定语气宣布。

吕张二人当然知道什么叫闰查，可那是正德年间，刘瑾授意吏部尚书张彩搞出来的，为的是打击异己分子。

堂堂的张首辅，总不能把自己降格到权奸刘瑾的水平线上吧。这让时人怎么看，这让史书怎么写？

这么看来，张居正与刘瑾的相同点还真是不少：

一、（传说）两人都在先皇突然去世之后，使用心机赶走了担任顾命大臣的内阁首辅，并"控制"了未成年的小皇帝，从而大权独揽。

二、两人都大搞新政，考核官员绩效，丈量天下田亩，企图增加国库收入；

三、两人的"奇葩"操作都令官不聊生，得罪了各种既得利益者，在朝中树敌无数；

四、两人都喜欢对不听话的官员进行廷杖和流放，结果却让一些年轻人通过挨打获取了名声，甚至赢得了爱情；

五、两人都随意支使吏部尚书，并悍然使用闰查来打击政敌，清理门户。

万历皇帝毫无悬念地批准了闰查。随后，不少曾经反对张居正夺情的官员，都受到了相当严厉的惩罚。附和张瀚的何维柏，刚从吏部左侍郎被"升"为南京礼部尚书，以为能过几年舒服日子，却被勒令提前退休了。建议张居正驰驿奔丧的南京操江御史张岳，也被免职。

翰林院不少官员在王锡爵带领下上蹿下跳，企图解救吴中行和赵用贤，甚至还跑到张居正府上示威，首辅怎么可能忘记他们呢？侍讲赵志皋等人被革职，已经调到南京国子监做司业的张位也被罢免。一个又一个年轻或已不年轻的书呆子，为自己当初的冲动买单，怀着愤懑的心情告别南北二京。

但奇怪的是，把张居正逼得撒泼的王锡爵，居然没有受任何影响。可能张居正觉得，一锅端总是不好的嘛。经过这次整顿，还能留在京城的官员们，自然也就老实多了。

那么，张居正还会遇到麻烦吗？

第十二章
回乡葬父化解恩怨

一、动身回楚，君臣依依惜别

万历六年（1578）元旦刚过，辽东当然还是天寒地冻，呼啸的北风乱刮在脸上，就像刀子割过一样疼痛。可能是知道万历帝要大婚，泰宁部首领速巴亥与插汉部合兵，开到了劈山扎营，想打大明一个猝不及防。

不知是谁走漏了风声，当蒙古士兵大晚上还在帐里喝酒烤羊腿时，李成梁的辽东铁骑神不知鬼不觉地赶到了。猝不及防的蒙古人被杀了个大败，明军事后砍下的脑袋就有四百三十五颗，是为"劈山大捷"。

这场战役，直接让李成梁当上了宁远伯，岁支禄米八百石，并有一子荫指挥佥事，风头从此压过了这两年不怎么打仗的戚继光。

当年二月，紫禁城中处处张灯结彩，洋溢着喜庆气氛。张文明去世可不到半年啊，张居正还在京守制呢。

十六岁的万历帝大婚，迎娶了王皇后。按今天的算法，新娘只有14周岁，还是个孩子。但有明一代的皇帝结婚都早。

皇帝的大婚，自然少不了让首辅做很多事情，这真有些将自己的喜庆，建立在别人痛苦之上的意味。

那张居正难道还继续穿丧服？怎么可能。早在正月十九日，万历帝就下诏，让元辅暂时穿上吉服，在阁办事。张居正再委屈，也只能遵旨办事。

在此期间，有个叫李涞的户科给事中跳出来刷存在感，认为首辅不应穿吉服，不应担任大婚的问名纳采使，虽未挨万历帝的廷杖，却也被外放山东。

皇帝大婚后，理论上就步入成年了。李太后也就从乾清宫搬了出去，但太后也告诫万历帝，一定要"万分涵养，节饮食，慎起居，信从老成人谏劝，不可溺爱衽席，任用匪人，以贻我忧"。

同时，她将监护皇帝的责任，全盘托付给了首辅。要求张居正"务要朝夕纳诲，以辅其德。用终先帝付托得义，庶社稷苍生，永有赖焉"。这份毫无保留的信任，怎能不让张居正感动？他当然得叩头领旨，认真照办。

万历帝的大婚办得相当隆重圆满，在此期间，朝廷又收到李成梁的劈山大捷喜报，更是双喜临门。而张居正也收到江陵来信，父亲的坟茔已经修建得差不多了，下葬日期定在四月十六日。因此，他在二月二十八日上了《乞归葬疏》，希望皇帝让自己归乡，办完丧事就火速归来。

万历帝舍不得元辅离开，答复说是自己刚刚成婚，很多事情还要仰仗先生，你怎么能说走就走呢？再说了，朕已经派司礼监太监监督下葬，您老何必一定要回去？

对，一定要回去！张居正这次态度格外坚定，万历帝也只好同意了，但只给了两个月假期，要求张居正五月中旬一定得返回京城。

如果搁在今天，两个月假期真不短。可当时从北京到江陵，单程都得走二十几天，其实时间很紧张了。

三月初，由张居正主持，陈太后加尊号为仁圣贞懿皇太后，李太后为慈圣宣文皇太后，各多了两个字。考虑到自己这么一走，内阁事务繁忙，张居正请求增加两个阁员。

之前，有人向张居正建议，请德高望重的徐阶出山，担任两三个月的代理首辅。但张居正立马给否决了：这么折腾存翁，把人家从千里之外召回，于心何忍？其实，张居正的真实想法恐怕是，等徐老师向自己让位的那一天，朝中那些没事找抽的言官又得闹翻天，说他目无尊长了。

这一年的张居正已经五十四，徐阶可都七十六了，确实经不起从松江到京师的折腾，还是让他老人家在家乡好好享受退休生活吧。至于高拱，万历帝恨死他了，怎么可能允许他进京？

张居正提出了两个人选，万历一看就愣住了：先生这是老糊涂了吗？马自强，这不就是那个反对您夺情的陕西佬吗？

马自强为人正直谦和，是标准的关中汉子。张居正对他的学问人品都相当欣赏，也就不计较他在夺情风波中跟自己唱对台戏了。就这样，马自强成为明朝建政二百多年来，第一个入阁的西安府人。

马自强比张居正大整整一轮，显然不是内阁的未来。张居正推荐的第二人，是比自己小十岁的苏州人申时行。申时行是嘉靖四十一年的状元，性情随和，人缘很好，是典型的江南文人。他的入阁，似乎是为了成为张居正的接班人。

这一下，文渊阁有了五个大学士。但万历帝对其他四人的能力均不能放心，于是派太监王臻携带一枚"帝赉忠良"银印前往张府。这么一来，张居正无论在路上还是在江陵，都可以遥控内阁的政务处理。

万历手谕中写道："到家少要过恸，以朕为念，方是大孝。"

三月十一日，张居正来到文华殿，向小皇帝辞行。这位权臣的声音有些哽咽了："臣仰荷天恩，准假归葬，又特降手谕，赐路费银两。臣仰戴恩眷非常，捐躯难报。"

万历帝请张居正近前一些，深情地说："太后和我都不想放先生回去。但您言辞恳切，不答应怕您伤心。先生到家办完事就速速返回。国家大事，您不在京城，朕还能依靠谁啊？"

看小皇上如此真诚，张居正鼻子一酸，他叩头道："老臣此次回乡，也是万不得已。然而臣虽暂时告别，犬马之心，无时无刻不在您的左右。"

张居正话锋一转："伏望皇上保重龙体，大婚之后，起居饮食都得注意啊！"小皇帝似乎明白了点什么，脸上有些发烧。张居正却不在意，接着说："过去这些年，朝中大小事情都是老臣在处理。从今天开始，您得亲自批阅奏章，亲自做决断。务必要小心从事。重大事情，一定要和四个辅臣商量。"

这番话显得有些啰唆，但不正显示出一个忠臣的诚意吗？朝中不断有人诋毁张居正，甚至说他想当曹操、司马懿，要造反，但自始至终，在张居正的脑海中，篡权的念头没有闪现过哪怕一秒钟。

"先生忠爱，朕知道了。一路保重，到家之后切记不要过于悲伤，保重身体。"

小皇帝这番话也是非常真诚，张居正听了，又想起停在家乡迟迟未能下葬的父亲遗体，想起这半年来受到的诋毁与攻击，不禁悲从中来。他跪在阶下，不觉失声痛哭。

见先生难过成这样，万历帝忙走下御座，亲手扶起元辅。"先生不要过于悲伤……"他想安慰张居正，但自己却难过得哽咽起来。

场面不胜凄凉。张居正赶忙叩头告退。万历帝一边目送先生走远，一边抹着眼泪告诉身边的太监："朕有好多话想和先生说，但看到他难过成这样子，我又怎么能说出口呢……"

"万岁爷切莫悲伤，张老先生两个月后就回来了。"

十岁就失去父亲的万历帝，对一直忠心辅佐他的张居正，除了君臣之情，师生之谊，似乎又有了一点父子般的依恋。可是，这份真情真的能永远持续吗？

张居正擦干眼泪回到府上，太监李旺带着李太后的慈谕过来了。她希望张居正注意身体，速去速回。三月十三日，张居正一行离开了京城，开始了南下之旅。

二、行程紧密，不忘拜访故人

北京到江陵差不多有两千七百里。今天从北京西站坐高铁，最快五个半小时就能到荆州；如果在大兴机场登机，仅需两小时十五分钟就能在沙市机场降落。但在四百多年前，八百里加急不停换马狂奔，从北京到江陵也得六七天，张居正一个老头子，当然做不到。

二十四年前回乡时，他还可以选择乘二轮马车；但现在一把年纪了，马车实在太颠簸。那还有什么好办法呢？

皇上只给了张居正两个月假期，如果乘船，单程就得一个半月左右，时间根本来不及。马车太颠簸了，那么坐轿呢？轿子是可以抬得相对平稳，但那是以牺牲速度为代价的。就算轿夫撒欢儿跑起来，未必有行船快，还把抬轿的人累得半死,将坐轿之人折腾得够呛。

没有办法,还是乘马车吧。就算不舒服,速度还是能保证的。为了早一点赶回老家,颠簸一些算什么呢?

戚继光也祭出大手笔,派出一队鸟铳兵赶到京郊,命令他们一路护送首辅到江陵。但张居正觉得太过招摇,只留下了六人,将其他士兵都打发走了。此时中原大地秩序井然,确实犯不着如此兴师动众。

首辅归乡,万历帝特批他可以使用驿递,并给沿途的府州发出通知,让他们做好必要的保护和接待工作。官场打拼三十年的张居正非常清楚,这一定又是各地官员争相讨好、巴结逢迎的大好机会。很多时候,他还真的希望地方官都像海瑞一样冷漠,你来了我不接待,你走了我也不欢送,大家都各忙各的。但普天之下,这样的人还是太少。就算有,张居正其实也不敢重用。

据张首辅的头号黑粉王世贞在《首辅传》中描述,张居正南下行至真定时,知府钱普费尽心思,赶制了送一顶"如意斋",即三十二人抬的超级大轿。

这顶轿子占地面积大概有四五十平方米,相当于今天的一室一厅。前面是办公室,用来处理军国大事;后面是寝室,用于休息放松,轿子两边都有回廊,分别站着一个书童(其实是女孩子),挥扇燃香。首辅工作累了,可以出来看看风景。轿夫都是经过严格训练的,有三十二人之多。

这种说法,为后世不少学者肯定,甚至越传越神,越描越黑,完全印证了顾颉刚先生的"中国古史层垒说"。三十二人大轿也成了一个象征,一种标志,一条张居正盲目追求生活享受、不顾民众死活的铁证。但事实真是如此吗?

要知道皇帝的轿子不过是十六人抬,张居正如果敢坐三十二抬大轿,肯定属于僭越,是妥妥的败人品之举,嫌弹劾自己的人还不够多。鉴于王世贞在文坛的影响力,后世史家大多认同其观点,而已经不在人间的张居正,自然不可能为自己辩护。

但是,以十六世纪后期的制作水平,真的能生产出这种史无前例的三十二人大轿吗?此时张居正要赶时间,真的敢一路坐着这样的轿子回乡吗?

三十二人抬轿,彼此的默契程度就是个重要问题。当时是太平盛世,一路之上也不太可能有打劫的,但轿子会不会出质量问题呢?会不会令自己受伤呢?速度如何保证呢？怎么看，它都只会比八抬的轿子更慢。

因此笔者分析，即便真的有这样的轿子，以张居正的智商，他也不会贸然使用的。但钱普是无锡人，能烧一手美味的江南菜，很对张居正胃口。大快朵颐之余，首辅开心地说："我走了一路，也就在这里能吃一顿饱饭啊。"

这话传了出去，沿途的父母官们争相聘请吴中厨师，一时间使得这些人身价大涨。

三月十九日，张居正就到达了邯郸，七天行程超过了一千里。事实胜于雄辩，这是坐轿子能有的速度吗？肯定只能坐马车了。出了邯郸，就到了河南地界，在省城开封，周王朱在铤出城迎接，与张居正话宾主之谊。

按理说，大臣见藩王应该叩头行礼，但张居正只是做个揖了事。周王并不见怪，并盛情邀请他到府上做客。

"多谢王爷。老朽要尽早赶回家，就不打扰了。请您恕罪。"

周王也不生气，只是让下人呈上祭礼："那就等元辅以后空闲了，再来寒舍一叙。"

"多谢王爷！"看着张居正远去的身影，周王不免有些失落：备席容易请客难啊。不过，如果他要知道张居正随后去了哪里，恐怕得拍桌子骂娘了。

张居正确实南下了，但走到半道又停了下来。

行程这么紧张，旅途这么劳累，他非要挤出时间去见一位老朋友。可见此人在张居正心目中的地位，实在不是一般地高。

高拱退休之后，并没有住在新郑县城，而是回到了自幼生长的高老庄。当然在那个年代，县城与村庄的差距，还远不像四百多年后这大。

张居正从马车里下来，在几个侍卫簇拥下走向高府。只见大门已经打开，一位须发皆白、有些佝偻的老人站在门口。

高拱已经得到消息了，不管高不高兴，也得出门迎接，这是礼数。

"玄翁！"张居正不禁脱口而出。才六年不见，高拱已然苍老了太多。他也就六十七，看起来倒更像七十六，一阵不大的风刮过，似乎都能把他给当场吹倒。回想当年他在京城指天画地的豪迈，张居正也不能不感慨岁月的无情、生命的脆弱。

"叔大！"高拱也认出了他，六年不见，张居正的形象倒没有多大变化，连日的奔波，并未令他显得过于憔悴。

"京城一别，已经六载了，我日夜想念高兄，今天终于见到了！"

"叔大，老夫被那奸人冯保陷害，也多亏你主持公道，不然我坟头上的草都老高了。"

"区区小事不值一提。玄翁您一定要保重身体。"

"我无儿无女，不像你儿孙满堂啊，活得再久又有什么用呢，愧对列祖列宗……"说到伤心处，高拱不禁咳嗽起来。张居正赶紧给他捶背。这身体是真不行啊。

在隆庆朝，高拱曾潇洒上演卷土重来的好戏；在万历朝，很多高官最早还是由他提拔的。说张首辅一丁点都不担心高前首辅起复，恐怕也并不是事实。不过今天一看，张居正已然明白，老天留给高拱的时间已经不多了。

朝野上下，无数人怀疑是张居正联合冯保排挤了高拱，高拱本人也几乎一口认定，但既然今天他愿意见自己，张居正还是相当开心的。两人又回忆起了京城中的历历往事，翰林院中的皓首穷经，登香山时的意气风发，俺答封贡时的团结一致。说到动情之处，二人的眼泪都不禁流了下来。

"叔大就在寒舍吃个便饭吧，住一晚明天启程也好？"

"谢过玄翁，万岁给的假很短，我只能这就告辞了。"

高拱坚持要送到门口。张居正面带伤感地说："玄翁保重，等我回京时，一定再来拜访。"

"我等你！"高拱一字一句地说。

三、安葬父亲，见证人情冷暖

四月初四日，经过二十一天的紧赶慢赶，张居正终于回到了江陵城。显而易见，坐轿子根本达不到这速度，倒不是说张居正多么简朴，主要是他得赶时间啊。

老宅已经废弃。万历元年六月落成的"张大学仕府"，张居正还是第一次见到；父母双亲的七十大寿，他都没有回乡庆祝。这个儿子当得有些不称职啊。

张家仆人早就听到消息，赶紧带他直接去了灵堂。张居正跪在灵前，放声痛哭。他为自己这么晚回来自责，为十九年没有回乡懊悔，更为这半年多经历的诽谤、诋毁与攻击而难过。看到张居正哭得这么伤心，在场的亲戚故旧都为之深深动容，他们轮流上前劝慰首辅，为了大明江山，一定要保重身体。

"孩子啊，你可算回来了！"母亲赵氏也过来了，拥着儿子又大哭一场。人世间最无奈的事情，"子欲养而亲不待"必定算其一。

张居正已经失去了父亲，他决定将母亲接到京城，自己可以朝夕问安，尽一个儿子的孝道。

张居正虽身在荆州，却不能不关心北京的政局。小皇帝也是说话算数，每有重要事情，都要八百里加急送到江陵，将这里变成了大明事实上的决策中心。

到家之后不久，他还给高拱去信问候。信很短，但态度很认真：

> 相违六载，只于梦中相见。比得良晤，已复又若梦中也。别后归奔，于初四日抵舍。得辱遣奠，深荷至情，存殁衔感，言不能喻。
>
> 使旋，草草附谢。苦惊恸切，不悉欲言，还朝再图一披对也。

四月十一日，他接到了万历的上谕，让他为一场大捷制定赏赐细节。张居正看了之后，马上觉得有些不对劲，但也不好立即否定小皇帝的决定，这毕竟是他好不容易独立做出的圣断。

皇上终归是要长大的，张居正这个"摄政"，终归要把权力都交出去。

四月十六日，张文明正式下葬。葬礼举办得极其隆重，墓地选在了风光秀丽的大晖山，距湘王朱柏的坟不远。万历的两个特使——司礼监太监魏朝和工部主事徐应聘主持下葬仪式。以湖广巡抚陈瑞和抚郧襄都御史徐学谟为首，当地有头有脸的官员来了一大堆，只求在首辅面前留个好印象，不料这却令张居正相当不满。

特别是巡抚陈瑞，当的是荆楚大地十六府一百零八县的父母官，却非要奔波四百余里来荆州吊丧。如果省城有事，他三四天才能赶回武昌，这不耽误工夫吗？张居正当然不至于当着众人的面训斥他，但对官场这种媚上欺下的传统很是反感。

考成法已经实施五年了，很多官员的心态，还和过去区别不大。看来真是像王阳明说的：去山中贼易，去心中贼难。要改变官场风气，可能真不是一代人能够办到的。

张居正已经十九年未能回乡了，这次好不容易回来，他当然希望多住几天。自己在这里出生，在这里长到了二十三岁，没有江陵山水的滋养，没有荆楚文化的熏陶，就没有他现在的一切。落叶归根，是当时大部分读书人的真实想法。

这么好的"张大学士府"，不好好利用真是太浪费了。他是读书人，曾有多年做的都是教育和编纂事务。张居正希望退休以后，就回到这里读书作文，看护孙子，享受幸福晚年的同时，也能留下一点经典作品。也许潜意识中，他写文章也不想输给王世贞和汪道昆。

张居正向万历帝去信，希望能等到八九月天凉之时，带母亲大人一同上京。为了达到目的，张居正甚至还向内阁里的四位助手写信，请他们代为求情。

事实证明，这位首辅还是想多了。李太后和万历帝根本等不得那么长时间。很多朝政，离了他张居正还真的就不行。万历帝下旨，派锦衣卫指挥金事翟汝敬赶到荆州宣谕，要求元辅在五月底前返回京城；太监魏朝则在秋凉之后，扶侍赵太夫人返京。

圣命难违，张居正只能收拾东西。但因荆州连续降雨，他在五月二十一日才动身，依依不舍地告别了家乡，踏上北返之路。眼看误期已成定局，张居正不得不向万历帝去信解释。小皇帝当然也能理解。

一路之上，各地官员依然使出全力来讨好元辅，甚至连亲王都不肯落后。张居正到达襄阳时，襄王出城迎接，并设宴隆重招待，甚至让首辅坐到上座，实在有些乱了礼数。地方官巴结张居正，当然是为了升官；一个王爷又无法升迁，为什么还要讨好首辅呢？

对于他们，张居正只是应付，但有一个人，张居正是诚心要见。

六月初五日（或初六），张居正再度来到新郑，去完成他和高拱的约定。但大大出乎他意料的是，高拱已经一病不起了，而且情况非常糟糕。一些人不怀好意地推断，高拱的病，是让张居正上次来访给刺激的。

人之将死，其言也善，高拱似乎已顾不上记恨张居正了。

"叔大……老夫有两……两件事相求。"高拱喘着粗气，尽最大努力希望能说清楚。

"玄翁请讲。只要小弟能办到的，无论怎样都要办到。"张居正的眼圈已经发红了。

"好……一、我让高务观继承我的香火，做我的嗣子。"没后代传香火，确实不行啊，让人死不瞑目。

"小弟谨记，还有呢？"

"我就要走了……我死后，请叔大在皇上面前为我请恤典。"这个高拱，真是死要面子啊。

"玄翁，你肯定能好起来的……"张居正不得不撒谎了。还想恤典？高拱怕是想多了。

"我自己的病自己知道。难道你不愿意答应？"高拱着急了。

"不，不！我答应，我一定替你向皇上说情，我想看在先皇的分上，万岁没有理由不答应！"

高拱终于放心了，他感激地道谢。当年何等意气风发，在即将走到生命尽头之时，却显得是如此脆弱，不堪一击，让张居正看了无比心痛。

那么，高拱的愿望能实现吗？

四、顺利返京，上疏自证清白

六月十五日，正值夏天最热的时候，张居正终于回到了京郊的真空寺。这比万历帝给他的返京期限，已经晚了半个月。司礼监太监何进已经在此恭候，并带来了皇家的赐宴，为元辅接风洗尘。

第二天，原本是万历帝早朝（每月的三、六、九日）的日子。但为了接见张居正，小皇帝取消了早朝，在文华殿与首辅单独会面了。

明明只分开了三个月，张居正却感觉离开了很长时间。虽说自己依然能遥控朝政，但还是坐在内阁里更踏实；虽说江陵的空气更新鲜，但唯有北京才能让他施展政治抱负，唯有小皇帝才值得他悉心辅佐。

张居正为自己的延期致歉："仰戴天恩，不胜感切。"

"先生顺利归来，算是忠孝两全了。"万历帝问候道。

"回乡葬父本是臣的私事，如果不是您和太后的恩典，怎能如此顺利？老臣感恩图报之心无以言表，唯有刻之肺腑，永远牢记。"张居正动情地说。这话绝对不是客套或者作秀。

"先生言重了，"万历说，"现在正值暑天，先生想必一路非常辛苦。"

这倒是大实话。那年头的马车又不能装空调，又热又急又颠簸，让张居正的健康多少受了些影响。但他怎么可能向皇上抱怨？只是叩头施恩："感谢万岁挂念，请治臣误期之罪过。"

"先生言重啦！"万历说，"朕见到先生回来，很开心。两宫太后肯定也很高兴。"

"臣离开京城，不知不觉已经三个月，"张居正感激地说，"然臣的犬马之心，没有一天不在皇上左右。今天能重睹天颜，又听说太后圣体安康，臣不胜欣慰。"

"先生的忠心，朕怎么不清楚？"万历很开心，突然想到了什么，"您一路之上，看到庄稼长势如何？"

"臣路过河南、畿辅，途中见麦子长势很好，夏粮丰收，秋禾茂盛，这都是万岁的洪福。"

"百姓的生活可好？"

问题可真多，但能难住首辅吗？

"一路之上，各地巡抚、巡按及有司来见，臣必定会仰诵皇上奉天保民的诚意，谆谆告诫官员注意爱护百姓。做任何事都要务实，不能夸大。臣看到各官都兢兢业业，奉公守法，确实与往日不同了。黎民都感恩戴德，安生乐业，确实有太平之象。"

"太好了，不过，"万历想起一出是一出，"现在边事如何了？"拜托，您一直在北京，还要问一个从湖广回来的？

"巧了，臣昨天在途中会见了山西及陕西三边总督、巡抚及总兵官，他们说俺答西征，却被瓦剌打败。俺答部损失惨重，俺答仅以身免。这事还不能确定，但在臣看来，虏酋真的有败象了。夷狄相攻，对天朝是好事。这都是皇上威德远播，因此边境平安，四夷宾服。"说着，张居正情不自禁叩头恭贺。

"好啊，这都是先生辅佐之功啊！"万历帝非常开心。

"皇上，切勿太过高兴。"张居正马上提醒道，"俺答如果真的大败，就是他们运势衰落，但我们不能因其失败而轻视他。圣王之制夷狄，只论顺逆，不论强弱。如果他们处于顺境，就算势弱，也必须抚之以恩；如果他们处于逆境，就算势强，也应震之以武。今后，希望皇上扩并包之量，广复育之仁，戒谕边臣，益加恩义。俺答既然败于西边，必然更加依靠朝廷来保全自己，还担心我们乘机进攻他。我们应当继续以抚为主，不改初衷。这样俺答才能愈发感激，永做大明藩篱，不敢背叛，未来十余年北边都会安定的。"

张居正分析得鞭辟入里，万历帝听得连连点头："先生说得太好了。旅途劳累，您休息十天再入阁办事吧。"

随后，小皇帝赏赐了一大堆物品，又安排司礼监张宏领张居正到慈庆和慈宁宫前，叩谢两位太后。

休假完毕之后，张居正回到内阁。张四维、马自强和申时行均起立迎接，向首辅致意。内阁许久没有这么热闹了。张居正询问了他离京之后大家的工作情况，对几位下属的业绩表示满意。

吕调阳已经多次申请辞职，现在正在家里等候皇上批示。

张四维说："陈炌弹劾赵应元。王用汲又弹劾陈炌，我已拟旨将王用汲革职为民了。"

"拿他的弹劾疏来，我看看。"张居正来了兴致。

张居正让下人泡好茶，坐在桌边看了起来。突然，他猛然一拍桌子："混账王用汲！"

王用汲、赵应元和陈炌，怎么关系这么复杂，他们跟张居正又有什么关系呢？

原来，赵应元是湖广巡按御史，西安府泾阳县人，嘉靖四十四年进士，为人正直。张居正回乡葬父时，沿途大大小小的官员，基本上都极尽阿谀奉承之能事，丑态百出，令赵应元非常反感。因此，四月十六日张文明下葬时，赵应元以自己正办理交接为由，故意不去。

按说这根本不叫事。现场重量级嘉宾多的是，谁会记得他赵应元是哪根葱？但张居正的嫡系、都察院左佥都御史王篆知道后，添油加醋地向上司左都御史陈炌打了小报告。陈炌于是发出弹劾，不久小皇帝将赵应元除名为民。

按说这是都察院自己的事情，但工部员外郎王用汲知道之后非常愤怒，他向万历帝上疏,指责正二品的陈炌滥用公权力打击忠良,不得不让人佩服其胆量。但所谓醉翁之意不在酒,王用汲的真正目标也不是陈炌。

王用汲当然要为陈炌鸣不平,他怒斥朝廷被某权臣(当然是指张居正)控制,大臣争相巴结,小臣投诉无门:

> 臣谓今天下事事私矣,人人私矣,独陛下一人公耳。陛下又不躬自听断,而委政于众所阿奉之大臣。是以大臣益得成其私,而无所顾忌;小臣益苦于私,而无所诉告,其势不得不奔走乎私门矣!

王用汲话锋一转,又批评皇帝不操持权柄,导致"太阿倒持",实在是太危险了。别怪我没提醒过你:

> 夫威福者,陛下所当自出;乾纲者,陛下所当独揽。寄之于人,不谓之旁落,则谓之倒持。政柄一移,积重难返,此又臣所日夜思虑,不独为应元一事已也。

张居正没有想到,之前对五个愣头青施以廷杖,并没有让所有人都老实起来。现在还有人敢指桑骂槐地攻击他,说他是窃取国柄的奸恶之徒!这种赤裸裸的挑拨离间,比刘台更阴险,比邹元标更加恶劣!仅仅革职为民,太便宜他了!

皇帝还年轻,渴望自己做主,因而很容易受蛊惑。当晚,张居正躺在床上,翻来覆去无法入睡。

"来人啊,磨墨!"他喊道。

张居天摊开纸,开始奋笔疾书,向万历自证清白。这就是著名的《乞鉴别忠邪以定国是疏》他首先强调:

> 臣看得用汲疏中,谓臣前葬父事毕谢恩疏,无御史赵应元名;谓臣有所憾于应元,而炌阿附臣意,遂因其称病而纠之,此大诬也。……又谓:"旧岁以星变考察,其所惩抑者,半为不附宰臣之人"。此又大诬也。……然此二端,皆借言也,至末后一段,谓:"皇上当独揽乾纲,不宜委政于众所阿奉之元辅。"此则其微意所在,乃陷臣之机窠也。

王用汲这种含沙射影、尖酸刻薄的攻击，在有明一朝屡见不鲜，可说是言官的常规套路。在《李鸿章传》中，国学大师梁启超指出："天下唯庸人无咎无誉。……誉满天下，未必不为乡愿；谤满天下，未必不为伟人。"张居正显然是伟人，王用汲无论境界还是能力都比他差了七八十条街，何必为这样的人、这样的污蔑浪费时间呢？

但是，经历了夺情风波和学生弹劾的张居正，随着年龄增长和身体条件变差，脾气也变得越来越暴躁了，这肯定不是什么好现象。接下来的一番话，就更显得意气用事了：

> 夫国之安危，在于所任，今但当论辅臣之贤不贤耳。使以臣为不贤耶，则当亟赐罢黜，别求贤者而任之；如以臣为贤也，皇上以一身居于九重之上，视听翼为，不能独运。不委之于臣而谁委耶？先帝临终，亲执臣手，以皇上见托。今日之事，臣不以天下之重任自任，而谁任耶？

杀鸡何用牛刀？张居正如此郑重其事为自个儿辩护，显得有些跌份儿；说什么"国家大事不委托给我，还能委托给谁"又显狂妄；说先帝临终前亲执他手嘱托，估计是老糊涂了，全天下都知道隆庆帝执的是高拱的手。这份上疏，活脱脱就是他专权的写照！

当然，此时万历帝对张居正非常信任，他很快做出批复，今后再有如此诽谤诋毁、扰乱国事的，他就遵守祖宗法度，严惩不宥了。张居正看似要到了自己想要的结果，但这种有撒娇嫌疑的做派，肯定不是明智之举。

九月十五日，深秋的京城分外凉爽，通州运河码头也相当热闹。张居正母亲赵太夫人在司礼监太监魏朝护送之下，经大运河顺利抵京。太监李佑奉万历帝之命过来迎接。稍事休息之后，车队向北京城驶去。一路之上，无数百姓自发出来观瞻，对老夫人羡慕不已。

两宫皇太后听说张母来京，就下懿旨准备在宫中接见。张居正担心老太太进宫闹出什么笑话，就推说老人家身体不好，由自己在会极门外叩头谢恩，顺带收获了一大堆赏赐。

张家母子享受到的皇恩，真是大明二百年来少有。那么，张居正该如何回报呢？

五、不讲情面，翻案"长定堡大捷"

让我们把时间线切回三月。此时，张居正还奔波在去往江陵的路上。小皇帝这些天过得无拘无束，正和几个小太监商量着去哪玩呢，却收到了一封辽东巡抚张学颜写就的加急文书。

万历帝拆开一看，不由得乐开了花："好，真是太好了！"

既然元辅已经回家了，那我这个当皇帝的，也就做一回主吧。元辅临走前，不是鼓励咱亲自裁夺吗？

万历帝拿定了主意，问身边的太监："打了大胜仗，该怎么庆祝呢？"

"应先谢郊庙，感谢天地和祖宗的保佑，然后让内阁拿出封赏方案。"太监满脸堆着笑。

"好，那我先禀告母后，然后去谢郊庙。通知张先生……对了，用八百里加急去江陵告知张先生，让他拟出封赏办法。"万历自信地下着命令。

原来，辽东副总兵陶成喾在长定堡大败鞑靼，斩获首级四百七十颗，比李成梁劈山大捷还多。更神奇的是，明军没有一个战死的。真是祖宗保佑啊，万岁爷一大婚，士兵打仗都厉害了很多。

四月十一日，长定堡大捷的文书传到了江陵，交到了张居正手上。这位首辅一看也非常激动：这个陶成喾可真厉害。杀敌那么多，自己人一个都没死，换戚继光都做不到啊，其中会不会有什么问题呢？

但皇上已祭天，还有什么好说的。张居正拟旨，陶成喾升为总兵，李成梁再荫一子世袭指挥佥事，蓟辽总督梁梦龙、辽东巡抚周咏升一级，兵部尚书方逢时和左右侍郎都加俸，内阁大学士吕调阳、张四维特加武荫，马自强、申时行加文荫，总之，得到好处的人是非常多了，雨露均沾。

但张居正在奏疏里提了一嘴："虽其中有投降一节，臣未见该镇核勘详悉。"正常来说，没有巡按御史的核勘，就不应该下结论。

同时，张居正给兵部尚书方逢时去信，要他彻底查清事情的经过。没过多久，巡按御史安某（史书未留下名字）就将此事调查清楚，真相让人大跌眼镜。

原来，有八百多名鞑靼武士及其家人，因为得罪了图们汗，就打算依照把汉那吉的先例，向明廷投降邀功。但他们吃了没文化的亏，没能走到李成梁所在的广宁卫，却跑到了陶成峕把守的长定堡。

陶成峕长期生活在李成梁盛名的阴影之下，对此很是不平。当听说有一小队蒙古人打过来时，他开心坏了。

之前，蒙古人都是几万几万的来，那谁惹得起？现在，来的只有七八百人，还怕什么？

"兄弟们，收拾家伙，上！"

也许有人马上会提醒他："将军，这些人拖家带口，还拉着大批的牛羊，应该是来投降的吧。"

投降？怎么证明？陶成峕可不吃这一套。喝酒讲究先干为敬，打仗嘛，先杀为快，我把你脑袋砍下来，管你是来投降还是来突袭？你浑身是有嘴都说不清，也说不了了嘛。

于是，陶副总兵点齐了几千精兵，浩浩荡荡杀向蒙古人。对方根本没有心理准备，被杀得那叫一个惨不忍睹，只能四散奔逃。陶成峕下令汇总清点首级，共得四百七十个，成果太喜人了！

陶成峕立即让文书写好报捷信，送给老大李成梁。老李见多识广，一看就知道有问题，但他就是不说。他自己也有杀良冒功的业余爱好，岂能点破？于是，李成梁就向辽东巡抚张学颜报捷。而这个张巡抚也真糊涂，马上又向朝廷汇报了。

七八百人好心好意地过来投降，你却割了人家四百多颗脑袋。上司非但不处罚，还要给你封赏，这笔买卖真的太划算了。

对鞑靼这边来讲，这以后谁还敢来投降，谁不都得血战到底？而对明军军官来说，下次遇到投降的，咱也这么杀一通，舒舒服服地升官发财多好，反正也没有人愿意搞清真相！

可见，大明军事管理条例中，还是存在着重大疏漏。无论是张学颜还是张四维，对这个乌龙都难辞其咎。但最为恼火的，无疑就是万历帝了。这是他第一次主持国事，没想到就搞出了这么大个笑话，还祭告天地祖宗，这不得让列祖列宗笑死？

给事中光懋上疏弹劾，要求将陶成峕治罪，并请革去大学士、兵部尚书、侍郎及蓟辽总督、辽东巡抚和总兵的恩赏，这算不算小题大做呢？

皮球踢给首辅了，他要么处分光懋，把对长定堡大捷的质疑压下去；要么彻查这场闹剧，让无数既得利益者都付出代价。反正怎么做都要得罪很多人。

作为军人的后代，张居正虽没有上过战场，却有着军人的荣誉感与责任心，他不能容忍这样的杀降冒功者逍遥法外，甚至成为后来者的学习榜样。

"光懋的弹劾疏都看见了吧，说说吧。"张居正把四个下属叫到跟前。

吕调阳和张四维面面相觑，这娄子是他俩捅出来的。"牵涉到的人太多了，不好办啊。"吕调阳小心翼翼地说。

"很多人好不容易有一次恩荫……"申时行欲言又止。

"赏罚不明，怎能令天下人信服？无功幸赏，就能鼓舞人心了？"张居正越说越气愤，"国家赏罚倒置，还成什么国家？是维护私人关系重要，还是维护大明纲纪重要？你们说？"

看老大脸色铁青，四人哪敢再多言，于是纷纷表示，请元辅裁决。

按理说，陶成嚳这样杀降冒功的，杀头也不为过。但张居正放过了他，只是革职了事。而吕调阳、方逢时和梁梦龙等人的荫赏，自然全部都泡汤了。

如果张居正不回乡葬父，"长定堡大捷"也不会引出这么多事端。为了纠正这个错误，张居正一下子将太多的下属、朋友和门生都置于尴尬境地，确实显得有些不近人情。但如果听之任之，可能后果更加严重。

为了大明江山，为了万历新政，张居正豁出去了，但他似乎忘记了，最尴尬的并不是这些大臣，而是那个一口一个"先生"叫自己的小朋友。

这是皇上第一次独立处理政务，虽说不出意外地捅出了大娄子，但出发点是好的，总得顾及皇室的面子吧？总得给人家一点支持和鼓励吧？推翻了长定堡大捷，不就是打小皇帝的脸，不就是说万历帝无能，没有你张首辅能耐大吗？

六年之后的悲剧，可能就在此时埋下了最初的伏笔。但张居正眼下顾不了那么多，他有了别的麻烦。

六、高拱离世，老朋友力主恤典

张居正返乡葬父的行程那么密集，时间那么宝贵，他还能抽出时间，两次去新郑看望高拱两次，可见在张居正心里，这份友情的分量实在不轻。

到京之后，张居正再度给高拱去信，承诺办好他交代的两件事，但更希望他能保重身体：

> 比过仙里，两奉晤言，殊慰夙昔，但积怀未能尽吐耳。承教二事，谨惧祗领。翁第专精神，厚自持，身外之事，不足萦怀抱也。
>
> 初抵京，酬应匆匆，未悉鄙悰，统容专致。

当然，高拱已经病入膏肓，根本不可能恢复健康了。七月中旬，高拱去世的消息传到了京城，他是七月初二日在家病故的，终年六十七岁。

张居正与高拱，均跻身明朝三大首辅之列，也有人认为，他俩就是明朝最出色的两大首辅。尽管这些年多有"捧高踩张"的观点，但平心而论，只当了十三个月首辅的高拱，相比秉国十年的张居正，还是有一定差距的。

王世贞是首辅的头号黑粉，但他当然不是只黑张居正一人。在《首辅传》中，王才子还讲述了这么一个故事：

张居正在老家料理父亲丧事，高拱觉得荆人一时半会儿也回不了京城，于是就使出了个阴招，把全家老小的积蓄都拿出贿赂武清伯李伟，想趁机起复，来个三进宫。可李伟收了钱根本不办事。张居正回到京城之后，得知高拱居然搞这样的把戏，非常生气。

高拱在新郑左等右等，只等来了张居正回京掌权的消息，才知道自己被李伟给耍了，但他怎敢向国丈要钱？更糟糕的是，张居正也知道他搞鬼了，迟早不得报复？高拱满心忧愤，就这样病发而死。

这个段子显然经不起推敲。高拱怎么可能想出向李伟行贿的蠢招儿。李伟想起复高拱只能通过他女儿李太后。可就算你把刀架在李太后的脖子上，她也不会让高拱取代张居正。再说高拱走个道都费劲了，还能想着去京城复职？

高拱的死，让刚刚安葬了父亲的张居正非常难过。但让他欣慰的是，不长时间里的两次见面，两封短信，让二人很大程度上消除了误会，修复了友谊。高拱甚至将确定嗣子和请求恤典的事情委托给了张居正，足以证明他已经放下了六年的心结，再次把张居正视为自己的知己。

在张居正的过问之下，高家从族人子弟中选择高务观作为高拱后嗣子。高拱老妻张氏找人代笔上疏，请求给老公恤典。但万历帝别的本事没有，记忆力超强，高拱的金句"十岁太子如何治天下"，让万历帝一想起来就生气，一生气就恨不得抄高拱的家。就这还想要恤典？

眼看事情要黄了，对不起老朋友的在天之灵。张居正只好厚着脸皮上疏。但这一次，他玩了一点心理战术。

张居正先把高拱劈头盖脸数落一通，以迎合皇上。他说，高拱性情愚钝，举动乖张，做事任性，刚愎自用，虽说没有敢欺君之大恶，却也没有事君之小心，触犯天威，死有余辜。反正不是什么好东西，您大人有大量，不值得跟他计较。

然后，张居正笔锋一转，说高拱再不是东西，好歹也伺候了先帝九年。您是先帝的大孝子，先帝的遗物您都不忍心抛弃，何况一枚旧臣？他老妻冒昧请恤，也是知道您宅心仁厚。

最后，张居正深情地总结道：

> 故臣等不揣冒昧，妄为代请，不独欲俯存阁臣之体，实冀以仰成圣德，覃布鸿施，又以愧死者，劝生者，使天下之为臣子者，皆知竭忠尽力，以共戴尧舜之君也。

一顿马屁拍得万历帝感觉甚好，决定给高拱官复原职，但也只是半葬，高家还得分摊一半安葬费，当然这已经算很不错了。高拱下葬之后，高务观又来信请张居正为高拱文集作序，写墓志铭，这位首辅欣然答应。但张居正后来到底写没写，一直还是历史之谜。反正张嗣修、张懋修等整理编纂的《张太岳文集》中没有收录，《高文襄公集》中也没有。

就在同月，吕调阳因病致仕，张四维升为次辅。十月，马自强突然去世了，让张居正深为遗憾。眼下，内阁又只剩下三人了。张四维和申时行与其说是辅臣，不如说是张居正的两个助理，或者"办事员"。

父亲走了，高拱走了，谭纶、葛守礼和马自强也走了。张居正愈发感觉生命的短暂、岁月的无情、时间的紧迫，再加上一些书呆子没有底线的批评攻击，让这位首辅的行事越来越"操切"了。万历新政也到了一个新的阶段，不妨称之为"深水区"。

第十三章
新政进入深水区

一、治理两河，潘季驯泽被后世（上）

贯穿中国南北的京杭大运河，全长三千余里，是人类历史上最伟大的工程奇迹之一。在元明清三代，它承担起了为北京运送粮食及其他物资的重任。

所谓漕运，就是朝廷组织人力，通过水路（包括运河、人工河道与海路）向京师及战略要地运送粮食等物资的行为。

永乐十九年（1421），成祖朱棣正式迁都北京，南京降为留都。因京师远离江南，漕运任务就更为艰巨。相比元朝大量使用海船运送物资的"激进"，安排郑和六下西洋的朱棣却显得相当保守。他下令疏通改造元朝大运河，作为南北漕运最重要甚至是唯一的线路。

"漕粮三月不上则群相忧，六月不至则都人啼，一岁不至则国有不可言者。"有明一朝流行的段子，证明了漕粮对京师的重要。明清的北京城，比隋唐长安城更依赖南方粮食。

明朝大运河的特殊性在于，从茶城到清河，长达五百四十里的河段要借用黄河作为水道。这就使漕运平添了太多变数。

终明一世，海运几乎可以忽略不计，每年有约四百万石粮食由江南运抵京师，而实际发货量超过了五百石万。也就是说，大约有一百万石在途中白白损耗，这个代价显然不低。

今天的黄河由山东入海，但在元明时期它却是向南夺淮河入海的。黄河一是含沙量过高，二是不定期地时有洪涝之灾。黄河、淮河和运河在南直隶北部纠缠不清，这里又是明朝祖陵所在，一旦出了事情，相关的官员肯定在劫难逃。

鉴于黄河与运河的重要性，明朝设立总理河道一人，驻山东济宁府；漕运总督一人，驻南直隶淮安府。后来又规定，天妃闸（位于淮安）以北归河道总理管辖，以南归漕运总督负责。但两大衙门之间的推诿扯皮依然不可避免。

嘉靖、隆庆年间，黄河在南直隶地头上摆来摆去，多次造成洪灾，不光给当地民众带来了一次次灾难，更让漕粮运输困难重重。

一些有识之士建议学习元王朝开海运，减少对运河的依赖。但经过二百年的海禁之后，明朝造船能力已大大不如郑和时代；漕运沿线又形成了太多既得利益集团，他们千方百计反对海运；再说了，海运船毁人亡的概率虽说不大，但一旦出现，后果就不堪设想。河运还是安全得多，慢一些，成本高一些，又算什么呢？

作为明朝最有革新精神的两大首辅，高拱与张居正都不反对海运，但最终都不得不向现实低头。

张居正取代高拱担任首辅之时，河道总理是万恭，漕运总督是王宗沐，二人都是嘉靖二十三年进士。张居正以为他俩能相互理解和尊重，哪知这二位也和昔日同行一样，热衷于相互攻击和拆台。张居正忍无可忍，干脆将他俩先后革职，任命傅希挚为河道总理，吴桂芳为漕运总督。

可惜，傅吴二人又斗个不停。张居正意识到政出多门不会有好结果，就把傅希挚发配到陕西当总督去了。之后不久，河道与漕运两套班子暂时合并，由吴桂芳负责。

万历二年秋，黄河在砀山及邵家口、曹家庄、韩登家口等处决堤北流，淮河在高家堰决口东流，徐州、邳州和淮安等多地受灾，数十万百姓无家可归。北上的漕粮运输也受到了严重影响。

吴桂芳临危受命，实行"挽淮入河"之策。他首先疏通黄河，使其顺利入海；继而又整修淮河，令水患渐渐缓解。随后，吴桂芳组织修筑高邮湖石堤、淮安长堤等水利工程，蓄积湖水，提升漕河南段的抗洪能力。但是，漕河北段未得到彻底治理。黄河不久之后再度泛滥，冲毁了多处堤坝，形势依旧不容乐观。

张居正自己不懂水利，但他给予了吴桂芳充分信任和极大支持，希望他能一劳永逸解决两河水患，造福子孙。但万历六年初，吴桂芳积劳成疾，不幸去世了，年仅五十七岁。这让张居正非常痛心。

万历六年三月初十日，吏部会推二人为总理河漕，由首辅定夺。这俩人都才华出众且敢于任事，而张居正的选择，为之后的治河行动定下了基调。

庞尚鹏是张居正的同年，又堪称首辅的亲信；潘季驯却与张居正并不合拍，还是"刺头"王世贞的儿女亲家。但是，张居正的选择，让"任人唯亲"的谣言不攻自破。

三月十一日，就在回乡葬父的前一天，张居正任命潘季驯为都察院右佥都御史、工部左侍郎，总理河漕兼提督军务。

万历年间的治河工程，其难度之大，绝不亚于对抗鞑靼和倭寇的战争。潘季驯知道自己即将担负的责任实在重大，立即上疏请辞。但张居正早已指示吕调阳和张四维，坚决不批。潘季驯只能去淮安就任。

明朝的国子监和各地书院里，根本就不教授水利工程。和朝中大部分文官一样，潘季驯也是四书五经熏陶出来的文科男，没有任何理工科基础，至于他为什么能够成为有明三百年中最伟大的治水奇才，那只能是天赋加勤奋，再加上一些好运气。

而他最重要的好运，显然就是遇到了一位知人善任的领导。

真理往往掌握在少数人手中。这话放在特定领域绝对是正确的。潘季驯的治河思路，的确和多数人不一样。

早在隆庆朝，工部尚书朱衡希望开泇河助力海运，但其助手、时任总理河道的潘季驯却认为不妥：如此漕粮是保住了，黄河和淮河再发水难道就不管了吗，任由百姓受灾？

不久，潘季驯被言官弹劾，黯然离职。万历四年，张居正安排他以原官巡抚江西。潘季驯在江西整顿吏治，抚恤民生，推进一条鞭法，搞得有声有色。次年被提升为刑部右侍郎。

而到了万历六年，他又要承担起更加重要的责任。

能力越大，责任越大。潘季驯知道自己不光是得到了一个位高权重的官职，更是承担着无数人的期许，决定着无数百姓的命运。

治黄、治淮、保大明祖陵、保京师漕运和拯救民生五大使命，真的可以毕其功于一役？

和张居正一样，潘季驯有着敢为人先、不达目的不罢休的气概，五十八岁的他，知道自己的时日已经不多，他必须全力以赴。

他知道，能得到这项任命，力挺自己的张首辅顶着很大的压力。

潘季驯和助手、总督漕运都御史江一麟之前在江西已经共事过，因此沟通相当顺畅。面对黄河与淮河的汹汹之势，他们并不急着出方案，而是率领河漕部门的一干下属，走遍了徐州、淮安和扬州等地，一路到达淮河入海口，实地了解黄河、淮河与运河的水流现状，整理出了厚厚的材料。

渐渐地，一个清晰的方案成形了。

二、治理两河，潘季驯泽被后世（下）

潘季驯经过深思熟虑，写出了一篇治理两河方案的雄文。

这篇文章注定要流传千古，它就是著名的《两河经略疏》。其核心内容，就是著名的"治河六议"：

一、塞决口以挽正河之水：和大禹治水的"在疏不在堵"截然相反，潘季驯明确提出"借水攻沙，以水治水"策略，只有将河水决口全部堵严实，才能有效提升流速，发挥出冲刷效果；

二、筑堤防以杜溃决之虞：只有堤防足够坚固，河水才不会决溢。因此筑堤一定要用老土，还要加筑缕堤、遥堤，确保河堤坚固。

三、复闸坝以防外河之冲：从前平江伯陈瑄修淮扬运河时，对闸坝高度重视，但现在法久渐弛，闸坝废弃，必须进行修复。

四、创滚水坝以固堤岸：黄河水浑不能分流，但在一些地方，可利用滚水闸小规模分洪。

五、止浚海工程以免靡费：海口靠人工疏浚根本不现实，只能以水冲沙，让沙随水去。

六、寝老黄河之议以仍利涉：重开黄河故道不现实也不划算，不再考虑。

潘季驯的奏疏送抵北京，工部尚书李幼滋大为欣赏。他立即派飞骑南下。返京途中的张居正，在半道上给予了批复。

在打消了首辅的顾虑之后，七月初，潘季驯不失时机，又上了《河工事宜疏》，提出了具体操作的"河工八事"：

一、议收支。请求依照惯例，将治河所需银两解往淮安府，严格账目制度。一议分工，明确责任，分工分段管理。工程结束官员方能离职。

二、议分工。工程任务量大，一定要分官分段管理。

三、议责任。人员与物资分派，须各州县正职亲自负责。

四、议奖励。治河事务繁杂且危险，应当对有功之人不吝赏赐。

五、议优恤。对于参加工程的民夫，要给予工食银，再减免一年丁米。

六、议蠲免。建议蠲免淮安、凤阳和扬州三府十一州县的一半赋税。

七、议改折。今年漕粮除淮北、山东与河南照旧外，其他各地改为折色。

八、议息浮言。尽量压制反对的声音，让治河事务顺利进行。

这样逻辑清晰、有理有据的方案，让张居正非常欣赏。他立即欣然批准，并决心当好潘季驯的好后勤。

万历六年九月十五日，正好是张居正母亲赵太夫人进京的当天，两河工程正式启动。参与施工的民夫多达八万人，统一归潘季驯调度。工程的难度与危险性之大，参与的人数之众，准备花费的银两之巨，完全不弱于一场大规模战争。

潘季驯胸有成竹，他将整个工程分为八个施工段，分别安排八名总管负责。每名总管配备两个副手，每个副手又有十名下属，保证工程建设的及时推进。

但是，潘季驯的"束水攻沙"方案太过大胆，与传统治水思路南辕北辙，遭到了一些官员的顽强抵制。徐州道副使林绍、水利道佥事杨化、南河分司郎中施天麟及淮安府通判王弘化集体抗命，不服从安排。

林绍甚至还上疏弹劾潘季驯，说他"庸驽不堪治河，乞赐罢斥，别选能官充任"，并以行家的口吻强调说"决口不当塞，遥堤不当筑，天妃闸不当闭"。事实证明，林绍低估了张居正的决心，最后被罢斥的只能是他自己。杨化和王弘化等则被抓到京城审讯，很快都被革职。潘季驯重新安排了工段指挥，治河工作就此展开。

此时已是深秋，天气一天天冷了起来，风呼呼地刮着，但所有治河人的心里是热乎乎的。大家都知道，他们所做的事情，不光能造福一方百姓，更能青史留名。

有非常之人，才能成就非常之事。张居正没有看错人。江南水乡出身的书生潘季驯，却有着一腔血性。身为三品大员，他将施工难度最大的高家堰工程留给自己，犹如北京保卫战时于谦亲自防守德胜门。

高家堰位于山阳县西北四十里，是明初平江伯陈瑄所筑，拦截的是淮河水，使其不至于淹向东部。隆庆年间，这个堰被冲毁，已经找不到原址了。潘季驯当机立断："运土夯实，高堰就露出来了。"好嘛，这一下数万条船开始运土，民工则忙个不停。经过十余天的努力，堤堰终于露出来了。

潘季驯明白，必须将决口尽快堵塞。为此，他挑选精壮劳力，成立了一支"敢死队"。所有人把遗书都写好了，就是要和老天对抗到底，跟命运死磕。

经过连夜轮番操作，堰口终于堵上了一半。第二天早上，太阳出来了，淮水断流，所有人的脸上都露出了欣喜的笑容，为潘大人的睿智赞叹不已。

可老天哪能这样轻松地成全你？没过两天，一场暴风雨光临工地，把新筑的堰体给直接冲塌了。更糟糕的是，新的决口比原来的更大更深，之前的工作算是白做了。

这么一来，悲观情绪很快就弥漫开来了。很多人小心翼翼地向潘季驯建议："咱们换个地方成吗（别在这里瞎折腾了）？"

"不行！"潘季驯没有丝毫妥协的意思。他告诉大家："舍近易，役远难，我们哪都不去。"

没办法，大家只能听潘季驯的。

在所有的决口中，有一个冲刷很深的大闸口，怎么堵也堵不住。于是又有人就给潘季驯支招了："此处应是水怪的洞穴，咱可不能给人家堵了（妖怪是得罪不起的）！"

"水怪！我不信。"潘季驯嘴上这么说，心里其实也有些害怕——他并不是唯物主义者。但经过勘察，他很快就有了办法。

潘季驯让民工用芦苇槐枝编成捆，里面阻塞满碎石，称为"埽"。

随后他的动作，更是直接把所有人都看傻了。

每填一埽，潘季驯就当仁不让地站上去，让寒风吹拂自己的花白胡子。至于这么拼吗？拿生命在战斗？

"大人，您这是？"

"我这是镇邪，吓跑水怪！"

水怪当然没来，可把手下人都吓得要死。大家都为他的玩命精神所感动，之后，奇迹真的出现了。填上的埽没有一个走样，决口还真的被堵住了。

消息传来，整个高家堰工地沸腾了，谁还用得着怕水怪，我们潘大人就是河神！民工们士气大振，乘胜追击，再接再厉，加班加点，将初步建成的高家堰进一步加高加厚，夯得异常结实。

在没有现代化工程器械、没有钢筋混凝土的十六世纪，高家堰工程难度可想而知，但因为有了正确的施工方法和榜样的激励作用，工程进展得有条不紊。

最终建成的高家堰，长三千六百余丈，堵塞大小决口超过了一千丈。堰高一丈五尺，厚五尺，基厚十五丈，大洞口为月堤，广三十丈。一座不输现代水库的大型人工湖，在潘季驯和上万民工的努力下，就此诞生了。

这就是中国第四大淡水湖洪泽湖。退休在家的前首辅李春芳，感佩于潘季驯等人的治河努力，欣然挥笔写下了著名的《重修高家堰记》，狠狠地赞扬了一番。

高家堰工程顺利完工之后，潘季驯又乘胜前进，筑塞了黄埔、崔镇等决口，并在黄河两岸修建了数百里的"缕堤"和"遥堤"。缕堤是靠近河水主槽修建的小堤，用于约束水流，防御一般洪水。遥堤是指筑在缕堤以外，距河岸较远处的堤防，用于防范特大洪水。

万历七年（1579）十月，两河工程胜利竣工，比原计划提前了一年半。光荣属于潘季驯，属于他的亲密战友江一麟，同样属于所有参与者。

八万民工先后创筑土堤十万余丈，砌石堤三千三百丈，堵塞大小决口一百三十九处，建减水坝四座，车坝三座，拦河顺水等坝十道，涵洞两座，减水闸四座，浚运河淤浅一万多丈，栽种过堤柳树八十万余株，其他较小工程不计其数。

不可思议的是，工程最终耗费的银两仅为五十六万两，比原计划节省了二十四万两，太了不起了。可见潘季驯的成本控制之严格，以及八个工段负责人之实诚。

在工程推进期间，虽说张居正日理万机，但他一直高度关注治河情况，并与潘季驯通信不断。当工程竣工的喜讯传到北京之后，张首辅喜不自胜，感觉比北疆大胜还开心。他立即安排给事中尹瑾前往工地视察验收。

事实证明，潘季驯的"束水攻沙"是完全可行的。徐州以下的黄河，河床深度被刷到了七八丈深，自然能带走更多泥沙，高家堰又有力扼制了淮水东泄，保护了当地数万亩良田。两河得到相当程度的约束之后，北上的漕运之路就大为顺畅，京城百姓再也不用担心没饭吃了。

到了清朝康熙年间，靳辅、陈璜继续沿用潘季驯的治水思路束水冲沙，并开通中运河，令运河与黄河彻底分离，从而保证了南北运输更加畅通，助力"康乾盛世"的形成。

虽千万人吾往矣！潘季驯的身上，有中国传统读书人敢为天下先的魄力，又有近代知识分子追求实证的严谨，更有戚继光式的不畏艰险、身先士卒。就挑战流俗、坚持自我的狠劲来说，他又和张居正非常相像。如果潘季驯能年轻十岁，做张居正新政的接班人可以说再合适不过了。可惜他比张首辅大四岁，两河工作结束之后已近花甲之年，这次治河，也成了他人生中最为高光的一段日子。

张居正为自己的决策正确开心，在《答河道潘印川论河道就功》中，他情不自禁地夸奖道：数年沮洳，一旦膏壤，公之功不在禹下矣。

万历八年（1580）二月，工部向朝廷叙功。潘季驯被加封为太子太保（从一品），工部尚书兼都察院左副都御史，荫一子入国子监读书。江一麟升任为漕运总督，其他部属各有封赏。这本是皆大欢喜的事情，但江一麟却因积劳成疾，在四月初告别了人间。

当年四月二十三日，正好是潘季驯的六十生日，原本值治河成功升职加薪之际，可以好好庆祝一下，但因好友的离世，他心情非常忧郁。张居正察觉出潘季驯有退隐之意，于是改任他为南京兵部尚书参赞机务，由凌云翼接任漕运总督兼理河道。

正因为有了潘季驯这样的治河奇才，又有首辅的鼎力支持，要政策给政策，要人给人，要钱给钱，才使得两河工程如此顺利。张居正当国时期，漕运再没有后顾之忧，黄河也（暂时）再没有肆虐。这无疑是值得后人景仰与怀念的。

但是不得不说，相比元朝漕运以海运为主，明朝放弃海运绝对不是时代进步。十六世纪末期，人类已经进入大航海时代，明朝的造船与航运水平却已大大落后于郑和时代，与主流文明可谓背道而驰。

如果张居正能借治河之机，逐步恢复海运，实行河海并重，势必为明代中后期商贸发展提供新的契机与经济增长点。但他还想不到这些。

当然，张居正要忙的事情还很多。

三、清丈田亩，压力再大也不动摇

传统社会以农业为本，耕地是一个国家最为重要的财富。明朝被后世嘲讽为"小农经济的巅峰"，在于开国皇帝朱元璋重视农业而忽视工商业，并实行了空前严格的海禁政策。

朱元璋在位期间，朝廷用了十年时间，对全国土地进行清查丈量（简称清丈），最终于洪武二十年（1387）编制了详尽的鱼鳞图册，记录每块耕地的方位四至、形状、土质、等级和业主姓名，并按照土地所有权和用途的不同，将土地划分为官田和民田。

同时，朝廷在户口普查的基础上编制黄册，依户籍把民众分为民户、军户和匠户，不同户籍承担不同的差役。黄仁宇先生说明朝无法实现"数目字管理"，但仅从这一点来看，这种说法就值得商榷。

明朝官方的税收并不高，但各地都有自己的土办法加收，搞得农民痛苦不堪。官绅地主却有数量不等的优免权。为了逃避赋役，很多底层农民就将土地"投献"给当地乡绅，由此只纳较少的私租，而不用再加国赋。

为了进一步"创收",官绅地主们使出了各种招数,或是恶意少报土地面积,或是将土地谎报为荒地、山场及河滩,以此来逃避税收和差役。

由此,就出现了一桩不可思议的怪事:洪武二十六年(1393),全国官田、民田合计有八百五十万七千余顷(一顷合十五亩),夏税米麦四百七十一万七千余石,钞三万九千余锭,绢二十八万八千余匹;秋粮米二千四百七十二万九千余石,钞五千锭。

弘治十六年(1503),全国田地只剩下了六百二十二万八千余顷,夏税米麦四百六十二万五千余石,钞五万六千三百余锭,绢二十万二千余匹;秋粮米二千二百一十六万六千余石,钞二万一千九百余锭。

到了万历元年(1573),全国田地为七百零一万三千余顷,夏税米麦四百六十万五千余石,钞五万七千九百余锭,绢二十万六千余匹。秋粮米二千三百零三万三千余石,钞二万三千六百余锭。

要知道明朝维持了两百余年的国内政局稳定,没有大规模的战争或者大面积的瘟疫,农民主动抛荒的可能性基本为零,国家田地却不增反减。与之相对应的,是明朝官方的统计人口一直停留在六千万上下。而根据何炳棣等一些学者的估算,到十六世纪末,中国人口可能已经有一点五亿到两亿。

真相只能是:大量田地和人口都被隐匿了,国家赋税一直捉襟见肘,平民百姓生活艰难,太多土豪却富得流油。

张居正柄政以来,对于税赋问题一直极为关注。他曾言"惟是黎元穷困,赋重差繁,帮本之虞,日夕为念"。既然你敢藏,我就敢一查到底。从这点来说,张居正和海瑞也没有多大区别。没有与全天下权贵作对的勇气和底气,这事根本就无从开始。

早在嘉靖朝,一些有识之士也看出了土地问题的严重。大学士顾鼎臣建议"察理田粮旧额",户部也试图清丈,结果是不了了之。之后又有御史郭弘化等建议"通行丈量",但依然没有结果。只有一些地方官做过零敲碎打的尝试,但迫于当地豪强的压力,最后都是无疾而终。隆庆朝,海瑞试图在江南清丈,很快就被人参劾下台,还被贴上了"见识短""偏执"的标签。

可见,很多事情要做成,仅有热情与责任是远远不够的,还得有权威。现在，挺过夺情危机的张居正大权在手，已经不怕得罪任何权贵了。

但是，一向被好事者批为"操切"的他，倒是表现得相当谨慎。并没有风风火火地马上在全国推行清丈，他需要找到一个突破口，为全国树立标杆。

万历六年七月初，张居正指示吏部行文，将福建巡抚刘思问调到都察院，由耿定向取而代之。万历帝下旨道："以福建田粮不均，偏累小民，命抚按着实丈量。"

为什么是福建，为什么是耿定向？

浙江号称"七山二水一分田"，福建更狠，直接是"八山一水一分田"。山地丘陵占全省面积的八成多，只在闽江和九龙江入海口一带有小块平原，发展农业的条件相当糟糕，承担的朝廷税粮负担自然相当少。就算清丈失败了，对一国经济的影响相当有限。一旦成功了，则可以在全国铺开。

耿定向比张居正大一岁，湖广布政司黄州府红安县人，泰州学派的重要代表人物。嘉靖三十五年（1556），耿定向考中进士，一直做到了右佥都御史，三年前因丁父忧回籍。

泰州学派是王门七派中影响最大的一派，由王阳明的非主流弟子王艮创立，秉持"百姓日用即道"的宗旨，泰州学派引领了明朝中晚期的思想解放潮流。其门下弟子既有朝廷官员和地方乡绅，更有贩夫走卒甚至无业游民。

与阳明弟子中广泛存在的清流人物不同，耿定向过往二十年一直低调务实，政绩不错。在反对张居正夺情的巨大声浪中，冲在最前面的几乎都是阳明弟子，这让耿定向相当尴尬。他自己刚刚守制完毕，却很能理解张居正夺情的必要性，并认为"首辅何尝操切？依吾看来，只是操而不切"。

张居正任用耿定向当清丈先锋，可能也有向阳明弟子示好的意味。证明自己对待王阳明后学，根本不是见一个灭一个，而是重能力不看出身。

七月中旬，人在红安的耿定向，收到了吏部的任命书。此时正值敏感期，如果自己接受了任命，很可能被阳明弟子鄙弃，况且，年迈的老父也需要人照料。因此耿定向第一反应就是乞休，说自己能力不够，请朝廷另择贤才。但张居正怎么可能答应他。

作为张居正和耿定向的共同好友，李幼滋明白耿定向不是一个人在战斗，后者可以给阳明弟子争取生存空间。李幼滋写信力劝耿定向为了"讲学诸君"的前程，一定要出来工作。

十月中旬，耿定向赶到了延平府南平县，旋即开始了清丈的准备工作。

在没有遥感测绘技术的时代，一切都要靠手工，福建地无三尺平，清丈的困难可想而知。耿定向苦恼之余，突然灵光一闪，有了主意。

罗洪先是江右王门传人，也是明朝著名的地理学家。他的《广舆图》吸收了元代朱思本《舆地图》的经验，以"计里画方"之法，将两京十三省的地貌详尽绘出，一目了然，非常直观。

耿定向依样画葫芦，将福建八府分别画图，图中一方计为百里；

各府按州县分别画图，图中一方计为十里；

各州县按乡区分别画图，图中一方计为一里。

如此一来，承担具体丈田任务的职员，对于目标就有了清晰的认识。

耿定向深知自己的责任重大，知道这是践行"致良知"的绝佳机会，他不会坐在巡抚衙门喝茶，而是亲力亲为，亲临丈田现场，亲自指挥吏员工作。

丈人土地，就等于夺人钱财，杀人父母。地方豪强和地主有几个不隐匿田产的呢？他们当然要明里暗里进行阻挠，而言官们则喜欢冷嘲热讽，笑话耿定向是瞎折腾。这位虔诚的阳明信徒不为所动，每天风里来雨里去，一双脚几乎走遍了八闽大地每一个州县，似乎王阳明在天上监督着他。

王阳明当然不可能监督，但张居正一直盯着福建。延平到京城大约三千八百里，公文十五天左右才能送达，但这似乎并没有影响首辅与巡抚之间的及时沟通。耿定向以事实证明，他并不是只会坐而论道的书呆子，还能够担得起为国清丈的重大责任。

福建的清丈与课税同步进行。耿定向将官田、民田并为一则，根据土地的肥沃贫瘠程度分为三则课税，既保障了贫困阶层的利益，又不至于激化更多矛盾。

对耿定向展现出来的领导能力与操守，张居正非常赞赏。本打算提拔他做左都御史，甚至把他拉进内阁，让更多阳明弟子羡慕嫉妒恨。因此，张居正令耿定向进京述职，并安排福建左布政使劳堪接替他的职务。

但天算不如人算，耿定向的父亲突然去世。他无意学首辅夺情，很快就返回了红安老家。而等到丁忧期满时，却已物是人非。

之前，劳堪一直是耿定向最可靠的副手，因此工作交接之后没有拖延，万历八年九月，福建清丈顺利完成，查出隐匿田地二千三百一十五顷，成果非常可喜。

"苟利社稷，死生以之。"有了福建的成功经验，张居正自然非常欣慰，他与张四维、申时行两位同僚，以及户部尚书张学颜一道总结福建清丈的成败得失，为全国大范围的清丈提供借鉴。

同年十一月，根据张居正的指示，户部出台了清丈田粮的八项原则，以诏旨的形式颁行全国，这就是著名的《清丈条例》：

一、明清丈之例。谓额失者丈，全者免；

二、议应委之官。以各政使司总领之，分守兵备分领之，府、州、县官则专营本境；

三、复坐派之额。谓田有官、民、屯数等，粮有上、中、下数则，宜逐一查勘，使不得诡乱；

四、复本征之粮。如民种屯地者，即纳屯粮，军种民地者，即纳民粮；

五、严欺隐之罪。有自首历年诡占及开垦未报者，免罪。首报不实者，连坐。豪右隐占者，发派遣重处；

六、定清丈之期；

七、行清丈磨算之法；

八、处纸札供应之费。

自洪武朝之后最大规模的清丈运动，在三百多万平方公里的神州大地上全面展开。不能不说，如果没有张居正的非凡勇气，这事情根本就无从开始。当然，如果没有各地巡抚及相关官员的大力配合，这事没有十年八年恐怕都完不成。

在山东，阳武侯薛禄的后人薛征非常猖狂，让巡抚杨俊民相当头疼。毕竟首辅不是世袭，保不齐哪天就下台了；人家阳武侯可是世袭的，得罪人家真是吃不了兜着走。

杨俊民向首辅诉苦，张居正毅然决然地回答："按大明律，功臣家除了拨赐公田之外，但有田土要全部报官，纳粮当差。如果真是钦赐的，连粮都不纳，何况当差？如果是另外购置的，就当与民众一道交纳粮差，不在优免之列。根据最近南直隶的图册显示，勋臣地主的土地，除了赐田之外，其余的已经全部查出，不能优免，这应该才能与大明律相合。"

有了张居正的强力支持，杨俊民之后的工作就顺利多了。就像张居正所说的："得失毁誉关头若打不破，天下事无一可为者。"他是这么说的，也是这么做的。就算他的本意仅仅是为自己青史留名，千千万万的百姓也毫无疑问是受益的。

山西面积不大，就有晋王、代王和沈王三大亲王，六七十位郡王，镇国将军、辅国将军等更是难以统计。这些不用纳税的勋贵，简直是大明的吸血鬼。而围绕着他们，形成了一个庞大的利益集团，也是行事最为嚣张的群体。

要让宗藩交出非法占有的土地，无异于割他们的肉，拆他们家房子，不引发强烈反弹是不可能的。潞城王府奉国将军朱俊樟仗着自己是王室后裔，又有国丈武清伯李伟当靠山，气焰特别嚣张，恶意阻挠清大同巡抚贾应元的工作。

朱将军气势汹汹地宣布："我朱家子孙的田地继承自太祖，我等自当以血捍卫！"

因有张居正的支持，贾应元对朱俊樟并未一味退让，反而坚持要执行清丈。朱俊樟盛怒之下，居然想到要上京告御状，请小皇帝保护他们的特权。一伙宗藩骑马驾车出了大同府城，浩浩荡荡奔向北京。沿途敢有阻挡的，朱俊樟就让卫兵毫不客气地驱赶，甚至毒打。

贾应元收到消息之后，马上用八百里加急向张居正汇报。按照朱元璋定下的律令，藩王出个城都要向皇帝去信申请，现在，朱俊樟一伙敢如此妄为，真是嫌自己的命太长了？

张居正收到举报之后，立即奏明皇上，将朱俊樟废为庶人，其他宗室中人褫夺俸禄，同时颁下命令给各地抚按："丈田均粮，但有执违阻挠，不分宗室、官宦、军民，据法奏来重处。"

眼看朝廷动真格的，万历帝力挺张居正，更多的皇亲权贵就算再心有不甘，也只得先咽下这口气（等秋后算账），勉强配合当地官员的工作。

张居正的老家湖广布政司地域广阔，清丈任务相当艰巨。在江陵，最大的权贵不是别家，正是首辅自己。

当时，张居正的次子张嗣修正在江陵，张居正就将监督清丈的任务交给了他，让他严查自家田产，防止诡寄投献之事发生。

多亏老爷子张文明已入土为安，不然张嗣修的工作就无从做起。经过几个月时间的彻察，老二发现自家应免的田赋仅有七十四石，可江陵县的赋役册上，却记录着"内阁张氏优免田粮六百四十石"。

乖乖！不查不知道，原来这些年里，张文明老爷子每年都要多占五百七十石田粮，怪不得日子过得和神仙似的。张嗣修向江陵县衙呈交提贴，将诡寄于张家的田粮全部上交，与小民一体当差，冒免人员一律问罪。

张家以身作则，给了清丈人员莫大的底气，也让官绅地主们懂得了妥协。户部尚书张学颜收到揭帖之后，将张家当成先进典型，向全国宣传推广。

这会不会又是张居正自编自导的一出大戏？真相其实并不重要，重要的是经此以后，全国各地的清丈工作，进行得更加顺利了。到万历九年（1581），全国两京十三省的清丈工作基本完成。

大量隐匿的土地被查出，新增地亩达到了183余万顷，约占万历六年全国地亩总额的26%，这是一个非常了不起的成就。到了万历三十年（1602），官民田的耕地面积增加到了1161余万顷，达到历史最高水平。

更多土地被纳入征税范围了，朝廷的财政收入势必提高，广大普通农民的负担也会有一定程度的降低。

世界上很多事情，就怕认真二字。参与清丈的各地官员和公差数以万计，但没有张居正的决心，没有他的权威和执着，清丈大概率会不了了之。

作为一个掌握最高权力的"既得利益者"，张居正甘愿得罪千千万万的权贵，冒着"破家沉族"的巨大风险，也要将清丈进行到底，难道仅仅就是为了青史留名？他是个相当务实的人，并不是太看重死后的虚名；但他确实又是个理想主义者，希望能改变国库异常空虚、豪绅大户却醉生梦死的现状。

当然，清丈过程也并非全无瑕疵。有些官员为了追求政绩，会将荒山当成耕地，将大亩改为小亩，缩小丈量的弓尺以多报数据，"缩弓取盈"。但相比清丈的整体成绩，可说是瑕不掩瑜。

清丈只是张居正的手段，他还有更大的目标。

四、一条鞭法，助力明朝进入"白银时代"

提起"一条鞭法"，很多人马上想到张居正。正如提到蒸汽机就想到瓦特，提到智能手机就想到乔布斯一样。其实早在张居正出生之前近一百年，江南就有地方官尝试一条鞭法了。

张居正的贡献，是在清丈田亩的基础上，凭借自己的权威与执行力，将原来只在部分区域实施的一条鞭法推向了全国，从而顺应了经济发展对白银货币化的需求，助力中国进入白银社会，为晚明经济的全面发展、手工业和商业的繁荣、中国参与全球经济大循环创造了条件。

显而易见，如果没有张居正的巨大权威和坚定态度，如果没有李太后和小皇帝的绝对信任与大力支持，如果没有一大批改革派官员的认真配合及不懈努力，一条鞭法永远不可能在全国范围内大面积推行。

一条鞭法堪称张居正十年改革最大的手笔，影响的不光是明朝后期的经济发展，更直接影响了之后近四百年中国的经济走向。从这个意义上来讲，一条鞭法确实是张居正新政的最大成就，说他是伟大的改革家没有任何问题。

明朝大部分时间里，依然实行的是唐朝时就使用的"两税法"，分夏秋两季缴纳，百姓还需要承担无偿劳动——徭役。但是到了明中期以后，朝廷开始将南方的部分税粮折成银两，即"金花银"，每年有大约一百万余两金花银进入内承运库。

而所谓"一条鞭法"，当然不是拿鞭子抽人，其更准确的叫法，应该是"一条编法"，即将所有的赋税和徭役都折成货币形式缴纳，并把征收方法简化为一次编审，徭役折色（用货币计量）随赋税折色一并征收。

《明史·志第五十四·食货二》中记载：

> 一条鞭法者，总括一州县之赋役，量地计丁，丁粮毕输于官。一岁之役，官为佥募。力差，则计其工食之费，量为增减；银差，则计其交纳之费，加以增耗。凡额办、派办、京库岁需与存留、供亿诸费，以及土贡方

物，悉并为一条，皆计亩征银，折办于官，故谓之一条鞭。立法颇为简便。嘉靖间，数行数止；至万历九年乃尽行之。

万历九年时，随着全国大规模清丈的完成，一条鞭法的普及也水到渠成。

一条鞭法最早由嘉靖朝户部尚书梁材提出，嘉靖九年（1530），梁材根据桂萼关于"编审徭役"的奏疏，提出革除赋役弊病的方案："合将十甲丁粮总于一里，各里丁粮总于一州一县，各州县丁粮总于一府，各府丁粮总于一布政司。而布政司通将一省丁粮均派一省徭役，内量除优免之数，每粮一石编银若干，每丁审银若干，斟酌繁简，通融科派，造定册籍。"

嘉靖十年（1531），御史傅汉臣把这种"通计一省丁粮，均派一省徭役"的方法称为"一条编法"，也即后来的"一条鞭法"。

但这种赋役合并折银的方式，显然更适合农业商品化程度较高的南直隶、江西和浙江等地，并不一定适用相对落后的北方。在嘉靖朝，也只有少数府县进行过试点。

嘉靖四十年（1561），张居正的门生庞尚鹏出任浙江巡按，他在余姚、平湖两县试点一条鞭法，总结经验后，试图在浙江全省推广，未能成功。当时，海瑞担任严州府淳安知县，对一条鞭法也非常热心。

隆庆三年（1569）夏，海瑞以右佥都御史巡抚应天。他试图在中国最富庶的江南核心区域搞清丈和一条鞭法，但因得罪了徐阶及很多权贵，最终黯然下课。

张居正坚决不用海瑞，却成了后者事业的接班人。万历二年，这位首辅派出同年宋仪望巡抚江南十府。当初为了防倭，巡抚驻地从留都改到了苏州，但苏州距离池州、安庆等地太远，宋仪望建议迁回南京办公，最终衙门放在了句容县。

这一年正好是宋仪望的六十一岁本命年。他感激张居正给了自己成为封疆大吏的机会，不顾年老体衰，一上任就开始在十府展开调查。他对江南赋税情况越熟悉，就越发理解海瑞的"操切"。

江南富户一如既往地反对一条鞭法，隐瞒田产，还发动言官弹劾宋仪望，想把他变成第二个海瑞。但这一次，站在余巡抚背后的可是张居正，他给予了老同学最大程度的支持。

相比海瑞，宋仪望的政治智慧还是要丰富不少，在当地也逐渐积累了人望。

在他任期内，居然还发生了一次倭寇入侵事件。由于宋仪望平时就注意整顿军备，训练士兵，结果在黑水洋之战中，倭寇被打得大败，宋巡抚的威信也得到了显著提升。

宋仪望果断处理了少数为非作歹的豪强大户，但对待大部分乡绅地主还是注意分寸，并让他们意识到了一条鞭法的优越性，如此一来，海瑞当年的梦想，经宋仪望变成了现实。

宋仪望因政绩突出，万历四年升为南京大理寺卿，张居正推荐胡执礼继任应天巡抚，实现"宋规胡随"，让一条鞭法在江南稳固推行。

在苏州府昆山县长大的著名学者顾炎武，回忆起江南税赋改革时说："行一条鞭法，从此，役无偏累。人始知有种田之利，而城中富室始肯买田，乡间贫民始不肯轻充其田矣。至今田不荒芜，人不逃窜，钱粮不拖欠。"

应天十府的成功，自然给南方其他省份以很好的示范作用。万历四年，张居正的门生庞尚鹏出任福建巡抚，肩负起了在八闽大地推行一条鞭法的重任。[1]

庞尚鹏是广州府南海县人，早在担任浙江巡按时就尝试过条编，此次，他有了一个得力助手，即福建巡按御史商为正。两人和张居正年龄相仿，志趣相近，一个坚持原则，一个灵活变通，但都有极高的工作热情，有兼济天下的强烈期望。他们的双脚，走遍了福建的八府一州；他们的双眼，要面对无数乡绅大户冷漠的目光；他们的双手，也不知道握过了多少穷人粗糙的手。

还得亏张居正给予的强大支持，福建的税赋改革进行得相当顺利，告黑状的没法得手，行重贿和美人计的也徒劳无功，至于什么暗杀绑票之类的，确实也没遇到过。福建百姓特别开心，自发为二位大人修建生祠，传颂他俩的功绩。小孩子也传唱着这样的歌谣：

> 庞公为父，商公为母，来我闽中，救民疾苦！

好嘛，可怜的商为正，性别都被擅改了。但没有关系，只是为了押韵嘛。

---

[1] 和很多人想象中不一样的是，福建是先由庞尚鹏推行一条鞭法，再由继任巡抚耿定向进行大规模清丈。

从福建翻过武夷山，就到了江西。在明朝，江西可是仅次于南直隶和浙江的发达省份，如果全域推行一条鞭法，其示范意义不言而喻。

潘季驯是有明三百年最优秀的治水专家，没有之一。但他同样是一位优秀的文官，万历四年，张居正任命潘季驯以都察院右副都御史巡抚江西，兼理军务。文官五品以下，武官三品以下，潘巡抚可以自行处置。

潘季驯自带工作狂属性，他一到南昌，就将省内民田、军田和官田的亩额数，逐一勘察清楚，并提出了"以人计地，以地计田，以田计粮"的方略。

潘季驯不徇私情，不收红包，不吃回扣，一心扑在推进一条鞭法及改善民生之上。他规定，计算单位为户，时限为年，征收本位是白银，任务层层分解，落实到人，一竿到底。他总结道：

> 其银一完，则终岁无追呼之扰，而四民各安其业。

一个好汉三个帮。张居正的幸运在于，他身边团结了不少能力出色、人品也基本过关的能臣，可以帮助他实现新政设想。而反过来说，正是因为有了张居正的赏识和信任，这些人才能充分展现天赋，走向自己的人生巅峰。这是一个相互成就的双赢模式。

对于这些"助手"的付出，张居正非常感激。他说："天下至大，非一手一足之力所能成。唐虞内有百揆四岳，外有十二牧。十乱同心，周业乃昌。"

正是有了在南方多省的成功，张居正才小心翼翼地决定，将一条鞭法推向全国。但北方推行一条鞭法遭遇的反对声浪要强劲很多。北方农业生产效率与南方差距明显，商业也不如南方发达，推行一条鞭法确实也有很多不利之处。

张居正做事雷厉风行，但他并不是王安石那样的"拗相公"。他代万历帝拟旨说：

> 法贵宜民，何分南北？各抚、按悉心计议。因地所宜，听从民便。如有不便，不许一例强行。……条编之法，前旨听从民便，原未欲一概通行，不必再议！

"听从民便"为各地灵活操作提供了保障。事实证明，中国北方和南方的差距，北人与南人的观念冲突，并没有大到不可收拾的地步。在北方大部分地区，一条鞭法也是可以实行的。嘉靖朝、隆庆朝一条鞭法的星星之火，到万历朝终于可以燎原了。

一条鞭法将赋税与徭役合并征银，不光简化了征收程序，还能使劳动者摆脱徭役束缚，既能有效增加税收，又在一定程度上增加了征税透明度，减少了官员盘剥。绝对是利国利民的大手笔。

张居正死后，其大部分改革措施均被废除，一条鞭法却保留了下来。

白银作为货币，在明正统元年（1436）才有了合法地位。这一年也可以视为中国银本位制的开始。

一条鞭法要求赋税和徭役通通折银缴纳，是两千年中国赋役制度史中的一次革命性变革，让白银真正起到了本位货币的作用，明朝从此才真正进入了"白银时代"。

《明实录》中说：

> 十年海宇肃清，四夷詟服，太仓粟可支数十年，同寺（太仆寺）积金至四百余万两。

根据历史学家全汉昇、李龙华的研究，嘉靖二十年（1541）太仓银库岁入二百万两，到万历十一年（1583）为三百七十二万两，万历二十年（1592）为四百五十一万两。国力蒸蒸日上。

中国本身不产银，如果在交易中大量使用白银，势必造成银荒。由于白银短缺，从而造成物价下跌，形成通货紧缩，不利于经济的发展。

但幸运的是，中国的东邻日本就是个富银国，日本白银或者通过与大明的直接贸易流入入中国，或者通过葡萄牙商人，由澳门流入中国。

如果日本白银还不够用的话，没关系，更大的供应商说来就来。

公元1545年，即嘉靖二十四年，一位秘鲁探矿者无意发现了波多西银矿，之后不久，这里成为了全球最大的银矿。

十六世纪六十年代，西班牙又占领了菲律宾。中国、菲律宾和美洲之间，逐渐形成了著名的"马尼拉大帆船贸易"，更精确地说，是泉州—马尼拉—阿卡普尔科（在墨西哥南部太平洋沿岸）之间的三角贸易。

在这条贸易线路上，中国商人将生丝、茶叶和瓷器等产品运到马尼拉，由西班牙将货物用大帆船（Manila Galleon）跨越太平洋运送到阿卡普尔科，再从这里将把亚洲特产用大轮车运往危地马拉、厄瓜多尔、秘鲁、智利和阿根廷等国。在回程中，大帆船满载白银及羊毛、可可等土特产。

明朝中后期大量白银涌入中国，"马尼拉大帆船贸易"功不可没，许多华商也从中赚取了丰厚利润。此外，当时还逐渐形成了从广州出发，通过澳门进入日本和通过果阿进入欧洲的贸易线路，同样为中国换来了大量白银。

一条鞭法能够在全国铺开，一定程度也得益于美洲白银已经大量流入，国内白银并不匮乏。而一条鞭法的全面普及，可以让大批劳动力从赋役束缚中解脱出来，甚至彻底告别土地，专注于工商业，积极参与大航海时代的国际经济一体化，推动商品化手工业和外贸的进一步发展，从而使得更多白银流入中国内地，助力大明成为"白银帝国"。这绝对是一种良性的互动。

根据贡德·弗兰克在《白银资本》一书中的估算，十六世纪中期到十七世纪中期，美洲白银产量约为三万吨，日本则为八千吨，而其中有七千到一万吨（约二亿两），最终流入了中国。这是一个天文数字，恐怕也是张居正难以想象的。

天时、地利与人和，一起助力万历朝成为明朝三百年中经济最为繁荣的时期，也使张居正成为三千年中国历史中屈指可数的改革大家。

但张居正并非十全十美，他令人诟病的事情并不少。

第十四章
张居正与阳明后学

一、罢黜罗汝芳，提倡实学实用

回顾明朝中晚明的历史，张居正和王阳明都是绕不开的名字。

两人的年龄差了五十三岁。嘉靖七年十一月二十九日（1529年1月9日），王阳明在江西南安府去世时，张居正只是个四岁的孩子。

早在张居正的童年和少年时期，阳明学说就已经风靡全国大部分地区了，作为文化重地和科举大省的湖广，不可能不受阳明思想的影响，张居正的贵人、湖广巡抚顾璘就是王阳明的一生好友。在《明史》中荣幸地与老师王阳明同列一传的冀元亨，是湖广常德府武陵县人。

张居正成年之后，与耿定向、胡直、罗汝芳和孙应鳌等心学弟子都成了好友，这些人也和祖师王阳明一样，喜欢讲学论道，开班授课。

十六世纪，堪称中国的讲学世纪，特别在南方一京九省，大量体制外的书院纷纷建立，号称"天下无日不讲学，无人不讲学"。阳明心学尤其是泰州学派冲破程朱理学的藩篱，不设置求学的门槛，因而长江南北、运河两岸，许多官员和平民都投入到了开办书院和讲学的热潮之中。

但徐阶的弟子张居正，却对讲学活动保持了相当高的警惕。一来，太多人本职工作不专心，却热衷于只能算"第二职业"的办班讲学，却根本没有王阳明的水平和能力；二来，很多学院并非一心只教圣贤书，而是对时政过于热心，纸上谈兵，妄议大臣，造成了很恶劣的影响；三来，很多人借办学为名侵占田地，大肆敛财，既妨碍了张居正的清丈大业，又给无数平民增添了负担。

张居正对罗汝芳态度的转变，预示着他对讲学分子清洗的开始。

罗汝芳字惟德，号近溪，江西抚州府南城县人，是泰州学派大家颜钧（颜山农）的弟子。罗汝芳生于正德十年（1515），比张居正大十岁，中进士却比后者晚六年。

因担任癸丑科（1553）同考官，张居正对这一年的进士有着特别的感情，罗汝芳也可以算是张居正门生。加上同为泰州学派的耿定向是张居正的同乡兼好友，罗汝芳与这位日后的首辅也交情不浅。

罗汝芳的第一份工作，是南直隶安庆府太湖县（今安徽省太湖县）知县。他对本职工作倒是兢兢业业，但还是更喜欢讲学，甚至开启了在讲堂上处理公务的新颖模式，引发了一些好事者的攻击。

罗汝芳的仕途还算顺利，两年后就调入京城，出任刑部山东清吏司主事。这么一来，他和张居正也就能经常见面了。嘉靖四十一年（1562），罗汝芳就担任了正四品的南直隶宁国府（府治在今安徽省宣城市）知府，而早他六年中进士的张居正，此时只是个正六品的右春坊右中允。

一直在教育和出版领域兜兜转转的张居正，很羡慕好友能够出任地方大员，管理数十万百姓，更多地施展平生所学。因此，他创作了《赠罗惟德擢守宁国叙》送给罗汝芳，鼓励后者做出一番政绩（别再沉迷讲学啦），同时要学以致用。最后，他对这个老门生谆谆教导说："非知之艰，行之惟艰，惟德其念也。"如此一来，张居正就把王阳明"知行合一"给否定了，罗汝芳能乐意吗？

而罗同学在宁国府的表现，更让张居正跌破眼镜——这实在有些惊世骇俗了。

为了提高讲学效率，罗汝芳脑洞大开，居然把庄严的公堂变成了布道的讲坛。他要求前来打官司的人，在堂前"跏趺静坐"[1]，以目观心。通过这种方式，

---

[1] 又称禅定坐或全跏，系佛教术语，指的是一种特定坐姿，即互交二足，将右脚盘放在左腿上，左脚盘在右腿上。

罗知府希望纠纷双方都以良知行事，老实交代配合审案——但这可能吗？

罗汝芳还同情心泛滥，拿出公款赠送给犯人，帮他们改善生活，渡过难关。他以为对方一定会感动得痛哭流涕，从此洗心革面重做人，哪知道罪犯们更加有恃无恐，出狱之后继续作恶，反正罗知府会善待犯人。时任通政使的杨时指责他"以躬行实践为迂腐，以纲纪法度为桎梏，逾闲荡检，反道乱德，莫此为甚"。

罗汝芳的特立独行，也让远在北京的张居正哭笑不得，感慨王阳明怎么有这样的弟子。

嘉靖四十四年（1565），罗汝芳返回南城县。倒不是上边罢了他的官，而是父亲去世了，他必须回去丁忧。二十七个月满之后，想出来工作的罗汝芳，赶上了高拱掌权，不给他这种书呆子工作机会。于是，罗汝芳只能在家乡继续读书讲学。

高拱执政的时间不长。万历元年，罗汝芳终于再就业，担任山东布政司东昌府知府。他赶到京城述职时，自然要和昔日好友张居正吃饭。时移世易，当年的从六品小官，如今已经是从一品的首辅了。

张居正热情地问："在家乡这些年，都读了哪些书？"

罗汝芳回答："也就《大学》和《论语》而已。不过我是越读越有味道。"

在东昌知府任上，罗汝芳一点儿也没进步，又搞起了他在宁国府的那一套，让当地百姓无所适从。

为了帮助老朋友罗汝芳，张居正指示吏部，改任他为云南按察副使，分守永昌府（今保山市）。云南位于大明边陲，肯定不是什么讲学的理想场所。罗汝芳在当地兴修水利，发展农业，还真做出了些政绩。到了万历五年，他被提升为从三品的布政司右参政，相当于云南副省长了。

升官之后，罗汝芳进京述职。按张居正的想法，让罗汝芳扎根边陲，既能为提高云南文化教育水平做点实事，又不会给自己的新政惹麻烦，无疑是最好的安排了。可罗汝芳在北京的活动，终究还是惹怒了首辅。

给事中周良寅弹劾罗汝芳"私自进京"，张居正大笔一挥，将罗汝芳削职为民，他的仕途就此戛然而止。

那么，罗汝芳在北京城到底做了什么不可饶恕的错事呢？

其实也没有。他只是被好朋友给坑了。

我们都知道，王阳明辉煌的讲学事业，正是从北京，从天子脚下起步的，而且那可是在正德年间。罗汝芳到了北京就不想走，觉得这里的讲学环境实在太优越了，心学弟子遍地都是。

但这位大儒也不傻，知道张居正最不待见热衷讲学的。有朋友马上给罗汝芳建议说，咱们不在皇城根下讲不就好了嘛，现在宛平县就有一个绝佳的地方，叫广慧寺。离紫禁城都快一百里了，天高首辅远，在那里讲，安全得很！

一想到当年王阳明在大兴隆寺讲学的风采，罗汝芳就非常激动。但让他意想不到的是，京城很多官员和文人听说大名鼎鼎的罗老师要在广慧寺讲学，都不约而同地跑来了，现场那叫一个人山人海。

场面是热烈的，环境是一流的，讲课是精彩的。听众是热情的，罗汝芳是得意的，但想不让张居正知道，那是万万不可能的。据说，连张家老二张嗣修都兴致勃勃地跑去听课了，还一五一十地向老爹汇报了盛况。

罗汝芳就这样丢掉了官职，再也未能返回北京，他和张居正也算是决裂了。他觉得自己很冤，张居正却认为老朋友是在挑战自己的权威，那就让他付出小小代价吧。

罗汝芳天生是闲不住的主儿，回到家乡之后依然坚持讲学，并带领弟子开展"游学"，与浙江、湖广等地的学子进行交流。但好景不长，很快他就发现再也不能随便出游讲学了。

处理完罗汝芳之后不久，张居正就下了一盘很大的棋。

二、毁禁书院，力推改革新政

"风声雨声读书声，声声入耳；家事国事天下事，事事关心。"这幅中国人耳熟能详的对联，出自著名的无锡东林书院。在张居正去世之后，东林书院及复社、几社等组织，都深深影响了明末政治格局。

因反对张居正夺情而坚持上疏，喜提八十廷杖被打成长短腿的邹元标，日后就成了东林党领袖，与顾宪成、赵南星并称为"东林三杰"。无可避讳的是，张居正不但把邹元标赶到了贵州劳动改造，终身不得为官，还在神州大地上开展了轰轰烈烈的禁毁书院运动。

在我们的想象中，禁毁书院这种缺德事，应该是刘瑾、严嵩一类的大奸贼才做得出来。但这二位虽说坏事做了不少，但却没有打压书院讲学。而徐阶的得意弟子张居正，却站在了心学弟子甚至全国读书人的对立面。

万历七年的元旦，京城内外处处洋溢着喜庆气氛，无论官员还是百姓，都希望能沾一点皇帝大婚的喜气，给自己的新年平添一点好运。

唯独张居正相当尴尬。他上年刚回乡葬父，此时还处在二十七月的在职守丧期，上班还得着青衣角带。但人家万历帝刚刚大婚，新年也不可能不搞庆祝活动。

闷闷不乐的首辅，却突然因一封公函改变了态度。张居正捧起信件，越看越高兴，越看越得意，越看越想多喝几杯，最后，他开心地高声叫道："好！"

张四维和申时行被吓了一跳，赶紧凑过来看热闹。张居正兴奋地说："这个施观民，居然在常州府为非作歹，擅建龙城书院，不知道搜刮了多少民脂民膏！"

"元辅，施观民已经调到广东任按察副使了，怎么现在才举报？这里面有隐情吧。"申时行小心翼翼地提醒。

"汝默（申时行字）啊，他去了广东，之前的烂账就不能清算了吗？"张四维识趣地说，"元辅惩处他是应该的。"

于是，张居正向万历帝上疏，要求将施观民革职为民，让他回家种地。同时，将龙城书院查封，财产充公。

就这样，培养出了甲戌科（1574）状元孙继皋和名士顾宪成的龙城书院，遭到了灭顶之灾。二百多间校舍都被查封，一千一百多亩膳田被官府没收。远在广州的施观民，则是"人在家中坐，祸从天上来"，突然间就被革职为民。

想当年陶成峇杀降冒功，万历帝都去太庙祭告了，张居正仍坚持让人再调查，真相才得以水落石出。这一次，仅凭一封举报信，他就这样"草率"地做出决定，真的是老糊涂了？

当然不是，张居正这么做完全就是故意的。他本身就对聚众讲学、妄议朝政反感，夺情风波能掀起那样大的动静，其中的积极参与者，基本上都是热衷讲学的阳明弟子。耿定向曾转述他的话：

> 吾方欲振纪纲，而讲学者见以为申韩操切；吾方欲致主安富，而讲学者见以为管商富强；吾方忘家以殉社稷，而讲学者又见以为贪位遗亲。是今之讲学，皆迂伪取名，即昔之横议乱天下者。

好一副杀气腾腾的做派。

查封龙城书院，肯定不是张居正的最终目的。他是想借此机会，对全国的书院与讲学活动进行大整顿。很快，万历帝的圣旨下来了。全国各地有私建书院的，一律遵照皇明祖训，改由官府衙门管理，田产则归当地里甲（断其经费主要来源），再不允许聚会游学，扰乱地方。各地巡按御史、提学官还要监督，及时上报。

大明两京十三省中，南方就有一京九省，南北人口比例差不多是一比三，而私立学院之比更加悬殊。鉴于考成法的威慑力，各地官员执行起来也丝毫不敢大意。

到了万历九年十月，有六十四所书院被关闭。学生们只能转到公立书院，大批教员丢失了饭碗，只能一边咒骂狠心的首辅，再一边写点文章讽刺挖苦。

讲学活动最为积极的江西，拥有近两百所书院，无疑成了张居正铁拳之下的重灾区。"海内第一书院"白鹿洞书院受到严重冲击，大部分田产被没收，只留三百亩用于祭祀。吉安的文江书院、安福的复古书院、浮梁的双溪书院都被强行关闭，再无昔日的辉煌。

但是，正所谓"上有政策，下有对策"，为了保护白鹭洲书院，吉安知府机智地在大门挂上"湖西公署"的牌匾，如此一来，学院就逃脱了被关闭的厄运。徐阶当年亲手创办的明德书院，改成了明刑公署（也不知道徐阶本人是什么心情）；象山书院改成了"象山祠"；复古书院改成了"三贤祠"……这些书院得以逃过浩劫，不能不说是善用中国式的智慧。

广东巡抚刘尧诲本是张居正亲信，但他对首辅的做法阳奉阴违，保护了不少书院免予关闭。学院可以换个招牌，但再想如之前那样聚众讲学，则是万万不可能了。

晚明中兴三大名臣中，徐阶鼓励讲学并身体力行，令他吸粉不少；高拱讨厌讲学并试图制裁，只因下台太早，反而没有留下骂名；张居正以自己雷厉风行的做法，站在了千千万万学者与学子的对立面。这不能不说是他一生中最重大的污点之一。

其实，就追求"挽狂澜于既倒，扶大厦之将倾"来讲，万千阳明弟子与张居正真的差别不大。他们也渴望富国强兵、澄清吏治、人尽其才，他们并非张居正天然的对头。夺情风波之中，很多人并不强烈反对张居正在职守制。如果张居正能立好自己徐阶门生的人设，将大多数阳明弟子团结在自己的周围，那非但他的新政之路完全有可能走得更远，他死后也不会让家人蒙受那样的灾祸。

只能说，这是一场双输的博弈。而之后发生的事情，更是令亲者痛仇者快。

令人稍感欣慰的是，虽说张居正因毁禁书院，成了全天下阳明弟子的公敌，但他似乎并没有和恩师徐阶闹翻，后者也并没有站出来明确反对打击讲学。

有明一代，大规模禁毁书院的事情只发生过四次。嘉靖十六年（1537）四月，御史游居敬弹劾南京礼部尚书、王阳明的好友湛若水"倡其邪学，广收无赖，私创书院"，恳请罢黜湛老师，并查封其书院。

湛若水是嘉靖帝的经筵讲官。皇帝虽下令关停南京各大私立书院，却并没有处罚湛若水。而阳明弟子"顶风作案"，又在南方各省建立多家书院。第二年五月，吏部尚书许瓒上疏，要求彻底清查，如果还有新建书院的，着各地督抚据奏参劾。

忙于修仙的嘉靖帝决定大规模查禁。但具有讽刺意味的是，由于朝中官员信奉王学、热衷讲学的太多，这次行动很快就不了了之。终嘉靖一朝，全国新建书院达到了二百一十五所。

嘉靖三十二年（1553），刚刚当上内阁大学士的徐阶，居然和著名心学大师、礼部尚书欧阳德一道，公开在灵济宫讲授心学，引来了上千学子听课。其盛况堪比当年王阳明在大兴隆寺的公开讲学。

当时，张居正只是个小小的翰林院编修，跟着老师做点服务工作。可他非但不想成为徐阶第二，反而对讲学者有着莫名的反感。张居正认为：

> 圣贤以经术垂训，国家以经术作人。若能体认经书，便是讲明学问，何

必又别标门户，聚党空谈？

在张居正成长的年代，阳明心学已经成为显学，几乎与程朱理学并驾齐驱，只是科举不考而已。张居正年轻时的好友陆光祖、胡直和耿定向，都是如假包换的阳明弟子。耿定向后来还成了张居正改革团队的重要一员。

张居正自己也阅读过一些心学著作，对阳明弟子不计毁誉、只求良知的精神境界也是认同的。可见，他与阳明心学并非势如水火，不共戴天。

再说了，全世界都知道张首辅是徐阶的学生，而后者是货真价实的王阳明再传弟子。张居正查封书院，限制讲学，不就是抽徐老师的耳光吗？

明朝最伟大的思想家王阳明，不但将陆九渊的心学推向了更高境界，建立了以"心即理""知行合一"与"致良知"为核心的心学体系，更在其丰富多彩的一生中，将很大一部分时间投入到了讲学之中。更令人难以置信的是，他的讲学之路，居然正是从京师开始的。

无论是贬谪龙场，还是京城做官，抑或南赣剿匪，南昌平叛，王阳明都忙里偷闲进行讲学。之后，在家乡山阴生活的六年里，他更是将这个小城打造成了心学的传播中心。

王阳明于嘉靖七年去世之后，其弟子分裂为浙中、江右、泰州和黔中等学派。得益于明朝中后期思想文化管制的放宽，讲学运动与书院建设又上了一个新台阶。

隆庆元年，正是在徐阶的力主之下，隆庆帝晋封王阳明为新建侯。有明三百年，文官封侯的屈指可数；皇上又给他上谥号"文成"，使他与开国元勋刘伯温并列。

终其一生，徐阶都在推动王阳明从祀孔庙。但大明一直推崇程朱理学，陆王心学属于偏门，想达成这个诉求确实不容易。

因反对张居正夺情，五位年轻官员被廷杖，影响相当恶劣，也让张居正的口碑明显下滑。但这位首辅并不想向批评者示好，反而搞起了刘瑾发明的"闰查"，将一大批反对派革职为民，送回老家。

这还不算完，张居正还想借题发挥，彻底让热衷讲学、非议朝政的人断了念想。使用强力手段压制言路，是历代统治者最常规也最立竿见影的方法。但作为徐阶的弟子，又出身寒门，张居正的手段确实显得过于"操切"。

张居正痛恨讲学者，如同他痛恨言官一样，觉得这些人都是他新政的绊脚石。但是，他真的会从肉体上消灭讲学分子吗？

三、伯仁之死，何心隐的陨落

万历七年九月初二日，肮脏恶臭的武昌提刑按察司监狱中，一位须发皆白的老人停止了呼吸。

有明一朝，死在监狱里的囚犯数以万计，有些当然是"自然死亡"，更多的是被狱卒折磨致死，然后愣说成是病死的。这都成为明规则了，一点都不稀奇。

但这位老人的死，却引发了无数人的同情与叹息。噩耗传开以后，从东海之滨，到峨眉山麓，无数志愿者自发组织起来，为这位老人默哀，为这个不平的世道哭泣。更有好事者泪流满面地宣布：元辅张居正，应该改称为元凶张居正！

这位老人，正是当时民间最有影响力的知识分子，泰州学派领袖何心隐。一位手无缚鸡之力的书生，已经六十三了，武昌府的官老爷们何以这么痛恨他，非要将他置于死地不可？

何心隐原名梁汝元，是江西吉安府永丰县人，泰州学派的知名学者。嘉靖朝人才井喷之壮观，成果之显著，门类之齐全，完全担得起一句"嘉靖群星闪耀时"。今天的江西在中国存在感不是很强，但明朝的江西，进士数量却是全国第一，"翰林多吉水，朝士半江西"一点都不夸张。

隆庆二十五年（1546），三十岁的梁汝元参加江西乡试，高中解元。但他之后的选择，却让后人颇为费解：他放弃了次年的丁未科会试，放弃了并不难获得的进士资格，反而投到了泰州学派大儒颜钧门下，并且取得了很高的学术造诣。换个角度看，他不当进士也并不可惜。

何心隐不齿富家大户疯狂地追名逐利，对底层百姓寄予了深切同情。为此，他在家乡组建了有明显乌托邦色彩的聚合堂，实行百姓互帮互助，并通过公共教育平台，帮助更多孩子读书识字。

这样搞肯定会让一些人不舒服。六年之后，聚合堂被当地官府查封。

何心隐被判充军贵州，这似乎是让他致敬王阳明。在友人的帮助下，何老师成功潜逃。但让人无法理解的是，这样一个在逃犯人，居然开启了巡回讲学之路，而且非常成功，影响越来越大。

可见，何心隐并非两眼一抹黑的书呆子，他既有扎实的学养，又有超强的语言感染力与活动组织力，在江西、福建、南直隶和湖广等地，愿意跟随他的学生数以千计。

一个不走仕途的读书人，安安心心地教几个学生、卖几张字画混日子也就不错了，可他何心隐不光传播阳明心学，还要对朝政指指点点、说三道四，哪里的父母官都不会欢迎他，但老百姓却非常喜欢他，甚至狂热地追随他。在那个没有网络和电视的年代，何心隐的知名度一路飙升，很多京官居然都听说过他的"事迹"。

嘉靖三十九年（1560），也许正是受徐阶之邀，何心隐秘密进京，参与了扳倒严嵩父子的谋划。也正是在这段时间里，经好友耿定向介绍，何心隐见到了时任国子监司业的张居正。

可能正是这次会面，注定了何心隐之后的悲剧。

耿定向虽为泰州学派弟子，却和老乡张居正交情深厚。何心隐人称"何狂"，并不把小小的张司业放在眼里。而张居正最不喜欢的，就是夸夸其谈、干不来正事的儒生。

"太岳兄在太学，应该知道《大学》之道吧？"何心隐故弄玄虚地问道。

《大学》谁没读过啊？小学生都能倒背如流。张居正看出他言语中的挑衅意味，也就用犀利的目光扫了他一眼，夹枪带棒地回答道："你时时想展翅高飞，可终究飞不起来！"

一句话把心高气傲的老何噎得说不出话来。双方不欢而散。

据说，送走张居正之后，老好人耿定向失望地抱怨："好心介绍你们认识，怎么搞成这样？"

谁知何心隐突然从郁闷中一下解脱出来，情绪亢奋，还留下了一段震古烁今的金句，把耿定向听得大摇其头："不至于，不至于！"

何心隐说的是："分宜（严嵩）欲灭道学而不能，华亭（徐阶）欲兴道学而不能；能兴灭者，只有江陵！"

严嵩和徐阶都位极人臣了，他们做不到的事，一个国子监司业就能做到？牛也不是这么吹的呀。正纳闷间，何心隐的名人名言又来了，在场的人都恨不得掏出小本本记录下来。

"此子他日必当国，当国必杀我！"

看着这位一本正经发神经的仁兄，耿定向差点没笑出声来。为了安慰老朋友，耿定向不得不编谎话了："太岳腰腿不健，很难当上首相的，你怕什么呢？"

当然，耿定向相信张居正不会滥杀无辜，更不会迫害阳明弟子。

这则段子在后世广为流传，似乎在为何心隐之后的悲剧造势，但以张居正的气度，他真的犯不着去杀一个书生。这位首辅一手遮天之时，唯一有可能威胁他地位的高拱，都在高老庄活得好好的。

再联想到那个"张居正杀邵芳"的段子，可见这些说法很可能是后人为抹黑张居正而编出来的。但何心隐毕竟是死了，又死在了张居正家乡，说首辅完全没有责任也并非事实，这正应了那句"吾不杀伯仁，伯仁却因吾而死"。

当然，何心隐原本可以不死。他的死，为张居正轰轰烈烈的禁讲学运动增添了浓重的悲剧色彩。从此之后，张居正就正式取代严嵩，成为很多阳明弟子的头号公敌。

大规模查封私人书院，禁止讲学，这些刘瑾、严嵩之流梦寐以求却没能做成的事情，反而让徐阶的弟子张居正做到了。是不是很有讽刺意味？

何心隐眼里不揉沙子，对同好的苦难不会无动于衷，对世道的滑坡不会装聋作哑。他提起笔来，洋洋洒洒写下了上万字的《原学原讲》，追溯讲学运动的历史渊源与发展脉络，旁征博引，有理有据，强调孔孟二位大师就是讲学的先驱，某些人禁讲学、废书院，这不就是数典忘祖吗？

何心隐的雄文，为他赢得了不少支持者，也让那些首辅的拥趸恨得牙痒痒。在全国查封私人书院的大气候下，何心隐"顶风作案""老夫聊发少年狂"，在湖广创办求仁会馆，甚至在京城创建复孔堂，也太不拿禁令当回事了。他还声称，如果首辅继续蔑伦擅权，打压民间讲学，他就要进京想办法驱逐张居正。

当然，何心隐非但在顺天府混不下去，还被各地官员联合通缉，只能四处躲藏。但正所谓"给点阳光我就灿烂，给个教室我就办班"，流亡途中的何心隐，居然继续讲学布道，同时不忘攻击张居正。

万历七年三月初二日，几个衙役闯进了南直隶祁门当地名士胡时和家中，将流寓于此的何心隐当场抓获。祁门红茶很爽口，何心隐却再也喝不到了，他被押解到了湖广省城武昌。

新任湖广巡抚王之垣立即向张居正发去密信，请示该如何处理。张居正的答复，却是模棱两可："此事何需问我？轻则决罚，重则发遣已矣。"意思是你看着办。这反而是最难办的。

得知何心隐身陷囹圄，老朋友耿定向非常着急，他向首辅的好友李幼滋去信，希望对方能帮忙搭救。

李幼滋苦口婆心地开导说，你最好不要管。你如果插手，反而会把事情搞复杂，甚至会将自己和家人卷进去。耿定向觉得也有道理，于是就不再过问。

心高气傲的何心隐成了阶下囚。王之垣想给他来个下马威，对方却是软硬不吃，甚至见了巡抚也不下跪。王巡抚火了，就让衙役打折了老人的双腿，进而打得他皮开肉绽。

何心隐强忍痛苦，为世界留下了最后一句名言："公（指姓王的）安敢杀我？亦安能杀我？杀我者，张某也！"

可怜何心隐这样的旷世奇才，就这样被活活打死。王之垣一点都不慌张，他上奏朝廷，说何心隐因病死在监狱里。这样的人聚众讲学，传播异端，实在是死有余辜。王之垣还巧妙地将何心隐与湖广正通缉的曾光等盗匪绑定，说何心隐很可能是他们的同伙，请求刑部严查。

整整五百年前，大文豪苏东坡因向宋神宗上《湖州谢上表》被言官弹劾，抓进了京师御史台，是为著名的"乌台诗案"。退休在家的王安石，并没有因与苏轼政见不同而幸灾乐祸，反而积极上疏为苏轼辩解。最后，苏轼只是被贬为黄州团练副使。

在这件事的处理上，张居正与王安石相比，可谓高下立判。最终，何心隐案件不了了之。因在任上"表现卓越"，万历八年十月，王之垣被升为户部右侍郎，并协理军务。更让后人叹服的是,他一口气活到了十七世纪,并成了晚明著名书法家。

而惹来不少骂名的张居正,也迎来了新的困扰。

第十五章
世间再无张江陵

一、万历帝出疹，坚持不开戒坛

生老病死是世间最基本的规律，权势再大的政治家，终究也摆脱不了这种宿命。"高位不可久窃，大权不可久居"是张居正一直秉持的清醒思路，说他贪恋权位不肯放手，这可真不是事实。

按照皇家的习惯，万历帝大婚之后，应当在万历七年二月举行耕藉礼。小皇上亲自拿起农具，在皇家公田上（装模作样地）耕地，是为完全成人的标志。随后，万历帝还要进行谒陵礼，即首次以皇帝身份去天寿山拜祭列祖列宗，宣示自己长大成人。

张居正原打算在万历帝完成这两件大事之后，就在适当时机辞去要职。但就在当年正月，一向身体很好的小皇帝突然全身出疹，病情相当严重，仪式不得不推后一年。这么一来，张居正自然不能对朝政撒手不管，"归政"时间也就推迟了。

即使在今天，孩子出疹都会令大人紧张不已，何况是在医疗条件非常落后的十六世纪。严重的疹子不光会对皮肤造成大面积伤害，导致瘙痒难忍，往往还要伴随高烧呕吐等症状，甚至给患者带来生命危险。

皇上的安危牵动着朝廷内外所有人的心，最焦虑的无疑是李太后。这位一心向佛，十年如一日坚持做善事的女性，看着自己的宝贝儿子病成这个样子，恨不得自己替他受苦。

"娘娘，事已至此，不如请高僧开坛做法，保皇上平安。"有太监向她建议道。

所谓病急乱投医，李太后早乱了阵脚，何况她一直信佛，开坛确实非常对胃口。但是，人命关天之时，戒坛居然没有开成！

全大明一亿多人，谁有能力阻止李太后设坛呢？当然就只剩下张居正了。平心而论，此举真有些"冒天下之大不韪"之感。皇上都病成那样了，干吗不让他老妈一试？死马当成活马医，也是个法子。

可见，张居正似有朴素的唯物主义观念，无论是道士的斋醮，还是和尚的开坛，他都坚决反对。这位首辅认为，戒坛是嘉靖皇帝早就严旨禁革的事情，"恐有奸人乘之，致生意外之变，非独败坏风俗而已"。拿嘉靖帝当挡箭牌确实不怎么高明，这皇帝是崇道的。张居正应该是觉得搞戒坛花费巨大，又没有任何效果。

如果万历帝真就这么交待了，张居正有几个脑袋可以砍？幸运的是，在御医的精心治疗之下，皇上的疹子居然神奇地消退，人也慢慢恢复了健康。首辅此举，似乎证明了自己比太后高明，但肯定会令人不舒服。

到了三月初九日，万历帝就将按惯例视朝，以证明自己身体完全康复。不过在此之前，他在平台单独会见了一个人，以显示对这位大臣的重视。

此人当然只可能是张居正。首辅不同意开坛，万历帝似乎也并不计较，自己反正好了嘛。张居正毕恭毕敬地叩头："恭贺万岁身体痊愈，祖宗之福，万民之福。"但皇帝的回答，却让人想到了一句成语：绵里藏针。

他说："朕久未视朝，国家大事让张先生费心了。"

这话说的。过去六年多，不都是张居正在费心吗？看来，皇上想亲政的愿望相当强烈。都已经成年了，谁还愿意太阿倒持，整天当个吉祥物？

张居正却似乎准备不足，程序化地回答道："臣久未能一睹天颜，今天蒙陛下召见，喜不自胜。陛下圣体虽安，还得注意休息。至于国事，臣自当尽忠操持，免劳圣怀。"

这话万历帝显然不爱听了。还不让我操心，还让我继续看戏？但他当然也不便公开反驳，只能例行公事地说："先生忠爱，朕知道了。"随后下令赏赐张先生一些银两、绸缎。张居正赶忙叩头谢恩。

此时，万历帝似乎突然想到了什么，态度变得热情起来。他说："先生近前来，看朕的脸色。"

张居正遵旨走到御座前，再度跪下。眼前的小皇帝，十七岁年轻人的清秀面庞确实精致，眼神中的自信更是无需遮掩。而五十五岁的张居正，早已满头华发，精神大不如前。

"朕如今一日四餐，每次俱两碗，但不用荤。"万历帝不无得意地说道。

这么能吃，证明身体很好嘛。要是这次小皇帝没挺过去，李太后会不会让首辅殉葬呢，不太好说。张居正一高兴，叮嘱的话不假思索就脱口而出：

"病后加餐，好事啊。但您元气刚刚恢复，也应该适当调节，吃太多可能伤到脾胃。不但饮食要调节，而且……"

这是划重点了。难道要万岁爷掏出小本本记下？果然，张居正一本正经地说："出疹之后，须避免受寒，控制房事，皇上一定要多加注意。"

万历帝没有想到，张居正居然管开自己的私生活了。他已经有所耳闻，说首辅有一大堆美姬，甚至还服用壮阳药。首辅你干涉我的兴趣爱好，是不是在搞双重标准呀？

万历帝不敢大意，老老实实地回答说："现在圣母每日早晚都视察起居，从不间断。我也没有宣召三宫任何人。先生忠爱，朕都知道了。"

哎，这皇帝当得有些憋屈啊。张居正倒是挺开心，觉得万历帝挺懂规矩的，不会胡来。随后，两人商量完恢复经筵和日讲的事情，张居正就告退了。万历帝则去皇极殿，接受百官的朝贺。

接下来，二人的关系会走向何方？

二、欲壑难填，君臣矛盾逐渐尖锐

有一个词叫隔代遗传，即第三代和第一代拥有共同特征。张居正身上，就有爷爷张镇的放浪不羁。而李太后之父李伟的贪财好利，很大程度上也传给了万历帝。在《张居正大传》中，朱东润先生不无讽刺地称小皇帝为"小农的外孙"。

同时，万历帝还继承了嘉靖帝的刻薄寡恩、自以为是。这不仅是皇帝个人的悲剧，甚至是一个政权、一个国家的悲剧。而张居正与万历帝之间，也因财务纠纷而产生了不少矛盾。

万历帝大婚之后，宫中一下子增添了不少女眷，开销大起来也属正常。但小皇帝借着这个由头，积极地伸手要钱，吃相不免有些难看。

在明朝，户部和皇家内库的钱是分开的，即使是一国之君，也并不能随意支使国库存银。按照惯例，户部每年转交内库一百万两金花银。但举行大婚后，趁张居正回乡葬父的当口，万历帝居然要求每季存银增加五万两，全年增加到一百二十万两。

张居正回京之后，默许了小皇帝的"先斩后奏"。但一百二十万两还不够花，只能说万历帝用钱太不节制了。

花钱如同赌博，一旦上瘾之后，很难再回到从前了。万历帝正常视朝之后不久，突然开口向户部再要十万两。皇帝那是金口玉言啊，尚书张学颜不敢抗旨，但也不想给付，他只能跑去向张居正汇报。

"皇上花钱怎能如此不节制呢？"张居正感慨道。

他不得不写下长长的奏疏，来规劝这位管不住钱的皇上。张居正说，万历五年，岁入是四百三十五万九千四百余两，而万历六年，进账仅三百五十五万九千八百余两，比上一年减少了八十余万。但岁出却高达三百八十八万八千四百余两，比上年多了四十多万两。您已经两次取用库银了，现在还要伸手。如此年复一年，怎么得了？

张居正建议皇上把户部提贴置于座椅帝边，随时查阅。总计内外用度"一切无益之费，可省者省之，无功之赏，可罢者罢之"，脚踏实地地过日子。

没有办法，万历帝即便心有不甘，也只能打消了要钱的念头。

但所谓"东边不亮西边亮"，万历帝又把手伸向了光禄寺，心想元辅这次管不着了吧。

结果，小皇帝很快收到了一份措辞强硬的上疏，又不得不打消了念头。张居正指出，国家财赋有限，费用无穷，经不起折腾。如果有水旱之灾和疆场意外，那真的就没办法了。他总结道：

> 此后望我皇上凡百费用，痛加撙节。若再有取用，臣等决不敢奉诏矣。

大明三百年，恐怕也只有张居正敢以这种口气跟皇上说话，还不用担心被杀头。

令张居正没料到的是，万历帝居然愈挫愈勇，锲而不舍，在花式捞钱的道路上奋力前行。直接要钱你们不给，那朕铸钱总可以吧？于是他向工部下令，从太仓库取成本银十四万九千两，购铜加工铸成制钱两万锭，当一亿文钱使用。

想得倒是美啊。万历帝肯定没学过货币银行学，不知道什么叫通货膨胀，只知道钱多了自己用起来爽。但张居正却明白滥发通货的危害。他不得不又不一次上疏否决。最后说：

> 仍乞皇上曲纳臣等节次所陈狂愚之言，敦尚俭德，撙节财用。诸凡无益之费，无名之赏，一切裁省，庶国用可充，民生有赖。不然，以有限之财，供无穷之用，将来必有大可忧者。臣等备员，敢不尽其愚，伏惟圣明亮察。

没办法，万历帝只能认栽。万历七年七月，言官请罢应天、松苏织造，取回京城派往江南的宦官。工部官员赞成提议，皇帝非常不满，但在张居正的干预下，他不得不又一次妥协，最后决定织造减半。但小朋友心里能服气吗？

在专制王朝的话语体系中，皇帝是君父，不管人家多小。首辅对皇帝确实忠心耿耿，殚精竭虑，比对亲儿子要用心得多；很长时间里，小皇帝对先生也特别尊敬，非常关心。君臣关系原本是相当融洽的。

但大婚之后的万历帝，依然大事小事都无法做主，挫败感与失落感与日俱增。这个皇帝当得也太憋屈了！后妃和太监们难免会在他面前说三道四，万历帝当然不能和张居正马上翻脸，但内心不可能没有波动。

明眼人都看得出来，君臣间的裂痕在一天天放大。

张居正和万历帝为用钱产生争执是一方面，因为封爵问题，也是争执不少。

为杜绝以往朝代普遍存在的外戚干政现象，永乐帝朱棣改变了朱元璋为皇子安排重臣勋贵之女的做法，让几个儿子都娶普通人家（官阶往往不过四品）之女。王皇后的父亲王伟，不过是从九品的工部文思院副使，皇后的相貌也说不上多么出众，但架不住李太后喜欢啊。

万历帝大婚之后，王伟算是一步登天，父以女贵，成为从一品的都督同知。但这官位毕竟不是世袭的，于是王皇后趁万历帝开心之时，拐弯抹角地提醒，正德帝的岳父夏儒、嘉靖帝的岳父陈万言，可都是有爵位的哟。

别人有的，我也得有吧，要不然脸面何在？万历帝于是要内阁拟旨，要求给国丈封爵。

大明王朝的宗室供养，已经成为财政的一大负担。要不要给王伟封爵呢，张居正和两个下属商量。

张四维和申时行态度相当坚定，也相当一致：一定要封，这是祖制。

"祖制？"张居正冷冷的地说，"祖制是非军功不能封爵。"王阳明功劳那么大，不过才封了个新建伯。王伟凭着国丈身份已经得到太多了，还想要封爵？

但是，万历帝近来情绪一直很大，特别是张居正要他减半苏松织造，他还在气头上，如果这次又拒绝，那君臣关系就不好维系了。

"给王伟加封永年伯，禄米一千石。"见到万历帝之后，张居正如是说。

这才像话嘛，小皇上正想说什么，谁知张居正一席话，又让他不开心了。

"但没有军功，不得世袭。"唉，这让我在媳妇面前多没面子啊。

但是，因万历六年十二月的东昌堡大捷，张居正却要给李成梁封爵。万历七年五月，李成梁受封宁远伯，而且还是世袭的。这位首辅严肃地宣布："李帅屡立大功，忠勇为一时之冠，唯有封爵，才能鼓励将士。"万历帝听说之后难免愤愤不平，但也无可奈何。

万历九年春的一天，万历帝召张居正谈话。首辅没想到的是，皇上又要给皇后家人要官当了，看来，这位皇帝对媳妇还是真爱嘛。

"万岁，那就封两位国舅王栋和王俊为锦衣卫千户。正五品。"

"什么？"万历帝一下子又不高兴了。跌不跌份儿？这可是国舅爷啊，说出去不得让人笑死？如果眼前站的是张四维，他真想撸起袖子给一耳光，可在张居正面前，他只能克制克制再克制。

"先生，您知道正德朝的夏助吗？他当的是什么官？"万历帝阴阳怪气地说。

这功课做得不错嘛。张居正当然知道，夏助被封为锦衣卫指挥使，不但是与六部侍郎平级的正三品，还是世袭的，真格的是投胎改变命运。但是，正德帝是什么成色的皇帝，都快成为昏君的代名词了，你要跟他学吗？

"万岁，正德朝的弊政，嘉靖朝可都取消了。非军功不能世袭，给他俩的，其实已经够多的了。"张居正以不容置疑的语气说。

正沮丧间，张居正又一番话，让万历帝稍稍高兴了点。

"臣请授王栋为锦衣卫指挥佥事（正四品），王俊为千户。"随后，张居正还呈上了《议外戚子弟恩荫疏》，在其中信誓旦旦地宣布：

> 至于世袭一节，则祖宗旧制，决不敢违越也。

这也太直白了吧。看到首辅已做出了让步，万历帝不好再说什么。显然，就像一面镜子出现裂痕，再怎么修补也回不到从前了。

因一些看似并不严重的事情忤逆万历帝，张居正到底明不明智？

三、请辞不许，只能鞠躬尽瘁

万历七年十二月，张居正二十七个月"在京守制"期满，他可以脱下青衣角带，换上常服了。但此时的他，知道自己也到了该离场的时候了。

张居正熟悉历朝典故，不会不清楚功高震主的下场、众口铄金的无奈。万历八年二月，因万历帝出疹子而推迟一年的耕藉礼和谒陵礼，终于圆满达成了，张居正如负重释：到了体面离开的时候了，省得被人说成贪恋权位。

这一年，又是三年一度的会试之期。张敬修和张懋修顺利入围。三月十五日，万历帝主持廷试，钦点张懋修为状元。平心而论，这责任真不在张居正。

三月二十二日，正值春意盎然之时，张居正果断呈上了《归政乞休疏》，要求彻底退休。他完全不提自己的柄政之功，只感激太后与皇上的信任：

> 臣一介草茅，行能浅薄，不自意遭际先皇，拔之侍从之班，畀以论思之任。壬申之事，又亲扬末命，以皇上为托。臣受事以来，夙夜兢惧，恒恐付托不效，有累先帝之明。又不自意特荷圣慈眷礼优崇，信任专笃，臣亦遂忘其愚陋，毕智竭力，图报国恩。嫌怨有所弗避，劳瘁有所弗辞，盖

随后，他笔锋一转，强调皇上已经成年，定能为一代圣君，自己也到退隐的时候了。

> 每自思惟，高位不可以久窃，大权不可以久居。然不敢遽尔乞身者，以时未可尔。今赖天地祖宗洪佑，中外安宁。大礼大婚，耕藉陵祀，鸿仪巨典，一一修举。圣志已定，圣德日新。朝廷之上，忠贤济济。以皇上之明圣，令诸臣得佐下风，以致升平，保鸿业无难也。臣于是乃敢拜手稽首而归政焉。

接着，他继续强调自己的身体欠佳，实在挑不起重担了：

> 且臣禀赋素弱，比年又以任重力微，积劳过虑，形神顿惫，血气早衰，逾五之龄，须发变白，自兹已往，聪明智虑，当日就昏蒙，若不早自陈力，以致折足覆𫗧，将使王事不终，前功尽弃，此又臣之所大恐也。

最后划重点：我这把老骨头赶紧回乡，我的孙子世世代代为您效劳：

> 伏望皇上特出睿断，亲综万几，博简忠贤，俾参化理，赐臣骸骨，生还故乡，庶臣节得以终全，驽力免于中蹶。臣未竭丹衷，当令后之子孙，世世为犬马以图报效也。

大权在手的感觉何其美妙，事事受制于人的滋味实在憋屈。万历帝当然巴不得能早点亲政，放飞自我。但这八年来与元辅铸就的情分，达成的默契，岂能说断就断。实录怎么写，后人怎么看？

于是，万历帝二话不说，让太监下了一道圣旨：

> 卿受遗先帝，为朕元辅，忠勤匪懈，勋绩日隆。朕垂拱受成，倚毗正切，岂得一日离朕！如何遽以归政乞休为请，使朕恻然不宁。卿宜思先帝叮咛顾托之意，以社稷为重，永图襄赞，用慰朕怀，慎无再辞。吏部知道。

显然，万历帝的挽留是真诚的，并不是隆庆帝对待徐阶那般的逢场作戏。

为了证明自己辞职的诚意，张居正很快又上了一道言辞更加恳切的《再乞休致疏》，并举出《孔子家语·执辔》的例子，要求万历帝尽快批准，其中说道：

> 今臣之乞去，亦非敢为决计长往也。但乞数年之间，暂停鞭策，少休足力。倘未即填沟壑，国家或有大事，皇上幸而召臣，朝闻命而夕就道，虽执殳荷戈，效死疆场，亦所弗避。

也就是说，您让我匹老马先回老家歇一歇养养精神，只要有一口气在，国家需要我时，我早上接到命令晚上就赶过来，为朝廷肝脑涂地奉献所有。

这倒也不失为一个让双方都得到体面的办法，张居正留下了起复的操作空间，万历帝也不必背上赶走元辅的骂名。但结果呢？

小皇帝倒是行动迅速。他又颁下圣旨，把张居正好好批评了一通。大意是古代的贤臣，都七老八十了还在为国家贡献余热，你这刚过五十就倚老卖老想退休，是不是也早了点？

张居正看了肯定不服气，正准备上第三道辞职信呢，结果，万历帝让太监带着李太后的口谕文字稿（手敕），直接跑到张宅了。天不怕地不怕的张居正，捧读之后是老泪纵横，连连叩头。他不得不收起写辞职报告的打算，转而上了一道《谢圣谕疏》。

李太后到底说了什么，就把张居正给感动成这样？鉴于这道谕旨的重要性，必须得全文抄录了：

> 谕元辅少师张先生：朕面奉圣母慈谕云："与张先生说，各大典礼虽是修举，内外一应政务，尔尚未能裁决，边事尤为紧要。张先生亲受先帝付托，岂忍言去！待辅尔到三十岁，那时再作商量。先生今后再不必兴此念。"朕恭录以示先生，务仰体圣母与朕惓惓倚毗至意，以终先帝凭几顾命，方全节臣大义。先生其钦承之。故谕。

显然，李太后对首辅是无条件地信任，张居正要是再继续请辞，就显得不近人情，甚至是不识抬举了。没有办法，他只能继续在首辅岗位上卖力工作。

但是，对于十八岁的万历帝来说，母后的安排绝对是无法接受的。

李太后之所以让张居正辅政（其实就是摄政）到万历帝三十岁，一方面是对首辅过去八年的工作非常满意，另一方面，是对儿子这些年的表现太不放心，觉得他还需要继续学习历练。

然而，这样的安排，能让处于叛逆期万历帝心服口服吗？

四、孙海、客用事件，致使君臣误会更深

张居正执政末期，除了将一条鞭法推向全国，在裁汰冗员方面也有相当大的力度。

传统社会创造财富的手段相当有限，从政做官带来的显性和隐性收益实在太大，让无数人趋之若鹜。而且，官场中人拉帮结派、相互勾结、抱团取暖也是常态，为了安排亲戚和亲信，在机构设置和人员配置上叠床架屋，成了很多掌权者的常规操作。

庞大的雇员队伍，必然给朝廷财政带来沉重的负担；而官员素质低下，人浮于事、互相推诿，工作效率根本高不起来。冗官群体早已成为大明体制上的毒瘤，但张居正是个稳健的政治家，深知牵一发而动全身的麻烦，故只是施行考成法，裁撤冗官的力度一直相对很小。

但到了执政后期，特别是已多次上疏请辞、准备卷铺盖回老家之后，张居正的顾虑越来越少，裁汰冗员的意愿也越发强烈了。到了万历八年，吏部请添补苏州管粮参政，张居正认为这一职位不用再设，就予以撤销，职权由苏松兵备道兼管。他并以此为契机，向万历帝请求清查地方官员，开始了大规模裁汰冗官冗员的工作。

这一次的裁革对象非常广泛，既包括太仆寺、盐运司、知州和知县等各级文官，也覆盖总兵、参将、游击和把总等多种武官。但最重要的目标，是两京十三省的三司（布政司、按察司和都指挥司）僚属。

甚至连顺天巡抚、湖广总兵和郧阳巡抚这样一类高官，张居正都认为没有必要再设，也都予以撤销。经过一顿操作，全国文武官员从十二万多人减到了九万八千多，节省下来了大笔开支，相应也减轻了百姓的负担。

此次裁汰力度之大，放眼三千年中国历史都是非常突出的。不拿出"破家沉

族"的气概，这事情还真的推进不下去。那些丢失了官位、丢失了福利、丢失了特权的人，对首辅恨得咬牙切齿。当然，没有李太后和万历帝的鼎力支持，张居正的工作也开展不下去。

政务繁忙，小皇帝也不让首辅省心。

都说万历帝和嘉靖帝很像，但他和隆庆帝也有类似的地方，那就是喜欢邂逅一出说来就来的浪漫，开启一场说走就走的旅行。乾清宫执事太监孙海、客用为了博取小皇帝的欢心，吃到更多回扣，就经常带万历帝出宫找乐子，玩微服私访。

按说万历帝已经大婚了，不该再到处乱跑，但和王皇后处的时间长了，他也不免感觉有点审美疲劳。再说皇帝和皇后又不住一起，这就为万历帝自由活动留下了空间。

万历八年冬的一天，万历帝玩嗨了也喝大了，要身边的小内监唱曲。谁知道对方非但拒绝，还振振有词地回道："冯公公只让我跟着您，没让我唱曲儿。"

平时被首辅欺负也都忍了，冯保一个奴才，还有人拿他当挡箭牌？万历帝大怒，抽刀想砍了这个没眼色的。但却没有成功，随从赶紧拉住了他。

于是，万历帝让孙海、客用挥起老拳，把小内监打了个生活不能自理。然后还恶作剧式地剪下这小子的头发，学曹操的"割发代首"。

这一晚上，万历帝睡得很香。第二天不用上朝，他还打算睡个懒觉呢。可宫女叫醒了他，说慈宁宫那边的公公来了，请皇上马上过去。

万历帝一个激灵，酒劲马上消失了。太后找他！这么说，昨天的事情她都知道了，这怎么得了！

"要不就说朕病了，起不了床？"他哆哆嗦嗦地对孙海说。

"别啊，要是太后过来，那麻烦更大了！"

万历帝跟着太监来到了慈宁宫。一进门就感觉气氛不对，看到李太后一脸怒气，他更不知如何是好。

冯保侍立在旁，显然，就是他告的密。

"跪下！"母亲厉声喝道。

万历帝本能地跪了下来，头也不敢抬。李太后的声音哽咽了："你都做了些什么？我怎么生出了你这样不争气的东西……"

看着母亲落泪，万历帝禁不住也哭了起来："母后，孩儿知错了，再也不敢了……"

"亏张先生为你付出了那么多心血，你这样子还像个皇上吗？"

那不是他无能吗？万历帝当然不敢这么讲，只是说："孩儿一定改正，一定改。"

"哎，家门不幸啊，你去书柜上把《汉书》拿过来。"

万历帝不知何意，只能乖乖照做。

"你翻到六十八卷，给我念。"

万历帝这才知道，这一卷是权臣霍光的传记，当念到"光与群臣俱见，白太后，具陈昌邑王不可以承宗庙状"之时，小皇帝突然明白了什么，眼泪又不争气地流了下来。

想不到一晚上的狂欢，换来的是一白天的心酸。大明的霍光，不就是首辅张居正吗？

正在内阁办公的张居正，被通知太后娘娘要在平台召见。他不觉相当紧张，这是要出大事了吗？

八年前，他刚当上首辅的时候，太后就是在平台召见了他。碍于宫禁，这八年来，两人见面的机会相当有限，很多时候，都是张居正远远地在宫外叩头谢恩。

冯保已经将事情大致经过通知了首辅。张居正参拜之后，见李太后的双眼中似有泪痕，这个时候，他知道自己必须亮明立场，保护皇帝："太后，以老臣愚见，皇上只是酒后一时糊涂，以后必不会再犯了。"

"他不是小孩子了，已经大婚，还做出这等丑事，怎么向列祖列宗交代？"

"老臣是皇上的老师，没有尽到职责，请太后治罪。"张居正又一次跪下叩头。这是替万历帝背锅啊，李太后不知道说什么好了。

"请太后饶恕皇上，让他改过自新吧。"冯保也跪下求情。

见首辅和大太监都力挺万历帝，李太后也只能"就坡下驴"了。她想废黜万历帝到底是出于真心，还是想借此考验张居正与冯保的忠诚，这完全是个见仁见智的问题，确实没有标准答案。

"不能就这么算了。张先生就辛苦一下，替皇帝写罪己诏，一份留内阁，一份给内廷。"

这样做就是打皇上的脸，但张居正也只能遵令。但如此一来，只会令他与小皇帝之间的嫌隙，变得越来越深。

为了万历帝的面子，张居正上了《请处置邪佞内臣疏》，将小皇帝的过错推给身边太监。孙海、客用被发配到孝陵种菜，孙德秀、温泰和周海被降三级使用。看着这些好玩伴都倒了霉，万历帝也只能在心里默默诅咒，表面上还得说元辅做得对。张居正又让翰林院的文官整理历代宝训、实录，编撰出一部《谟训类编》，加强对小皇帝的品德教育。

首辅的用心可谓良苦，但真的能让万历帝感激吗？

五、俺答去世，三娘子再嫁睦双边

由于长期的繁重工作，万历九年九月，张居正病倒了，他请假调养，万历帝派御医过来诊治，并建议他"不妨兼理国务"。没有办法，张居正只能在家办公，好在病情不重，很快就恢复了健康。

时光荏苒，自打隆庆二年正月加少保兼太子太保以来，张居正除去在京守制，任从一品官已满十二年。他照例自陈，请求辞职。但万历帝非但不准复职，还传旨加封：

> 元辅受先帝遗命，辅朕十年，精忠大功，冠于先后，兹实历一品，已及十五年，恩数委当优异，著支伯爵禄，加上柱国、太傅，兼官照旧，给与应得诰命，还写敕奖励，赐宴礼部，荫一子，与做尚宝司司丞，用见朕崇奖元勋至意。

张居正自认受之有愧，火速上疏辞谢。万历帝允许他辞伯爵禄和上柱国，但一定得保留太傅。

太傅与太师、太保合称"三公"，正一品，之前大臣都是死后赠官。就这样，张居正成为明朝立国二百余年来，第一个活太傅。

万历十年（1582）的新年来到了，刚吃完了喜庆的元宵，张居正就收到了来自草原的重要消息：俺答死了。

这一年是壬午马年。上一个马年，在张居正与高拱等人的努力之下，大明与土默特部达成了封贡协议，俺答成了大明顺义王。这十二年来，这位首领的总体表现还是让人放心的，双方确实也没有发生战争。

俺答已经七十五了，在那个时代可算是"风烛残年"，和他同龄的嘉靖帝，已经在永陵躺了十五年。草原的生活条件肯定不如中原，去世了也丝毫不奇怪。"如果把汉那吉来承袭顺义王，无疑是最好的结局。"谋士给张居正建议。

"是啊，他仰慕天朝文化，要不然当年也不会投奔⋯⋯"张居正若有所思，却非常坚定地说，"但相比俺答长子黄台吉，把汉那吉显然威望不够，我们真要封了小的，草原恐怕要有战争了。"

因此，张居正决定，支持黄台吉袭封王位。草原可没有什么"后妃不得干政"的禁令，过去十余年时，钟金哈屯一直辅佐老公处理事务，自己名下也拥有了庞大的地盘和军队。收到俺答的丧报之后，宣大总督吴兑派特使去吊丧。

有明一朝，不光儿子要为父母守孝二十七个月[1]，妻子也得为丈夫守孝，而丈夫对妻子却没有义务。没有哪个官员因妻子去世就撂挑子回家的。

钟金哈屯仰慕汉族文化，不光喜欢穿汉服吃汉餐写汉字，甚至还打算学汉人媳妇，为老公守孝三年——这有什么好学的？

但吴兑却认为，既然大明要封黄台吉为顺义王，钟金哈屯不妨嫁给这个男人（帮大明看住他）。这不就是草原民族的传统吗，当年王昭君就连嫁三代匈奴单于。

但钟金哈屯却不干了："你们汉人女子不这样吧？"一句话怼得使者无话可说。不久之后，当听说黄台吉即将举行受封典礼时，钟金哈屯一不做二不休，干脆带着自己的部众转移了。

如此一来，土默特部大有分裂甚至战争的可能。吴兑只能马上向张居正汇报，在得到首辅指点之后，总督再次安排特使，带着丰厚的礼物去拜会钟金哈屯。

好在吴兑平时和钟金哈屯的关系维持得不错，使者才没有白跑。他开诚布公

---

[1] 嫁出去的女儿被视为婆家人，只有为公婆守制的义务。

地说：“我们张阁老希望您能嫁给顺义王。”

"我不喜欢他，你们不能逼我。"钟金哈屯态度很明确。

"您只有嫁给新顺义王，才能继续当顺义夫人，朝廷才会给您和王子各种赏赐。否则的话，您以后就只是草原上一个普通的蒙古妇人了……"

钟金哈屯以为自己是富人，谁知道只能当妇人。她希望自己与俺答所生的不他失礼将来能当上顺义王。但形势比人强，如果她不嫁给黄台吉，儿子显然就没有机会继承王位了。权衡利弊之下，钟金哈屯最终接受了吴兑的建议。

那么，黄台吉能干吗？草原上的姑娘多的是，但也没几个比钟金哈屯更美。这位寡妇要是答应嫁给黄台吉，他高兴还来不及呢，土默特部也不会有分裂的危险了。

三年之后，不争气的黄台吉就死了。又是在时任宣大总督的郑洛的干预下，钟金哈屯嫁给了黄台吉长子扯力克。

钟金哈屯被后世称为三娘子，一种说法就是：为了明蒙双边的和睦，她一个人给祖孙三代当娘子，付出了太多牺牲。如果没有她的大力配合，张居正的"东制西怀"战略就很难成功。

当然，另一种说法是，这名字是仰慕汉族文化的钟金哈屯自己起的。不管怎样，她已经永远青史留名，成为促进民族团结的一个象征。而就张居正而言，似乎对她有所亏欠。

但留给这位首辅的时间，已然不多了。

六、溘然长逝，留下太多遗憾

二月，张居正的肠胃病越来越重，又生了痔疮，不得不请假休息。但万历帝却依然离不开他，很多政务还要送到张府，要他处理。这些病今天看来都稀松平常，在当年却让太医们伤透了脑筋。

病痛之余，张居正愈发想念老师徐阶。自从隆庆二年八月徐阶离京之后，两人十四年未曾谋面了。《张太岳文集》中收录了张居正写给徐阶的三十一封信，可见这些年来，师生之间的联系还是挺紧密的。九月二十日，就将迎来徐阶的八十大寿。不知什么原因，张居正提早半年，就想着要为老师祝贺生日。

十年前，老师七十大寿时，张居正正好登上了首辅之位，他写下了《少师存斋徐相公七十寿序》，称颂老师"生而不有，功成而不居；应天之道，年未及而引退"。徐阶的政绩也许不那么亮眼，但发现、栽培和提携张居正，不就是他最重要的贡献之一吗？

张居正自己肯定也清楚，没有徐阶的大力关照，他当上首辅的概率微乎其微。但在徐阶一家遭难时，他给予的保护并不得力，应该永远感觉愧疚，但显然老师并未计较此事。

在病痛略有缓和时，他提起笔来，向万历帝上疏，建议对这位重臣以恩赏。之后不久，他又写下了《少师存斋徐相公八十寿序》，盛赞老师在嘉靖朝的拨乱反正，匡扶社稷：

> 居正尝谓，士君子所为尊主庇民，定经制，安社稷，有自以其身致之者，有不必身亲为之，而其道自行于天下，其泽自被于苍生者。窃以为此两者，惟吾师兼焉。当嘉靖季年，墨臣柄国，吾师所为矫枉以正，矫浊而清者，幸及耳目。

张居正又上疏为老师请求"优礼耆硕"[1]。为什么要提前半年做这些事情？很快我们就会发现，他多亏提前做了，否则就永远没机会了。

到了三月，张居正的病情又加重了，但他依然没有放弃工作，内阁重要文件都是送到张府，由他票拟。繁重的工作，令张居正的健康更加恶化。如果在今天，他早应该住进特护病房了。可惜在那个时代，他只能在家养病。

五月初五日，张居正在病床上度过了五十八岁生日，万历帝给予了不少赏赐，但就是不放他回乡。

六月初四，张居正的病情已经相当严重。此时天空出现彗星，光芒由西北直指五车星座。张居正认为是乞休的好时机，他挣扎起来，写就了《乞骸归里疏》。他的言辞极为谦卑，说自己如果不早点休退，必然不得生还。如果将来能够好转，再来报效国家：

> 伏望慈圣垂悯，谅臣素无矫饰，知臣情非获已，早赐骸骨，生还乡里。

---

[1] 给德高望重的老臣以封赏。

> 倘不即填沟壑，犹可效用于将来。臣不胜哀鸣恳切，战栗陨越之至。

收到奏疏之后，万历帝不愿相信这是事实，毕竟张居正不过五十八，离风烛残年还远得很。皇帝准他安心静摄，等痊愈之后再入阁办事。

六月十二日，辽东镇夷堡大捷的喜讯传到京师，举朝欢腾。其实这些所谓的大捷，往往只是消灭来敌数百人而已。万历帝论功行赏，让很多人都开心不已。但他最大的手笔，显然是给元辅的。

太师是"三公"中的最高职位。自李善长当上这一职位之后近二百年里，大明再没有给活人封过太师了。之前张居正已是太傅，此次圣旨到时，他已病入膏肓，无力推辞。

就这样，张居正成为明朝历史上第一个兼最后一个，在世期间就得到太傅和太师两大头衔的重臣。当然以他的贡献，是完全配得上的。王安石生前就获封荆国公，张居正其实也配得上这个荣誉，可惜他连个伯爵都没有。

在昏昏沉沉之中，故乡的一切却变得越来越清晰。他分明看到了江陵城和长江水，看到了家乡的稻田与茶园，看到了纯忠堂、捧日楼。他的心，已经快乐地飞了回去；他的人，却只能僵卧在病床上呻吟。

不行！不能死在京师。在江陵出生，也一定要在江陵离世。一想到这里，他强撑身体，再一次写下了《再恳生还疏》：

> 窃谓人之欲有为于世，全赖精神鼓舞。今日精力已竭，强留于此，不过行尸走肉耳，将焉用之？有如一日溘先朝露，将使臣有客死之痛，而皇上亦亏保终之仁。此臣所以踽踽哀鸣，而不能已于言也。伏望皇上怜臣十年拮据尽瘁之苦，早赐骸骨，生还乡里。如不即死，将来效用，尚有日也。

言辞如此恳切，态度如此卑微，已经是苦苦哀求了，今天的我们读来，都会心酸不已，万历帝应该怎么答复呢？小皇帝已然明白，元辅痊愈的可能性已经微乎其微了。但如果留在京城治疗，说不定会有奇迹出现；而以这样的病体奔波两千七百里，那肯定要死在途中了，这个责任，他负得起吗？后世的史官，又会怎么写？

因此，万历帝依然不能答应。他的回复是："宜尊前旨，专心静摄，以俟痊日辅理，慎发勿再有所陈。"这个答复自然有其道理，我们不能因为后面发生的那些事情，就认为万历帝是故意在刁难首辅，他也是没有办法。

但此后，不管御医怎么努力，张居正的病情还是日益恶化。六月十八日，万历帝派司礼监太监奉手敕来到张府。态势已经很明了，这是来听取遗嘱了。"闻先生糜饮淡进，朕心忧虑，国家大事，当为朕一一言之。"

张居正艰难地睁开双眼，挣扎着坐起身来，推荐了前礼部尚书潘晟和吏部左侍郎余有丁。之后，还有户部尚书张学颜、兵部尚书梁梦龙、礼部尚书徐学谟、工部尚书曾省吾，以及侍郎许国、陈经邦和王篆。

太监尽量控制自己的情绪，可眼泪还是落了下来。这一幕，很难不让我们想起诸葛孔明，想起刘禅派李福去五丈原见丞相最后一面的情景。论"鞠躬尽瘁，死而后已"，两人显然都做到了。

太监带回遗言，万历帝立即封潘晟为礼部尚书、武英殿大学士，余有丁为礼部尚书、文渊阁大学士。当然，他俩的尚书头衔都是虚职，只是为了提升到正二品，礼部还是徐学谟负责。

十九日，张居正的病情更加严重，太多过来探望的官员，张家只能全部婉拒了。

六月二十日，已然到了一年之中最热的时候。敬修、嗣修、懋修、简修、允修和静修跪在床前，泣不成声。张居正未能返回江陵，正如诸葛亮未能返回成都，王阳明未能返回绍兴。但相比诸葛亮未能与独子诸葛瞻话别，王阳明甚至未能与独子王正聪说过话，张居正却有六个儿子守在身边，他的心里一定是欣慰的。

他并没有留下令后人永远铭刻的遗言，只是平静地闭上了双眼。结束了五十八年的人生，三十五年的仕途。

从嘉靖二十五年考中进士，到生命中的最后一刻，张居正的官场之路堪称神奇：他一路升迁，从未遭遇贬黜；只做京官，从来没有外放；进入内阁之后，一天也没有去职；当上首辅之后，权力从来没有旁落。即使到了生命中的最后时刻，他依然可以决定朝廷大事。

但是，这样的一代名臣，依然是带着深重的遗憾告别世界的。上天慷慨地给了大奸臣严嵩八十八年的寿命，却只让张居正在世界上停留了五十八年。这怎能

317

不让时人无比伤悲，让后人无限遗憾呢。

元辅病逝的噩耗传到紫禁城，小皇帝与两宫太后都不胜悲伤。万历帝下诏罢朝数日，赠张居正上柱国，谥文忠，"危身奉上曰忠"，这个谥号相当显赫。予一子尚宝司丞，赐祭十六坛。

太仆少卿于鲸、锦衣卫指挥佥事曹应奎护送张居正遗体，以及赵太夫人，从水路返回江陵。三千多人的送葬队伍，乘坐七十余艘船只，由运河经长江去往荆州。沿途无数百姓自发组织起来，为首辅送上最后一程，天地同悲，日月同泣。这个饱经苦难的民族，又永远失去了一位能挽狂澜于既倒、扶大厦于将倾的治国良相。

寻常百姓有六七十年寿命并不稀奇，而身系一个国家、一个民族命运的大明首辅张居正，却在五十八岁时溘然长逝，比他特别崇敬的诸葛亮只多活了四年。想必张居正一定有太多的不甘，太多的遗憾，太多的留恋。他还有很多未完成的目标，很多未实现的心愿，很多想造访的地方，很多想提携的后辈……

"出师未捷身先死，长使英雄泪满襟"，即便他做成的事情，比起诸葛亮要多多了，但走得这么仓促，连接班人都未能确定。可见在潜意识中，他依然存在侥幸心理，依然想为大明江山鞠躬尽瘁，并不认为自己会就此告别人间。

更让他想不到的是，自己是长眠了，自己开创的事业、自己最爱的家人，却要遭遇那么多的麻烦。

第十六章
终留英名在人间

一、万历帝亲政，"倒张"全面铺开

万历十年（1582），绝不是中国和东亚历史上的小年。

俺答汗、张居正和织田信长三位在东亚历史中占据重要地位的政治家，跟商量好似的相继去世，也为后来者提供了脱颖而出的舞台。明朝没有趁俺答去世向北推进自己的防线，丰臣秀吉却借信长之死统一了日本，并终将给朝鲜和中国带来很大麻烦。

1582 年，俄国沙皇依然是伊凡四世，他的国策依旧是疯狂扩张。这一年，以叶尔马克为首的哥萨克越过了乌拉尔山，开启了俄罗斯入侵亚洲、征服西伯利亚的步伐。在明朝灭亡前后，俄国恰好侵入外东北，进入了女真人的领地。

1582 年，西班牙国王依然是腓力二世。他刚刚吞并了葡萄牙。英格兰女王依然是伊丽莎白一世。此时她统治的这个国家还相对弱小，但手工业和海外贸易已有相当规模。在六年之后的海战中，英格兰更是击败了西班牙的无敌舰队，从而改变了西方的霸权格局。

1582 年，与张敬修同岁的利玛窦来到了澳门。终明一世，澳门始终是中国领土，只是让葡萄牙租借使用而已。第二年，利玛窦前往广东肇庆，开始在中国内地的访问传教。

张居正去世之后，万历帝当然要全面亲政了，比李太后设想的时间提早了十年。张四维坐上了梦寐以求的首辅之位，申时行成为次辅。不过，张居正安排的两个新阁员，只有余有丁到任。

潘晟比张太师还大两岁，显然不是什么理想人选，是冯保力主塞进内阁好替自己办事的。潘晟兴冲冲地从绍兴府新昌县赶赴京城，途中却听说张居正已死，自己被好几个言官弹劾。他感觉势头不妙，于是上疏请辞，又打道回府了。

显然，没有万历帝的默许，这事情根本办不成。随后，张四维指使言官弹劾张居正的亲信曾省吾和王篆，两人先后去职。但这仅仅是个开始。

八月十一日，正专注于怎样更有效地否定张居正、树立权威的万历帝，得知王恭妃产下了儿子。可把李太后高兴坏了，这是他的长孙啊。孩子被取名为朱常洛。对，他就是后世天启帝和崇祯帝的亲爹。

当了爹的万历帝，发现宫廷开支更加捉襟见肘了。身边不是就有一个富豪吗？

自从孙海、客用事件之后，万历帝就恨透了冯保。一次，他在文华殿堂讲读完毕，当场表演书法赏赐辅臣。不过写着写着，气氛就变得不和谐了。

只见小皇帝用毛笔饱蘸墨汁高高举起，但并没有落下，而是随手潇洒地一抡。毛笔不偏不倚，正好落在冯保的大红袍上，刹那间袍子变得斑斑点点美如画。如果哪个小太监敢这么做，冯公公一定得抽了他的筋，可这是皇上啊！一旁的张居正看得手足无措，但万历帝跟没事人一样，换了根笔继续写完，扬长而去。

万历帝这就是故意的！但他对冯保的清算，还只是刚刚开始。

巧合的是，内阁里三位大学士张四维、申时行和余有丁也都厌恶冯保。最积极的当然是昔日高拱的拥趸张四维，他处心积虑想为高拱报仇。

张四维整人很有经验，他知道要推倒冯保，先得收拾其心腹徐爵。当然，徐爵的黑材料一抓一大把，什么贪污受贿、强抢民女，他都逃不了干系。御史江东之甘愿当急先锋，上疏弹劾徐爵。很快，这位游七的好友被抓进锦衣卫大牢，很快被打得没有了人形，而冯保则战战兢兢，毫无办法。

一旦看清皇帝的态度，言官们就更不客气了。十年之前，高拱没能推倒冯保，只因两宫太后和万历帝还都信任他；十年之后，两宫太后都不管事了，万历帝自己都想收拾冯保，那就算张居正复生，也未必救得了他。

御史李植挑灯夜战，秉笔直书，洋洋洒洒写下冯保十二大罪，当然很多罪状完全是捕风捉影，但说什么并不重要，重要的是怎么说。收到弹劾疏之后，万历帝表面上非常痛心，但心底里不知道有多兴奋。

十年前的戏码，在皇极殿中又上演了一次。大臣们一个个咬牙切齿，要求像惩处当年的刘瑾一般，将权奸冯保明刑正典。万历帝忍住不让自己笑出声来，说念在冯保没有功劳也有苦劳，就饶他一死，发配到留都种菜去吧。

万历帝当然不允许冯保把家产全带到南京去，而是让锦衣卫抄了他的家。冯保的权势相比王振、刘瑾这些前辈差得很远，但从他府上搜出来的金银，合计也超过了一百万两。

冤啊，过去十年，在张太师的约束之下，皇帝的日子过得抠抠搜搜，这个老太监却敛财有道，也不知道向万岁爷多孝敬一些。那么问题来了，既然冯保都这么有钱了，那他的同伙张居正，银子恐怕只多不少吧？

万历帝不愧是李伟的好外孙，和外公一样贪财。不过，清算张居正引发的朝堂震动，只要不是傻子都能估计得到。

正如收拾冯保得先干掉徐爵，要动张居正，就得从他的心腹游七入手。找游七的罪证，就跟在赌场里抓老千一样容易。很快，游七被抓进了大牢，天天挨打。

十二月十四日，陕西道监察御史杨四知上疏，公然指责张居正十四条罪状，"大略言其贪滥僭奢，招权树党，忘亲欺君，蔽主殃民"。这要搁以往首辅在世的时候，万历帝一定会用廷杖犒赏他。这次却只是说，张居正有十年辅理之功，今已殁，姑贷不究，以全始终。

没有处罚杨四知，已经是个很明显的信号了。上有所好，下必甚焉。不久之后，曾经因弹劾张居正而"永不叙用"的官员们，一个个都满血归来。艾穆当上了户部员外郎，沈思孝升为光禄少卿，吴中行为右春坊右中允，赵用贤为右赞善。他们又能聚在一起，愉快地诋毁张居正了。

那么，当年最活跃的刘台，是不是也要进京蹦跶？那还真没有，他已经不在人间。万历十年六月二十日，他病逝于广西，居然和张居正死在了同一天。刘台的死，正好让反张势力借题发挥，以此作为张居正的恶行之一。

随后，越来越多的"正直之士"勇敢地跳了出来，抨击张居正滥用公权，给三个不学无术的纨绔儿子捞取好处。万历十一年（1583），万历帝下旨，因这哥仨涉嫌科场舞弊，通通革职为民，永不叙用。

皇帝这是记性不好吗？张嗣修的榜眼、张懋修的状元，可都是主持殿试的万历帝自己搞出来的。现在这么做好意思吗？但没有关系，一切责任都在张居正。

公平地说，以张居正治家之严格，以张家三位公子的学养，他们想进入一甲固然可能性不大，但中个进士还真不算冷门，犯不着玩黑箱操作。

看这架势，万历帝是要和自己的老师彻底切割了。过去十年的万历新政，每一桩决策，每一道命令，每一项任免，都是经过李太后与小皇帝首肯，都是以万历帝的名义发出的。万历帝否定新政，不就是在打自己脸吗？但没有关系，自然有人出来背锅。

张四维义愤填膺地上疏建议："先太师平生操切苛刻，海内民怨沸腾，天下嚣然，现已没，其法理当废除，以植国家元气。"小皇帝看过之后，连连说好。

考成法搞得官不聊生，压力巨大，万历帝下令废除考成法；

驿递新政搞得官员亲属意见极大，万历帝恢复隆庆旧制；

张居正不近人情的裁汰冗官，万历帝恢复更多官员的工作；

张居正规定外戚爵位不得世袭，万历帝指示通通世袭。

既然张居正的新政已经被完全否定了，那他当年的"亲信"，自然都是清理的对象。殷正茂、徐学谟、曾省吾、王国光和梁梦龙等显赫一时的名臣，一个个都灰溜溜地收拾东西回老家了。当然，他们应该庆幸自己生活在明朝后期而不是初年，跟随的是张居正而不是胡惟庸，非但家人没有跟着遭罪，自己的脑袋也不用担心被砍。

戚继光和李成梁二位名将，也被很多言官反复攻击。特别是戚继光，有人检举他对先太师的谄媚刷出了新高度，自称"元辅门下走狗小的戚某"不说，还送洋妞、送银子、送补药，简直是大明军界的耻辱。经过慎重讨论，万历十一年二月，兵部决定将戚继光调任广东总兵。

隆庆开关之后，广东沿海的倭寇基本上消失了，因此给总兵只配备了两千部属。而在蓟镇，戚大帅直辖的精兵超过十万。但即使这样，反对派们也不肯放过戚继光，不想让他安度晚年。

两年之后，戚继光又被撤职，返回了登州老家。

而李成梁就要幸运多了，他的待遇不变，以体现皇帝的英明。万历帝打倒了张居正，让高家后人欢欣鼓舞。此后十余年里，高拱嗣子高务观等人，一直为高拱的"平反昭雪"努力奔走。到了万历三十年（1602）四月，万历帝为高拱恢复了名誉，谥号文襄，高务观得以承荫尚宝司司丞。

张居正临终前，一直心心念老师徐阶的八十寿，但他未能等到这一天。

九月二十日，徐阶在松江家中迎来了八十大寿，但这位老人一点儿也不开心。在这之前，他已经获悉了张居正的死讯。徐阶无比伤痛，扶着病体写下了《祭张太岳太师文》，今天我们读来，真有一种字字泣血的感受：

> 我哭奠公，岂私友朋。天柱既折，穹盖孰擎。烛龙奄逝，夜旦孰分。我庸何益，髦老犹存。莫由赎公，长号秋旻。

次年闰二月，徐阶告别了人间。消息传到京师，万历帝赠徐阶太师，赐谥号"文贞"。文贞是仅次于文正的谥号，高于张居正的"文忠"。

这么一来，师徒二人都拥有了太师荣誉。可徐阶哪里知道。到了三月，万历帝就追夺取了张居正的上柱国、太师，不久连"文忠"谥号也剥夺了。

只能说，有时候去世得早，还真得算幸事。活着，那些事很难承受。

二、端午抄家，酿成人间惨案

万历十二年（1584）五月初五日，正值盛夏，天气晴好，湖广布政司荆州府江陵县的一座大宅前，密密麻麻地聚集着数百名全副武装的兵士。

随着一声令下，士兵们撕掉了朱漆大门上的封条，砸开锁头，呼啸着冲了进去。

这一天，是中国传统的端午节。

这一天，正好是张居正的六十寿诞。只是他早已不在人间。在冥寿当天收到这样一份厚礼，还真是悲剧氛围十足，讽刺意味拉满。

形成鲜明对比的是，同样在万历十二年，王阳明和陈献章得以从祀孔庙。在江陵柄政期间被严重压制的讲学和结社运动，也在华夏大地恢复起来了。看来，万历帝秉持"敌人的敌人，就是我们的朋友"之逻辑，还真愿意团结一切反张居正之人。

张居正算不算心学弟子？当然不算，但他却与王阳明后人有着千丝万缕的联系。首先，他的老师徐阶，就是王阳明的再传弟子；其次，他的很多好友及新政的事业伙伴，都是如假包换的阳明传人。如耿定向、宋仪望和胡直等；再次，他的很多门生，其实都受阳明心学影响很深。

没有办法，十六世纪是王阳明的世纪，张居正想躲也根本躲不开。而就知行合一来看，王阳明之后，可能就属张居正做得最到位。

但令人感慨的是，张居正辅政时对小皇帝忠心耿耿，如同诸葛亮对待阿斗。诸葛亮死后，刘禅一直善待丞相后人；可张居正死后不到两年，万历帝居然要抄前首辅的家。他何以要对恩师如此痛下杀手？

因为他要树立起自己的权威？

因为张居正对他管得太严？

因为母后让张居正辅政到他三十岁？

这些当然可能都是理由。但还有一个更重要的理由，那就是"钱"。万历帝敛起财来，几乎没有底线。而有人也能及时迎合他。

表面上看，废辽王朱宪㸅和张居正是少年好友，但他确实有害死张居正爷爷张镇的嫌疑。早在隆庆二年，朱宪㸅因"僭拟淫虐，罪恶多端"，被废为庶人，关押在凤阳。辽府交给了广元王打理。

在辽王被废的整个过程中，几乎看不到张居正的身影。但鉴于他和朱宪㸅的特殊关系，好事者自然怀疑张大学士是利用自己的特殊背景以及与时任首辅李春芳的特殊关系，"栽赃陷害"辽王，从而达到为爷爷报仇的目的。

而张居正就任首辅之后，在万历皇帝及湖广当地官员乡绅的资助下，张家在荆州城内老宅附近，修建起了豪华的"张大学仕府"，据说花费达到了二十万两白银。以当朝首辅的俸禄，几辈子也盖不起如此豪华的府第。

因此，张居正侵占辽王财产，甚至霸占辽府改造为张府的谣言，也就有了产生的土壤。但根据后世一些学者的考证，"张大学仕府"与原辽王府根本就不在一个地方。

还有更严重的。在全民揭发前首辅的大背景下，废辽王次妃王氏在枪手帮助下，上了一篇《大奸巨恶丛计谋陷亲王强占钦赐祖寝霸夺产业势侵全室疏》，声泪俱下地揭发大奸张居正侵占湘王（朱柏）坟地，霸占辽府财产，无恶不作。

当然，这种指控也并非完全是空穴来风。张文明和张居正的陵墓确实离湘王墓不远。可见，替王氏代笔之人相当阴险。而御史羊可立又上疏要求调查张居正"构陷辽庶人"。已经尝过抄家甜头的万历帝，岂能放过这样的机会。

于是，万历十二年四月，万历帝下旨，以"陷害亲王，掘人坟墓"之由，先抄了张居正在北京的府第，搜出了好几万两银子。这足以证明，张首辅也贪污受贿，并不是海瑞式的清官。

此时，能够阻止万历帝胡来的，只有他的母亲李太后了。可不知道什么原因，此时的她并没有出面干涉。

随后，司礼监太监张诚、刑部左侍郎丘橓和巡按御史任养心等人，率领大队锦衣卫浩浩荡荡地南下，查抄前首辅在江陵的家产。万历帝"知人善任"，他知道丘橓老先生和张居正有宿怨，一定会表现得特别积极。

丘橓是海瑞式的清官，为人偏执刻薄，因此张居正当政十年，像对待海瑞一样把他扔在一边。让他深刻体会到了什么叫"怀才不遇"。

同样是被首辅冷落，海瑞隐居琼州读书种地，随遇而安，而丘橓守在潍坊咬牙切齿，愤愤不平。正常来说，丘橓比张居正大九岁，等不到人家死，他就先死了。

但上天真是一位伟大的编剧，他老人家愣是创作出了最离谱的剧本。

同样是年近七十，在张居正死后被起用，海瑞对冷落他的前首辅并无怨言，还给出了"工于谋国，拙于谋身"的评价，似有同情之意。而丘橓却恨不能扒开张居正的棺材，再狠狠地抽尸体几十鞭子。

当时，张居正的克星张四维已回乡丁父忧，申时行继任首辅。据说，他和次辅许国都捎信劝说老丘手下留情，不要祸及前首辅家人。

查抄大队到达江陵大约需要二十来天，而谕旨经过驿递加急，不到十天就可以到达江陵。荆州府和江陵县的官员们，为了表现对抄家工作的全力拥护与积极配合，也玩出了大手笔。

他们安排兵丁闯入"张大学仕府"，将所有人都赶入早已弃用的张家老宅予以拘押，然后将张府贴条上锁，以显示自己的工作效率，作为向京城官员邀功的凭证。

六年前，当张居正回乡葬父时，荆州官员的阿谀奉承让人叹为观止；六年之后，这些人翻脸无情也是毫无心理包袱。但他们似乎忘记了，老宅里根本没有生活物资。

也许是上天故意安排。丘橓一行居然不早不晚，偏偏在张居正六十生日同时也是中国传统的端午节这天到达江陵，开始查抄行动。

经过犁庭扫穴地毯式的折腾，结果让丘橓等人相当失望。在偌大的"张大学仕府"中，最终只搜出了黄金万两，白银十万余两。

而他们离京前，传闻张家的财产可是二百万两啊。不行，巨额财产一定是被转移了。

丘橓下令打开张家老宅，收押诸人。但眼前出现的一幕，还是让他们震惊了。院子里已经横七竖八躺着十余具尸体，侥幸活下来的人也奄奄一息。十几天了，不知道他们是靠什么活下来的，也许是院子中的杂草和污水吧。

张家六子刚刚得到一点救命的食物，丘橓就给他们奉上了更大的礼包。六个两年前还可以在京城横着走的首辅公子，现在活得比荆州最邋遢的乞丐还惨。士兵们将他们扔到骄阳下暴晒，又举起皮鞭劈头盖脸地抽打，逼他们说出"赃款"的下落。

张居正，这就是你当年任人唯亲，不尊重我老丘的代价！

张家诸子都是文弱书生，哪里经得起这样的摧残？特别是老大张敬修，身子骨最弱，在被打得奄奄一息之下，他配合施暴者的说辞，承认有三十万两银子藏在了张居正"党羽"曾省吾、王篆和傅作舟家里。

灾祸很快就被引到了三人宅中。好端端的院落被破坏得一片狼藉。而丘橓抄到的银子，合计不超过十万两。

因自己的屈打成招，给三位长辈带来浩劫。善良的张敬修从此无地自容。他咬破手指，写下了一千余言的血书，对命运不公做出了最悲愤的控诉，最后写道：

> 丘侍郎、任抚按，活阎王！你也有父母妻子之念，奉天命而来，如得其情，则哀矜勿喜可也，何忍陷人如此酷烈！三尺童子亦皆知而怜之，今不得已，以死明心。呜呼，炯矣黄炉之火，黯如黑水之津，朝露溘然，生平已矣，宁不悲哉！
>
> 有便，告知山西蒲州相公张凤磐，今张家事已完结矣，愿他辅佐圣明天子于亿万年也！

后面的才是重点。看来，张敬修还不知道张四维已经丁忧，却明白此人才是祸害自己一家的元凶，丘、任之流只不过是打手而已。

五月十二日，张敬修自缢身亡，这是一个读书人保留尊严的最后方式。三弟张懋修也试图自杀，先后投井和绝食均未成功，最后还是活了下来。

张敬修用自己的生命，保住了张家其他人的安全，疯狂的拷打终于告一段落。

这一年，是农历甲申年。张居正的改革措施，仅有一条鞭法保留了下来。毕竟，白银货币化的趋势已经无可逆转。

六十年后的下一个甲申年，李自成攻占北京，万历帝的孙子崇祯帝在煤山上吊，大明作为一个朝代的使命就此终结。

清算张居正的万历帝，与杀害袁崇焕的崇祯帝一样，不光遭到了报应，还遭到了后世永永远远的嘲笑与鄙视、谴责和声讨。"明亡于万历"这口锅，他老人家是背定了。

但张居正的形象，却因一个文人的"突出贡献"，遭到了极大歪曲。

三、理念不合，两大名人终成陌路

在《中国历史研究法初编》中，梁启超指出："资料和自己脾胃合的，便采用；不合的，便删除；甚至因为资料不足，从事伪造，晚明犯此毛病最多。"这么说依然怕大家不明白，他也就直言不讳了："如王弇州（王世贞）、杨升庵（杨慎）皆是。"点名道姓地批大才子王世贞，这是为什么呢？

张居正与王世贞，都是明史上绕不开的人物，甚至可以类比北宋的王安石与苏轼。一个是柄政十年，毫无争议的明朝一首辅；另一个领袖文坛二十年，文才名满天下，又是史学大家。

万历十八年（1590）十一月，王世贞在家乡太仓州去世，享年六十五岁。此时，张居正已作古八年，并被贴上了奸臣标签，势头直追王安石和严嵩。王世贞则著作等身，成果斐然，两人差距不要太明显。

在王世贞的晚年，他更是交出了一部对后世影响很大的《嘉靖以来内阁首辅传》（本书简称《首辅传》）。其中，张居正传毫无疑问是全书的压轴部分。王世贞当然也知道，明朝第一首辅就是张居正，在他之前，首辅没有那么大的权势；在他之后，首辅再无风骨。

王世贞是典型的官宦子弟，起点比张居正要高几十层楼。他的祖先，可以追溯到琅琊王氏，和王阳明可能有着同样的血脉。

王世贞的祖父王倬、父亲王忬都是进士出身，可谓根正苗红。而张居正的出身，也只是比杨继盛好一丢丢。

不过，官二代王世贞居然和穷 N 代杨继盛成了好朋友，可见王公子也可以不摆二代的架子；而同样出身寒门的张居正，与杨继盛反而没什么交情。

杨继盛和王世贞的书呆子、一根筋属性都相当明显。这可能是他们能成为好友的原因。当然，不合时宜的天真，很多时候并非坏事。

当杨继盛因弹劾严嵩被捕入狱后，王世贞积极努力营救；当杨继盛被廷杖打得奄奄一息时，王世贞送去秘药为他疗伤；当杨继盛被公开处斩之后，王世贞公然拉着棺材为他收尸。

相比张居正面对杨继盛之死的无所作为，王世贞显得更加热血。

有一种说法认为，王世贞身为文坛领袖，却拒绝严嵩的收买，反而处处与首辅作对。严嵩于是迁怒于已经当上蓟辽总督的王忬，在嘉靖帝面前搬弄是非。嘉靖三十八年三月，王世贞的弟弟王世懋高中进士，一家人还没来得及高兴，王忬就因滦河之败下狱。

王世贞这才知道"怕"字怎么写，他于是辞去公职，带着弟弟在京城上下活动，银子花出去不少，可愿意真心帮忙的却没几个。兄弟俩尝尽了人间冷暖，最后居然想出了惊世骇俗的大招。

他俩跑到严府前，不停磕头，希望严嵩能可怜他们。可惜，他们赢得的只是家丁的驱赶。嘉靖三十九年十月，王忬被弃市。王世贞兄弟看护着老爹的遗体，回到太仓老家守孝。

其实，杀害王忬的真正元凶并不是严嵩，而是嘉靖帝。因此，就算严嵩倒台，严世蕃被杀，王忬也不会被平反。但嘉靖帝一死，兄弟俩显然又看到了希望。

隆庆元年正月，他们上京为父亲申冤。在首辅徐阶的大力张罗之下，八月，隆庆帝下诏为王忬恢复荣誉。

从此，王世贞对徐阶感恩戴德，对平反不积极的高拱恨之入骨。在隆庆朝后期，高拱一手遮天，王世贞居然还能在浙江参政、山西按察使一类的岗位上混饭吃，未尝没有次辅张居正的暗中帮助。隆庆四年十月，因母亲去世，王世贞再次返回太仓丁忧。

万历六年六月，张居正取代高拱成为首辅，无疑让王世贞看到了野百合的春天。张居正有他自己的用人标准，最关键的是"用循吏而不用清流"，但王世贞怎么看，怎么像一个喜欢夸夸其谈、志大才疏的清流，做实事还不如海瑞。

但此时的王世贞已经名满天下，又正值年富力强，不给他安排工作实在说不过去。同为张居正和王世贞好友的汪道昆，也积极向新首辅推王大才子。于是，眼看王世贞二十七月丁忧期满，万历元年三月，张居正大笔一挥，让王世贞担任湖广按察使。

但王世贞对这样的平调似有不满，六月初七，他终于启程赴任，七月二十二日才到武昌。一路上，王世贞游山玩水，创作不断，饭局不停，还真把自己当成明代苏东坡了。

这年八月，正好赶上三年一度的乡试。在张居正的力荐之下，王世贞得以担任湖广乡试主考官。显然，首辅对这位大才子还是很重视的。王世贞确实也不含糊，时间紧，事情多，头绪乱，他却能将乡试组织得井井有条，自己也连续撰写了多篇文章。

可见，就算让王世贞当个礼部左侍郎，主持会试，他应该也不会掉链子。但画蛇添足的是，王世贞在乡试制文中流露出了对处境的不满，他还是想城京城当官。但张居正有自己的想法。他安排吏部发文，将王世贞改任为广西右布政使。

广西，这不是流放犯人的地方吗？王世贞可是史学大家，知道苏轼去了海南就再没有回到中原。他磨磨蹭蹭，一直不肯赴任，就想看看张居正的反应。

张居正还是有耐心。十月，王世贞终于小小开心了一下，他被任命为太仆寺卿，这属于"小九卿"之一，是负责马政的闲职。但无论如何，王才子终于可以回到北京了。

此时王世贞离开京师已经十九年，他非常想念这里的一草一木，非常渴望在这里做出一番事业，以证明自己王导后代的职业素养。万历二年三月，王世贞到了京城。

还是北京的朋友多，还是北京的饭局好，还是北京的文坛更有水准。当然，还是北京的风沙更呛人，可又有什么关系呢？凭借文坛盟主的光环加持，王世贞在京城过得真叫一个如鱼得水。

九月，一纸任命书送到太仆寺，王世贞被改任为都察院右佥都御史，巡抚郧阳。明朝的巡抚都是京官，只是不定期在外公干而已。郧阳巡抚管理湖北、陕西、河南和四川四省交界处的八府九州，权力相当不小。嘉靖帝的老家承天府和张居正故乡荆州府，都归郧阳巡抚管辖。

之前，张居正的亲信汪道昆和凌云翼都做过这个职务，绝对不是闲差，而是美差。相比对海瑞和丘橓的彻底封杀，此时的张居正对王世贞绝对不是冷落，而是重用。只要王大才子能在郧阳做出一点像样的业绩，接下来就有望成为六部侍郎甚至尚书。

这么一看，张居正对王世贞是非常器重的，亲朋好友都来向王世贞表示祝贺。

王世贞也是知道感恩的，第二年正好是张居正母亲赵太夫人的七十大寿，王世贞精心创作了祝寿文章，让张居正相当受用。

可王世贞舞文弄墨是行家，处理政务终究差一些意思，他自己又不愿意承认，总觉得张居正能做到的，他没有理由做不到。在郧阳期间，王世贞完成了自己一生中最重要的代表作《弇州山人四部稿》，并写信给汪道昆请为作序。这也可见他这个巡抚当得有多清闲。

之后发生的"许什彦事件"，更让张居正改变了对王世贞的看法。

当时，江陵知县李应辰派张现丈量田亩。府学生员许仕彦认为，张现对他家的田产报得超标太多，于是告到了知县处。李应辰派巡检范应前去复核，发现上次的数据无误。但许仕彦拒不认错，还纠集了更多学生，试图制造舆情热点。

李应辰不胜其烦，于是向王巡抚递交了辞呈。这一次，王世贞倒是展现出了自己官二代干练的一面。他下令将闹事的生员许仕彦、萧九成、王化等请去吃牢饭，并向朝廷上疏，要求严惩。

张居正二婚的妻子姓王。那么王化呢？巧了，还真是张居正的小舅子。看到王世贞的上疏之后，张居正给他回信，一方面肯定了他的做法，另一方面则为妻弟辩护。

最后，"许什彦事件"以老好人李应辰下台，闹事者平安回家告一段落，令王世贞相当不悦。

五月，郧阳地界突然发生地震，虽说破坏不大，但在书呆子王巡抚看来，警示作用相当明显。于是，他向朝廷呈了一份《地震疏》汇报工作。在最后，他阴阳怪气地写道：

> 臣愚，不胜一念惓惓，伏乞皇上笃承仁爱，益懋敬德。内而养志，以坤道宁静为教；外而饬备，以阴谋险伏为虞。

这个"阴谋险伏"的奖牌，需要谁来认领呢？大部分人一眼都能看出，王世贞这是影射张居正。但这是不是王世贞的本意呢，其实也不好说。

因为之前已经有过余懋学事件，张居正看过《地震疏》之后，对王世贞已经是非常不满了。九月，吏部发文称，王世贞"荐举过滥"，要夺他的年俸。

王世贞当然不开心了，甚至怀疑是张居正在背后捣鬼。不过自己家底厚实，润笔费也非常高，夺俸真的吓不倒他。当然巡抚是当不成了，吏部任命他为南京大理寺卿。这虽说是留都九卿之一，但确实是个闲职。

王世贞闷闷不乐地打包行李。但还没来得及动身呢，吏部又有了新的通知：南京别去了，你回籍"听候别用"吧——这不过是撤职的委婉说法。

原来，给事中杨节弹劾王世贞"大节已失"，不配做官了。但王世贞把一腔怨恨，全发泄到了张居正身上。这位大才子认为，杨节只是个"工具人"，真正想让自己下台，又能让自己失业的，除了当今首辅，还能有谁？

这梁子算是结下了。带着一肚子委屈，王世贞回到了太仓，住进了号称天下第一园、占地七十余亩的弇山园。凭借江南浓厚的文化氛围及自身的巨大影响力，他在家乡的生活反而比在郧阳舒服多了。

太仓离松江不远，王世贞可以经常去拜会老首辅徐阶。好友王锡爵因得罪张居正也致仕回到太仓。两人经常可以喝酒聊天，吟诗作赋，结伴出游，痛骂首辅。

王世贞已经名满天下，很多人想拜他为师，可他却做出了一个让人大跌眼镜的举动，拜一个姑娘为师。此人就是王锡爵的女儿，法号昙阳子。万历八年，二十三岁的昙阳子"羽化成仙"，事实上是绝食自杀，在当地搞出了极大动静。

王世贞不仅免费为师父作传，还搬到昙阳观里专注修道，引来坊间一片哗然。有好事者知道首辅讨厌二王，于是向张居正建议将这哥俩以扰乱地方为名捉拿归案。

王大才子这下是在劫难逃了吗？

四、史笔如刀，王世贞靠《首辅传》复仇？

张居正虽说讨厌王世贞，却并不打算赶尽杀绝。他要忙的事情可太多了。

到了万历十年，郁闷多年的王世贞，终于可以扬眉吐气，开怀畅饮，白日放歌，因为张居正死了。

随着万历帝对张居正清算的深入，当年被赶回老家的很多官员，都成功复职。万历十二年，王世贞先后被任命为应天府尹和南京刑部右侍郎，但此时的他，已然没有了做官的心气，很痛快地称病推辞。

王锡爵却被提拔为礼部尚书兼文渊阁大学士，入阁拜相。相信这个职务如果给了王世贞，他老人家是不会拒绝的。可惜，万历帝也知道王世贞只是出色的文人，成不了称职的宰辅。

走到人生终点之前，王世贞一度当上了南京刑部尚书，成为正二品的大员。但他显然无心官场，而是将黑张居正当成了头等大事。《首辅传》就是一部带着强烈个人色彩的作品。

《首辅传》只有区区七万字，分为八卷，讲述了嘉靖、隆庆和万历三朝八位首辅的生平事功。他们是：杨廷和、张璁、夏言、严嵩、徐阶、高拱、张居正和申时行。王世贞去世时，申时行还是首辅。

在这三朝做过首辅的远不止八人，显然费宏、李时、杨一清和张四维等人，王世贞觉得没必要单独做传。申时行虽说占了一卷，但其中大部分篇幅，讲的居然都是张居正的故事。

作为有着丰富创作经验的文学和史学双料大师，王世贞创作《首辅传》，当然不是为了专门黑张居正，但因对前首辅的种种不忿、不满和不屑，他笔下难免夹杂个人感情。这其实也好理解，任何作者的历史创作都是一种个性化解读，都要将自己的理念、见解与价值观融入其中，否则作品就只能是毫无特色的"断烂朝报"。

但是，历史写作确实又不能融入过多个人情绪，否则就严重损害了客观性。严嵩、徐阶、高拱和张居正堪称明朝最知名的四大首辅，恰巧与王世贞生活在同一时代，并与他或多或少都有生活交集。王世贞仅以自己的好恶来为四人定性，显然失于严谨。

《张居正传》开篇中，王世贞写道：

居正为人颀而秀眉目，美须，须几至腹。沉深有城府，莫能测也。

这不是在夸奖张居正吗？但是，传统社会讲究"以诚为本"，这个"沉深有城府"绝对不是什么好话，离"阴险狡诈"也没有几步远的距离。

王作家很快又写道：

> 居正最后拜，独谓辅相体当尊重，于朝堂倨见九卿，他亦无所延纳。而间出一语，辄中的。人以是愈畏惮之，重于他相矣。徐阶既去位，而春芳代居正，意狎视之，以为不足与有为。

"倨见九卿"相当失礼，不尊重李春芳显得愚蠢，张居正怎么可能这么狂妄？他又不是高拱，而且这和前面的"沉深有城府"也对不上啊。

张居正不屑于见不得台面的阴谋诡计，但王世贞却非要热情地吹捧他：

> 而同列李春芳、陈以勤、赵贞吉、殷士儋之见逐，虽发之自高拱，而其机皆出居正。

这真是张嘴就来，毫无根据，张居正要真这么厉害，没有城府的高拱早就让给他灭了。但还有更猛的料：

> 向者，少师阶居正故受业知己也，其去由张齐之为拱而修怵，然居正实言之李芳，谓阶久倦官，以是亟报许，既许而心愧之。

为了凸显张居正的"心机男"人设，王世贞居然将徐阶下台的责任推给张居正，简直是滑天下之大稽。张居正与徐阶的师生情谊维持了终生，如果学生真的背刺恩师，他俩早就绝交了。

当然，王世贞不会从头到尾说张居正的坏话，还会适度地平衡一下。比如他说：

> 居正之为政，大约以尊主权，课吏实，明赏罚，一号令。万里之外，朝下而夕奉行，如疾雷迅风，无所不披靡，乃愉快于志。

寥寥数语，就将张居正的雷厉风行展现得非常传神。王安石搞变法时，文坛领袖苏轼爱唱反调，从而被天南地北地贬来贬去；对张居正的万历新政，王世贞并不反对，他的为官思路与张居正也有类似之处，张首辅对他其实也相当照顾了。

但王世贞相当自负，他很可能会认为，大明要搞改革，也得由侍郎的孙子（我），而不是侍卫的孙子（张居正）来领导。

传统社会，对人品的看重超过了能力，对私生活更是非常在意。而王世贞在这一点上，对张居正的诋毁不遗余力：

> 而是时，兵部尚书谭纶与继光以财通。纶善御女术，颇干居正。居正试之而验，则益厚纶以示宠。继光乃时时购千金姬进之居正，且他所摹画多得居正意，以是事与之商榷。

为了攻击张居正，王世贞连谭纶和戚继光都不放过。试问王世贞远离京城决策中枢，这些绝密的事情，他又是怎么知道的呢？全凭道听途说？

在专制社会，官员有几个侍妾、喝几回花酒当然不叫事，但堂堂兵部尚书"善御女术"，还凭此得到首辅宠信肯定不行。戚继光喜欢舞文弄墨，还想着跟王世贞交朋友呢，看到他这么写自己，能高兴才怪。

这还不算完，王世贞还有猛料：

> 四维等事之益谨，而居正则亦已病矣。病得之多御内而不给，则日饵房中药，发强阳而燥，则又饮寒剂泄之，其下成痔，而脾弱不能进食。使医治痔，小效，寻下壅结而不能畅。不获已，复用寒剂泄之，遂不禁去若脂膏者，而大肠亦遂出，日以羸削。上时下谕问疾，大出金帛以为医药资，凡四阅月，竟不愈。

在王才子笔下，老色鬼张居正已经卧床不起了，还要天天吃壮阳药，天天换姑娘，结果搞得自己生命垂危，沦为笑柄。看来，坊间认为《金瓶梅》的作者是王世贞，还真有一定道理。但问题是，这样赤裸裸的造谣，后世不少人居然信以为真。

张居正的死，让王世贞非常开心，也让他写起来毫无顾忌。我官当得没你大，但我活得比你长，写得比你多，不也是胜利嘛？在结局中，他又装腔作势地写道：

> 居正申商之余习也。尚能以法制持天下，器满而骄；群小激之，虎负不可下，鱼烂不复顾，寒暑移易，日月亏蔽。没身之后，名秽家灭。善乎！夫子之言：虽有周公之才之美，使骄且吝，其余不足观也已。

明朝以儒家学问为正途，申不害、商鞅为人所不齿。张居正也是四书五经读出来的，王世贞非要说他是申商的门徒，这和骂他是乱臣贼子也差不了多少。

就算张居正再仗势欺人，再怎么打压过王世贞，后者在其身后这样幸灾乐祸地挖苦也是跌份的，与他的明朝第一文人身份不相符合。更何况相比对海瑞和丘橓，张居正对王世贞算是非常厚道了，只是没有将他当成"自己人"，没有给他个礼部尚书或者大学士当而已。但就算换十个首辅，恐怕也没一个愿意给王才子这么高的官职。

同样以文名闻天下的汪道昆，则被张首辅从兵部左侍郎的宝座上撸了下来，此后再也没有入仕。他却没有夹枪带棒地写文章丑化张居正，两相对比，格局之高下立判。

史学追求真相，文学追求精彩，这本身就存在矛盾。因此，世界上能同时兼具文学家与史学家两种身份者并不多见，而王世贞无疑是在两个领域都触摸到了金字塔塔尖的绝世高手。

《首辅传》如果当成小说来看，还是相当不错的。但无论王世贞本人，还是后世的研究者，都将其当作历史，甚至是正史，那麻烦就大了。对于严嵩、高拱和张居正，王世贞的评价都有失公允，特别是对张居正添油加醋的攻击，更是令人反感。

鉴于王世贞在明朝史学中的重要地位，沈德符《万历野获编》、于慎行《谷山笔麈》、谈迁《国榷》、张岱《石匮书》等，都深受《首辅传》影响。清代张廷玉主编的官修《明史》、谷应泰的《明史纪事本末》等，更是大段引用了王世贞的原文。

他们不能否认张居正新政的巨大成就，却对这位首辅的人品颇有微词。

但是，再漂亮的谎言，终究还是有被揭穿的时候。时至今天，王世贞也因他的"报仇史观"，令自己作品的权威性受到了严重影响，实在是得不偿失。

而令人欣慰的是，早在明朝行将灭亡之前，张居正就获得彻底平反了。

五、大厦将倾，一代名臣终获平反

通常来讲，一个朝代如果躲过了秦、隋二世而亡的尴尬，经济社会发展比较平稳，潜藏危机还未暴露，就会在建政五六十年之后，达到本朝经济社会发展的最高水平。比如汉朝的武帝盛世，唐朝的开元盛世，宋朝的仁宗盛世、清朝的康乾盛世等。之后，多数王朝通常就日薄西山，各种矛盾激化，在内忧外患之中走向灭亡，呈现一个倒 V 型走势。

但明朝却是个例外。一是它在建国三十余年之后，就"迫不及待"地缔造了国力最为强盛、四夷宾服、万国来朝的"永乐盛世"。二是在立国已经超过两百年，换其他朝代早已经危机四伏、苟延残喘甚至灭亡许久之际，经济文化水平反而攀上了最高峰，商品化的农业、手工业生产有了长足发展，海外贸易繁荣，白银大量涌入，形成了"万历盛世"。相比被后世刻意美化和精心包装的"康乾盛世"，被低估和忽略的"万历盛世"，其含金量显然更足。

这么一来，明朝的发展就呈现出一个 M 型反转，放眼中华两千年历史都是独一无二的。

张居正死后被清算，继任首辅的张四维和申时行本来就没有张居正的能力，也没有后者的"野心"，只想当个守成阁老，因而对万历帝是尽量讨好，内阁又倒退回了成化朝、弘治朝的水平，再也无法凌驾于六部之上。

而因一心想将三子朱常洵立为皇太子，忽略长子朱常洛，万历帝的行为引发了朝中大臣的强烈反对，一场旷日持久的"争国本"运动就此展开，大好时光都浪费在了纠结谁来当皇位继承人的无聊问题之上。

相比清代皇帝可以"秘密建储"，明代皇帝活得似乎太过憋屈；相比清代大臣自觉自愿地以当奴才为荣，明朝大臣的独立人格显得还是太多了一点。

万历十五年（1587），戚继光与海瑞告别了尘世。

万历二十六年（1598），戚继光之后大明最优秀的将领李如松（李成梁之子），在作战中不幸牺牲，终年五十岁。

万历四十二年（1614），六十九岁的李太后去世。

万历四十三年（1615），九十高龄的李成梁离开人间。

万历四十七年（1619）三月，在萨尔浒之战中，拥有大批近代火器的十万明军，被只有冷兵器的后金军队杀得大败。

有些学者将李成梁吹捧成"清朝国父"，认为正是他对后金可汗努尔哈赤的放纵，才导致了女真的崛起；而一直重用他的张居正，自然也脱不了干系。但问题是张居正早在万历十年就去世了，他在世时，建州女真的势力还远远比不上蒙古诸部。

平心而论，张居正和李成梁，都无需为萨尔浒之战的惨败负责。最大的责任人，并非统帅杨镐，并非阵亡的刘綎和杜松，而恰恰是要求明军在大冬天冒雪进攻的万历帝。

万历四十八年（1620）七月二十一日，长期怠政、沉迷酒色、吸食鸦片，又因辽东战局恶化而异常焦虑的万历帝，终于走到了人生尽头，时年五十八岁，正好与恩师张居正寿命相同。

万历帝四十八年的执政时间之长，排在明朝十六帝中的第一位；但他头十年只是个橡皮图章，论掌握实权的时间，自然是不如爷爷嘉靖帝长。

都说隔代遗传，万历帝确实继承了嘉靖帝的冷血、偏执、不懂感恩，自以为是。后人称"明亡，实亡于万历"，但公平地说，万历帝并非一无是处。长期怠政之下，大明的经济社会发展并没有受多大影响，万历朝的四十八年依然是永乐盛世之后最为繁荣的时期。

万历帝长子泰昌帝朱常洛仅在位一个月就蹊跷去世，成为明朝十六帝中在位时间最短的一个。

泰昌元年（1620）九月六日，皇子朱由校登上了皇位，改当年八月之后的年号为泰昌，次年为天启。天启帝登基时年仅十六岁，又缺乏必要的帝王教育，后来还重用祸国殃民的太监魏忠贤，实在不是一个称职的君主。

家贫思贤妻，国乱思良相。辽东失陷，京师危机之时，张居正当年的宏图伟业，怎能不令后人神往？坊间盛传曾被张居正打成长短腿的东林名士邹元标，长期致力于为给张前首辅平反，并为此不停奔走。但这很可能只是一则美好的传说。

天启二年（1622）春，户部侍郎陈大道率领多名在京的湖广乡绅联合上疏，请求为张居正恢复荣誉。

天启帝虽说对朝政很不热心,但他不是真傻。经过一番讨论,朝廷恢复了张居正的官衔,给予祭葬。张家房产没有变卖的一并发还。

天启七年(1627)八月,天启帝病死,五弟朱由检继位,是为崇祯帝。

此时,后金可汗已经换成了皇太极,西北也爆发了农民起义。面临山河破碎之时,国家需要戚继光、李成梁式的良将,更需要张居正这样能运筹帷幄、力挽狂澜的宰辅。可惜,世间已无张居正。

崇祯三年(1630),礼部侍郎罗喻义等继续为张居正鸣冤,希望能给这位名臣恰当的历史地位。

崇祯十三年(1640),大明王朝已处在了风雨飘摇之际。皇太极已经在沈阳称帝,建立清朝,李自成、张献忠等起义军的实力也已今非昔比。

吏部尚书李日宣等大臣合奏曰:"故辅居正,受遗辅政,事皇祖者十年,肩劳任怨,举废饬弛,弼成万历初年之治。其时中外乂安,海内殷阜,纪纲法度,莫不修明。功在社稷,日久论定,人益追思。"

崇祯帝感叹道:"臣工皆自保名利,似居正者,以天下己任,何叹国事不兴?"他恢复了张居正"文忠"谥号,并复张敬修官职,谥"孝烈",其孙同敞荫中书舍人。

如此一来,在大明政权行将进入倒计时之机,张居正得到了彻底平反。此时,这位名臣已经过世五十八年。

崇祯十七年(1644),张献忠部开到江陵,要张居正五子张允修出来做官。这位已经七十八岁的老人,留下了"愿将心化铮铮铁,万死丛中气不磨"的绝命诗,自焚而死。

永历四年(1650)闰十一月,张同敞与名臣瞿式耜一道,在桂林英勇就义。相传,张同敞人头落地之后,身子向前走了三步才倒下。

想必,他离开人间的时候,看到了曾祖父张居正慈祥的面容和欣慰的眼神。

张同敞能力有限,在大厦将倾之时无力回天,但就"虽千万人,吾往矣"的气概来说,他与张居正并没有区别。

南明抵挡不住清军的入侵,原因有很多方面。但毫无疑问,没有张居正这样的能臣,肯定是重要原因之一。

五十八岁在今天还算壮年，在明朝也不算多老。如果上天能多给张居正十年，让他完成与李太后的"万历三十之约"，那一定非常有意思。万历帝很可能不会怠政，戚继光及其戚家军可以继续镇守蓟门，努尔哈赤将会彻底失去坐大的机会。

可惜，这一切永远不会实现了。一代名臣在世与否，确实会令历史进程产生重大改变。

张居正的仕途运气之好让人羡慕，他的成就之高更令人敬佩，他不惜得罪太多同僚与权贵阶层，毅然变革的巨大勇气与政治智慧，更能让今天的国人感动和铭记。

人无完人，张居正的缺点与弱点，并不影响他的个人魅力，反而会令他的形象更加真实，更丰满立体，更深入人心，永远激励着每一个生于平凡但不甘平庸的中国人，奋力前行，成就最好的自己。

百年贵有适，贵贱宁足论！

主要参考文献

1. ［明］高拱. 高拱全集 [M]. 郑州：中州古籍出版社，2006.

2. ［明］海瑞. 海瑞集 [M]. 北京：中华书局，1962.

3. ［明］张居正. 张居正全集 [M]. 武汉：崇文书局，2022.

4. ［明］谈迁. 国榷 [M]. 北京：中华书局，2003.

5. ［明］张岱. 石匮书 [M]. 北京：故宫出版社，2017.

6. ［明］叶子奇等. 明代笔记小说大观 [M]. 上海：上海古籍出版社，2011.

7. ［清］查继佐. 明书 [M]. 济南：齐鲁书社，2014.

8. ［清］谷应泰. 明史纪事本末 [M]. 北京：中华书局，2015.

9. ［清］张廷玉等. 明史 [M]. 北京：中华书局，2015.

10. ［清］夏燮. 明通鉴 [M]. 北京：中华书局，2014.

11. ［英］崔瑞德，［美］牟复礼. 剑桥中国明代史 [M]. 北京：中国社会科学出版社，2006.

12. ［德］贡德·弗兰克. 白银资本：重视经济全球化中的东方 [M]. 刘北成，译. 北京：中央编译出版社，2008.

13. ［美］黄仁宇. 中国大历史 [M]. 北京：生活·读书·新知三联书店，1997.

14. ［美］黄仁宇. 万历十五年 [M]. 北京：生活·读书·新知三联书店，1997.

15. ［美］易劳逸. 家族、土地与祖先：近世中国四百年社会经济的常与变 [M]. 苑杰，译. 重庆：重庆出版社，2019.

16. ［加］卜正民. 挣扎的帝国：元与明 [M]. 潘玮琳，译. 北京：中信出版社，2016.

17. ［加］卜正民．纵乐的困惑·明代的商业与文化[M]．方骏，王秀丽，罗天佑，译．桂林：广西师范大学出版社，2016．

18. ［日］宫崎市定．科举[M]．宋宇航，译．杭州：浙江大学出版社，2015．

19. ［日］岸本美绪，［日］宫岛博史．明清与李朝时代[M]．王欢欢，刘路，译．贵阳：贵州人民出版社，2024．

20. 陈时龙．明代中晚期讲学运动（1522—1626）[M]．上海：复旦大学出版社，2015．

21. 陈礼荣．张居正：大明首辅的生前身后[M]．北京：中国文史出版社，2019．

22. 陈梧桐，彭勇．明史十讲[M]．北京：中华书局，2016．

23. 樊树志．重写晚明史：新政与盛世[M]．北京：中华书局，2008．

24. 樊树志．万历传[M]．北京，中华书局，2020．

25. 范中义．戚继光传[M]．北京：中华书局，2003．

26. 范中义．俞大猷传[M]．北京：线装书局，2015．

27. 冯明．张居正改革群体研究[M]．北京：中国社会科学出版社，2023．

28. 高阳．明朝的皇帝[M]．桂林：广西师范大学出版社，2006．

29. 何炳棣．明初以降人口及其相关问题[M]．北京：中华书局，2017．

30. 何炳棣．明清社会史论[M]．北京：中华书局，2019．

31. 贾征．潘季驯评传[M]．南京：南京大学出版社，1996．

32. 姜德成．徐阶与嘉隆政治[M]．天津：天津古籍出版社，2002．

33. 林乾．柄国宰相张居正[M]．北京：中信出版社，2023．

34. 刘志琴．张居正评传[M]．南京：南京大学出版社，2003．

35. 缪振鹏．明朝三帝秘录[M]．北京：作家出版社，2010．

36. 南炳文，庞乃明．“盛世”下的潜藏危机——张居正改革研究[M]．天津：南开大学出版社，2009．

37. 南炳文，汤纲．明史[M]．上海：上海人民出版社，2014．

38. 齐悦．帝国的余曦：张居正和他的时代[M]．北京：金城出版社，2019．

39. 苏同炳．明代史事与人物[M]．北京：紫禁城出版社，2010．

40. 孙卫国．王世贞史学研究[M]．成都：四川人民出版社，2021．

41. 田澍．嘉靖革新研究[M]．北京：中国社会科学出版社，2015．

42. 韦庆远. 暮日耀光：张居正与明代中后期政局[M]. 南京：江苏凤凰文艺出版社，2017.

43. 肖少秋. 张居正改革[M]. 北京：求实出版社，1987.

44. 岳天雷. 高拱年谱长编[M]. 郑州：中州古籍出版社，2017.

45. 张显清. 严嵩传[M]. 北京：商务印书馆，2020.

46. 周颖. 王世贞年谱长编[M]. 上海：上海三联书店，2016.

47. 朱东润. 张居正大传[M]. 武汉：武汉出版社，2013.

48. 南炳文，商传. 张居正国际学术研讨会论文集[C]. 武汉：湖北人民出版社，2013.

49. 岳天雷. 高拱研究文集[C]. 郑州：中州古籍出版社，2011.

50. 岳天雷. 高拱研究续编[C]. 郑州：中州古籍出版社，2018.

51. 赵轶峰，万明. 世界大变迁视角下的明代中国——国际学术研讨会论文集[C]. 长春：吉林人民出版社，2012.

后 记

2024年国庆长假结束之时，这部《大明第一首辅张居正》终于杀青了。撰写这部作品，我前前后后了花费了十六个月时间。

巧合的是，我和张居正的缘分，差不多也有十六年之久。

2024年是龙年，是我从事历史写作的第十三个年头。上一个龙年，我出版了第一部作品，并决定将自己的创作领域限定在明朝。而在之前，我从事的职业是社科书编辑。

2009年3月，我担任策划编辑的朱东润著、陕西师范大学出版社版《张居正大传》上市之后，成为市面上销量最大、口碑最好的张居正传记。我撰写的文案，也得到了广泛的模仿和借鉴，让自己始料不及。

之后不久，我辞去了工作，开始了一个自由撰稿人的北漂生活。2013年，在出版了《心学圣人王阳明》并收获不少好评之后，我曾一度打算创作张居正传记，并购买了大量相关文献。

不过，阴差阳错之间，我告别了图书写作，转型成为影评人。直到2020年疫情暴发，影院全线关门，我不得不又回到书桌前，重新开始历史传记类图书的创作。

2023年，在修改完《王阳明传》第三版之后，我决定用一年的时间，去完成多年前的夙愿。

盘点明史三百年，王阳明与张居正可以说是最为重要的两大名臣、最为靓丽

后 记

的两张名片、最值得后人景仰的两大英雄。一个是第一思想家,另一个是第一政治家。年龄相差半个世纪的他们,虽说只在一个星球上共同生活了四年,却有着千丝万缕的联系。

阳明心学中"心即理"的世界观,"知行合一"的伦理观,"致良知"的方法论,长时间里一直激励着张居正,让他无论遭遇什么危险、挫折与陷阱,都不放弃远大的抱负,不放弃为天下苍生谋福祉的夙愿。

张居正以不惜"毁家沉族"的巨大勇气推行新政,为问题严重的大明王朝重新注入了强劲活力,为独一无二的"万历盛世"奠定了坚实基础,更为后世千千万万出身寒微的读书人,提供了一个虽不能至、心向往之的光荣样板。

至于说禁毁书院,打击讲学等,当然是张居正人生的污点,但也反映出他反对空谈,崇尚务实的一贯做法,只是太过"操切"了一些。正如鲁迅先生说的那样:有缺点的战士终究是战士,完美的苍蝇也终究不过是苍蝇。这样一位胸怀天下、勇于担责、气魄宏伟、功勋卓著的伟人,同王阳明一样,永远值得一代代中国人缅怀与景仰,也需要一代代写作者分析和解读。

巧合的是,朱东润先生最重要的两部作品,正是这两人的传记。只是《王阳明大传》手稿不幸遗失了,殊为可惜。

而我无疑要幸运一些,无纸化写作不光修改方便,也可以随时备份。本书作为《心学圣人王阳明》的姊妹篇,希望能够继续得到大家的认可与喜爱。

十年前没有完成的作品,十年后终于可以出版上市,我的内心也是百味杂陈。有朱东润先生的大作珠玉在前,所有后来人都会感觉压力颇大。如果不能在史料运用、行文方式和节奏把控方面有所创新和突破,相信很难得到读者的认可与青睐,眼下又是出版市场的严重萧条期,每一个写作者的压力可想而知。

因此,从事写作十三年以来,《大明第一首辅张居正》成了我创作最慢、耗时最长的一部作品,前后用去了将近十六个月时间,通读和参阅的古籍和今人作品超过了一百部。现在看来,这样的慢工出细活是非常值当的。

我过去的所有作品,都是借鉴了悬疑小说笔法,注重节奏变化与气氛营造的"非主流"传记,与历史专家的作品差异明显。但是,拙作在材料选取、史实考证和历史逻辑等方面,也会尽量严谨,其实和通常意义上的"草根写史",还是有很大区别的。

为了增加作品可读性，减少读者的阅读障碍，我肯定要尽量减少对文言引文的使用。即便是《陈六事疏》这样重要的文献，我也只是少量引用。当然，作为生活在和平年代的我，掌握的史料自然比在四川乐山时的朱东润先生要丰富得多。过往四十年来，国内张居正研究也取得了很多新成果，这对我的写作是个很好的帮助。

2025年5月26日，恰逢张居正诞辰五百周年。能在这样一个重要时点出版《大明第一首辅张居正》，我感到非常开心。同时，这也是我"明朝四大名臣"的收官之作，其他三位分别是刘伯温、于谦和王阳明。

首先，我必须感谢与朱东润先生的缘分，使我完成了与张居正的"十六年之约"；其次，感谢广大读者的支持和肯定，给了我坚持写作的动力与信心；再次，感谢出版方新世界出版社的编辑老师，他们为作品出版付出了很大心血；再再次，感谢刘鹏、李黎明、刘峰、王兆阳、郑英祖和吕进等出版界朋友的帮助和鼓励；最后，感谢清秋子、张程、张冰筱、覃仕勇、吕峥和齐悦等作家同仁的指点与支持。

笔者深知作品中必定有不足与疏漏之处，也请读者朋友们拨冗指正，非常感谢。

燕山刀客

2024年10月于燕郊